以人为本
构建和谐社会40论

（增订版）

薛德震 著

人民出版社

再 版 自 序

2006 年 9 月，我在人民出版社出版了《以人为本　构建和谐社会 20 论》一书，此后又陆续写了近三十篇文章，现从中选出 25 篇补编进去，作为本书的第四单元，并将书名相应地改为《以人为本　构建和谐社会 40 论》。这本书，是在党中央制定以人为本的科学发展观和构建社会主义和谐社会的重大战略指导思想以后，也就是 2003 年 10 月以来 5 年内我的有关人的哲学的新感悟、新成果。我已经出版了《人的哲学论说》、《人的哲学论纲》，这本关于人的哲学新论，可以说是我的人的哲学三部曲之三。

以人为本，构建社会主义和谐社会，是中国共产党人面对的时代的和实践的主题。我们的党是一个与时俱进的具有强大生命力的党，无论在实践上还是理论上，都在不断地创新和前进，我的大脑也在紧跟学习、思考和研究，取得点滴成果，便记录了下来。如果加以细分，大体上有这样几个方面：

坚持以人为本，构建社会主义和谐社会，党中央非常重视加强政治文明建设、推进政治体制改革，还作出了加强党的执政能力建设的决定，所以我写了几篇谈政治文明建设、政治体制改革以及党的执政地位与思维方式变革问题的文章。

在这期间，党的十六届六中全会作出了《关于构建社会主义和谐社会若干重大问题的决定》，党的十七大高举中国特色社会主义伟大旗帜,透彻地阐明了中国特色社会主义道路和理论体系的科学内涵,十届人大五次会议通过了《物权法》、十七届三中全会又作出了《关于推进农村改革发展若干重大问题的决定》。我紧跟党的实践和理论的新发展、新创造,写了几篇学习心得和体会,努力解读党的实践和理论上创新的重大意义和价值。

　　在这期间,还发生了四川汶川特大地震,举办了举世瞩目的奥运会和残奥会。在抗震救灾中"以人为本"的执政理念发挥了强大的力量;奥运会大大促进了中国"人"的全面发展。这些都强烈地激发了人们的理论思维,我的理论思维很活跃,接连写了几篇文章抒发自己的新感悟。

　　随着以人为本的科学发展观的深入贯彻落实,我国人的主体性觉悟普遍提高,主人公意识不断增强,我有所感,写了几篇有关人的主体性、公民基本权利和干部对平民百姓应有敬畏之心的文章,论说我国社会在这些方面的发展和进步。

　　随着"以人为本"的马克思主义价值观日益深入人心,人们也在思考26年前在我国发生的有关人道主义和异化问题的大争论,反思和总结那场大争论的经验教训和理论上、思想上的成果。我也写了几篇文章参与切磋。

　　还有些文章是对马克思主义经典原著的再学习再思考的心得体会。在改革开放的年代,邓小平和党中央再三强调要完整地准确地对待马克思主义和毛泽东思想,正是在这一号召下,我又重新去认真阅读经典原著,发现过去的理解确有一些片面性和不准确的地方,便把一些心得体会写了下来,其中包括对《共产党宣言》的再学习再思考;对阶级、阶级斗争和无产阶级专政理论的再学习再思考;对马克思恩格斯对未来理想社会论述的再学习再思考,等等,记录了我在这些方面的一些新的感悟和收获。

在这期间,我国理论界、学术界,在对民主社会主义和普世价值观的认识和评价问题上,发生了争论,我在《科学社会主义的实践形态和理论形态》和《共产主义者的世界观与价值观》两篇文章中,虽然不是用正面论战的方式,但却作出了我的回应,自信是坚持"双百方针"和用民主的平等的方式表述了自己的认识和观点,细心的读者是可以从中品味出我同某些学者不同的认识和观点的。

在本书截稿后,喜读北京大学著名哲学教授张世英先生的《归途——我的哲学生涯》一书。张先生创立了自己的新的万物一体、新的天人合一哲学,我感到他的哲学思维同马克思主义的"关于现实的人及其历史发展的科学"、同马克思165年前关于自然科学与关于人的科学将综合为一门科学的预见,有着内在的相通之处,于是赶写了一篇读评《推进建立当代中国哲学》,同时还增加了一篇《论"物我一体"哲学》,抒发了我对马克思主义哲学的新感悟。

新增的25篇文章,绝大部分在报刊上发表过,只有6篇是此次辑集时首次发表。这次收入本书时,保持文章的原貌,仅对少数文章,在不改变原意的情况下,适当地作了编辑、修订。这些文章的编排次序大体上按照发表或写作的时间,少数文章为了读者阅读方便,则将内容相近的编辑为一组,例如关于26年前人道主义与异化问题的那场大争论的三篇文章,就集中放在全书的末尾。

我的这些论说,都只是个人的学习和思考的心得体会,其是非对错只能由别人和历史老人去评说了。上述有些文章,发表时曾获得网络媒体比较广泛的关注,有几十家门户网站加以转载,《新华文摘》、中国人民大学《复印报刊资料》等文摘类期刊转载了其中的多篇文章。我真诚地愿意听到读者的批评指正。

2008 年是中国改革开放的 30 年，我谨以此书作为献给 30 周年纪念的一份小礼物。

2009 年元旦

序言　以人为本　构建和谐社会
是时代的主题与实践的课题

自从党中央制定了以人为本的科学发展观和提出构建社会主义和谐社会的重要指导思想以后,我就一直对之进行跟踪学习和研究,力求对之作出马克思主义的解读和证明,为此,陆续写了二十篇文章。这二十篇文章构成本书的第一单元,记录了两三年来我的所思所得,其中有对"人"之所以能够为"本"的哲学解读,以及从经济、政治、文化、教育、社会、伦理道德等方面论说"以人为本"的丰富内涵的;有从唯物史观、马克思主义政治经济学、马克思主义国家学说、马克思主义社会劳动科学化理论、马克思主义世界观等理论层面论说"以人为本"与构建和谐社会重要指导思想的马克思主义证明的;有诠释这一重要指导思想是对建设中国特色社会主义规律认识上的深化的;有从理论同实际相结合的角度论说"以人为本"在执政兴国和构建和谐社会实践中运用的;用了更多的笔墨具体分析和论证了"以人为本"和构建和谐社会的指导思想,怎样既坚持又发展了马克思主义,怎样深入人心,变成为人民群众所掌握的改造客观世界和主观世界的物质力量。

本书第二单元三篇关于劳动异化论的文章,虽然没有直接谈论"以人为本"和构建和谐社会,但也有着紧密的内在联系,是论说"以人为本"和构建和谐社会派生出来的理论问题,其中一篇是针对近年来出现的一种不同观点而写的,后两篇收录了过去已发表过的文章,因为有助于澄清对马克思劳动异化论的误解,也有助于正确理解"以人为本"与构建和谐社会。

第三单元的文章,收录了我的《人的哲学论说》、《人的哲学论纲》两本书的自序和跋,记录了我26年来研究人的哲学的心路历程,对于了解我对"以人为本"与构建和谐社会重要指导思想的认识也有一定的用处。

撰编成这本书之后,我掩卷沉思一个重要问题,就是迈入21世纪的中国共产党人面对的时代主题和实践课题是什么?中国人民在中国共产党的领导下建立新中国,确立社会主义制度已经50多年,结束"文革"十年浩劫、进入改革开放年代也已经20多年,并取得了建设中国特色社会主义的伟大胜利。但是在社会生产力获得快速发展,人民群众的生活获得很大改善和提高的同时,也出现了一些新的矛盾和新的不平衡,我们的国家,中国的社会应该怎样科学地继续向前发展?这是摆在中国人民面前的一个重大的新问题。中国人民以至全人类,在迈入21世纪之际,在经济全球化的语境下,思考人类所面临的重要发展机遇以及一系列困境和难题,诸如环境、生态、人口、能源、气候、核扩散、流行疫病、文明冲突、局部战争、全球治理等等一系列生活生存问题,也是中国人民需要解决的不可回避的问题。所有这些问题,都需要用发展着的马克思主义来加以解决,以人为本的科学发展观与构建社会主义和谐社会的重要指导思想,正是这样应运而生的。

以人为本与构建和谐社会这样的问题,也不是在任何环境下都能够成为现实问题的。谈论和解决这样的问题,需要一定的社会历史条件,正如周凡博士在评论拙著《人的哲学论纲》的《以马克思主义方法研究人的问题》一文中所说:在一个物质极度匮乏、人们的生活处于普遍贫困的社会无法谈以人为本;在一个任意践踏人的尊严的"人治"社会根本谈不上以人为本；在一个没有私人领域与公共领域的区分、物权和人权都没有保障的社会也谈不上以人为本。20多年来我国改革开放的伟大实践是我们今天谈论"以人为本"的构成性语境的前提，也是我们真正理解"以人为本"内在蕴意的物质条件。今天我们谈论"以人为本"，丝毫没有感到它是纯粹舆论宣传层面上的口号，其原因就在于，这一话语形态并不纯粹是以"语言"或"言语"的形式而存在，而在很大程度上是以行为、以实践、以语义效应的方式而存在。"以人为本"在当今的中国已不再是遥不可及的高高悬置的"崇高客体"，它也不再是一种规范性的调节理念，在很大程度上它径直成为一种建构性的实践力量，我们的宏观政治导向、我们的微观政策定位、我们的具体操作方式都要体现"以人为本"、落实"以人为本"、依据"以人为本"。这充分表明，"以人为本"不是盘旋于知识分子脑际的想象，也不是局限于观念层次的一种纯思维，它正以日常化的面目和介入行为的"事务性"姿态走入民众的生活世界。

党中央求真务实，坚持实事求是的思想路线，敏锐地根据时代的需要、实践的需要，适时地提出了科学发展问题，并郑重地制定了以人为本的科学发展观和提出了构建社会主义和谐社会的重要指导思想，正确地从哲学层面解决了中国人民所面对的时代主题和实践课题，在马克思主义中国化和用发展着的马克思主义指导新的实践方面，迈出了坚实的、重大的步伐。

2006 年 7 月 1 日

目　录
CONTENTS

再版自序 ……………………………………………………………（1）

序言　以人为本　构建和谐社会是时代的主题与实践的
课题 ………………………………………………………………（1）

（一）

一论　"以人为本" ……………………………………………（3）
　　一、从哲学上说就是要以人为本位 ………………………（3）
　　二、从经济上说就是我们的一切生产要以满足人的需要为
　　　　目的 ………………………………………………………（8）
　　三、从政治上说就是要以人民为主人 ……………………（9）
　　四、从伦理道德上说就是要把人当做人来对待 …………（10）
二论　"以人为本"与马克思主义的人本主义 ……………（13）
　　一、马克思主义的人本主义与以往人本主义根本区别是
　　　　什么？ ……………………………………………………（13）
　　二、马克思主义的社会主义与前马克思主义的社会主义的
　　　　根本区别在哪里？ ……………………………………（17）
　　三、提出"以人为本"会导致"个人中心主义"、"以我为本"
　　　　以至"天下大乱"吗？ …………………………………（18）

三论　马克思主义人本主义对旧人本主义的扬弃和超越……（22）

四论　"以人为本"的马克思主义证明 …………………（26）

　　一、作为主体的证明………………………………（27）

　　二、作为客体的证明………………………………（28）

　　三、作为主体和客体统一的证明 …………………（30）

五论　"以人为本"与马克思关于劳动过程中人与物

　　　关系的理论 …………………………………（33）

六论　"以人为本"与马克思关于社会劳动科学化的

　　　理论 …………………………………………（38）

　　一、150年前马克思提出的社会劳动科学化,在当时还

　　　　只是一种科学预见和理想 …………………（39）

　　二、科学发展在中国社会主义现代化建设中成为一种

　　　　客观的必然的需要 …………………………（41）

　　三、科学发展在今日中国不仅是一种需要,而且成为

　　　　可能 …………………………………………（43）

　　四、改革也必须坚持以人为本的根本导向 …………（45）

七论　"以人为本"与马克思主义国家学说的新发展 ………（47）

　　一、无产阶级专政思想是马克思主义国家学说的重要

　　　　组成部分 ……………………………………（48）

　　二、人民民主专政思想是对无产阶级专政思想的重大

　　　　发展 …………………………………………（52）

　　三、以人为本、立党为公、执政为民、权为民所用等重要

　　　　思想是马克思主义关于执政党和国家学说的新发展 ……（56）

八论　"以人为本"是执政兴国理念的新飞跃 …………（60）

九论　"以人为本"与马克思主义的世界观 …………（66）

　　一、马克思主义的世界观、历史观、价值观能是不一

　　　　致的吗? ……………………………………（66）

　二、马克思主义哲学的物质观 …………………………（67）

　三、"以人为本"的科学发展观既符合马克思主义的价值

　　　观与历史观，也符合马克思主义的世界观…………（68）

　四、马克思在经济学上论"人"与"物"的关系 …………（70）

　五、"以人为本"的科学价值 …………………………（71）

十论　"以人为本"与我国社会主义社会的发展动力 ………（74）

　一、人的需要是人从事生产劳动的内在动因，需要与生产的

　　　矛盾是社会发展的根本动力，在阶级社会中这一矛盾表

　　　现为阶级斗争 …………………………………………（74）

　二、在消灭了剥削阶级的社会主义社会中，需要与生产的

　　　矛盾逐渐成为社会发展的直接动力 …………………（78）

十一论　"以人为本"的理论价值与实践意义 ………………（84）

　一、历史的、理论的证明 ………………………………（84）

　二、现实的、实践的意义 ………………………………（93）

　三、全球的、未来的展望——在全球化语境下论说从必然王

　　　国到自由王国的飞跃 …………………………………（107）

　四、结束语 ………………………………………………（110）

十二论　"以人为本"与促进经济社会和人的全面发展 …（111）

　一、社会的发展与人的发展的统一性 …………………（111）

　二、"以人为本"的目的是实现经济社会和人的全面发展 …（113）

　三、树立全面、协调、可持续的科学发展观 …………（116）

十三论　"以人为本"是科学发展观的本质和核心 ………（118）

十四论　"以人为本"与教育在变人口压力为人力资源

　　　　优势中的作用………………………………………（121）

十五论　对"以人为本"的几种不同解读的商榷 …………（125）

　一、能将"以人为本"改为"以人民为本"吗？…………（125）

　二、能将"以人为本"改为"以好人为本"吗？…………（127）

三、能将"以人为本"改为"以社会为本"吗？……………（128）

十六论　构建和谐社会的哲学思考…………………………（130）
　　一、关于人与自然的和谐发展……………………………（131）
　　二、关于人与社会的和谐发展……………………………（132）
　　三、关于人与自身的和谐发展……………………………（134）

十七论　"以人为本"与建设中国特色社会主义……………（136）
　　一、在社会主义初级阶段存在各种经济成分，为什么说
　　　　我国社会是社会主义性质的………………………（137）
　　二、以人为本，构建和谐社会，是社会主义的本质要求……（139）
　　三、以人为本，构建和谐社会思想的提出，彻底告别了以
　　　　阶级斗争为纲的思维误区……………………………（142）

十八论　"以人为本"与人的解放和人的全面发展…………（146）
　　一、人的解放即人对自然、社会和自身的把握…………（146）
　　二、人与自然、社会、自身的和谐发展…………………（151）
　　三、三个和谐发展与三个文明建设的内在一致性及其
　　　　辩证关系…………………………………………（159）
　　四、从必然王国到自由王国的飞跃——人的全面而自由的
　　　　发展………………………………………………（161）
　　五、理想的社会与理想的人的生成……………………（166）

十九论　理论一经掌握群众也会变成物质力量……………（172）
二十论　继承马克思　走向新时代…………………………（175）

（二）

劳动异化论是唯心史观吗？…………………………………（181）
驳在异化问题上所谓两个马克思对立的观点………………（188）
异化劳动论与马克思两个伟大发现的关系…………………（203）

（三）

《人的哲学论说》自序 …………………………………………（221）

《人的哲学论纲》自序 …………………………………………（224）

《人的哲学论纲》跋 ……………………………………………（228）

　　（一）……………………………………………………………（228）

　　（二）……………………………………………………………（229）

　　（三）……………………………………………………………（231）

《以人为本　构建和谐社会20论》后记 ……………………（240）

　　（一）……………………………………………………………（240）

　　（二）给周凡博士的一封信 …………………………………（243）

（四）

关于社会主义政治文明建设的几个问题 ……………………（249）

　　一、政治文明建设要着重解决扩大社会主义民主和健全社会

　　　　主义法制的问题 ………………………………………（249）

　　二、政治权力的传承交接问题应当成为政治文明建设的一项

　　　　重要内容 ………………………………………………（250）

　　三、制定社会主义政治伦理的基本守则 ……………………（251）

　　四、政治制度文明建设要与经济、文化、科学、教育等各项

　　　　制度文明建设协调发展 …………………………………（253）

　　五、加强舆论监督与民意调查 ………………………………（254）

保护物权就是保护全体公民权益的物质基础 ………………（256）

构建和谐社会是对唯物史观的坚持和发展 …………………（262）

　　一、党的十六届六中全会决定坚持和发展了唯物史观 ………（262）

二、党的十六届六中全会决定坚持和发展了解决社会矛盾的
辩证法 …………………………………………………………… (263)

三、党的执政理念的新发展 ……………………………………… (266)

啼血的杜鹃 ………………………………………………………… (272)

——高放《中国政治体制改革的心声》读后

评价社会发展和进步的两种尺度 ……………………………… (276)

对马克思主义原汁原味地解读 ………………………………… (282)

——《马克思主义与社会主义新论》读评

一、追求人类解放是马克思主义的核心主题 ………………… (282)

二、把马克思主义定义为"人的解放学",有利于厘清一些人
思想上的"迷障" ………………………………………………… (283)

科学发展观是对马克思主义主体性思想的继承和发展 …… (287)

一、毛泽东的这一论述的独特之处在于:理想社会的新人不仅
要自觉地改造客体、客观世界,而且要自觉地改造主体、
主观世界 ……………………………………………………… (288)

二、达到两个"自觉地改造"需要很多的主体条件 ………… (289)

三、理想社会是美好的,但需要每个人自觉地改造,把理想社
会的实现同每个人的责任统一起来 ……………………… (291)

四、理想社会的每一个追求者都应当将两个"自觉地改造"作
为座右铭 ……………………………………………………… (293)

科学社会主义的实践形态和理论形态 ………………………… (294)

一、无产阶级和全人类解放的两种形式、途径和前途 ……… (295)

二、对现代资本主义的再认识 ………………………………… (301)

三、对现实社会主义也要再认识,中国特色社会主义道路和
理论体系就是这种再认识的光辉成果 …………………… (306)

四、结束语 ……………………………………………………… (313)

马克思主义是科学性与价值观的统一 ………………………… (315)

　　——为《共产党宣言》发表 160 周年而作

　　一、《共产党宣言》中的科学性与价值观 ……………………（315）

　　二、马克思恩格斯是正确对待《宣言》的榜样 ……………（319）

　　三、科学性与价值观的统一需要不断地丰富和发展 ………（320）

　　四、结束语：从"幽灵"到阳光、春风和大地 ………………（324）

从抗震救灾看"以人为本"执政理念的强大力量 ……………（326）

在抗震救灾中对"以人为本"的新感悟 ………………………（329）

　　一、官与民共同的价值取向 ……………………………………（329）

　　二、"以人为本"凝聚了马克思主义世界观、历史观、价值
　　　　观的真精神，又汲取了人类文明发展的共同成果 …………（330）

　　三、"以人为本"具有实现华夏同胞大团结的强大凝聚力 …（331）

在抗震救灾中对"以人为本"理念的再思考 …………………（333）

人的主体性觉醒是一种极大的社会进步 ……………………（336）

知情权和表达权是我国公民的"基本权利" …………………（339）

干部对平民百姓应有敬畏之心 ………………………………（342）

奥运会与中国人的全面发展 …………………………………（345）

　　一、"更快、更高、更强"是一个奥运口号，是一个体育
　　　　理想，同时也适用于人的全面发展 ……………………（346）

　　二、"鸟巢一代"将造就明日中国 ……………………………（347）

　　三、一个既是大国又将成为富国强国的国民应当具备的
　　　　素质和中国人的全面发展 ………………………………（349）

关于阶级、阶级斗争和无产阶级专政理论的再学习 ………（353）

　　一、从《共产党宣言》关于阶级斗争历史表述的修正说起 …（353）

　　二、马克思关于阶级、阶级斗争和无产阶级专政完整的
　　　　表述 …………………………………………………………（355）

　　三、列宁关于只有承认阶级斗争同时也承认无产阶级专政
　　　　及其"自行消亡"才是马克思主义者的表述 ……………（357）

四、毛泽东关于阶级、阶级斗争和政党、国家权力"自然地
　　归于消灭"的表述 …………………………………………（359）

将我们的社会建设成为全体社会成员的利益共同体 ………（363）

　　一、首先是社会主体的生存状态和劳动状态 ………………（364）

　　二、社会全体成员都必须是生产者,而不能分为一部分是
　　　　劳动者,另一部分是寄生虫 ……………………………（366）

　　三、怎样才能实现这种联合体? 必须有共同的物质利益
　　　　作保障 ……………………………………………………（367）

共产主义者的世界观与价值观 ………………………………（371）

　　一、马克思、恩格斯关于共产主义者世界观和价值观的
　　　　理论 ………………………………………………………（371）

　　二、中国共产党人在新民主主义革命时期在共产主义
　　　　世界观和价值观指导下奋斗 …………………………（374）

　　三、当代中国人民在共产党的领导下形成的价值观共识 ……（376）

党的执政地位与思维方式的变革 ……………………………（380）

推进建立当代中国哲学 ………………………………………（385）

　　——张世英先生《归途》一书读后感

论"物我一体"哲学 ……………………………………………（393）

　　一、从《1844 年经济学哲学手稿》说起 …………………（393）

　　二、马克思的新哲学是在对旧唯物主义的批判中建立
　　　　起来的 ……………………………………………………（397）

　　三、马克思主义哲学关于自然界与人的"物我一体"关系 ……（402）

　　四、"以人为本"是马克思主义"物我一体"哲学的当代
　　　　形态 ………………………………………………………（407）

　　五、结束语 …………………………………………………（412）

《关于人道主义和异化问题》一文商榷 ……………………（414）

　　——致程中原同志的一封公开信

一、关于人道主义问题 ·· (414)

二、关于异化问题 ·· (419)

三、结束语 ·· (423)

晚年周扬理论上的一个重要贡献 ······················ (426)

　　——兼论理论应当接受实践、人民和历史的检验

一、弘扬马克思主义的人道主义 ······················ (427)

二、阐发"异化"是一个辩证概念 ····················· (430)

三、关注全体人民解放和幸福的赤子情怀 ············ (433)

四、以人为本的科学发展观和构建社会主义和谐社会的

　　战略指导思想是经得起实践、人民和历史检验的创新

　　理论 ·· (434)

再论马克思主义的人道主义和异化问题 ·········· (439)

　　——与卢之超同志商榷

一、首先表示欢迎 ·· (439)

二、是谁主张要用人道主义代替马克思主义？是谁要将

　　马克思主义归结为人道主义？ ····················· (440)

三、为什么要将周扬指向林彪、"四人帮"的矛头扭向

　　社会主义？ ··· (445)

四、关于"马克思主义的人道主义"与"社会主义的人道主义"

　　哪一种表述更科学、更准确？ ······················ (446)

五、"以人为本"只是一个"政治命题"吗？同马克思主义的

　　世界观、历史观、价值观没有关系吗？ ············ (448)

六、关于"异化"问题，既误读误解了周扬，也误读误解了

　　马克思、恩格斯 ··· (451)

七、批判中的"双重标准"不仅有损理论权威的可信度，

　　而且令人对批判的真实意图产生怀疑 ············· (454)

八、怎样正确地总结经验教训？ ························· (456)

（一）

一论 "以人为本"

现在,在我们的报章杂志上,在各行各业的报告、报道中经常见到一个短语,叫做"以人为本",甚至在党中央的正式文件中,例如在十六届三中全会的公报和决定中都用了这个短语。《中共中央关于完善社会主义市场经济体制若干问题的决定》中说:"坚持以人为本,树立全面、协调、可持续的发展观,促进经济社会和人的全面发展。"对于这个短语的丰富的内涵,本文不避浅陋,试图做点儿简要的阐述,以就教方家。

一、从哲学上说就是要以人为本位

在我们这个广袤的宇宙中,现在还无法确实地知道有类人的或超过人类智力的生物的存在,而在地球上,我们倒是确实地知道,只有人类能够进行有意识、有目的的活动:他不但能够认知客观世界、客观事物,而且能够把人自身作为对象物来认识,能对人类自身进行反思,能够向人自身问一声"人是什么?""是什么推动了人类社会的发展?""人怎样才能求得解放和幸福?"而且一直不懈地在寻求着答案。人对自己的反思从古希腊哲学就开始了,至今仍然兴盛不衰,仍在争论不休。"以人为本"至少在今天给了我们较现实、较能为多数人接受的答案，就是在世界万千事物中，人是最为珍贵的，"人"不仅是手段，而且是目的，所以我们做任何事情都应当"以人为本"，将人放在本位。

人之所以能够为"本"，首先，人类能够把世界上的万事万物当作是属人的，这个世界是属于人类的。

其次，人类认为这个世界不但是属人的，而且是能够被人类改造和利用的，人类有这样神奇的力量可以变物为宝。

再次，人类改造任何事物都不是无意识、无目的的，而都是有目的地为了满足人类的某种需要。

第四，人类的需要永远是无止境的，人类智能的发展和进步也是无止境的，所以人类改造世界的原动力是永恒的，是永无止境的，是永不枯竭的。以人为本，我们将获得无穷无尽的力量。

"以人为本"这一短短四个字的短语，却有两个概念是要弄清楚的，一谓"人"，二谓"本"。"人"和"本"在这一短语中到底是什么含义？有人说"人"有两层含义，一是指全体社会成员，二是指"人民"，而且认为只有从肯定第一层含义进而深入到肯定第二层含义才算准确地理解了"人"。把"人"和"人民"两个概念加在一起，混同起来，是不符合形式逻辑的起码要求的。形式逻辑认定"人"和"人民"是两个各有不同内涵与外延的概念，是不能混同或互相随意代替的，也不存在"人民"是"人"的第二层含义的关系。至于"本"的含义，有人望文生义一口气说出了根本、基础、主宰、主体、主导、本原、本质、本位等十种、八种，人们从这种眼花缭乱的列举中没有看到论者是如何着力论证"以人为本"中"本"的真正含义是什么，倒是看到了作者从中扯出了世界的本原是"人本"还是"物本"的世界观之争。其实，党中央所制定的科学发展观中提出"以人为本"并不是要解决马克思主义哲学早已解决了的世界本原问题,那么,"以人为本"中的"本"到底是什么含义?这个"本"用在这里,最根本之点是同"人"是劳动的主体、生产的主体、社会实践的主体、历史活动的主体相联系的,是指"人"居于本位的地位。在劳动中、生产中、历史活动和社会实践中,"物"诚然非常重要,马克思称"物"是生产劳动中与"人"一起构成了两者不可缺一的要素,是人类为了生存和发展所要获取的物质生活资料,是人类与自然界进行物质交换的对象,所以物质文明建设是人类文明的基础性建设,可见其十分重要。但是,"物"无论怎样重要,它同"人"相比却永远是客体,而"人"除了是客体,还是主体;"物"同"人"相比永远是没有自我意识、没有能动性的;"物"永远不可能产生要以它为本的自觉的目的性价值追求,而只有"人"才能有生产劳动是为了生产满足自身需要产品的自觉意识,只有"人"才能有"这个世界是属于人的"自我意识,所以,只有"人"才能产生"以人为本"的自觉的目的性价值追求。

以人为本,人作为主体,在改造客观世界的时候,无论是改造自然,还是改造社会,都会出现一个"异化"问题。有人对"异化"这个概念深恶痛绝,声言要埋葬"异化"概念,要为"异化"概念举行葬礼。这种观点是值得商榷的,我们不但因为马克思、恩格斯几十次、上百次地使用过这个概念,不能埋葬它;还因为马克思对"异化"这个概念从哲学上作过界说,因而也不能埋葬它。马克思说:"资本家对工人的统治,就是物对人的统治,死劳动对活劳动的统治,产品对生产者的统治,因为变成统治工人的手段(但只是作为资本本身统治的手段)的商品,实际上只是生产过程的结果,是生产过程的产物。这是物质生产中,现实社会生活过程(因为它就是生产过程)中与意识形态领域内表现于宗教中的那种关系完全同样的关系,即把主体颠倒为客体以及反过来的情形⋯⋯这种对立的形式是必须经过的,正像人起初必须以宗教的形式把自己的精神力量作为一种独立的力量来与自己相对立完全一样,这是人本身的劳动的异化过程。"①有人可能会说这是马克思早期的、不成熟时期的著作,不足为凭。其实,这是马克思写于1863年7月的一篇文章,题为《第六章。直接生产过程的结果》,曾收入1863年9月出版的《资本论》第1卷,是公认的成熟时期的著作。退一万步说,即使马、恩一次也没有用过这个概念,马克思也未对之作过哲学定义,人们在改造客观世界的时候经常会出现这样一种情况,即人们创造出一种客体,这种客体不但不为人服务,反而反过来危害人、制约人,成为主宰人的一种力量,也就是马克思所说的"把主体颠倒为客体以及反过来的情形"。这种情形简直是司空见惯、经常可以见到的,例如:

人创立了宗教,塑造了上帝、泥菩萨,它没有生命,没有任何力气,没有任何作为,但是人们却对之顶礼膜拜,虔诚得很,这就是人的精神生活领域的一种异化。

在资本主义社会里,工人阶级创造了无数物质财富,但这些财富在资本家的手中却成了奴役工人阶级的一种物质力量。这就是马、恩无数次讲过的"劳动异化"。

人们努力地开采矿山,盖钢铁厂、水泥厂、化工厂、肥料厂、纺织厂、造纸厂……但不注意环境保护,未注意防治污染,结果土地、河流、空气被污染了,给人造成了危害,这也是一种异化。

人类开发了原子核裂变、聚变技术,它本来可以为人类带来能源,但人们却用之造出了原子弹、氢弹,威胁着人类的生存,这就是

---

① 《马克思恩格斯全集》第49卷,人民出版社中文第1版,第48~49页。类似的论述还可参阅《马克思恩格斯全集》第23卷,即《资本论》第1卷,第88~89、626~627、681等页。着重点为引者所加。

科学技术领域的一种异化。

恩格斯曾经告诫过人们,滥伐森林,人类可能会遭到自然界的惩罚;著名科学家爱因斯坦、彼埃尔·居里、维纳等人,也曾告诫过人们,自然科学的最新发展有其两面性,是把双刃剑,在给人类带来利益的同时也可能会带来危害。他们所讲的也是在改造自然的过程中可能会出现的异化现象,提醒人类要注意防止这类异化现象的发生。

再说权力的异化,在剥削阶级社会中,这种异化是司空见惯的。但在社会主义社会中,这种异化也未绝迹。按照马、恩创立的社会主义学说,社会主义社会是劳动人民当家作主的社会,人民是主人,官员是公仆,但是某些以权谋私的腐败分子,贪污盗窃人民的财产,骑在人民头上作威作福。这种现象我们见得还少吗?这也是权力的异化,人民的权力变成了少数人危害人民的一种力量。

某些人对于讲社会主义社会中仍会存在某些异化现象,就神经紧张,以为这是有人在攻击社会主义制度。其实这是一种误解,也是没有坚持唯物辩证法。想当年,毛泽东曾经批评斯大林不承认社会主义社会存在矛盾,并说在我们的社会里已经没有任何矛盾的想法"是不符合客观实际的天真的想法"。① 毛泽东认定社会主义社会仍然存在矛盾,正是为了正视矛盾、区分不同性质的矛盾、正确处理矛盾,推动社会主义社会的向前发展。现在我们承认人类在改造自然和改造社会的过程中可能会出现异化现象,也正是为了正视它、认识它、预防它和克服它,求得"人与自然的和谐发展"和"人与社会的和谐发展"。对这种客观存在的异化现象采取不承认主义,甚至深恶痛绝地要埋葬"异化"概念,要为"异化"

---

① 《毛泽东文集》第7卷,人民出版社1999年版,第204页。

概念举行什么葬礼,这不是共产党人所应采取的诚实的实事求是的态度。

二、从经济上说就是我们的一切生产
要以满足人的需要为目的

在对极左思潮进行拨乱反正的时候,曾经产生过有关生产目的的争论。

为生产而生产、为完成计划而生产,不顾生产出来的东西人们需要不需要,只是一个劲地埋头生产,结果是生产出大量的不适销对路的产品,长期堆积在仓库里,这,我们就不去再说了。

还有一种说法,叫做为革命而生产、为巩固人民民主专政而生产。这种说法在一定的时间段里,在一定的层面上,也有它一定的道理,姑且说它还有部分的真理性,但它终究没有说出生产的终极目的。

对于我们社会主义社会来说,无论从什么时间来说,搞经济建设,搞生产建设,它的终极目的都是为了满足人的需要,如果一叶障目,偏离了这样一个简单的朴素的真理,那么我们的经济建设,我们的一切生产活动都会走到邪路上去。这样的经验教训难道还少吗? 还不严重吗?

我们现在搞社会主义市场经济体制改革,一个最大的优点和进步,就是懂得了我们要为市场而生产,我们的一切经济建设,我们所有的产品都应当是适销对路的,都应当是为了满足人们的物质文化需要。所谓市场在资源配置中要起基础性的作用,我想它的精髓和实质也就在这里。我们取得这样的认识是付出了沉重的代价的,我们现在各行各业都说要"以人为本",就是一个可喜的进步。

在经济建设中坚持"以人为本",要注意解决人与自然和谐发展的问题,也就是要对经济建设的结果进行价值评估:我们的各项建设是否真正地、全面地达到了满足人的需要的目的? 在达到这一目的的过程中是不是节约了资源和劳动力? 是不是注意了保护生态? 是不是污染了环境? 是不是既满足了当前的需要又保持了可持续发展? 等等。

当然,在经济领域讲"以人为本",并不仅仅局限于生产的目的性问题,还包括在劳动组织、经营管理和企业文化等种种层面上都要"以人为本"。这是应当另文论述的问题了,本文就不多说了。

三、从政治上说就是要以人民为主人

"人"与"人民"是两个内涵和外延不同的概念,不能在它们之间画等号,但是,我们可以从政治学上将"以人为本"诠释为"以人民为本",因为在社会主义社会中,"人民"是"人"的一种基本的、主要的群体存在形态,所以,从政治上说,"以人为本"就是要把人民放在本位,让人民成为我们这个社会主义国家真正的主人。人民当家作主,官员是为人民服务的公仆,我国的宪法、我们共产党的党章都是这样明确规定了的。但是在现实生活中,有那么少数人,当官后,思想意识就起了变化,发生了主仆的颠倒,认为自己就是主人,而人民反而成了他的工具,干出了许多以权谋私、贪污腐败的丑行,从人民的公仆演变成了人民的主子,干出了令人深恶痛绝的危害人民的罪行。这就是政治权力的一种异化。对于这种异化,我们认识得越早越好,认识得越深刻、越彻底越好,再也不能讳疾忌医,再把权力异化问题不当一回事,听之任之。我们对之认识得越早、越深刻、越彻底,我们就可以在政治体制改革中努力形成、制定防止这种异化的机制和制度,要使公仆真正是人民所选择的,要让公仆随时随地都处于主人的严格监督之下,遇有不称职的、腐败变质的,人民随时有办法弹劾他、罢免他。

少数公仆异化成为主子,常常是在"我是代表人民的"借口下实现的。不错,人民公仆理应代表人民,为人民干好事、干实事。但是,你是否真正地代表了人民,不是以你自己的宣言为标准的,而是以你的实践及其结果:人民拥护不拥护、赞成不赞成、高兴不高兴、答应不答应为标准。

党的十六大第一次郑重地提出了要加强政治文明建设的要求。我认为这一要求的提出再一次证明我们的党与时俱进、进一步成熟了,是抓住了政治体制改革的一个关键问题。

在政治文明建设中坚持"以人为本",要注意解决人与社会和谐发展的问题,也就是在改革中要协调好人与人的利益关系,要兼顾国家、集体、个人三者的利益;要注意普遍受益和共同富裕问题,防止扩大地区、贫富差距,防止出现两极分化;要协调好群体间的社会矛盾、保持社会稳定、防止出现新的社会对抗,等等。

四、从伦理道德上说就是要把人
当做人来对待

一个人从他出生的那天起,就享有普遍的人权。这已成为当今人类文明社会被公认的一个原则,我国已先后加入二十一个国际人权公约并将"国家尊重和保障人权"写入宪法就是证明。当然,人权、人的自由、人的尊严的实现,并不是无条件、无限制、任意的,它必须受到社会历史条件的制约,必须是循序渐进的,必须受到社会道德规范和法律法规的约束。一个党员、干部如果违反了党纪政纪必然会受到纪律处分;每个公民都应遵守社会道德规范和国家的法律法规,如果违法犯罪还要受到法律的制裁。一个社会要想获得和谐、稳定、健康的发展,就必须大力弘扬"以人为本"。无论是一个社会组织、团体,还是政党、政府和所有掌有权力者,都要把人当作人来对待;也无论是人与人之间,以至每个人对自身,都应把人当作人来对待。我们现在不是很强调要加强道德建设嘛,我认为抓道德建设首先必须抓这一根本点。可以设想一下我们这个正在全面建设小康社会的社会主义国家,如果:

人与人之间时时都是剑拔弩张、互相残杀;

人与人之间总是尔虞我诈、争权夺利;

人与人之间都不珍惜生命,草菅人命。

一个人如果不尊重别人的权利、自由、尊严,那他也就必然会失去自身的权利、自由和尊严;

一个人如果总是缺乏人性,对人毫无爱心,那他也不会得到别人的爱;

……

设想一下这样一些情景,我们这个社会还能和谐与稳定吗?还能发展与前进吗?

即使在激烈的阶级斗争中,在你死我活的拼杀中,我们还提倡和实行革命的人道主义,战场上的敌人,只要他放下了武器,不再为敌,我们就要把他当作人来对待,尊重他的人格与人权。这不是策略上的权宜之计,而是共产党人的一条根本的政治原则,因为共产党人是以不但要解放自己而且要解放全人类为宗旨、为最终目的的,这是实行马克思主义的人道主义、社会主义的人道主义的题中应有之义。

在今天,我们正在建设社会主义,为将来实现共产主义而奋斗,在加强社会主义道德建设中,把弘扬社会主义的人道主义作为根本任务,实在是一个重大课题。

马、恩曾经强调地讲过,共产主义社会就是人的彻底解放和人的全面发展的时候。我们今天在推进经济社会发展的时候,特别强调要"坚持以人为本"、"促进人的全面发展",它的深刻的、深远的含义就在于此。正如胡锦涛总书记 2003 年 7 月 1 日的讲话中所说:"实现物质财富极大丰富、人民精神境界极大提高、每个人自由而全面发展的共产主义社会,是马克思主义最崇高的社会理想。""在我国社会主义初级阶段,我们党作为执政党的根本任务就是发展生产力,发展是我们党执政兴国的第一要务。发展是以经济建设为中心、经济政治文化相协调的发展,是促进人与自然相和谐的可持续发展。中国共产党人要坚持以兴国为己任、以富民为目标,走适合中国国情的社会主义发展道路,经过长时期的努力,不断使经济更加发展、民主更加健全、科教更加进步、文化更加繁荣、社会更加和谐、人民生活更加殷实,不断促进人的全面发展,不断向党的最终目标前进。"

(作于 2003 年 10 月,2004 年 4 月修改)

二论 "以人为本"与马克思主义的人本主义

有位哲学教授 3 月 1 日在《北京日报》上发表了《马克思主义与"以人为本"》一文,我反复读了几遍,仍然搞不清楚该文到底是赞成"以人为本",还是反对"以人为本",所以撰写此文,提出商榷和请教。

一、马克思主义的人本主义与以往人本主义根本区别是什么?

有没有马克思主义的人本主义? 20 多年前关于人道主义的那场大争论,争论的其实就是这个问题。主张有马克思主义的人道主义的人们,实际上也就主张有在马克思主义世界观指导下的人本主义。人道主义、人本主义是 Humanism 的不同汉语意译,其共同点都是承认人是根本。广义的人道主义都强调人的价值,人是根本,应当把人放在本位。但是历史上的各家各派人道主义,对人的本质、人的属性、人的规定性却有着不同的,甚至根本不同的理解。马克思主义的人道主义就是在这一点上与以往的一切人道主义有着根本的区别。几十年来我国哲学界、学术界在人道主义问题上的争论,归根到底就集中在这个问题上。

在党中央提出要"坚持以人为本"以后,那些曾经反对讲有马克思主义的人道主义、人本主义的人们也承认有"马克思主义的人本主义"了,这是一种可喜的进步,是值得欢迎的。但是该文在作了这种承认后,马上又说:"这不是说以人为本与人本主义毫无区别。以人为本是一种态度、方式、方法,而人本主义是一种观点、看法、理论"。这种表述真是令人如坠云里雾中,"态度、方式、方法"同"观点、看法、理论"到底是一种什么关系?"态度、方式、方法"里面就没有"观点、看法、理论"?"观点、看法、理论"里面就没有"态度、方式、方法"?这样去区分"以人为本"与"人本主义"只能是越区分越混乱,越让人摸不着头脑。作这种区分,实际上仍然是把"人本主义"当作是费尔巴哈等哲学家的专利品,就像把人道主义当作是资产阶级的专利品一样。其实,有黑格尔的、费尔巴哈的、空想社会主义的人道主义、人本主义,也有马克思主义的人道主义、人本主义,它们之间的真正区别不在于"态度、方式、方法"与"观点、看法、理论"这种说不清道不明的区别,而在于对"人"的不同理解,也就是对"人"的本质有不同性质的抽象。在20多年前的那场大争论中,实际上最后归结为"抽象的人"还是"具体的人"的争论。主张有马克思主义的人道主义、人本主义的人们说,马克思主义所说的"人"是具体的人,是从事感性活动的、在历史发展中实践的人;而批判者则把对方硬扣上"宣扬抽象的人"的帽子,然后将其归入费尔巴哈、空想社会主义者一类。这些批判者所批判的其实不是主张有马克思主义的人道主义、人本主义的人们,而是直接批判马克思、恩格斯,因为马、恩曾经反复多次讲过,他们研究唯物史观的出发点是人,是现实的、活生生的从事感性活动、实践活动的人。马克思在批判旧哲学、创立自己的新哲学时,在《关于费尔巴哈的提纲》这篇著名文章中,曾经强调地说:"从前的一切唯物主义(包括费尔巴哈的唯物主义)的主要缺点是:对对象、现实、感性,只是从客体的或者直观的形式去理解,而不是把它们当做感性的人的活动,当做实践去理解,不是从主体方面去理解。"①马、恩关于他们研究的出发点是现实的人、具体的人的种种论述,我和其他持有相同观点的人们已经大量引用过,这里就不重复了。

是"抽象的人"还是"具体的人",这是一个认识论问题。其实,"人"作为客观存在物,任何时候都是具体的、现实的。所以有"抽象"与"具体"之分,是指人们对"人"的认识、在思维中对"人"的反映和把握,有"抽象"与"具体"之分。马、恩对"人"的认识是建立在科学抽象的基础之上的,是把握了人在不同历史条件下的现实的、具体的属性的,而黑格尔、费尔巴哈、空想社会主义的哲学家、思想家们对"人"的认识则是建立在非科学的抽象的基础之上的,没有真实地反映人的真正的属性。黑格尔对人进行了颠倒的把握和反映,把人只当作意识的、思想的存在物,所以是唯心主义的;费尔巴哈对人进行了非科学的、不真实的把握和反映,他舍弃了人身上生动的、丰富的、在历史中不断发展的本质,特别是人的社会性,只把人当作感性的存在而不是感性的活动来看待。他的方法是撇开历史的进程,在那里孤立地、静止地考察人,"假定有一种抽象的——孤立的——人的个体",并且仅仅把人身上的生物学、生理学和心理学的特性抽象出来作为这个孤立的人类个体的本质规定,所以马克思说他只能把"人"的本质"理解为'类',理解为一种内在的、无声的、把许多个人自然地联系起来的普遍

① 《马克思恩格斯选集》第1卷,人民出版社1995年版,第54页。

性。"①而马克思主义哲学对人、人的本质则进行了真实的、科学的抽象和反映,把握了现实的人的存在、活动和实践,所以是关于现实的人及其历史发展的科学,正如恩格斯在《费尔巴哈和德国古典哲学的终结》中所说:"费尔巴哈没走的一步,必定会有人走的。对抽象的人的崇拜,即费尔巴哈的新宗教的核心,必定会由关于现实的人及其历史发展的科学来代替。"②也正如列宁所说:"当思维从具体的东西上升到抽象的东西时,它不是离开——如果它是正确的——真理,而是接近真理。物质的抽象,自然规律的抽象,价值的抽象及其他等等,一句话,那一切科学的(正确的、郑重的、不是荒唐的)抽象,都更深刻、更正确、更完全地反映着自然。"③马克思主义哲学关于人、人的本质的抽象是这种科学的、正确的、郑重的抽象,因而是真理,而黑格尔、费尔巴哈关于人、人的本质的抽象则是非科学的、不郑重的、不正确的抽象。这个道理其实并不难理解,正像对于客观存在的物质世界,在不同的哲学家的眼中有不同的反映,但是物质世界绝不会因为不同的哲学家对它采取不同的态度而丧失它的客观存在这一根本特性一样,人也不会因为不同的哲学家对他有不同的看法,而丧失他的客观存在的现实性。

　　唯物史观的创始人马克思和恩格斯本人都一再承认了"现实的人"、"在历史中行动的人"是他们创立唯物史观的出发点,而且有他们创立唯物史观时期以至晚年的大量著作作为证明,现在居然有人视而不见,如果有人重述马、恩的观点,还要遭到质疑,甚至批判,我们到底应当相信谁呢? 不过为什么在时隔一百多年后的

---

① 《马克思恩格斯选集》第1卷,人民出版社1995年版,第56页。
② 《马克思恩格斯选集》第4卷,人民出版社1995年版,第241页。
③ 《列宁全集》第38卷,人民出版社中文第1版,第181页。

今天这会成为人们争论的一个问题,倒是非常值得人们研究的一种思想现象。这是涉及认识论上的一种带有普遍性的现象。一个概念、范畴、原则、原理一旦从客观事实中抽象出来以后,人们很容易把它当作一个先验的模式,似乎是一个不言自明的东西,不再问一问它们是怎样形成的,是怎样产生的。恩格斯曾经尖锐地批判过杜林的先验论,强调地指出:"原则不是研究的出发点,而是它的最终结果;这些原则不是被应用于自然界和人类历史,而是从它们中抽象出来的;不是自然界和人类去适应原则,而是原则只有在符合于自然界和历史的情况下才是正确的。"①

二、马克思主义的社会主义与前马克思主义的 社会主义的根本区别在哪里?

该文还说:"前马克思主义的社会主义是人本主义的,而马克思主义的社会主义是科学的社会主义,它把人类社会看成是客观存在,具有自己的客观规律,反对把社会发展归结为人的思想观念的发展。换句话说,它是以社会为本。"这段话是颇为令人思量的,按照这种说法,就应当坚决反对提"以人为本",而他却一再表示:肯定"以人为本"是"理论上的重大突破"、"是顺理成章"的,这怎么能自圆其说呢?其实,上述论述还是没有搞清楚前马克思主义的人本主义与马克思主义的人本主义的根本区别。前马克思主义的社会主义与马克思主义的社会主义的根本区别并不是一个主张"以人为本",一个主张"以社会为本",如果这样去区别的话,那么不是等于说我们党现在提出的坚持以人为本,促进经济社会

---

① 《马克思恩格斯选集》第 3 卷,人民出版社 1995 年版,第 374 页。

和人的全面发展的科学发展观,是倒退到空想社会主义去了吗?

在二十多年前关于人道主义的大争论中,我曾写了专文论述过马克思的社会主义的科学性与价值观的统一。马克思主义的人道主义,正是在批判了黑格尔、空想社会主义者把社会发展归结为人的思想观念的发展和费尔巴哈对抽象的人的崇拜以后建立起来的。正是由于马克思完成了这样的批判,所以恩格斯才把唯物史观定义为"关于现实的人及其历史发展的科学"。恩格斯作这一论断时,难道也是"把社会的发展归结为人的思想观念的发展"?我要提请人们特别注意,恩格斯所讲的关于现实的人及其历史发展的科学,也就是关于人类社会历史发展规律的科学,不是凡讲人就没有规律可言、就没有科学性可言的。马克思主义的人道主义、人本主义,是建立在对人类社会历史发展的客观规律科学认识的基础之上的,也是科学性与价值观的统一。马克思科学社会主义中包含着这样的人道主义、人本主义是题中应有之义。

三、提出"以人为本"会导致"个人中心主义"、"以我为本"以至"天下大乱"吗?

该文提出不能把"以人为本"理解为"以个人为本"、"以我为本",用心良苦,值得尊重。但有人发生这样的误解,根源还是在于没有真正理解马克思主义所讲的"人"。人是天生的社会动物,劳动创造了人,但是只有结成一定的生产关系和其他社会关系,人才能从事劳动和其他社会活动,所以马克思说人的本质并不是单个人所固有的抽象物,"一切社会关系的总和"是形成人的本质的"现实基础"。不在一定的社会关系中,人不但无法从事生产劳动和其他任何活动,而且连生存下去都不可能。所以,马克思主义所讲的"人",是具有丰富内容和多重规定性的概念,他既是主体,又是客体,而且是主客体的统一体;既是个体,又是群体,而且是个体与群体、个人与类的统一;既是"我",又是"你"和"他",而且是你、我、他的统一……那种把"以人为本"理解为"个人中心主义"、"以我为本",是对马克思主义人本主义的误解或曲解。至于说人们"按照自己的需要要求于社会",是否一定会导致"天下大乱",则是应当进行具体分析的。个人与社会一方面具有统一性,社会是由人组成的,人是社会的人。但是,另一方面,当人与社会相对而言时,它们又是一对相对应的概念。人要求社会满足自身的需要,社会要求每个人对社会作出贡献。人对社会的要求和社会对人的要求,都是客观存在的,不管你提不提"以人为本"它都是存在的,即使你一千个反对,一万个不赞成,坚决地闭口不提"以人为本",它还是存在的。人与社会的这种双向的价值追求,在任何社会都是存在的。马克思主义强调社会、群体、集体的价值,但从不泯灭个体的价值,更没有用集体、群体、社会的价值去否定个体的价值,因为这样做是根本不可想象的,社会毕竟是由一个个的个体组成的,马克思和恩格斯无数次地强调过个体的价值,在《共产党宣言》这部纲领性著作中,在展望未来理想社会时,他们还强调地说:"代替那存在着阶级和阶级对立的资产阶级旧社会的,将是这样的一个联合体,在那里,每个人的自由发展是一切人的自由发展的条件。"①马克思在《资本论》第 1 卷中指出未来更高级的社会主义——共产主义的社会形式,是"以每个人的全面而自由的发展为基本原则的"②。

① 《马克思恩格斯选集》第 1 卷,人民出版社 1995 年版,第 294 页。
② 《马克思恩格斯全集》第 23 卷,人民出版社中文第 1 版,第 649 页。

历史上出现过的"天下大乱",正是由于人格化的社会,即社会的当权者没有正确地认识和处理好人的这种满足自身需要的客观要求。历史上出现的阶级斗争,正是由于作为社会统治者的阶级的残酷的剥削和压迫造成的。中国共产党作为建设中国特色社会主义的领导力量,作为我们国家的执政党,提出在我们的一切工作、一切活动中要"坚持以人为本"是完全正确的,是完全符合我们党所处的社会历史地位的。我们党在提出坚持以人为本思想的同时,还始终坚持要大力发展生产力,调整生产关系和上层建筑,使其适应生产力发展的需要,为发展生产力服务。大力发展生产力,正是为了解决我国社会现阶段的主要矛盾,即人民日益增长的物质文化需要同落后的社会生产的矛盾。其实,人的一切需要的满足,最终还是要靠人的大脑和四肢的辛勤劳动生产才能实现的,以人为本,促进社会和人的全面发展的科学发展观的提出,首先是为了解决中国社会主义现代化建设中出现的新问题,同时也是为了最大限度地调动人的劳动生产的积极性和创造性。人类无止境的需要,正是推动人类社会永远前进的永不枯竭的内在动因,现阶段我国人民日益增长的物质文化需要同落后的社会生产的矛盾,正是推动我国人民去建设中国特色社会主义社会的强大动力。总之,我们党提出的科学发展观,是在新的历史条件下既坚持又发展了马克思主义,是对社会发展规律的正确认识和把握,是一种进步和成熟。它导致的结果绝不会是"天下大乱",而必然是人与自然、人与社会的和谐发展。如果反其道而行之,则是真正会导致"天下大乱"的。

毛泽东曾经说过:"世间一切事物中,人是第一个可宝贵的"。① 所以马克思主义的人本主义是尊重人的价值、人的自

---

① 《毛泽东选集》第4卷,人民出版社1991年版,第1512页。

由、人的权利的。但是,马克思主义的人本主义是既讲人的价值又讲人的社会责任的,既讲人的自由又讲人要受到社会规范的约束的,既讲人的权利又讲人的社会义务的,并不是说任何人都可以任意地不受任何约束地胡作非为。人之所以为人,是有做人的标准、做人的"格"的。1937 年 10 月 10 日,毛泽东在给审判因逼婚不成开枪打死刘茜的黄克功案件的审判长雷经天的信中说,黄克功"犯了不容赦免的大罪,以一个共产党员、红军干部而有如此卑鄙的,残忍的,失掉党的立场的,失掉革命立场的,失掉人的立场的行为,如为赦免,便无以教育党,无以教育红军,无以教育革命者,并无以教育做一个普通的人。因此中央与军委便不得不根据他的罪恶行为,根据党与红军的纪律,处他以极刑。"①这就是说,即使曾经立过很大功劳的共产党员、革命干部,不但要有党的立场、革命的立场,而且还要有做人的立场。失去了做人的立场,失去了做人的"格",犯了不容赦免的大罪,也是要受到严厉惩罚的。所以,每一个作为社会一分子的人,都必须受到社会伦理道德、法律法规等社会规范的约束;所以,要教育人、改造人、塑造人,要进行精神文明建设。社会主义精神文明建设是人自身的现代化建设,目的是使人成为社会主义现代化的合格的建设者。

(作于 2004 年 5 月。《北京日报》曾于 2004 年 6 月 7 日以《提"以人为本"会导致"以我为本"吗——兼谈正确理解马克思主义的人本主义》为题,发表了本文的摘要)

---

① 《毛泽东文集》第 2 卷,人民出版社 1993 年版,第 39 页。

三论 马克思主义人本主义对旧
人本主义的扬弃和超越

　　有一种观点认为,"以人为本"只是一种伦理道德观,不能在社会历史发展观、世界观上讲"以人为本"。对于这种观点,笔者不能苟同,特提出商榷。

　　先从马克思主义哲学发展史的角度谈谈这个问题。马克思主义的人本主义,是对资产阶级的、空想社会主义的人本主义的扬弃和超越。在什么地方扬弃和超越了呢? 最根本之点在于:资产阶级人本主义者、空想社会主义者把人本主义、人道主义只局限于被剥削被压迫者的伦理道德的诉求,并且希望通过对资产阶级进行道德说教来实现被剥削被压迫者的解放。马克思主义的人本主义正是在批判了这种关于"爱的呓语"之后建立起来的关于人的解放的科学理论,正如恩格斯在《路德维希·费尔巴哈和德国古典哲学的终结》这部名著中回顾马克思是怎样创立了唯物史观时所说,在费尔巴哈那里,爱随时随地都是一个创造奇迹的神,可以帮助克服实际生活中的一切困难。费尔巴哈的道德论是和它的一切前驱者一样的。它是为一切时代、一切民族、一切情况而设计出来的;正因为如此,它在任何时候和任何地方都是不适用的,而在现实世界面前,是和康德的绝对命令一样软弱无力的。理由很简单,因为费尔巴哈不能找到从他自己所极端憎恶的抽象王国通向活生生的现实世界的道路。但是,恩格斯强调地说:"费尔巴哈没有走的一步,必定会有人走的。对抽象的人的崇拜,即费尔巴哈的新宗教的核心,必定会由关于现实的人及其历史发展的科学来代替。"①这种关于现实的人及其历史发展的科学,包含着从无产阶级和劳动人民的解放,到全人类的解放,再到人的全面而自由的发展等丰富的内容,不仅找到了通过无产阶级的阶级斗争和专政来实现无产阶级以至全人类解放的根本途径,而且还要经过社会主义阶段的建设和发展,最后实现共产主义的崇高理想,达到每个人的自由发展是一切人自由发展的条件和每个人全面而自由发展的理想境界。马克思在 1867 年出版的《资本论》中所说共产主义社会是一个"以每个人的全面而自由的发展为基本原则的社会形式",同 1848 年在《共产党宣言》中所说共产主义社会"将是这样一个联合体,在那里,每个人的自由发展是一切人的自由发展的条件",同《1844 年经济学哲学手稿》中所说:"共产主义,作为完成了的自然主义,等于人道主义,而作为完成了的人道主义,等于自然主义,它是人和自然之间、人和人之间的矛盾的真正解决……它是历史之谜的解答,而且知道自己就是这种解答",马克思、恩格斯这 20 多年中的一系列论述是一脉相承的。这种从创立唯物史观起,到成熟时期的纲领性文件,再到成熟时期的经典名著,其根本观点是一以贯之的。马克思,还有恩格斯,他们一起已经完成了这样的扬弃和超越,完成了哲学上的伟大革命,把人本主义发展成为唯物史观的有机的组成部分、同无产阶级的社会革命论紧密结合成一体以后,现在有人还要把它局限于伦理道德的范畴,难道不

---

① 《马克思恩格斯选集》第 4 卷,人民出版社 1995 年版,第 241 页。

是非常令人费解吗？

上面，我们是从马克思列宁主义哲学发展史和理论上说的（关于从唯物史观的理论层面对"以人为本"所作的马克思主义证明，我在发表于2004年6月22日《光明日报》的文章中已有所论述，这里就不重复了），现在我们再回到现实生活中来。党中央提出的"坚持以人为本，树立全面、协调、可持续的发展观，促进经济社会和人的全面发展"的重要指导思想，不仅继承了从《1844年经济学哲学手稿》到《共产党宣言》，再到《资本论》一脉相承的思想，而且更重要的是从建设中国特色社会主义的实践需要出发的，是总结和汲取了国际国内有关发展的经验教训，特别是总结了中国20多年来改革开放中快速发展的新鲜经验后提出来的，正如2004年国庆节游园，胡锦涛总书记参观"树立和落实科学发展观"展览时所说："科学发展观是我们党在新形势下对发展问题的认识深化，也是新中国成立以来特别是改革开放以来我们党带领人民推动发展长期实践的总结。我们一定要从贯彻落实'三个代表'重要思想、确保实现全面建设小康社会宏伟目标的高度，进一步增强贯彻落实科学发展观的自觉性和坚定性，努力推动经济社会又快又好地发展。"坚持以人为本，全面、协调和可持续的发展与经济社会和人的全面发展，其内容十分丰富，而且与时俱进，有不少创造性的发展，既包括经济、政治、文化、社会、伦理道德等各方面的内容，在哲学上、思维方式上也有发展、也有深化，它是一种科学的、正确的、符合时代需要的发展观，对我国今后的发展，包括人与自然的和谐发展和人与社会的和谐发展，以及人自身的健康和谐发展，都具有重要的指导意义。它是建立在马克思主义的世界观、历史观、价值观统一的理论基础之上的，是关于发展的世界观和方法论的集中体现。现在如果把科学发展观中的"以人为本"仅仅局限于伦理道德的范畴内,能对科学发展观作出正确的说明吗?能正确认识和全面准确地贯彻落实科学发展观吗?

把马克思主义的"以人为本"仅仅局限于伦理道德的范畴内,实际上仍然没有跳出资产阶级和空想社会主义人道主义的窠臼。现在应该是从这种窠臼中解放出来的时候了。

（作于 2004 年 10 月 4 日）

四论 "以人为本"的马克思主义证明

  党的十六届三中全会明确指出:"坚持以人为本,树立全面、协调、可持续的发展观,促进经济社会和人的全面发展。"这是以胡锦涛为总书记的党中央运用马克思主义基本原理总结国内外的经验教训所得出的科学结论,是完全正确的。然而,在学习研究这一科学发展观的过程中,我们也看到了这样的观点,即认为只有"前马克思主义的社会主义"即空想社会主义是"以人为本"的,而马克思主义的社会主义则是"以社会为本",而且"以人为本"就是把"社会发展归结为人的思想观念的发展";只有"以社会为本"才会"把人类社会看成是客观存在"。笔者对此不能苟同,这里从唯物史观的角度对"以人为本"作一理论上的证明。

  马克思主义从来认为,人的社会和社会的人,是历史的、实践的统一。一方面,人是社会和历史的人,另一方面,社会和历史是人的社会和历史。因此,研究人不能脱离社会和历史,研究社会和历史也绝对离不开人。在研究社会和历史时,如果想把人排除在外,就如同有人拔着自己的头发要把自己从地球上拔出去一样的困难。唯物史观是正确反映人类社会历史发展规律的科学,它没有将人同社会历史割裂开来,只承认、只研究其中的一个方面,它没有离开社会历史的主体——现实的人去建造关于社会历史发展规律的理论体系。人,作为社会历史的主体,同时又是客体,而且是主客体的统一体,在唯物史观中存在着并被全面地肯定着。

一、作为主体的证明

马克思在创立唯物史观时,开宗明义地指出,人类历史的第一个前提无疑是有生命的个人的存在(参阅《德意志意识形态》)。在马克思逝世后,恩格斯在回顾马克思是如何发现人类历史的发展规律时说,马克思首先发现的是历来为繁茂芜杂的意识形态所掩盖着的"一个简单的事实",那就是人们首先必须吃、喝、住、穿,然后才能从事政治、科学、艺术、宗教,等等。马、恩的这些论述说明什么呢? 那就是有生命的个人的存在是人类历史的第一个前提,人是社会历史的主体,因而,在唯物史观中,人也应该以主体的身份出现。这一点,有马克思自己的著作作为证明。马克思在批判旧哲学、创立自己的新哲学的标志性著作《关于费尔巴哈的提纲》中第一条,就明确地指出:"从前的一切唯物主义(包括费尔巴哈的唯物主义)的主要缺点是:对对象、现实、感性,只是从客体的或者直观的形式去理解,而不是把它们当作感性的人的活动,当作实践去理解,不是从主体方面去理解。"①请注意我加了着重点的字句,由此可见,从创立唯物史观起步始,对人类社会历史,马克思就非常强调要从作为社会历史主体的人的感性活动和实践去理解和把握,并把这一点视作自己的新哲学同旧唯物主义的一个根本区别。他在《詹姆斯·穆勒〈政治经济学原理〉一书摘要》中明确

---

① 《马克思恩格斯选集》第 1 卷,人民出版社 1995 年版,第 54 页。

提出:人是"社会联系的主体"①。在《剩余价值学说史》中,马克思又明确肯定:人是"生产主体"②。在《神圣家族》中,马、恩指出:"历史什么事情也没有做,它'并不拥有任何无穷尽的丰富性',它并'没有在任何战斗中作战'! 创造这一切、拥有这一切并为这一切而斗争的,不是'历史',而正是人,现实的、活生生的人。'历史'并不是把人当做达到自己目的的工具来利用的某种特殊的人格。历史不过是追求着自己目的的人的活动而已。"③

正因为人是社会历史发展的主体,所以人们在思维中就应把人放在本位来把握,"以人为本"就成为唯物史观题中应有之义。如果不把人放在本位,那么,"社会"就变成了无主体的、失去了活生生的人的空壳。正因为马克思的唯物史观如实地把握了人是主体,要以人为本,所以它不仅是科学,而且是具有崇高意义的价值观。

二、作为客体的证明

人是主体,但当人们去研究人是怎样在社会历史中活动时,人就成了客体,是客观的现实存在。而且,人与人在交往时,也都是把对方当作客体来对待的,"我"、"你"、"他"就是人们把自己当作主体、把他人当作客体的称谓。

马、恩在创立唯物史观时,丝毫也没有忽视人、漠视人,而是真正科学地面对人。这一点,他们在全面阐发自己的学说时,曾做过明确的肯定。在《德意志意识形态》中,他们说:"我们的出发点是

---

① 《马克思恩格斯全集》第 42 卷,人民出版社中文第 1 版,第 25 页。
② 《马克思恩格斯全集》第 26 卷第 1 册,人民出版社中文第 1 版,第 300 页。
③ 《马克思恩格斯全集》第 2 卷,人民出版社中文第 1 版,第 118～119 页。

从事实际活动的人",又说,唯心史观的"考察方法从意识出发,把意识看作是有生命的个人。""符合现实生活的考察方法则从现实的、有生命的个人本身出发,把意识仅仅看作是他们的意识。""这种考察方法不是没有前提的。它从现实的前提出发,它一刻也不离开这种前提。它的前提是人,但不是处在某种虚幻的离群索居和固定不变状态中的人,而是处在现实的、可以通过经验观察到的、在一定条件下进行的发展过程中的人。"①正因为马克思把现实的人及其历史发展当作客观存在的现实来进行研究,所以发现人为了满足自身生存的需要,他们从事的第一件事就是生产满足自身需要的物质资料,为此,人必须运用大脑和四肢作用于自然界,同自然界进行物质交换,所以形成了关于"生产力"的概念;马克思同时还发现,现实的人必须结成一定的关系才能从事生产劳动,所以形成了"生产关系"的概念。唯物史观中一系列概念、范畴,以及这些概念、范畴所反映的矛盾运动及其逻辑体系,都不是先验地存在于马克思的大脑之中的,这一切都是马克思把现实的人、在社会历史中实践的人作为客体进行研究所得到的科学抽象和概括。因此,我们说唯物史观是科学。正如马克思和恩格斯在进一步批判费尔巴哈时所说:"费尔巴哈设定的是'一般人',而不是'现实的历史的人'。"②"对抽象的人的崇拜,即费尔巴哈的新宗教的核心,必定会由关于现实的人及其历史发展的科学来代替……"③由此可见,现实的人及其历史发展,不仅被确立为唯物史观的研究对象,而对这个研究对象的研究成果即关于现实的人及其历史发展的科学,甚至被恩格斯作为唯物史观的同义语来使用了。列宁也曾说过:

---

① 《马克思恩格斯选集》第 1 卷,人民出版社 1995 年版,第 73 页。
② 《马克思恩格斯选集》第 1 卷,人民出版社 1995 年版,第 75 页。
③ 《马克思恩格斯选集》第 4 卷,人民出版社 1995 年版,第 241 页。

"唯物主义的社会学者把人与人间一定的社会关系当做自己研究的对象,从而也就是研究真实的个人,因为这些关系是由个人的活动组成的。"①

唯物史观不是不面对人,而是不面对虚幻的、孤立的和固定不变状态中的人,而是面对真实的、社会的、实践的人,在社会历史中发展的人,因而是真正地面对人——一个科学规定了的客体。人作为科学客体的确立,而人的客观必然性之揭示,很自然地就导致了对人们的活动规律的揭示,即对人类历史发展规律的揭示。

三、作为主体和客体统一的证明

在上面的分析中,我们已经看到在唯物史观中,人是既作为主体又作为客体而存在的,是既包含着人的自觉能动性、又体现着客观规律性的。在唯物史观中,作为主体的同作为客体的人的统一,或者说,人的主体性和客体性的两重性,充分体现了人的完整性。完整的人,在唯物史观中有如下两个方面的含义。一方面,人是一个客体化了的主体,也就是说,当人作为社会历史的主体创造着社会历史的进程时,他们是受着客观制约的,因为他们是一个具有自然的和社会的客观规定性的主体,他们创造历史的活动是在这种客观规定性的范围内或前提下进行的,并不是随心所欲的,因而他们的活动才是有规律可循的。马克思主义之所以能揭示社会历史发展的客观规律,就是由于当他考察历史主体的活动时,是从他们的客观制约性入手的,是把人放在由一定的生产力和生产关系及其结合方式中进行研究的。从另一方面来看,人又是一个主体性

① 《列宁全集》第1卷,人民出版社中文第1版,第384页。

的客体。马克思主义在把人作为一个科学规定的客体来考察时，知道他是这样的一个客体，他处处以主体的姿态出现，按照自己的需要追求自己的目的，追求自由和幸福，他们并不能意识到自己的追求不是属于他们自己的，而是属于自然和社会的产物，因而他们并不因为自己的任何追求都必然受到客观条件的限制，而放弃任何追求；他们的需要、意识和追求虽然具有受动性，但并不以受动性表现出来，而总是表现为某种主动姿态。人们是在对自己的受动性毫无顾忌中，以各自的方式参与着历史的创造，同时造就着自己。

从客体化了的主体和主体性的客体两方面来看，人的完整性就真正被确立了起来，因而历史就是一个有规律的人的创造性实践过程。唯物史观本来就是这样有机地包含着人的创造性与历史规律性的。马、恩本人也曾经充分表达了这一思想。最明确的表述是在《哲学的贫困》中。马克思认为，"研究每个世纪中人们的现实的、世俗的历史"，就要"把这些人既当成他们本身的历史剧的剧作者又当成剧中人物。""把人们当成他们本身历史的剧中的人物和剧作者"①，意味着什么呢？ 人们在演出，是按照一定的剧情（作为规律、作为必然性）在演出，因而他们虽是主体，但却不是为所欲为的自由意志的体现者。但是，剧情又不是别的什么东西（例如上帝或观念）为他们写成的，完全是他们自己创作的，他们是剧作者，因而虽不能为所欲为，历史却的确是他们之所为；虽不是自由意志的体现，但人们却的确是按自己的意志在行事。这表明，马克思并不是片面地注意了一个方面，而是全面地将人作为能动的主体和受动的客体的统一来把握的，这样就得出了历史规律

①　《马克思恩格斯选集》第1卷，人民出版社1995年版，第147页。

性与人的能动性的统一。

正因为马克思把现实的人,既当作价值主体,又当作科学客体,而且是主客体的统一体来加以把握,所以唯物史观是科学性与价值观的统一。正是根据唯物史观,根据社会历史发展的客观规律,马克思在预见未来理想社会时说:"在那里,每个人的自由发展是一切人自由发展的条件"(《共产党宣言》),又说,共产主义社会是"以每个人的全面而自由的发展为基本原则的"(《资本论》)。现在人们说,这是马克思主义的最高命题,是言之成理的。

马克思主义在一百多年来的人类社会实践中发挥了强大的思想影响,马克思不仅在社会主义国家中,即使在当今的西方世界中,人们仍然把他当作是人类最伟大的思想家,绝不是偶然的,我想它的根据正是深植于此。

(原载《光明日报》2004 年 6 月 22 日)

五论　"以人为本"与马克思关于劳动过程中人与物关系的理论

　　劳动过程是人类制造使用价值的有目的的活动,是人类为了满足自身的需要而占有自然物,是人和自然之间的一种物质交换,是人类生活的永恒的前提,因此,它不以人类生活的任何形式为转移,也可以说它是人类生活的一切社会形式所共有的。而物的因素与人的因素,即生产资料与劳动力,则是"劳动过程所需要的一切因素"(马克思语)。一切劳动过程都离不开人与物。

　　关于人与物的关系,马克思在研究人类社会的历史时,有大量的论述。马克思非常重视人类社会发展不同阶段人与物的关系的不同性质,非常重视人的发展在社会进步中的作用,他在《政治经济学批判(1857~1858年草稿)》中,曾以人与物关系的不同性质,将人类社会发展分为三种形态:

　　第一种形态,是"人的依赖关系(起初完全是自然发生的)",这种关系"是最初的社会形态,在这种形态下,人的生产能力只是在狭窄的范围内和孤立的地点上发展着"。

　　第二种形态,是"以物的依赖性为基础的人的独立性","在这种形态下,才形成普遍的社会物质变换,全面的关系,多方面的需求以及全面的能力的体系"。

第三种形态,是"建立在个人全面发展和他们共同的社会生产能力成为他们的社会财富这一基础上的自由个性"。①

关于人与物关系的不同性质,马克思在论述资产阶级社会和共产主义社会时,更有非常深刻和精辟的论述。马克思在《资本论》第一册第六章的手稿中指出:"资本家对工人的统治,就是物对人的统治,死劳动对活劳动的统治,产品对生产者的统治,因为变成统治工人的手段(但只是作为资本本身统治的手段)的商品,实际上只是生产过程的结果,是生产过程的产物。这是物质生产中,现实社会生活过程的结果,是生产过程的产物。这是物质生产中,现实社会生活过程(因为它就是生产过程)中与意识形态领域内表现于宗教中的那种关系完全同样的关系,即把主体颠倒为客体以及反过来的情形。"②马克思在这里把"物"称为"死劳动"、"产品",把"人"称作"活劳动"、"生产者"。

马克思的这一重要思想,在他的《资本论》、《政治经济学批判》、《剩余价值理论》等重要著作中,在揭示资本家用工资的形式购买劳动力即活劳动后,在劳动过程中怎样产生了剩余价值的秘密时,多次、反复出现,不断加以深化、具体化,例如,在《剩余价值理论》中指出,劳动的物质条件——劳动材料、劳动资料并不从属于工人,相反,是工人从属于它们。不是工人使用它们,而是它们使用工人。正因为这样,它们才是资本,所以马克思说是"资本使用劳动",工人对它们来说倒是一个手段,它们依靠这个手段,一方面保存自己的价值,另一方面使自己的价值转化为资本,也就是

---

① 《马克思恩格斯全集》第 46 卷(上册),人民出版社中文第 1 版,第 104 页。
② 《马克思恩格斯全集》第 49 卷,人民出版社中文第 1 版,第 48～49 页。

说,吸收剩余劳动,使自己的价值增殖。这种关系是一种颠倒,是物的人格化和人的物化。资本家的统治只不过是物化劳动对活劳动的统治,工人制造的产品对工人本身的统治,资本家手中的劳动资料作为一种异己的、物的东西而支配工人。

再如,马克思在《资本论》中还说,资本主义生产方式使劳动条件和劳动产品具有与工人相独立、相异化的形态,"劳动资料扼杀工人"。

在创立剩余价值学说的同时,马克思的另一个伟大发现便是创立了唯物史观。马克思、恩格斯在创立唯物史观时写的一本名著《德意志意识形态》中,提出了共产主义革命就是消灭异化劳动的重要思想:"迄今为止的一切革命始终没有触动活动的性质,始终不过是按另外的方式分配这种活动,不过是在另一些人中间重新分配劳动,而共产主义革命则针对活动迄今具有的性质,消灭劳动,并消灭任何阶级的统治以及这些阶级本身"①。劳动创造了人类,劳动是每个个人生存和发展的首要的前提条件,到了共产主义社会劳动则成了人们生活的第一需要,劳动本身是不能消灭,也消灭不了的。那么,马克思、恩格斯在这里说"消灭劳动"是什么意思?从上下文看,这里所说的"消灭劳动"是指劳动"迄今具有的性质",即异化劳动。劳动的真实本质是生产满足人们自己生存和发展需要的物质文化产品,是人们为自身的生存和发展而从事的自觉自愿的活动,但是,到了奴隶社会、封建社会、资本主义社会,劳动却异化成为为他人的、奴役性的活动;劳动的成果成了剥削者手中统治、奴役劳动者的一种异己的力量。这是完全违反人的本性的,所以异化劳动不但必须而且必然被消灭。到了共产主

---

① 《马克思恩格斯选集》第1卷,人民出版社1995年版,第90~91页。

义社会,劳动及其成果不再成为统治人、奴役人的异己力量,正如马克思、恩格斯所说:"共产主义和所有过去的运动不同的地方在于:它推翻一切旧的生产关系和交往关系的基础,并且第一次自觉地把一切自发形成的前提看作是前人的创造,消除这些前提的自发性,使它们受联合起来的个人的支配。因此,建立共产主义实质上具有经济的性质,这就是为这种联合创造各种物质条件,把现存的条件变成联合的条件。共产主义所造成的存在状况,正是这样一种现实基础,它使一切不依赖于个人而存在的状况不可能发生。"①

关于在共产主义条件下劳动的性质,马克思在《资本论》第三卷中讲得更加明确,他说:"社会化的人,联合起来的生产者,将合理地调节他们和自然之间的物质变换,把它置于他们的共同控制之下,而不让它作为一种盲目的力量来统治自己;靠消耗最小的力量,在最无愧于和最适合他们的人类本性的条件下来进行这种物质变换。"②

死劳动与活劳动、产品与劳动者、物与人的关系,在共产主义社会里与在资本主义社会里具有完全不同的性质,马克思、恩格斯在其纲领性的经典名著《共产党宣言》中说得更加深刻和精辟:"在资产阶级社会里,活的劳动只是增殖已经积累起来的劳动的一种手段。在共产主义社会里,已经积累起来的劳动只是扩大、丰富和提高工人的生活的一种手段。""所以,在资产阶级社会里是过去支配现在,而在共产主义社会里则是现在支配过去。在资产阶级社会里,资本具有独立性和个性,而劳动的个体却被剥

---

① 《马克思恩格斯选集》第 1 卷,人民出版社 1995 年版,第 122 页。
② 《马克思恩格斯全集》第 46 卷,人民出版社中文第 2 版,第 928~929 页。

夺了独立性和个性。"

从马克思、恩格斯关于不同社会形态下人与物的关系的不同性质的论述中,我们可以体会到在资产阶级社会中,马克思绝不会主张"以物为本",因为资产阶级已经将物化劳动即死劳动异化成为统治、支配、扼杀工人阶级的手段和力量,所以马克思必然主张消灭异化劳动,消灭物对人的统治的可悲局面。而在共产主义社会中更不应该"以物为本",按照马克思主义的世界观则必然主张"以人为本",因为这时劳动者已经成为社会联合体的主人,人们已经取得对物的所有权与支配权,正如马克思和恩格斯在《共产党宣言》中所说:"我们决不打算消灭这种供直接生命再生产用的劳动产品的个人占有","共产主义并不剥夺任何人占有社会产品的权力,它只剥夺利用这种占有去奴役他人劳动的权力。"①这时,"以人为本"不仅成为必需,而且成为可能。

我国现在虽然还处于社会主义阶段,但社会主义阶段要为过渡到共产主义创造条件,所以在我国社会主义现代化建设中、在全面建设小康社会的新的历史阶段,提出以人为本的科学发展观,不但适时,而且完全正确,富有远见卓识,所以我们说,以人为本的科学发展观是党中央从新世纪新阶段党和国家事业全局出发提出的重大战略思想,是对经济社会发展一般规律认识的深化,是指导发展的世界观和方法论的集中体现,是推动社会主义各方面建设全面发展的指导方针。

(2005 年 12 月 15 日)

---

① 《马克思恩格斯选集》第 1 卷,人民出版社 1995 年版,第 287、288 页。

六论 "以人为本"与马克思关于
社会劳动科学化的理论

　　人类劳动从其一开始起就是社会性的,人只有结成一定的社会关系才能从事劳动。但是,社会劳动的科学化却是人类孜孜以求的一个理想。马克思在 150 年前阐明了这个理想。1857 年 10 月至 1858 年 5 月,马克思在《政治经济学批判》这部篇幅宏大的手稿中说:"物质生产的劳动只有在下列情况下才能获得这种性质:(1)劳动具有社会性;(2)劳动具有科学性,同时又是一般的劳动,是这样的人的紧张活动,这种人不是用一定方式刻板训练出来的自然力,而是一个主体,这种主体……是作为支配一切自然力的那种活动出现在生产过程中。"并说:劳动本身"向科学过程的转化,也就是向驱使自然力为自己服务并使它为人类的需要服务的过程的转化"。"节约劳动时间可以看作生产固定资本,这种固定资本就是人本身。"①马克思的这些论述,深刻地揭示了社会劳动的科学化与人的主体化的密切关系,从这里我们可以看到:(1)马克思认为人是社会生产的主体,因而(2)创造性的劳动同时是人

---

① 《马克思恩格斯全集》第 46 卷(下册),人民出版社中文第 1 版,第 113、212、225 页。

自我实现的手段,因而(3)社会劳动的科学化,实质就是在具体劳动过程中确立起人的主体地位,(4)科学劳动具有价值的目的——生成全面而自由发展的人。今天,马克思关于社会劳动科学化的理论,对于我们学习和理解党中央提出的以人为本的科学发展观是很有帮助的。

一、150 年前马克思提出的社会劳动科学化, 在当时还只是一种科学预见和理想

150 年前马克思所提出的社会劳动科学化,在当时还只是一种理想,但却是一种科学预见。在马克思看来,人类社会劳动的科学化,有一个显著的特征,就是创造性,并成为个人自我实现的手段。但是,这种科学化的劳动是有条件的,这个条件就是劳动必须具有社会性和劳动必须具有科学性。在这种劳动中人必须主体化。人是劳动生产、社会历史活动的主体,但在当时资本主义的劳动异化的现实情况下,人这个主体并没有真正地主体化,也就是说并没有在真实的意义上成为名符其实的主体。人只有不是用一定方式刻板地训练出来的自然力,而是作为主体支配自然力出现在生产过程中时,社会劳动的科学化才能真正实现。而在当时资本主义的条件下,工人作为被掌握在资本家手中的物质的异己力量支配、奴役的时候,社会劳动是根本不可能科学化的,这时工人所遭遇的只能是被奴役、被剥削的苦难。

社会劳动科学化,按照马克思和恩格斯的思想,至少应当包括如下一些重要内容:

首先,在人与人的关系中要消灭一切形式的人对人的奴役;

其次,每个人在社会中应得到全面而自由的发展;

第三,要用最节约的、最符合人类本性的方式组织社会生产,不但要节约一切物质资源,而且要节约人本身的人力资源,节约劳动时间;

第四,人类在改造自然界、开发自然界时要对自然界采取友善的态度,不能对自然界进行掠夺式的开发,否则是会受到自然界的惩罚的;

还有,对人类生存的自然环境要保护,人与自然要友好、和谐相处,破坏了自然环境也就是破坏了人自身的生存,等等。

所有这些重要思想,马克思、恩格斯都是做过明确的论述的。马克思、恩格斯所以如此重视人的主体化在社会劳动科学化中的作用,这是因为人的主体性在社会发展规律的构成以及对自然界发展规律的实际运用中起着基础性的、关键性的作用。社会不是无主体的空壳,社会发展规律也不是离开人、与人无关的魔杖,社会发展规律实际上就是人类活动的概率;自然界的发展规律虽然是离开人而独立存在的,但是人类在改造自然界、在与自然界进行物质交换时,只有正确地认识和自觉地运用自然界的发展规律,才能与自然界和谐相处,人类才能与自然界和谐发展,才能达到自己的目的,满足自己的需要。无论是社会发展规律,还是自然界的发展规律,在人丧失主体性的时候,只能自发地发生作用,所以马克思、恩格斯反复论述过,在这种社会条件下,客观规律只是支配人的一种异己的力量。而只有当人成为人类社会结合的主人,成为自然界和人类自身的主人的时候,在人的主体化成为真正现实的时候,自觉地运用自然发展规律、社会发展规律和人自身的发展规律才能成为可能,社会劳动才能真正实现科学化。

二、科学发展在中国社会主义现代化建设中
成为一种客观的必然的需要

经过 20 多年的改革开放,中国社会生产力获得快速的发展,社会主义现代化建设取得了巨大的成就。但是,在取得伟大胜利的同时,也出现了许多新的不平衡、新的矛盾,党中央正是在总结了我们自身的经验教训,并汲取了世界上发达国家、发展中国家有关发展的经验教训后,郑重地制定了以人为本的科学发展观,把科学发展问题提上了重要的议事日程,使其成为我国现代化建设的实践课题,不仅继承、坚持了马克思关于社会劳动科学化的重要思想,而且在新的历史条件和新的实践需要的基础上极大地发展和丰富了这一重要思想,使其具有了当代的科学形态。

以人为本的科学发展观具有丰富的内涵,而且具有鲜明的时代特点和实践的品格,如果细讲需要用很大的篇幅,概括地讲,就是:

(1)人与自然要和谐相处、和谐发展。人类改造自然,与自然界进行物质交换,是人类最最基本的实践活动。人类运动四肢、运用大脑智力,发出神奇的力量,在改造自然的过程中取得了无数伟大的胜利,使人所生活的自然界日益人化。人化自然是人类的伟大创造。但是,人类同自然界的关系不能像侵略者对待被征服民族那样肆无忌惮,而必须对自然界采取友善的态度,要按照自然界的客观规律改造自然界;一面改造、获取,一面涵养、保护。自然界如果遭到了破坏,特别是那种无法挽回的破坏,那是不堪设想的,所以人类应当十分谨慎小心。现在人类改造自然界的力量,不知比前人增加了多少倍,人类改造自然界的范围已经超出了地球生

物圈,将人类的触角深入广袤的宇宙空间,这时改造自然界的后果往往不是在短期内、小尺度范围所能预测、预知的,所以,人类更加应当十二万分地谨慎小心。党中央在这个关键时刻强调改造自然界也要坚持以人为本,人与自然要和谐相处、和谐发展,不仅表明具有广阔的胸怀,而且表明具有深邃的智慧。

(2)人与社会要和谐相处、和谐发展。人类在改造自然界的同时,也在改造和塑造社会。人类在改造自然界时结成的一定的社会关系,是客观的、必然的,但这种社会关系带有明显的人类自身设计的印迹。这种社会关系同人类发展的每一个历史时期的生产力发展水平有着紧密的联系,是人类在当时的生产力水平下的一种选择。人类的这种选择一方面具有受动性、受制约性,一方面又具有主动性、能动性。人类的社会关系正是在这种不断选择、塑造中不断发展、不断完善、不断合理、不断实现理想的。人与社会和谐发展、人与人和谐相处,是人类的崇高理想,也是人类社会劳动科学化的必然要求,在社会主义中国,在建设中国特色社会主义的伟大历程中,更成为中国人民的自觉的追求。在当代社会主义中国,由于国内国际的原因,阶级斗争虽然还在一定范围内存在,有时还会激化,但在全社会毕竟已经不是主要矛盾,经常出现的、大量存在的是人民内部的矛盾。在人与人之间、在不同利益群体之间是会发生矛盾的,对于这种人民内部的矛盾,应遵循法律法规和道德规范,按照民主法制、公平正义、诚信友爱、充满活力、安定有序、人与自然和谐相处等原则加以解决。中国共产党、人民政府在协调、处理这种人民内部矛盾中是可以发挥重要作用的。我们现在所进行的各种体制改革、制度创新,就是这样的一种自觉的选择和塑造,构建和谐社会是我们追求的理想目标。

(3)人与自身要和谐相处、和谐发展。人类不但在改造自然

界、改造社会,而且也不断地改造人类自身;不但通过精神文明建
设改造人的社会之性,而且运用先进的科学技术改造人的自然之
性。在这种改造中也要千万注意和谐发展,不但要按照人类自身
发展的客观规律,而且要符合人类自身的人格尊严和伦理道德原
则,不能对人自身的生存和发展造成危害,产生负面效应。总之,
人类在改造自身的社会之性和自然之性时也必须坚持以人为本。
人自身的这种自我改造非常重要,它对人与自然的和谐发展、人与
社会的和谐发展能够发挥重要的或是促进或是阻碍的反作用。这
种重要性,正如毛泽东所说:"世界到了全人类都自觉地改造自己
和改造世界的时候,那就是世界的共产主义时代。"①

为了贯彻落实科学发展观,党中央还提出了自主创新作为新
时期国家发展的重要战略思想,制定了科学技术发展规划,要把我
们的国家建设成为自主创新型的国家。党中央最近还强调地提
出,在科学发展中要注意坚持节约发展、清洁发展和安全发展,进
一步充实了以人为本科学发展观的丰富的内涵。在今后的实践
中,科学发展观的内涵还会不断地充实、丰富和发展。认真贯彻
落实科学发展观,最终将使马克思所说的"社会物质生产获得创
造的特征,并成为个人自我实现的手段"成为现实。

三、科学发展在今日中国不仅是
一种需要,而且成为可能

如上所述,科学发展在今日的中国是一种十分迫切的需要,不
坚持科学发展,中国特色社会主义现代化建设不但不能继续健康

---

① 《毛泽东选集》第1卷,人民出版社1991年版,第296页。

地向前发展,而且可能夭折,所以,我们对党中央提出的科学发展观不能等闲视之,而是应当认真地坚决地贯彻落实。现在要强调讲的一点是,科学发展不仅仅是一种迫切的需要,而且有了现实的可能。在马克思生活的那个时代、那种社会条件下,社会劳动科学化还只能是一种科学预见,一种美好的、崇高的理想。在今日的中国,已经实现了社会的社会主义改造,完成了社会关系的根本性变革,建立了人民当家作主的社会主义社会,而且经过 20 多年的改革开放,社会生产力获得了长足的发展,人的劳动真正实现了社会化,而且社会化的程度越来越高,人在社会化劳动中的主体地位日益加强,人越来越成为社会发展的真实的主体,在这种情况下,社会劳动的科学化不仅成为必需,而且成为可能:

首先,我们的国家是社会主义性质的,我们国家的财富是属于全体人民的,人民是我们国家、社会的主人;我们已经消灭了人对人的阶级剥削和阶级奴役,实现了人与人的社会地位的平等。在这种社会条件下,科学发展已经消除了阶级利益的制约和障碍,成为现实的可能。

其次,我国人民在改造自然、改造社会、改造人自身的过程中自由度正在不断地提高,在这种改造中越来越自觉,目的性越来越明确,所以,科学发展越来越成为一种现实的可能。

第三,人越来越成为社会劳动的真正的主体,人越来越作为支配自然力为自己服务并使它为人类需要服务,节约劳动时间可以看作生产人自身,所以,用最节约、最符合人类本性的科学方法来组织社会生产也成为可能。

第四,人与自然和谐相处,人类用友善的态度对待自然、改造自然,保护人类生存和发展的自然环境的清洁、舒适也成为可能。

还要强调的一点是人的生命是最为宝贵的,人人都将珍惜生命，所以，安全发展也成了一种必需和可能。

总之，科学发展不但是一种必需，而且成为现实的可能。所以，党中央提出以人为本的科学发展观，非常适时，非常必须，而且具有了现实的可能性，已经不仅仅是一种预见和理想，已经成为活生生的实践的课题和任务，这就更加坚定了我们认真贯彻落实科学发展观的信心和坚定性。

四、改革也必须坚持以人为本的根本导向

中国共产党代表全中国最广大人民群众的根本利益，也就是代表中国全体社会成员的根本利益。我国改革开放的根本目的就是维护、提高、增强人民群众的根本利益，可以说其根本出发点就是以人为本的。自党的十六届三中全会制定以人为本的科学发展观以后，这一根本的指导思想更加明确，更加自觉。根据这一指导思想，在建立社会主义市场经济的前提下，要建立造就每一个人都能全面发展的体制环境。改革开放以后，我国经济增长速度很快，人民收入有了大幅度的提高，但是与经济发展相比，我国的社会发展相对滞后，就业压力不断加大，社会保障体系也面临覆盖面小、保障水平低的问题，收入差距较大，特别是一些关系广大人民群众切身生活的教育、卫生等社会事业发展不够，引起了社会的广泛关注。20多年来的改革开放所以获得成功，取得很大的成就，就是由于广大人民群众在改革开放中获得实实在在的实惠，所以获得人民群众广泛的支持和拥护。在新时期，再次强调坚持为人民群众谋利益的改革导向，是进一步开发改革开放的动力系统。十六届三中全会制定的科学发展观，强调我们的一切工作都要坚持以人为本。在科学发展观指导下进行改革开放，就是要坚持以人为

本的根本导向。十六届五中全会提出,构建和谐社会要按照以人为本的要求,从解决人民群众切身利益的现实问题入手,更加注重经济发展同社会发展之间的协调,加快社会事业的发展,促进人的全面发展;更加注重社会公平,使全体社会成员共享改革发展的成果。在推进社会主义和谐社会建设的过程中,要把握"扩大就业,完善社会保障体系,理顺分配关系,发展社会事业"四个着力点。这四个着力点充分体现了以人为本的理念。新时期的改革,要坚持以人为本的改革观,就是要坚持为社会历史发展的主体即全体社会成员创造公平竞争的环境,同时也要强调对分配中的不公平现象进行矫正和调节,使改革的普遍受益原则得以贯彻,社会全体成员能够普遍分享改革的成果。坚持把人民群众的利益放在第一位,这是改革获得"合理性"、"合法性"即社会公正性的基本前提,是构建社会主义和谐社会所应当坚持的改革观。重视人民群众的利益诉求,强调全体社会成员分享改革发展成果,是新时期改革开放的一个重要特征,也是我国改革开放立于不败之地的根本保证。

（作于 2006 年 4 月 10 日）

七论 "以人为本"与马克思主义国家学说的新发展

在纪念中国共产党成立 82 周年之际,胡锦涛总书记于 2003 年 7 月 1 日在《在"三个代表"重要思想理论研讨会上的讲话》中说:"相信谁、依靠谁、为了谁,是否始终站在最广大人民的立场上,是区分唯物史观和唯心史观的分水岭,也是判断马克思主义政党的试金石。对于马克思主义执政党来说,坚持立党为公、执政为民,实现好、维护好、发展好最广大人民的根本利益,充分发挥全体人民的积极性来发展先进生产力和先进文化,始终是最紧要的。全国各族人民是建设中国特色社会主义事业的主体,人民群众积极性创造性的充分发挥是我们事业成功的保证,不断实现最广大人民的根本利益是我们党全部奋斗的最高目的。"胡锦涛总书记的这篇重要讲话,在新的历史条件下和新的实践经验的基础上,进一步继承和发展了马克思主义的国家学说。为了说明这个问题,需要作一点儿简要的回顾。

一、无产阶级专政思想是马克思主义
国家学说的重要组成部分

马克思逝世后,恩格斯为了完成马克思研究古代社会史的遗愿,于 1884 年 3 月至 5 月间写了《家庭、私有制和国家的起源》一书。在这部名著中,对国家权力的产生、功能以及消亡有非常精辟的论述,他说,国家并不是从来就有的,曾经有过不需要国家而且根本不知国家和国家权力为何物的社会即原始社会。在经济发展到一定阶段产生了私有制以后,就必然使社会分裂为阶级,国家就由于这种分裂而成为必要了,所以国家决不是从外部强加于社会的一种力量,确切地说,国家是社会在一定发展阶段上的产物。国家是由于"这个社会陷入了不可解决的自我矛盾,分裂为不可调和的对立面而又无力摆脱这些对立面。而为了使这些对立面,这些经济利益互相冲突的阶级,不致在无谓的斗争中把自己和社会消灭,就需要有一种表面上凌驾于社会之上的力量,这种力量应当缓和冲突,把冲突保持在'秩序'的范围以内;这种从社会中产生但又自居于社会之上并且日益同社会相异化的力量,就是国家。"①由于国家是从控制阶级对立的需要中产生的,由于它同时又是在这些阶级的冲突中产生的,所以,它照例是最强大的、在经济上占统治地位的阶级的国家,这个阶级借助于国家而在政治上也成为占统治地位的阶级,因而获得了镇压和剥削被压迫阶级的新手段。恩格斯同时指出:阶级不可避免地要消失,正如它们从前不可避免地产生一样。随着阶级的

---

① 《马克思恩格斯选集》第 4 卷,人民出版社 1995 年版,第 170 页。

消失,国家也不可避免要消失。在未来共产主义社会,"在生产者自由平等的联合体的基础上按新方式来组织生产的社会,将把全部国家机器放到它应该去的地方,即放到古物陈列馆去,同纺车和青铜斧陈列在一起。"①

国家机器同阶级一样是要消失的,而马克思主义认为,无产阶级专政则是阶级和国家机器消失的必经的过渡阶段。所以,关于无产阶级专政的思想,是马克思主义国家学说的重要组成部分。在马克思以前,资产阶级的历史学家和经济学家已经叙述过阶级斗争的历史发展和对各个阶级做过经济上的分析。空想社会主义者还曾经提出过不少改革社会的方案,有的甚至毕生为建立所谓"真正合乎人性"的社会而奔走呼号。他们在理论上也承认阶级斗争,但他们在实践上则反对阶级斗争和无产阶级通过阶级斗争建立自己的阶级统治,而是宣扬阶级调和,把改变无产阶级命运的希望寄托在资产阶级发善心上。马克思则与他们不同,在其一系列著作中论证了无产阶级必须通过阶级斗争建立自己的阶级统治——无产阶级专政,并通过政权的力量发展生产力,促进社会和人的全面发展,为向共产主义过渡创造条件。马克思曾经论述过他在这方面所作出的贡献,他说我的新贡献就是证明了下列几点:"(1)阶级的存在仅仅同生产发展的一定历史阶段相联系;(2)阶级斗争必然导致无产阶级专政;(3)这个专政不过是达到消灭一切阶级和进入无阶级社会的过渡"。②

无产阶级专政思想的形成和发展也有一个过程,在《共产党宣言》中也还只是提出无产阶级通过革命使自己成为统治阶级的

① 《马克思恩格斯选集》第4卷,人民出版社1995年版,第174页。
② 《马克思恩格斯选集》第4卷,人民出版社1995年版,第547页。

思想。在形成了无产阶级专政思想后,马克思于 1852 年 3 月 5 日致约·魏德迈的信中发表了上述有关他的新贡献的著名论断。在总结了 1871 年巴黎公社失败的经验教训以后,马克思和恩格斯又进一步提出了无产阶级不能只是简单地夺取国家机器,而是必须用革命暴力打碎旧的国家机器,并建立无产阶级专政。

马克思关于阶级斗争和无产阶级专政的思想中有一个特别值得重视之点,就是他从来不片面夸大阶级斗争和无产阶级专政的作用,或者把它强调到不适当的程度。空想社会主义中有一个布朗基主义流派,他们主张所谓"真正的平等",为了实现这个目的,不仅不反对阶级斗争,反而夸大阶级斗争的作用。布朗基是阶级斗争的狂热的实践者,为了夺取政权,他在玩弄军事阴谋、流放、牢狱中度过了一事无成的一生。马克思主义与布朗基主义有着根本的区别,马克思在讲阶级斗争和无产阶级专政时,从来总是把它当作无产阶级以至全人类解放的手段,而不是目的。特别令人赞叹不已的是,他在 150 多年前,在无产阶级还未取得政权、建立自己的阶级统治之前,在讲阶级斗争和无产阶级专政时,总是把它同消灭阶级、消灭无产阶级专政自身紧密地联系起来讲的。在《共产党宣言》中,马克思和恩格斯早就向全世界庄严地宣告:"如果说无产阶级在反对资产阶级的斗争中一定要团结成为阶级,如果说它通过革命使自己成为统治阶级,并以统治阶级的资格运用暴力消灭旧的生产关系,那末它在消灭这种生产关系的同时,就消灭阶级对立存在的条件,就根本消灭一切阶级,从而也就一并消灭它自己这个阶级的统治。"马克思主义不但反复论述了无产阶级必须自己解放自己和能够自己解放自己,而且反复论述了无产阶级只有解放全人类才能最后解放自己。从这种论述中,我们可以看出这种学说是最无一己私利、最大公无私、最能跳出阶级的和历史的局限的科学理论。

这是我们今天讲"立党为公"的最根本的理论源头。

我们还应注意一点,马克思主义所说的人的解放,不是局部的解放,而是全面的解放;不仅要从社会的压迫下解放出来,而且要从自然界统治下解放出来,使人真正从社会的和自然界的统治、压迫、支配、奴役下全面地解放出来,使人真正以一种"完整的人"屹立于人类历史舞台之上,正如恩格斯曾经说过的,由于人已成为自己社会的主人,随着人对人的统治以及自然界与人的对立的消除,于是,人才在一定意义上最终地脱离了动物界,从动物的生存条件进入真正人的生存条件,人将成为自然界的自觉的和真正的主人。在共产主义社会中,人不但成为社会和自然界的主人,而且成为自己本身的主人,物对人的统治、产品对生产者的统治都将随之消除,人将成为真正自由的人。所以,共产主义社会是以人的全面而自由地发展为特征的社会。

马、恩提出无产阶级专政思想以后,他们没有亲自执掌过无产阶级专政的权力,这一重要思想还须接受实践的检验,并在实践中发展。列宁领导俄国十月革命,继承了马、恩关于必须打碎旧的国家机器,建立新的国家政权的思想,建立了工、兵、农代表苏维埃政权。面对严酷的阶级斗争形势,列宁根据马克思关于无产阶级专政的思想,一直非常强调这一政权的无产阶级专政的性质。到了斯大林时期,更加突出这一政权的镇压功能,忽视民主政治和法制建设,干了不少破坏法制之事。到了勃列日涅夫时期,在苏联国内形成了一个庞大的官僚特权阶层,苏共更加脱离人民群众。到了戈尔巴乔夫时期,官僚特权阶层激剧膨胀,采用各种手法攫取国有财产,在所谓"改革"的旗号下犯了一系列严重的错误,最后终于导致苏共和苏维埃政权的瓦解。紧接着新形成的寡头和政客们借助西方银行家之手,推行"休克疗法",加速对庞大的国有财产的攫取,很快便摧毁了经过几十年艰苦奋斗所建立的经济基础。在苏共和苏维埃政权崩溃瓦解之时,并没有引起多么强烈的反弹,更没有来自群众的对它的保卫,可见其脱离群众、丧失民心到了何等严重的程度。这个教训是沉痛而且深刻的。

二、人民民主专政思想是对无产阶级 专政思想的重大发展

中国共产党人和毛泽东,在中国人民革命胜利时,提出了人民民主专政的重要思想。1949 年 6 月 30 日,在人民共和国诞生的前夕,毛泽东为纪念中国共产党成立 28 周年,写了一篇著名的《论人民民主专政》。文中说,中国人民在几十年中积累起来的一切经验,都叫我们实行人民民主专政,或曰人民民主独裁,总之是一样,就是剥夺反动派的发言权,只让人民有发言权。

人民民主专政思想继承了马克思、列宁的思想,但在新的历史条件下和新的经验的基础上,又有了新的重大的发展。首先,是扩大了专政的阶级基础和群众基础。按照毛泽东当时对人民是什么的解释,人民是工人阶级、农民阶级、城市小资产阶级和民族资产阶级,"这些阶级在工人阶级和共产党的领导之下,团结起来,组成自己的国家,选举自己的政府,向着帝国主义的走狗即地主阶级和官僚资产阶级以及代表这些阶级的国民党反动派及其帮凶们实行专政,实行独裁,压迫这些人,只许他们规规矩矩,不许他们乱说乱动。"第二,在提出对敌对势力实行专政的同时,还提出对于人民内部,则实行民主制度,人民有言论集会结社等项自由权。选举权,只给人民,不给反动派。"这两方面,对人民内部的民主方面和对反动派的专政方面,互相结合起来,

就是人民民主专政。"

还有一点值得我们注意,中国共产党人和毛泽东所讲的人民民主专政也都是从手段而不是目的的角度提出的。在这篇著名文章的第一段,毛泽东开宗明义地说,人到老年就要死亡,党也是这样。阶级消灭了,作为阶级斗争的工具的一切东西,政党和国家机器,将因其丧失作用,没有需要,逐步地衰亡下去,完结自己的历史使命,而走到更高级的人类社会。这一思想,同马克思所说无产阶级专政不过是"达到消灭一切阶级和进入无阶级社会的过渡"的思想是一脉相承的。

后来,毛泽东根据人民民主政权建立后出现新的社会矛盾的现实,又提出了要区别两类不同性质的矛盾和要正确处理人民内部矛盾的思想。应当说,这些思想颇有新意,是富有创造性的。如果按照这一正确的思路发展下去并坚决贯彻执行,那会出现一种非常令人振奋的局面,但是自 1957 年夏季以后,由于对阶级斗争形势的估计偏差,以及个人崇拜的盛行,人民民主和正确处理人民内部矛盾的思想并没有得到很好的贯彻执行。到了十年动乱,林彪、"四人帮"两个反革命集团横行之时,他们疯狂鼓吹"政权就是镇压之权"、"有了权就有了一切"、"无产阶级专政下继续革命"和"全面专政"等等谬论,更把马克思主义搅得面目全非,整个中国遭到了一场浩劫。这个教训同样是沉痛而且深刻的。

消灭阶级,消灭国家权力,消灭党,全人类都要走这一条路的,问题只是时间和条件。对于工人阶级、劳动人民、共产党来说,是努力工作,创设条件,使阶级、国家权力和政党很自然地归于消灭,使人类进到大同境域。但是,现在看来,完全消灭阶级、消灭国家权力、消灭政党,为实现共产主义创造条件,不是轻而易举、一蹴而就的事情,而是一个艰巨的、漫长的社会历史发展

过程,而且不是一个国家所能完成的事情。按照邓小平的说法,
"巩固和发展社会主义制度,还需要一个很长的历史阶段,需要
我们几代人、十几代人,甚至几十代人坚持不懈地努力奋斗"。
在这个艰巨而又漫长的历史过程中,如何解决执政党和国家政
权的作用和建设问题,是当代共产党人面临的一个重大的理论
课题和实践课题。马克思、恩格斯在《神圣家族》一文中说:"无
产阶级在获得胜利之后,无论怎样都不会成为社会的绝对方面,
因为它只有消灭自己本身和自己的对立面才能获得胜利。随着
无产阶级的胜利,无产阶级本身以及制约着它的对立面——私
有制都趋于消灭。"马、恩的这段话,从逻辑上说是顺理成章的,
但是,从苏联高度集中的公有制计划经济模式的瓦解、中国曾经
追求"一大二公"带来的种种恶果来看,把私有制的消灭和公有
制的建立看得那样轻而易举并作为唯一条件,看来是过于简单
容易了;只讲"无论怎样都不会成为社会的绝对方面"的一种可
能性,也是过于乐观、过于理想了。因为,第一,从无产阶级的胜
利到共产主义的实现是一个漫长的历史发展过程,不是一蹴而
就的;第二,在这个漫长的历史进程中,无产阶级获得胜利后建
立起来的新的国家政权是由胜利者主持的,而这些胜利者中的
某些人以及他们后代中的某些人的社会地位发生变化后,他们
的思想是不是也会发生变化,会不会寻求特权,甚至把自己手中
的权力变成"绝对权力",演变为"社会的绝对方面",从苏共和
我们自己的实践经验看是有可能的。对于这种可能性,作为伟
大的思想家的马克思和恩格斯,也是早已预见到了的。恩格斯
在马克思所著《法兰西内战》一书1891年出版单行本时所写的
《导言》中,就非常深刻地讲过这个问题。他认为巴黎公社把一
切职位由选举出来的人担任并随时可以撤换这一点是"防止国

家和国家机关由社会公仆变为社会主人"①的一个可靠的办法。由此,我们还想到了毛泽东与黄炎培在延安窑洞中关于周期率的谈话。黄炎培讲了中国封建王朝兴亡周期率后,对毛泽东说:"希望找到一条新路,来跳出这周期率的支配。"毛泽东回答说:"我们已经找到新路,我们能跳出这周期率。这条新路,就是民主。只有让人民来监督政府,政府才不敢松懈。只有人人起来负责,才不会人亡政息。"由此可见,民主是社会主义须臾不可或缺的,是社会主义的本质所必需的。而这种民主又必须不是官员去"为民作主",而必须是切切实实地实行人民真正地当家作主,所以,社会主义的民主政治和法制建设就成了执政党和政权建设的关键之点,成为我国政治文明建设和政治体制改革的根本出发点。加强民主政治和法制建设,首先,要增强全体公民的主体意识,主人翁要增强并提高履行权利与义务的责任意识和本领、素质,官员要增强公仆意识,树立正确的权力观,提高为人民服务的本领和素质;其次,要制定有关的法律法规,使民主政治法制化、规范化、程序化;第三,要建立执行这些法律法规的监督机制,使违犯者得到纠正以至制裁。为了实现向共产主义的过渡,除了民主这个条件外,还需要其他一些必备的条件,就是生产力的极大发展、物质财富的极大丰富;人的精神境界的极大提高、人的各方面素质的全面发展;社会全面进步、形成生产者自由平等的联合体,等等。

　　前面,我们讲了民主是由社会主义的本质所决定的,是社会主义制度本身的内在要求,是社会主义社会须臾不可或缺的,所以我们党在改革开放中始终强调要加强民主和法制建设。但是,我们

---

① 《马克思恩格斯选集》第3卷,人民出版社1995年版,第12页。

也注意到,现在,"民主"在世界上成了一个很时髦的词,成了超级大国手中的推行单边主义、霸权主义的工具,哪个国家如果不合它的心意,不顺它的眼,它就说那里不民主,就在那里煽动所谓"颜色革命",打着"民主"的幌子搞颠覆,甚至明目张胆地出兵侵略,发动不宣而战的战争。用枪炮、战争推行所谓民主,是一种极大的讽刺。我们过去说"革命"是不能输出的,一国人民如果没有革命的要求,你将革命"恩赐"给他,结果必然以失败告终;现在,我们说"民主"也是不能输出的,你把"民主"吹得天花乱坠,但你用枪炮和战争把"民主"当作礼物送人,是没有人会接受的,是必然会失败的。民主只有成为一国人民的内在需求时,而且民主的实现形式、方式必须适应不同国家、民族的历史、文化特性和现实情况,并由各国各民族在实践中创造,才能在那里开花结果。这也可以说是一个颠扑不破的铁的真理,不管你是如何强大得不可一世的超级大国,违反了这一真理,也会碰得头破血流。无数铁的事实已经证明了这一点。

三、以人为本、立党为公、执政为民、权为民所用等重要思想是马克思主义关于执政党和国家学说的新发展

我国已经进入社会主义社会,特别是20多年来的改革开放,建设中国特色社会主义的伟大事业获得了长足的发展和进步,我们的社会发生了深刻的、巨大的变化,正如党的十六大所通过的《中国共产党章程》所说:"在现阶段,我国社会的主要矛盾是人民日益增长的物质文化需要同落后的社会生产之间的矛盾。由于国内的因素和国际的影响,阶级斗争还在一定范围内长期存

在,在某种条件下还有可能激化,但已经不是主要矛盾。"

胡锦涛总书记在 2003 年 7 月 1 日的讲话中强调地说,"人心向背,是决定一个政党、一个政权盛衰的根本因素。马克思主义政党的理论路线和方针政策以及全部工作,只有顺民意、谋民利、得民心,才能得到人民群众的支持和拥护,才能永远立于不败之地。"正是基于这一重要思想,最近党中央和胡锦涛总书记又强调地提出了以人为本,促进经济社会和人的全面发展的科学发展观与"立党为公,执政为民"、"权为民所用,情为民所系,利为民所谋"的执政理念。温家宝总理 2004 年 3 月 5 日在《政府工作报告》中强调地指出政府的一切权力都是人民赋予的,必须对人民负责,为人民谋利益,接受人民监督。并提出建设法治政府的目标。"各级政府要全面履行职能,在继续搞好经济调节、加强市场监管的同时,更加注重履行社会管理和公共服务职能。""以人为本",人居于社会的本位,是社会发展的主体,从政治上说,人民是社会主义社会的主人,所以要实行社会主义民主政治,推进社会主义政治文明建设;从经济上说,以经济建设为中心、发展生产力的目的就是要满足人民日益增长的物质文化需要;从人与人的关系上说,就是要尊重人的权利和尊严,把人当作人来对待。"立党为公,执政为民"、"权为民所用,情为民所系,利为民所谋"正体现了"以人为本"的要求。从执政党和国家学说方面来说,上述思想都是对人民民主专政思想的继承和新的重大发展,是适应国内主要矛盾的变化,更加强调了人民政权的社会、经济、政治、文化管理、协调和公共服务的功能,更加突出了加强社会主义民主政治和法制建设。人民政权专政的那种功能仍然存在,仍然不能丢掉,在阶级斗争在某种条件下激化时仍要充分地运用之,正如邓小平所说:"历史经验证明,刚刚掌握政权的新兴阶级,一般说来,总是弱于敌对阶级的力量,因此要用专政的手段来巩固政权。对人民实行民主,对敌人实行专政,这就是人民民主专政。运用人民民主专政的力量,巩固人民的政权,是正义的事情,没有什么输理的地方。"①但是在正常的情况下,在和平时期,人民政权的管理、协调和公共服务的功能则应占主导地位,也就是说要时时刻刻牢记为发展先进生产力、发展先进文化和最广大人民的根本利益而尽责尽力,全力以赴。就是国家机器专政功能的另一面,重点也要转向巩固国防、维护国家领土主权的完整统一、同国内外敌对势力和敌对分子进行斗争、镇压叛国和其他危害国家安全的犯罪活动、维护社会秩序和保护人民利益。

可以设想一下,我们党、我们国家,在20多年的改革开放中,在建设中国特色社会主义事业的伟大进程中,如果不能与时俱进,没有理论上的发展和创新,如果仍然坚持无产阶级专政下继续革命的那一套理论,仍然坚持以阶级斗争为纲,仍然天天在自己内部寻找阶级斗争的对象,我国的生产力和经济、政治、文化能够有今天这样的大发展吗?我们的综合国力、人民的物质文化生活水平能够有今天这样的大提高吗?实践已经证明,我们党的建设中国特色社会主义的基本理论、基本路线是正确的,只有这样的理论和路线,才能保证我们的党、我们的人民政权永葆青春活力,立于不败之地。只有这样的理论和路线,才能不断推进社会的全面进步和促进人的全面发展,使建设中国特色社会主义的伟大事业不致迷失方向,永远不忘为过渡到更高级的、以人的全面而自由地发展为特征的社会创造条件,创造现实的基础。正如胡锦涛总书记在著名的"七一"讲话中所说:"实现物质财富极大丰富、

---

① 《邓小平文选》第 3 卷,人民出版社 1993 年版,第 379 页。

人民精神境界极大提高、每个人自由而全面发展的共产主义社会,是马克思主义最崇高的社会理想。""在我国社会主义初级阶段,我们党作为执政党的根本任务就是发展生产力,发展是我们党执政兴国的第一要务。发展是以经济建设为中心、经济政治文化相协调的发展,是促进人与自然相和谐的可持续发展。中国共产党人要坚持以兴国为己任、以富民为目标,走适合中国国情的社会主义发展道路,经过长时期的努力,不断使经济更加发展、民主更加健全、科教更加进步、文化更加繁荣、社会更加和谐、人民生活更加殷实,不断促进人的全面发展,不断向党的最终目标前进。"

（作于 2004 年 3 月 20 日。《理论前沿》杂志 2004 年 13 期发表时曾作了压缩）

八论 "以人为本"是执政
兴国理念的新飞跃

在中国进入社会主义社会后,中国共产党人在研究和探索执政兴国理论方面,做了不懈的努力。就拿执政兴国理论中的一个核心问题,即对什么是我们这个新社会发展的动力这个问题的认识来说,就曾经走过弯路,付出过沉重的代价。在党的第八次全国代表大会上,关于我国社会的主要矛盾和发展动力问题,就曾经作出过富有创造性的科学论断。当时,我们党曾经郑重地宣布,在剥削阶级作为一个阶级已经消灭了的社会主义社会中,社会的主要矛盾已经不是阶级斗争,而是人民的物质文化生活的需要同我们的社会生产还不能充分满足这种需要的矛盾。也就是说,社会主义社会发展的动力,已经主要不是阶级斗争,而是人民日益增长的物质文化生活需要同落后的社会生产的矛盾。这种面对新的社会现实,勇于进行实事求是的理论探索的气概,是值得称颂的。但是,由于我们党治理新社会的经验不足,加之在指导思想上发生"左"的偏差,八大的正确路线并没有得到很好的贯彻,曾经一度陷于"以阶级斗争为纲"、"阶级斗争一抓就灵"的认识误区。到了林彪、"四人帮"捣乱的十年动乱期间,他们根本不顾广大人民群众物质文化生活的需要,大搞所谓"停产闹革命",打、砸、抢横行,搞得整个国民经济濒临崩溃的边缘。他们这是对马克思主义的肆意践踏。在党的十一届三中全会以后,我们党总结了正反两个方面的经验教训,进行理论上的拨乱反正,对我国社会的主要矛盾,进行周密的调查研究,得出了正确的结论,在十二大所通过的党章总纲中就明确地规定:"发展社会生产力,满足社会成员的物质文化需要。"并指出:"在剥削阶级作为阶级消灭以后,我国社会存在的矛盾大多数不具有阶级斗争的性质,阶级斗争已经不是主要矛盾。由于国内的因素和国际的影响,阶级斗争还在一定范围内长期存在,在某种条件下还有可能激化。我国社会的主要矛盾是人民日益增长的物质文化需要同落后的社会生产之间的矛盾。其他矛盾应当在解决这个主要矛盾的同时加以解决。"十二大以后,党的历次代表大会都基本上坚持了这一科学论断。

在我们党确立了满足人民日益增长的物质文化需要与落后的社会生产的矛盾是我国社会的主要矛盾、是我国社会发展动力的科学认识以后,还有一个怎样将这一科学认识落实到实践中去,最大限度地开发这一动力系统,使其在建设中国特色社会主义事业中发挥更大更好的作用,仍然是中国共产党人新的实践和认识课题。1993年8月,我在《读书》杂志上发表了一篇《致力于社会主义社会发展动力的开发》,分动因开发、动能开发和动力开发三个层次,谈了我在学习《邓小平文选(1975—1982年)》时,对邓小平作为第二代中央领导集体的核心,在这个问题上所作出的重要理论贡献的体会。在学习党的十六届三中全会的《决定》所提出的"坚持以人为本,树立全面、协调、可持续发展观,促进经济社会和人的全面发展"的科学发展观时,我进一步体会到,这是继承邓小平致力于开发社会主义社会发展动力的新的理论成果,是我们党执政兴国理念的一次新的飞跃。我们可以分如下几个层次来认识这个问题。

从哲学上说，人是社会的主体，以人为本就是要把人放在本位。在世界上的万事万物中，人是最为珍贵的，人不仅是手段，而且是目的，所以我们做任何事情都要"以人为本"。人之所以能够为"本"：

首先，是因为人类能够把世界上的万事万物当做是属人的，这个世界是属于人类的；

其次，人类认为这个世界不但是属人的，而且是能够被人类改造和利用的，人类不但能改造自然、改造社会，而且能改造人类自身；

再次，人类改造任何事物都不是无意识、无目的的，而都是有目的地为了满足人类的需要，使这个世界更加人性化；

第四，人类的需要永远是无止境的，人类智能的发展和进步也是无止境的，所以，人类改造世界的原动力是永恒的，是永无止境的，是永不枯竭的。以人为本，全面协调可持续的科学发展观的提出，可以使我们获得建设中国特色社会主义的无穷无尽的力量，可以充分发挥全体人民群众全面建设小康社会的积极性和创造性。

以人为本，人作为主体，在改造客观世界的时候，无论是改造自然、改造社会，还是改造人自身，都可能会出现一个"异化"问题。对于"异化"这个哲学概念，有人要埋葬它，要为它举行葬礼；有人又把它同"矛盾"相等同，把一切矛盾都说成是"异化"。这些都是对"异化"的误解，是不对的。按照马克思给"异化"所下的哲学定义，"异化"只是主客体之间矛盾的一种特殊的表现。主体和客体之间存在着矛盾，人们改造自然、改造社会、改造人自身，创造出来的新的成果满足了人的需要，实现了人的目的，获得了成功，这一个具体的矛盾就算解决了，这里没有出现异化。但是，有时主体创造出来的客体,不但不能满足主体的需要,不为主体服务,而是反过来危害主体、主宰主体,成为主体的一种异己的力量,这才叫做"异化"。所以如何预防异化、克服异化,就成为人类认识世界和改造世界的一个重要任务和课题,成为人与自然、人与社会、人与自身和谐发展的重大课题。

从经济上说,以人为本就是我们的一切生产都要以满足人的需要为目的。对于我们社会主义社会来说,无论什么时候,搞经济建设、发展生产力,都是为了满足全体社会成员的需要,如果偏离了这个简单朴素的真理,那么,我们的一切生产活动、一切经济建设都会走到邪路上去。在经济建设中,在改造自然界的时候,我们都要特别注意人与自然的和谐相处和可持续发展,对每个项目、每个措施,都要进行价值评估,看它是否真能满足人的需要,要防止出现对人类不利的异化现象。

从政治上说,以人为本就是要使人民真正成为社会主义社会的主人,人民当家作主,官员则是为人民、为社会服务的公仆。为了促进人与社会的和谐发展,党中央在政治体制改革、政治文明建设中,特别强调要扩大社会主义民主,加强社会主义法制建设,要防止人民的公仆演变为社会的主宰,要防止并严厉打击以权谋私和形形色色的腐败现象,同时针对新出现的不平衡,提出了"五个统筹"的发展战略,即统筹城乡发展、区域发展、经济与社会发展、人与自然的可持续发展、国内发展与对外开放。

从伦理道德上说,以人为本就是人人要把自己和他人当作人来对待,人人都要尊重他人的人权、自由与尊严,在全社会形成人与人和谐相处、和为贵的良好风气和道德氛围。

在提出以人为本,全面协调可持续的科学发展观的同时,胡锦涛总书记还提出了"立党为公,执政为民"、"权为民所用,情为民所系,利为民所谋"、"只有顺民意、谋民利、得民心,才能得到人民群众的支持和拥护,才能永远立于不败之地"等重要思想。温家宝总理在《政府工作报告》中也强调地指出,政府的一切权力都是人民赋予的,必须对人民负责,为人民谋利益,接受人民监督。并提出建设法治政府的目标,更加强调人民政权的社会、经济、政治、文化管理、协调和公共服务的职能。所有这一切,都在新的历史条件下,进一步发展和丰富了我们党的执政兴国理念,必将大大地增强我们党的执政能力。

马克思和恩格斯在《共产党宣言》中预见未来理想社会时说:"在那里,每个人的自由发展是一切人自由发展的条件"。马克思在《资本论》中又说,共产主义社会是"以每个人的全面而自由的发展为基本原则的"。列宁也说无产阶级胜利后所组织的社会主义生产"不仅满足社会成员的需要,而且保证社会全体成员的充分福利和自由的全面发展"①。

党中央所提出的科学发展观,最终目的就是促进经济社会和人的全面发展,正如胡锦涛总书记在 2003 年 7 月 1 日的讲话中所说:"实现物质财富极大丰富、人民精神境界极大提高、每个人自由而全面发展的共产主义社会,是马克思主义最崇高的社会理想。"党中央所提出的科学发展观,不仅与马、恩、列的上述著名论述是一脉相承的,而且是在新的历史条件和新的经验的基础上,在执政兴国理念上所实现的一次新飞跃。说它是认识上的一次新飞跃,第一,经过几十年的实践与探索,我们党不但正确地解决了社会主义社会发展动力这样的根本的理论问题,而且找到了社会主义社会发展动力的科学的实现形式和根本途

① 《列宁全集》第 6 卷,人民出版社中文第 2 版,第 218 页。

径,终于在党的指导思想的层次上摆脱了以阶级斗争为纲的思想束缚;第二,从思维方式上消除了"斗争哲学"的思维定势,从哲学层次上确立了促进人与自然、人与社会、人与自身和谐相处、和谐发展的辩证的思维方式,实现了思维模式的转换。以人为本,全面协调可持续的科学发展观的确立,必将在实践中极大地促进经济社会和人的全面发展,推进建设中国特色社会主义事业的健康发展。

（作于 2004 年 7 月）

九论　"以人为本"与马克思主义的世界观

　　我们思想理论界,对马克思主义价值观、历史观、世界观的研究和把握,随着改革开放的逐步发展,随着新的思想解放的深入而不断地深化。在党中央郑重地提出"以人为本"的科学发展观以后,许多学人都在努力探讨、阐述它对马克思主义科学世界观的创造性运用与发展。科学发展观是党中央从新世纪新阶段党和国家事业发展全局出发提出的重大战略思想,是对经济社会发展一般规律认识的深化,是指导发展的世界观和方法论的集中体现,是推动社会主义各方面建设全面发展的指导方针。但是,也出现了一些不同的声音,比如,最近有人提出马克思主义的世界观是"以物为本"的,价值观才是"以人为本"的,强调了"以人为本"会不会造成"人本"与"物本"的对立,否定了"以物为本"为基础的世界观,导致"见人不见物"。这就促使人们不能不就此做一番思考与辨析。

一、马克思主义的世界观、历史观、价值观能是不一致的吗?

　　在哲学史、思想史上,曾经出现过世界观、历史观、价值观是唯物还是唯心不一致的哲学家、思想家,但是对于马克思主义者、马克思主义政党来说,这种不一致则是不能想象的。

历史唯物主义与辩证唯物主义,是马克思主义哲学,是马克思主义者的世界观、历史观与价值观。马克思主义者是不是可以将这三观分割开来,说自己的价值观、历史观可以是唯心主义的,而世界观则是唯物主义的;或者说世界观可以是唯心主义的,而价值观、历史观则是唯物主义的? 如果有人公然如此说,那是不可思议的。

以马克思主义为指导思想的中国共产党,在革命、建设与改革开放时期所制定的符合中国国情、反映时代要求的方针、政策、路线,所提出的重要的建党治国的思想理念,如果有人说不是建立在科学的统一的世界观、历史观、价值观的基础之上,只符合马克思主义的价值观或历史观,不符合马克思主义的世界观,那也只能说是一种奇谈怪论。

二、马克思主义哲学的物质观

对党中央郑重提出的"以人为本"的科学发展观,不少学人解读这是建立在科学的统一的历史唯物主义与辩证唯物主义的世界观、历史观、价值观的基础之上的,是马克思主义在当代中国的创造性运用与发展。但有的论者则认为马克思主义的世界观是"以物为本","以人为本"只能在价值观的范畴内使用。这里首先涉及一个正确理解马克思主义哲学物质观的问题。

中外古代哲学家中的唯物主义者,限于当时生产力的发展水平、科学技术的发展水平、抽象思维能力的水平,都曾经把某一种或某几种物质说成是原初的物质,例如,古希腊唯物主义哲学家曾经把水、气等说成是原初的物质;中国古代唯物主义哲学家也曾将气或金、木、水、火、土等具体的物质说成是原初的物质,是派生其他一切事物的本原。随着社会生产力的发展、科学技术的发展、人类抽象思维能力的提高,人们对世界物质性的认识不断地深化和提高,又有了不少新的认识,例如数说、原子说、以太说、太极说等等,其中包含着许多真理的颗粒,但对世界物质性的认识都还没有达到科学的程度。只有到了马克思创立了历史唯物主义与辩证唯物主义以后,人们对世界物质性的认识才达到科学形态。马克思主义哲学认为,世界的统一性在于它的物质性,物质是第一性的,意识是第二性的;而作为第一性的物质并不是物理学意义上所讲的某种具体的物,而是一切客观存在的事物以及自然界、人类社会发展的客观规律,包括现实的人及其历史发展的规律。正如列宁在《唯物主义和经验批判主义》中所说:"物质的唯一'特性'就是:它是客观实在,它存在于我们的意识之外。""物质这个概念,正如我们已经讲过的,在认识论上指的是不依赖于人的意识而存在并且为人的意识所反映的客观实在,而不是任何别的东西。"这样,就科学地解决了哲学史上长期争论的关于"物质"定义问题,也科学地解决了马克思主义的世界观、历史观、价值观统一的哲学基础。正是在这个意义上,我们说唯物史观既是历史观,也是马克思主义的世界观。

三、"以人为本"的科学发展观既符合马克思主义的价值观与历史观,也符合马克思主义的世界观

现在让我们回到"以人为本"。党中央继承和发展了马克思

主义,总结与汲取了中外现代化发展中的经验教训,根据新世纪新阶段我国经济社会发展的阶段性特征,所制定的"以人为本"的科学发展观,并不违背历史唯物主义与辩证唯物主义的世界观,更不是与之相对立的。前面,我们已经讲了马克思主义哲学的物质观,讲了"唯物"之"物"在马克思主义哲学中的含义,现在再讲讲马克思主义哲学对"人"的理解,给"人"所下的定义。马克思主义所说的"人",是在社会中活动的、在历史中发展的现实的人、具体的人,既不是黑格尔的"绝对精神"的外化,也不是费尔巴哈的单纯的生物学的抽象物。在马克思主义的哲学中,"人"是一个复杂的多面体,具有多重规定性,人们必须多维度地把握他。他既是社会历史的主体,又是客体,而且是主客体的统一体;既是自然的存在物,又是社会的存在物,既具有自然之性,又具有社会之性,人的社会性在阶级社会中表现出鲜明的阶级性;既是物质性的存在物,又是精神性的存在物,而且是物质与精神的统一体;既具有能动性,又具有受动性,而且聚能动与受动于一身;既是手段,又是目的,而且聚手段与目的于一身;既是人类历史的剧作者,又是剧中人物,而且聚剧作者与剧中人物于一身;既是个体,又是群体,而且是个体与群体的统一体即类的存在物。在马克思、恩格斯的著作中,对"人"的这种种属性有大量的论证。科学发展观中所讲的"人"就是具有上述种种属性的人,既包括人与社会关系中的人,也包括人与自然关系中的人,还包括人与自身关系中的人。如此等等,所以讲"以人为本"并不违背历史唯物主义,也不违背辩证唯物主义;既不违背马克思主义的价值观、历史观,也不违背马克思主义的世界观,而是建立在世界观、历史观、价值观科学的统一的基础之上的。

在马克思、恩格斯的著作中,没有"以物为本"是世界观这个概念,有的论者与"以人为本"相对应而提出"以物为本",并且认为只有"以物为本"才是世界观,而"以人为本"充其量只能是价值观,只能在伦理道德的范畴内使用。对党中央所提出的科学发展观的这种解读,在理论上和实践上都是站不住脚的。

历史唯物主义、辩证唯物主义的"唯物"之"物",从哲学世界观的意义上讲,包括现实的人及其历史发展的规律。这个"物"的概念的内涵和外延,远比物理学意义上的"物"丰富得多、广泛得多、深刻得多。从这样的意义上,我们说党中央所提出的"以人为本"的科学发展观,是建立在马克思主义世界观的基础之上的,是完全符合马克思主义的世界观的。

四、马克思在经济学上论"人"与"物"的关系

马克思和恩格斯从未说过他们的哲学世界观是"以物为本"。关于"物"与"人"的关系,马克思在其《资本论》等政治经济学著作中,作过非常精辟、深刻的论述。马克思把"物"称为"死劳动"、"产品",把"人"称为"活劳动"、"生产者"。在《资本论》第一册第六章的手稿中,马克思指出:"资本家对工人的统治,就是物对人的统治,死劳动对活劳动的统治,产品对生产者的统治,因为变成统治工人的手段(但只是作为资本本身统治的手段)的商品,实际上只是生产过程的结果,是生产过程的产物。这是物质生产中,现实社会生活过程的结果,是生产过程的产物。这是物质生产中,现实社会生活过程(因为它就是生产过程)中与意识形态领域内表现于宗教中的那种关系完全同样的关系,即把主体颠倒为客体以及反过来的情形。"①在资本主义社会里劳动异化,工人生产的产

---

① 《马克思恩格斯全集》第49卷,人民出版社中文第1版,第48~49页。

品成为资本家手中统治工人的一种异己的物质力量,马克思称之为死劳动支配活劳动、物统治劳动者。所以,在资本主义社会马克思绝不会主张"以物为本"的。而到了社会主义——共产主义社会,人成了自然界、社会和人自身的主人,则是联合起来的劳动者支配物,即活劳动支配死劳动,正如马克思所说,到了共产主义时代,则要"使一切不依赖于个人而存在的状况不可能发生"。① 在人与自然进行物质交换时则要"靠消耗最小的力量,在最无愧于和最适合他们的人类本性的条件下来进行"②。所以,在社会主义——共产主义社会,马克思也绝不会主张"以物为本"。从马克思关于"人"与"物"的关系的这种精辟而深刻的论述中,我们可以体会到在经济学上,人们将"人"与"物"相对应、相比较时,从有无能动性的角度讲两者的区别,将"物"说成是无能动性的、死的东西,将"人"说成是具有能动性的、具有活力的,例如,人们在区分生产力诸要素时,常常将劳动对象、劳动工具说成是死的、没有生命力、没有能动性的物,而将劳动者、将人说成是具有活力的、革命的、能动的力量。所以,在生产中、在经济建设中、在经营管理中,要坚持"以人为本",充分发挥人的积极性、创造性和聪明才智,实行人才兴国战略。

五、"以人为本"的科学价值

从哲学上思考问题总会洞底一些。当我们从哲学上思考、解读党中央所提出的"以人为本"这个科学命题时,千万不能忘记哲

---

① 《马克思恩格斯选集》第 1 卷,人民出版社 1995 年版,第 122 页。
② 《马克思恩格斯全集》第 46 卷,人民出版社中文第 2 版,第 928～929 页。

学是时代精神的精华,千万不能忘记马克思主义世界观的实践品格。马克思创立历史唯物主义与辩证唯物主义世界观,并不是脱离现实的抽象的纯思辨的产物,而是有非常明确的现实目的的,是为无产阶级以至全人类的解放服务的,进而还要为人的全面而自由发展服务,是为了改变世界,而不仅仅是为了解释世界。所以,我们千万不能忽视我们党领导中国人民推进改革开放和现代化建设事业的时代课题,这样,才能充分认识党中央提出这个命题是对马克思主义的重大发展。在新时期,党中央冲破了过去长期"左"的那一套的禁锢和束缚,不但恢复了马克思主义的生机活力,而且在适应时代发展要求,解决实践新课题的进程中不断发展着马克思主义。研究任何问题、回答任何问题,首先要弄清楚是什么问题。党中央所提的"以人为本"的科学发展观,并不是要解决物质与精神谁是第一性、谁是世界的本原问题。这个问题在马克思主义哲学产生时早就解决了,而是要解决中国社会主义现代化发展中出现的一系列新问题,在这个时候提出所谓"以物为本"与"以人为本"的世界观之争,实在令人费解,难道你所谓的"人"只是精神的化身? 你所谓的"物"又是不包括"现实的人及其历史发展的规律"? 党中央提出科学发展观是要解决中国特色社会主义现代化建设中的一个根本性的全局性的战略问题,不但要回答中国社会主义现代化发展的内容、实质和目标,它所要服务的对象,而且要回答中国社会主义现代化发展的途径、方式、方法和动力、动力开发,以及如何解决发展所面临的新的不平衡、新的矛盾等等问题,在回答和解决这些根本性全局性的战略问题时,党中央不是因循于教条主义的框框之中,而是放开眼量、面向实践、务实求真,创造性地运用马克思主义的世界观、方法论,总结和汲取了不仅仅是中国自己的,而且包括苏联、东欧现已瓦解的社会主义国家,还包括世界上发达国家、发展中国家,在现代化发展问题上的经验教训,提出了坚持以人为本,树立全面协调可持续的发展观,促进经济社会和人的全面发展。对于科学发展观,我们不应当用墨守教条主义泛滥时期形成的思维模式及其语言、概念、方法来质疑,忧虑重重,而应采取积极姿态体会、理解、阐发它丰富的内涵、鲜明的时代性与实践性、深刻的哲理、巨大的动员力量。这样,人们就能更深刻地理解"以人为本"为什么成为科学发展观的本质与核心,以及它的重大的理论价值与实践意义。所以,我们也可以换一个角度,不是从简单"符合"的角度来说"以人为本"同马克思主义世界观的关系,而是从更为积极的角度来看,也可以这样说:在社会主义现代化发展中,坚持以人为本,正是为了进一步实现全人类的彻底解放和人的全面而自由的发展,这是马克思主义的崇高理想和根本目的,正是马克思主义世界观、历史观与价值观所要求的。我们党的这一科学论断,在执政兴国理念上,在对中国特色社会主义建设规律的认识上,实现了一次新的飞跃。新世纪新阶段我国经济政治文化蓬勃发展的生动事实,充分显示了科学发展观在建设中国特色社会主义现代化新的实践中的巨大的动员与指导作用,在认识世界与改造世界的实践中转化成为巨大的物质力量。这也是马克思主义哲学巨大威力在当代中国的新证实。

(原载《理论前沿》2006 年第 3 期)

十论 "以人为本"与我国社会主义
社会的发展动力

一、人的需要是人从事生产劳动的内在
动因,需要与生产的矛盾是社会发展
的根本动力,在阶级社会中这一矛盾
表现为阶级斗争

关于社会发展的动力,过去曾经有过几种说法,有的说是生产力与生产关系的矛盾,有的说是阶级矛盾和阶级斗争,有的说是需要与生产的矛盾,那么,到底什么是人类社会发展的动力? 社会主义社会发展的动力又该是什么?

在马克思主义创始人的著作中,有丰富的关于需要与生产之间的辩证关系,以及需要与生产的矛盾同生产力与生产关系的矛盾、同阶级与阶级之间斗争的关系的论述。我们只要仔细地研究一下马克思恩格斯的原著,便可以发现,需要是人类从事生产劳动的内在动因,需要与生产的矛盾即人类为了满足自身的需要而从事的劳动创造活动,是人类社会发展的最原初最根本的动力,是与人类共始终的;生产力与生产关系的矛盾是人类社会发展的现实动力,是需要与生产的矛盾的一种具体的、现实的表现形式;阶级

斗争则是阶级社会发展的直接动力,是需要与生产的矛盾在阶级社会中的更具体、更直接的表现形式。到了社会主义社会,由于剥削阶级作为一个阶级已经消灭,所以需要与生产的矛盾可以成为我们社会发展的直接动力。在社会主义社会的条件下,生产力与生产关系、经济基础与上层建筑虽然还存在矛盾,但是人们可以通过自觉的活动调节和解决这些矛盾,不断发展生产力,不断调整和完善生产关系和上层建筑,使其更好地为实现不断满足人民日益增长的物质文化生活的需要这个根本目的服务;阶级斗争虽然还在一定范围内存在,但是就全社会来说主要矛盾已经不是阶级斗争,而是需要与生产的矛盾。而且就是在一定范围内存在的阶级斗争,也同无产阶级取得政权前的阶级斗争有了根本的不同,无产阶级进行这种斗争已经不是为了破坏现存的生产关系和社会制度,而是为了保护和完善现存的生产关系和社会主义的制度。

人的需要是社会生产发展的最原初的也是最根本的动因,这是马克思、恩格斯在创立唯物史观时就已经明确解决了的理论问题。《德意志意识形态》一书指出,人类历史的第一个前提无疑是有生命的个人的存在。人们为了生活,首先就需要衣、食、住以及其他东西。因此第一个历史活动就是生产满足这些需要的资料,即生产物质生活本身。时隔38年,在马克思逝世以后,1883年3月17日恩格斯在评价马克思创立唯物史观的伟大历史意义时指出,正像达尔文发现有机界的发展规律一样,马克思发现了人类历史的发展规律,即历来为繁茂芜杂的意识形态所掩盖着的一个简单事实:人们首先必须吃、喝、住、穿,然后才能从事政治、科学、艺术、宗教等等。

从马克思、恩格斯所讲的人类历史发展的第一个"前提"中,从恩格斯所讲的"一个简单事实"中,我们可以清楚地看到,人的需要同人类生产之间存在着一种必然的、客观的、不以人们的意志为转移的辩证关系：需要推动人们去从事生产，而生产一方面满足人们的需要，另一方面又促使人们产生新的需要，新的需要又推动人们去从事新的生产。这种互相联系、互相作用、互相促进的关系循环往复以至无穷，而每一个循环都使人类的需要和人类的生产发展到更高的程度。在这里，需要先于生产，表现为目的，是人从事劳动生产的内在动因，而生产则是实现目的的手段和方法；而生产又必然使人们产生新的需要，提出新的目的。因此，需要与生产的矛盾运动是社会发展的根本动力。

需要在现实生活中表现为消费。消费又分生活消费和生产消费。生活消费是指使用物质资料以满足人们物质文化生活的需要；生产消费的最终目的也还是为了扩大生产能力，更充分地满足人们物质文化生活的需要。马克思关于消费与生产的辩证关系的论述，对于我们理解需要与生产的关系是富有启发意义的，他说："没有生产，就没有消费；但是，没有消费，也就没有生产，因为如没有消费，生产就没有目的。"又说："如果说，生产在外部提供消费的对象是显而易见的，那么，同样显而易见的是，消费在观念上提出生产的对象，把它作为内心的图像、作为需要、作为动力和目的提出来。消费创造出还是在主观形式上的生产对象。没有需要，就没有生产。而消费则把需要再生产出来。"①

人类为了满足自身的需要，就要从事物质生活资料的生产，这就会形成并发展生产力。很明显，没有人与自然的矛盾运动和物质交换，生产力既不会形成，更谈不上发展。人的需要怎样促进生产力的发展，马克思曾经作过这样精辟的论述："像野蛮人为了满

---

① 《马克思恩格斯选集》第 2 卷，人民出版社 1995 年版，第 9 页。

足自己的需要,为了维持和再生产自己的生命,必须与自然搏斗一样,文明人也必须这样做;而且在一切社会形态中,在一切可能的生产方式中,他都必须这样做。这个自然必然性的王国会随着人的发展而扩大,因为需要会扩大;但是,满足这种需要的生产力同时也会扩大。"①

孤立的个人是无法从事生产的,人类的生产活动,从一开始就是在人与人之间结成一定的生产关系的情况下进行的。生产关系,是随着人们的需要的不断产生和不断满足而不断发展和完善的。正如马克思所说,人的本质是人的真正的社会联系,而这种联系并不是由反思产生的,它是由于有了个人的需要才出现的。②

社会的人的需要本身以及用以满足其需要的那些方法,是由生产力的状况所决定的,而生产力状况的每一个重要的变化,都必然引起生产关系的相应的变化,这是一方面;另一方面,生产关系对生产力又发生着或者促进或者阻碍的反作用。这就是说,人类的生产活动是在生产力与生产关系的矛盾运动中进行的。人的需要与生产的矛盾,在现实的社会历史的发展中,必然表现为生产力与生产关系的矛盾运动。而生产力与生产关系的矛盾,在阶级社会中则表现为阶级矛盾和阶级斗争。我们知道,阶级的产生和存在,是同生产力有了一定程度的发展但又生产不足这样的历史条件相联系着的。由于生产力有了一定程度的发展,人们的劳动力能够生产出超过维持自身生存所必需的产品,也就是说出现了剩余产品,只有在这时才有可能产生阶级。同时,也只是在生产还不充分发展,产品还不能充分满足全社会所有成员需要的时候,阶级

---

① 《马克思恩格斯全集》第 46 卷,人民出版社中文第 2 版,第 928 页。

② 参阅《马克思恩格斯全集》第 42 卷,人民出版社中文第 1 版,第 24 页。

才有可能继续存在。由此可见,阶级是社会生产与社会需要相互分离或者存在较大差距时的产物。而当两者统一起来时(如社会主义社会),或者社会生产能够充分满足社会全体成员需要时(如共产主义社会),阶级对抗的物质基础也就不存在了。所以,马克思说阶级的存在是同生产发展的一定历史阶段相联系的。

在阶级社会中,劳动者的生产成果对劳动者来说并不是直接满足自己需要的东西,而是成了剥削者统治、压迫、剥削劳动者的一种异己力量。就是说,在阶级社会中,对劳动者来说,需要同需要的满足是分裂的。在这种情况下,需要对生产的动力作用不是直接表现出来的,而是通过阶级斗争这个中介表现出来的。人们的物质文化生活需要的满足和实现,是通过物质利益根本对立的不同阶级之间的压迫与反抗、剥削与反剥削这种阶级斗争的形式表现出来的。

综上所述,我们可以清楚地看到,需要是人们从事生产的动因,但是需要是否能够得到满足,用什么方式来满足,以及满足到什么程度,则是受生产力的发展程度和生产关系的性质决定的,在阶级社会中是受各个阶级在生产中的不同的地位和权力制约的。而各个阶级需要的内容和方向又是各不一样的,在对抗阶级之间甚至是根本对立的,所以,各个阶级为了满足各自不同的需要,又成为阶级斗争的内在动因。

二、在消灭了剥削阶级的社会主义社会中, 需要与生产的矛盾逐渐成为社会发展的 直接动力

无产阶级社会主义革命的胜利,建立了社会主义社会,消灭了

剥削阶级,劳动者成了社会生产的主人。由于剥削阶级作为阶级不存在了,劳动者的生产成果不再被不劳而获的剥削阶级所剥夺,而是成为满足人民需要的直接对象,劳动者也主要不是通过阶级斗争这个中介去追求需要的满足;同时,由于劳动者已经成为国家和社会的主人,成为生产资料的主人,成为生产活动和生产过程的主人,所以,他们的需要能够通过自己辛勤的劳动生产直接获得满足。在社会主义社会中,需要与生产的关系实现了动因——手段——目的的一致,即需要作为推动人们去从事生产劳动的动因,同生产劳动作为满足需要的手段,以及生产成果用于满足人民日益增长的物质文化生活需要这一目的之间,实现了真正的统一。在满足全国人民日益增长的物质文化生活需要的过程中,我们不但可以较快地发展社会生产力,而且可以自觉地改善生产关系以及经济基础与上层建筑之间的关系,使其更好地适应生产力的发展,为生产力的更快发展服务,使生产的成果能更好地用于满足人民的需要。所以,我们党郑重地宣布,在剥削阶级作为一个阶级已经消灭了的社会主义社会中,社会主要矛盾已不是阶级斗争,而是人民的物质文化生活的需要同我们的社会生产还不能充分满足这种需要的矛盾。也就是说,社会主义社会发展的直接动力,已经不是阶级斗争,而是人民日益增长的物质文化需要同落后的社会生产的矛盾。

我们党的这个深刻的、科学的认识,是来之不易的,不但付出了巨大的创造性的劳动,分析中国社会的现实,集中了全党和全国人民的智慧,而且走过弯路,付出过沉重的代价。在取得了生产资料所有制的社会主义改造的胜利以后,面对着天翻地覆的社会大变革,我们党的第八次全国代表大会对新的社会现实进行马克思主义的理论概括,提出国内的主要矛盾已经不再是工人阶级和资产阶级的矛盾,而是人民对于经济文化迅速发展的需要同当前经济文化不能满足人民需要的状况之间的矛盾。这种面对新的现实勇于探索的气概,是值得称颂的。但是,由于我们党的社会主义建设经验不足,加之指导思想上发生"左"的偏差,八大的路线并没有得到很好的贯彻。十年动乱期间,林彪、"四人帮"两个反革命集团根本不顾广大人民群众的物质文化生活的需要,大搞所谓"停产闹革命",打、砸、抢横行,搞得整个国民经济濒临崩溃的边缘。这是他们对马克思主义的肆意践踏。在党的十一届三中全会以后,我们党总结了正反两个方面的经验教训,进行理论上的拨乱反正,对我国社会的主要矛盾,进行了周密的调查研究,得出了正确的结论,在十二大所通过的党章中就明确地指出:"在剥削阶级作为阶级消灭以后,我国社会存在的矛盾大多数不具有阶级斗争的性质,阶级斗争已经不是主要矛盾。由于国内的因素和国际的影响,阶级斗争还在一定范围内长期存在,在某种条件下还有可能激化。我国社会的主要矛盾是人民日益增长的物质文化需要同落后的社会生产之间的矛盾。其他矛盾应当在解决这个主要矛盾的同时加以解决。"十二大以后,党的历次代表大会都坚持了这一科学论断。十六大以后,胡锦涛总书记于2003年7月1日所作的那篇著名讲话中,再次强调地指出:"要科学判断和全面把握我国将长期处于社会主义初级阶段的基本国情,正确认识和妥善处理人民日益增长的物质文化需要同落后的社会生产这个社会主要矛盾,紧紧抓住经济建设这个中心不动摇,正确处理好改革发展稳定的关系,推动物质文明、政治文明和精神文明协调发展,不断增强综合国力,逐步实现全体人民的共同富裕。"

党中央把满足人民日益增长的物质文化需要提到了社会主义生产和建设的根本目的,把需要与生产的矛盾提到了推动社会主义社会向前发展的主要动力的高度,不但坚持了马克思主义,而且在新的历史条件下发展了马克思主义。我们可以从如下几个方面来认识。

第一,这是建立在辩证唯物主义的实事求是的认识路线之上的,是完全符合唯物辩证法的要求的。关于社会主义社会发展的动力,在社会主义社会的发展史上,至少有过三种不同的说法,一种说法是苏联斯大林时期曾提过的全体人民在政治上的统一和团结;再一种说法是以阶级斗争为纲;第三种说法是人民日益增长的物质文化需要同落后的社会生产的矛盾。哪一种说法符合实际?有比较才能有鉴别,我们认为只有第三种说法才是符合实际的、辩证的,因而也是最科学的。因为在消灭了剥削阶级的社会主义社会中,虽然在一定范围内还存在着阶级斗争,对此我们绝对不应该丧失警惕,但是,这种阶级斗争毕竟已经不是全社会的主要矛盾,这时,需要与生产的矛盾逐渐成为主要矛盾,成为社会主义社会发展的直接的动力。这是对新的社会现实的如实反映,而以阶级斗争为纲的说法则是脱离实际的表述。此外,唯物辩证法告诉我们,一切事物的内在矛盾是推动该事物发展变化的内在动力,因此,说需要与生产的矛盾比说全体人民在政治上的团结和统一是社会主义社会发展的动力,更符合历史发展的辩证法。

第二,这一表述准确地表达了社会主义社会的内在本质,更符合社会主义建设的性质和目的的要求,深刻地体现了社会主义社会的优越性。需要与生产的关系,在不同的社会制度下有着不同的性质。在资本主义制度下,生产的目的是为了追求最大限度的利润,因而资本主义的生产同劳动人民的需要之间存在着不可调和的矛盾。而社会主义制度的建立,则从根本上消除了人剥削人的根源,创造了生产者同生产资料直接结合的客观可能性,生产的目的是为了满足整个社会和人民日益增长的物质和文化生活的需要,这就从根本上消除了生产与需要之间在阶级社会的条件下所固有的那种对抗性质,从而也就从根本上消除了劳动人民必须通过阶级斗争这个中介来谋求自身需要的满足的客观必要性。这正是社会主义社会优越于资本主义社会,可以取得比资本主义社会更高的发展速度和更高的劳动生产率的内在根据。当然,由于生产发展水平的限制,社会主义的生产与需要之间也还存在着矛盾,特别是在我国生产力发展水平还很低下的情况下,生产还远远不能满足社会和人民的需要,矛盾暂时还十分突出,但这种矛盾已不具有对抗的性质,解决这个矛盾的根本方法是大力发展生产力,在发展生产的基础上努力满足人民的需要,逐步改善人民的生活。在这个问题上,我们要注意反对两种有害的倾向,只顾发展生产,不顾改善人民的生活固然是错误的,但是,光顾改善生活,不顾发展生产也是不对的。这两种倾向,都违背了生产与需要之间的客观辩证法,都是有害的。

第三,这一表述同历史唯物主义关于"人民,只有人民,才是创造世界历史的动力"的基本原理是完全一致的。人民是创造世界历史的动力,人民的需要则是推动他们去创造世界历史的内在动因。我们党科学地揭示了需要与生产之间的辩证关系,必将开发出蕴藏在我国人民中间的建设社会主义的巨大的积极性和创造性。需要不但是客观的,而且具有无限的丰富性和无止境发展的可能性。人民的物质文化生活的需要,既包括物质需要,又包括精神需要。人民不仅具有衣、食、住、行等物质需要,而且具有人与人之间互相联系和交往的需要、审美的需要、进行创造和追求真理的需要、为了完善自身和实现理想而献身事业的需要,等等。为实现共产主义理想而奋斗,已经成为我国共产主义者的一种内在的需要,这种精神需要本身就是我们从事社会主义生产和建设的内在动因的重要组成部分。

(原载《当代思潮》2004 年第 5 期)

十一论 "以人为本"的理论价值与实践意义

一、历史的、理论的证明

1. 马克思主义人本观的历史的证明

马克思、恩格斯从创立唯物史观起,到他们成熟时期以至晚年的论著中,在有关人类社会历史发展的论述中,有一根主线贯穿始终,这便是科学的、唯物主义的人本观。为了证明这一点,让我们用编年叙事的方法,看看历史的事实:

马克思在 1843 年写的《黑格尔法哲学批判》导言中告诉我们,人不是抽象的蛰居世界之外的存在物。人就是人的世界,就是国家,社会。

马克思在《1844 年经济学哲学手稿》中认为,在社会主义的人看来,整个所谓世界历史不外是人通过人的劳动而诞生的过程。就是在这部手稿中,马克思还明确地确认了共产主义同人本主义的关系,共产主义作为私有财产的扬弃,就是实践的人本主义的生成;共产主义则是以扬弃私有财产作为自己的中介的人本主义。共产主义社会是人同自然界的完成了的本质的统一,是自然界的真正复活,是人的实现了的自然主义和自然界的实现了的人本主义。

马克思在写于 1845 年的《关于费尔巴哈的提纲》的第一条中强调地指出,从前的一切唯物主义(包括费尔巴哈的唯物主义)的主要缺点是:对对象、现实、感性,只是从客体的或者直观的形式去理解,而不是把它们当做感性的人的活动,当做实践去理解,不是从主体方面去理解。在第六条中又指出,费尔巴哈把宗教归结于人的本质。但是,人的本质不是单个人所固有的抽象物,在其现实性上,它是一切社会关系的总和。在第十条中又说,旧唯物主义的立脚点是市民社会,新唯物主义的立脚点则是人类社会或社会的人类。

在马克思、恩格斯于 1845 年秋至 1846 年 5 月共同撰写的《德意志意识形态》中,他们认为全部人类历史的第一个前提无疑是有生命的个人的存在。因此,第一个需要确认的事实就是这些个人的肉体组织以及由此产生的个人对其他自然的关系。任何历史记载都应当从这些自然基础以及它们在历史进程中由于人们的活动而发生的变化出发。当人开始生产自己的生活资料的时候,人本身就开始把自己和动物区别开来。个人怎样表现自己的生活,他们自己就是怎样。因此,他们是什么样的,这同他们的生产是一致的——既和他们生产什么一致,又和他们怎样生产一致。因而,个人是什么样的,这取决于他们进行生产的物质条件。马克思、恩格斯还进一步指出,以一定的方式进行生产活动的一定的个人,发生一定的社会关系和政治关系。社会结构和国家总是从一定的个人的生活过程中产生的。但是,这里所说的个人不是他们自己或别人想象中的那种个人,而是现实中的个人,也就是说,这些个人是从事活动的,进行物质生产的,因而是在一定的物质的、不受他们任意支配的界限、前提和条件下活动着的。马克思、恩格斯还强调地说:我们不是从人们所说的、所设想的、所想象的东西出发,也不是从口头说的、思考出来的、设想出来的、想象出来的人出发,去理解有血有肉的人。我们的出发点是从事实际活动的人,而且从他们的现实生活过程中还可以描绘出这一生活过程在意识形态上的反射和反响的发展。不是意识决定生活,而是生活决定意识。前一种考察方法从意识出发,把意识看做是有生命的个人。后一种符合现实生活的考察方法从现实的、有生命的个人本身出发,把意识仅仅看做是他们的意识。这种考察方法不是没有前提。它从现实的前提出发,它一刻也不离开这种前提。它的前提是人,但不是处在某种虚幻的离群索居和固定不变状态中的人,而是处在现实的、可以通过经验观察到的、在一定条件下进行的发展过程中的人。然后马克思、恩格斯总结说:"人们为了能够'创造历史',必须能够生活。但是为了生活,首先就需要吃喝住穿以及其他一些东西。因此第一个历史活动就是生产满足这些需要的资料,即生产物质生活本身。""任何历史观的第一件事情就是必须注意上述基本事实的全部意义和全部范围,并给予应有的重视。"①请注意马克思、恩格斯所说的任何历史观必须注意的"第一件事情",马克思、恩格斯以前的任何历史观都不是这样的,只有马克思、恩格斯所创立的唯物史观才第一次从从事这第一个历史活动的现实的人出发,并注意到了上述事实的全部意义和全部范围,所以,恩格斯写于1886年的《费尔巴哈和德国古典哲学的终结》这部名著中回顾马克思怎样创立唯物史观时,就把唯物史观定义为"关于现实的人及其历史发展的科学"②。

---

① 《马克思恩格斯选集》第1卷,人民出版社1995年版,第79页。此处的着重点为引者所加,其余的着重点都是原有的。
② 《马克思恩格斯选集》第4卷,人民出版社1995年版,第241页。

1845 年,马克思、恩格斯在《神圣家族》中说:历史什么事情也没有做,它"并不拥有任何无穷尽的丰富性",它并"没有在任何战斗中作战!"创造这一切、拥有这一切并为这一切而斗争的,不是"历史",而正是人,现实的、活生生的人。"历史"并不是把人当作达到自己目的工具来利用的某种特殊的人格。历史不过是追求着自己目的的人的活动而已。

马克思在创立唯物史观十多年后,在写于 1859 年的《政治经济学批判》序言中总结说:"人们在自己生活的社会生产中发生一定的、必然的、不以他们的意志为转移的关系,即同他们的物质生产力的一定发展阶段相适合的生产关系。这些生产关系的总和构成社会的经济结构,即有法律的和政治的上层建筑竖立其上并有一定的社会意识形式与之相适应的现实基础。物质生活的生产方式制约着整个社会生活、政治生活和精神生活的过程。不是人们的意识决定人们的存在,相反,是人们的社会存在决定人们的意识。社会的物质生产力发展到一定阶段,便同它们一直在其中运动的现存生产关系或财产关系(这只是生产关系的法律用语)发生矛盾。于是这些关系便由生产力的发展形式变成生产力的桎梏。那时社会革命的时代就到来了。随着经济基础的变更,全部庞大的上层建筑也或慢或快地发生变革。"①有人抓住这一经典性的表述,说这才是唯物史观的"出发点",其实,马克思自己就说这是他经过"多年诚实研究的结果"②,而不是"出发点"。再从时间上说,这是马克思创立唯物史观十多年以后说的,从时间的先后顺序说,它也不能成为创立唯物史观的"出发点"。再其次,从逻辑

---

① 《马克思恩格斯选集》第 2 卷,人民出版社 1995 年版,第 32~33 页。
② 《马克思恩格斯选集》第 2 卷,人民出版社 1995 年版,第 35 页。

上说,它也不是"出发点",马克思,还有恩格斯都曾批判过先验论,指出概念、范畴、规律、原理等等都不是先验地存在于人们的头脑之中,都不能成为研究的出发点,而只能是研究的结果。生产力与生产关系、经济基础与上层建筑及其相互间的关系,都是人的本质力量的外化、物化,研究、考察这些外化、物化的东西,就可以直观地、感性地、形象地看到人的本质及其力量;但是,这些外化、物化的东西是怎样形成的,还是离不开"人本身",正如马克思在这一经典表述的开头所用的主语是"人们",因为正是"人"是社会历史的主体。

这样的唯物主义的人本观,在马克思、恩格斯创立唯物史观后,在他们成熟时期直至晚年的大量著作中,不但继续存在,而且不断深化、升华,构成完整的共产主义理论体系,如果一一加以引用,可以编成厚厚的一本书,现在只能择其最重要的两段作为历史的证明:

马克思、恩格斯在作于 1848 年的纲领性文件《共产党宣言》中说:"代替那存在着阶级和阶级对立的资产阶级旧社会的,将是这样一个联合体,在那里,每个人的自由发展是一切人的自由发展的条件。"

在经典名著《资本论》中,马克思指出社会主义社会是"以每一个个人的全面而自由的发展为基本原则的社会形式"。

现在人们将这两段经典表述喻为马克思主义的最高命题。现在,让我们再回到《1844 年经济学哲学手稿》,在那里马克思说:"共产主义,作为完成了的自然主义,等于人道主义,而作为完成了的人道主义,等于自然主义,它是人和自然之间、人和人之间的矛盾的真正解决,是存在和本质、对象化和自我确证、自由和必然、个体和类之间的斗争的真正解决。它是历史之谜的解答,而且知道自己就是这种解答。"①将这一段精彩的论述同上述马克思、恩格斯在《共产党宣言》、《资本论》中的经典论述联系起来思考,我们可以清晰地看到有一根主线即马克思主义的人本观贯穿始终!

2. "以人为本"的马克思主义的理论证明

讲了马克思主义人本观的历史证明以后,再来讲"以人为本"的马克思主义的理论证明就比较容易了。我在2004年6月22日的《光明日报》上发表过专文论证这个问题,现在只需摘其要点就可以加以说明了。现在就让我们来从唯物史观的理论层面对"以人为本"作一理论上的证明:

作为主体的证明。马克思在创立唯物史观时,开宗明义地指出,人类历史的第一个前提无疑是有生命的个人的存在(参阅《德意志意识形态》)。马克思逝世后,恩格斯在回顾马克思如何发现人类历史的发展规律时说,马克思首先发现的是历来为繁茂芜杂的意识形态所掩盖着的"一个简单的事实",就是人们首先必须吃、喝、住、穿,然后才能从事政治、科学、艺术、宗教等等。马克思、恩格斯的这些论述说明什么呢?那就是有生命的个人的存在是人类历史的第一个前提,人是社会历史的主体,因而,在唯物史观中,人也应该以主体的身份出现。这一点,有马克思自己的著作作为证明。马克思在批判旧哲学、创立自己的新哲学的标志性著作《关于费尔巴哈的提纲》第一条,就明确地指出,对人类社会历史,要从作为社会历史主体的人的感性活动和实践去理解和把握,并把这一点视作自己的新哲学同旧唯物主义的一个根本区别。在《詹姆斯·穆勒〈政治经济学原理〉一书摘要》中他又

---

① 《马克思恩格斯全集》第42卷,人民出版社中文第1版,第120页。

明确提出：人是"社会联系的主体"①。在《剩余价值学说史》中，马克思再次肯定，人是"生产主体"②。

正因为人是社会历史发展的主体，所以人们在思维中就应把人放在本位来把握，这样，"以人为本"就成为唯物史观的题中应有之义。如果不把人放在本位，那么，"社会"就变成了无主体的、失去了活生生的人的空壳。正因为马克思的唯物史观如实地把握了人是主体，要以人为本，所以它不仅是科学，而且是具有崇高意义的价值观。

作为客体的证明。人是主体，但当人们去研究人是怎样在社会历史中活动时，人就成了客体，是客观的现实存在。而且，人与人在交往时，也都是把对方当作客体来对待的，"我"、"你"、"他"就是人们把自己当作主体，把他人当作客体的称谓。

马克思、恩格斯在创立唯物史观时，丝毫也没有忽视人、漠视人，而是真正科学地面对人。这一点，他们在全面阐发自己的学说时，曾作过明确的肯定。在《德意志意识形态》中，他们说："我们的出发点是从事实际活动的人"，又说，唯心史观的"考察方法从意识出发，把意识看作是有生命的个人"。"符合现实生活的考察方法则从现实的、有生命的个人本身出发，把意识仅仅看作是他们的意识。""这种考察方法不是没有前提的。它从现实的前提出发，它一刻也不离开这种前提。它的前提是人，但不是处在某种虚幻的离群索居和固定不变状态中的人，而是处在现实的、可以通过经验观察到的、在一定条件下进行的发展过程中的人。"③正因为马克思、恩格斯把现实的人及

---

① 《马克思恩格斯全集》第42卷，人民出版社中文第1版，第25页。
② 《马克思恩格斯全集》第26卷第1册，人民出版社中文第1版，第300页。
③ 《马克思恩格斯选集》第1卷，人民出版社1995年版，第73页。

其历史发展当作客观存在的现实来进行研究,所以发现人为了满足自己生存的需要,他们从事的第一件事就是生产满足自身需要的物质资料,为此,人必须运用大脑和四肢作用于自然界,同自然界进行物质交换,所以形成了关于生产力的概念,马克思、恩格斯同时还发现,现实的人必须结成一定的关系才能从事生产劳动,所以形成了生产关系的概念。唯物史观中一系列概念、范畴,以及这些概念、范畴所反映的矛盾运动及其逻辑体系,都不是先验地存在于马克思、恩格斯的大脑之中的,而是马克思、恩格斯把现实的人、在社会历史中实践的人作为客体进行研究所得到的科学抽象和概括。因此,我们说唯物史观是科学。正如马克思、恩格斯在进一步批判费尔巴哈时所说:"费尔巴哈设定的是'一般人',而不是'现实的历史的人'。"①"对抽象的人的崇拜,即费尔巴哈新宗教的核心,必定会由关于现实的人及其历史发展的科学来代替……"②由此可见,现实的人及其历史发展,不仅被确立为唯物史观的研究对象,而对这个研究对象的研究成果即关于现实的人及其历史发展的科学,甚至被恩格斯作为唯物史观的同义语来使用了。列宁也说过:"唯物主义的社会学者把人与人之间一定的社会关系当做自己研究的对象,从而也就是研究真实的个人,因为这些关系是由个人的活动组成的。"③

唯物史观不是不面对人,只是不面对虚幻的、孤立的人,而面对真实的、社会的、实践的人,因而是真正地面对人——一个科学规定了的客体。人作为科学客体的确立,人的客观必然性之揭示,很自然地就导致了对人们的活动规律的揭示,即对人类

---

① 《马克思恩格斯选集》第1卷,人民出版社1995年版,第75页。
② 《马克思恩格斯选集》第4卷,人民出版社1995年版,第241页。
③ 《列宁全集》第1卷,人民出版社中文第1版,第384页。

历史发展规律的揭示。

　　作为主体和客体统一的证明。在上面的分析中，我们已经看到在唯物史观中，人是既作为主体又作为客体而存在的，是既包含着人的自觉能动性、又体现着客观规律性的。在唯物史观中，作为主体的同作为客体的人的统一，或者说，人的主体性和客体性的统一，充分体现了人的完整性。完整的人，在唯物史观中有如下两个方面的含义。一方面，人是一个客体化了的主体，也就是说，当人作为社会历史的主体创造着社会历史的进程时，他们是受着客观制约的，因为他们是一个具有自然的和社会的客观规定性的主体，他们创造历史的活动是在这种客观规定性的范围内或前提下进行的，并不是随心所欲的，因而他们的活动才是有规律可循的。马克思主义之所以能够揭示社会历史发展的客观规律，就是由于在考察历史主体的活动时，是从它的客观制约性入手的，是把人放在由一定的生产力与生产关系及其结合方式中进行研究的。从另一方面来看，人又是一个主体性的客体。马克思主义在把人作为一个科学规定的客体来考察时，认为他是这样的一个客体，他处处以主体的姿态出现，按照自己的需要追求自己的目的，追求自由和幸福，他们并不能意识到自己的追求不是属于他们自己的，而是属于自然和社会的产物，因而他们并不因为自己的任何追求都必然受到客观条件的限制，而放弃追求，他们的需要、意识和追求虽然具有受动性，但并不以受动性表现出来，而总是表现为某种主动姿态。人们是在对自己的受动性毫无顾忌中，以各自的方式参与着历史的创造，同时造就着自己。

　　从客体化了的主体和主体性的客体两方面来看，人的完整性就真正被确立了起来,因而历史就是一个有规律的人的创造性实践过程。唯物史观本来就是这样有机地包含着人的创造性与历史规律性的。马克思、恩格斯本人也曾经充分表达了这一思想。最明确的表述是在《哲学的贫困》中。马克思认为,"研究每个世纪中人们的现实的、世俗的历史",就要"把这些人既当成他们本身的历史剧的剧作者又当成剧中人物","把人们当成他们本身历史的剧中的人物和剧作者"①,意味着什么呢? 人们在演出,是按照一定的剧情(作为规律、作为必然性)在演出,因而他们是主体,但却不是为所欲为的自由意志的体现者。同时,剧情又不是别的什么东西(例如上帝或观念)为他们写成的,完全是他们自己创作的,他们是剧作者,因而历史又的确是他们之所为。这表明,马克思并不是只注意了一个方面,而是全面地将人作为能动的主体和受动的客体的统一来把握的,这样就得出了历史规律性与人的能动性的统一。

正因为马克思、恩格斯把现实的人既当作价值主体,又当作科学客体,而且是主客体的统一来加以把握,所以唯物史观是科学性与价值观的统一。

通过上述证明,我们可以清楚地看出,党中央所提出的"以人为本"的重要思想,不但是完全符合马克思主义的,而且是对马克思主义的重大发展。现在就让我们进入下一个论题。

二、现实的、实践的意义

哲学是人类智慧的结晶,哲学是时代精神的精华。恩格斯曾

---

① 《马克思恩格斯选集》第 1 卷,人民出版社·1995 年版,第 147 页。

经说过，"随着自然科学领域中每一个划时代的发现，唯物主义也必然要改变自己的形式"。① 党中央所提出的以人为本的科学发展观，就是我国人民智慧的新结晶，就是时代精神的新精华。

1. 以人为本的科学发展观是在建设中国特色社会主义实践中应运而生的

以人为本的科学发展观，在理论上不仅坚持了马克思主义的人本观，而且是在新的时代条件下、在中国社会主义建设实践中对马克思主义的重大发展，是一种应运而生，因此，具有强大的生命力和广泛的动员、指导作用。

"以人为本"，从哲学上说就是要以人为本位。在世界万千事物中，人是最为宝贵的，人不仅是手段，而且是目的，所以我们做任何事情都应当以人为本，将人放在本位。人之所以能够为"本"，因为人类能够把世界上的万事万物当作是属人的，这个世界是属于人类的。人类不但认为这个世界是属人的，而且是能够被人类改造和利用的。人类改造任何事物都不是无意识、无目的的，而都是有目的地为了满足自身的某种需要。人类的需要是无止境的，人类智能的发展和进步也是无止境的，所以，人类改造世界的原动力是永恒的，是永无止境的，是永不枯竭的。

"以人为本"，从经济上说就是我们的一切生产都要以满足人的需要为目的。对于我们社会主义社会来说，无论从什么时间来说，搞经济建设、搞生产建设，它的终极目的都是为了满足人的需要，如果一叶障目，偏离了这样一个简单的朴素的真理，那么，我们的经济建设，我们的一切生产活动都会走到邪路上去。

---

① 《马克思恩格斯选集》第4卷，人民出版社1995年版，第228页。

在经济建设中坚持"以人为本",要注意解决人与自然和谐发展的问题,也就是要对经济建设的结果进行价值评估:我们的各项建设是否真正地、全面地达到了满足人的需要的目的,在达到这一目的的过程中,是不是节约了资源和劳动力,是不是注意了保护生态,是不是污染了环境,是不是既满足了当前的需要又保持了可持续发展等等。

"以人为本",从政治上说就是要把人民放在本位,让人民成为我们这个社会主义国家真正的主人,人民当家作主,官员是为人民服务的公仆,我国的宪法、我们共产党的党章都是这样明确规定了的。

在政治文明建设和加强党的执政能力建设中坚持"以人为本",要注意解决人与社会的和谐发展和构建和谐社会的问题,也就是在改革中要协调好人与人的利益关系,要兼顾国家、集体、个人三者的利益;要注意普遍受益和共同富裕问题,防止扩大地区、贫富差距,防止出现两极分化;要协调好群众间的社会矛盾,保持社会稳定,防止出现新的社会对抗,等等。

"以人为本",从伦理道德上说就是要把人当做人来对待。一个人从他出生的那天起,就享有普遍的人权,这已成为当今人类文明社会公认的一个原则,我国已先后加入 21 个国际人权公约,并将"国家尊重和保障人权"写进宪法就是证明。当然,人权、人的自由、人的尊严的实现,并不是无条件、无限制、任意的,它必须受到社会历史条件的制约,必须是循序渐进的,必须受到社会道德规范和法律法规的约束。一个社会要想获得和谐、稳定、健康的发展,就必须弘扬"以人为本"。无论是一个社会组织、团体、政党、政府和所有拥有权力者,都要把人当做人来对待,也无论是人与人之间,以至每个人对自身,都应把人当做人来对待。

2. "以人为本"是对我国社会发展动力的深度开发

党中央所提出的以人为本的科学发展观,是对我国社会发展动力的深度开发,对于建设中国特色社会主义的伟大事业,对于全面建设小康社会,具有重大的现实指导意义。

邓小平说:"发展才是硬道理。"胡锦涛说:"发展是我们党执政兴国的第一要务。"发展需要有正确的理论作指导,需要有正确的立场、观点和方法作指导,所以需要建立科学的发展观。党的十六届三中全会的《决定》中所制定的科学发展观正是适应这种客观的、实践的需要应运而生的。

讲发展,自然也就会产生一个怎样才能更快更好地发展的问题,科学发展观为解决这个问题作出了贡献。我国人民日益增长的物质文化需要同落后的社会生产之间的矛盾是我国社会主义初级阶段的主要矛盾。需要与生产的矛盾运动是我国社会发展的根本动力。我们的社会主义社会,怎样才能更快更好地发展,这里就有一个对发展动力的研究、认识、把握和开发问题。

对于我国社会主义社会的主要矛盾和发展动力问题,我们党的认识过程,曾经走过曲折道路。党的八大,面对中国进入社会主义社会后的新的现实,对这个问题,曾经作过创造性的论断。但是八大后不久,由于经验不足和对形势的判断发生了偏差,很快在党的八届三中全会上改变了原来的论断,而陷入了"以阶级斗争为纲"、"阶级斗争一抓就灵"的误区。到了"文化大革命"时期,林彪、"四人帮"两个反革命集团,更把"以阶级斗争为纲"发展到登峰造极的程度,大搞"停产闹革命"、"无产阶级专政下继续革命"、"实行全面专政",等等,我们的国家遭到了一场浩劫。粉碎这两个反革命集团后,从十一届三中全会开始,我们党在清算这两个反革命集团的罪行时,进行严肃的理论上的反思和拨乱反正,果断地把党和国家的工作中心由"以阶级斗争为纲"转移到社会主义现代化建设上来,作出了实行改革开放的重大决策。在党的十二大上,恢复了八大对我国社会主要矛盾和发展动力的正确论断,十二大以后的历次党的代表大会所通过的党章,都坚持了这一科学的论断。这一科学论断之所以重要,不但因为它是对我国社会主义初级阶段基本国情的正确认识,这一认识的正确与否决定着其他一切判断和认识,而且因为在这个问题的认识上走过弯路,付出过沉重的代价。

我国社会现阶段的主要矛盾和发展动力,不仅是一个认识问题,而且是一个实践问题。在形成了对这个问题的科学的正确的认识以后,在建设中国特色社会主义的实践中,还有一个怎样充分地开发这一动力系统,使其发挥更大更好的作用问题。党的十六届三中全会的《决定》明确提出了"坚持以人为本,树立全面、协调、可持续的发展观,促进经济社会和人的全面发展"的科学发展观。"坚持以人为本"是科学发展观的本质和核心。以人为本,就是要把人民的利益作为一切工作的出发点和落脚点,一切为了人民,一切依靠人民,不断满足人们的多方面的需要和促进人的全面发展。具体地说,就是在经济发展的基础上,不断提高人民群众物质文化生活水平和健康水平;就是要尊重和保障人权,包括公民的政治、经济、文化权利;就是要不断提高人们的思想道德素质、科学文化素质和健康素质;就是要创造人们平等发展、充分发挥聪明才智的社会环境。

以人为本科学发展观的提出,是经过20多年的改革开放后,我们党在坚持对我国社会主义初级阶段的主要矛盾和发展动力的正确认识的基础上认识的新飞跃,是对我国社会主义社会发展的动力系统的深度开发。我国社会的发展动力,是一个复杂的大系统,如果对之作一粗略的划分,又可分为动因、动能、动力三个子系统。现在,就让我们按动因开发、动能开发、动力开发三个层次,谈谈以人为本科学发展观的丰富内涵。

　　动因开发　满足社会主义社会全体成员物质文化生活的需要,是社会主义生产的根本目的,也是我国人民从事劳动生产的根本动因。马克思、恩格斯在创立唯物史观时,在一系列著作中用十分明确的语言论证过人类从事劳动生产的动因和目的的一致性。从他们的论述中,我们可以清楚地看到,人的需要同人类劳动生产之间,存在着必然的、客观的、不以人们的意志为转移的辩证关系:需要推动人们去从事劳动生产,而劳动生产一方面满足人们的需要,另一方面又使人们产生新的需要,新的需要又推动人们去从事新的劳动生产。人不仅是生产的主体,而且是享受的主体,人的需要也是一个复杂的系统,从不同的角度和层次可分为:生产的需要与消费的需要;生存的需要与享受的需要、发展的需要;个体的需要与整体的需要;目前的需要与长远的需要;物质的需要与精神的需要;追求真的需要与追求善和美的需要;现实的需要与追求理想、献身事业的需要……所以,人的需要系统不仅具有客观必然性,而且具有内容的无限丰富性、发展的无止境性。需要与劳动生产之间的这种相互联系、相互作用、相互促进的关系循环往复以至无穷,而每一循环都使人类的需要与人类的劳动生产发展到更高的程度。在这里,需要表现为目的,是人们从事劳动生产的内在动因,劳动生产则是实现目的的手段,而劳动生产又必然使人们产生新的需要,提出新的目的。

　　但是,在阶级社会中,由于存在着阶级剥削和压迫,劳动生产的结果同需要的满足发生了分离、分裂、矛盾以至对立,劳动者需要的满足,不但要从事劳动生产,而且还要通过阶级斗争才能争得,需要的动因作用被扭曲了、变形了、掩盖了。到了社会主义社会,由于消灭了剥削阶级,建立了新型的生产关系,生产资料同劳动者可以直接结合了,形成了劳动生产与取得报酬的直接联系和正比关系,所以需要恢复它成为人们从事劳动生产的"动因——目的"的直接作用。这正是社会主义社会优越性的根本之所在。我们党的八大以及十二大以后对我国社会主要矛盾和发展动力的认识正是建立在对这一规律正确认识和准确把握之上的。① 我国在 20 多年的改革开放中所以能取得快速的发展,也都是由于充分地开发了这一动因作用。现在提出以人为本的科学发展观,正是对这一动因作用的进一步深度开发。以人为本,不是仅仅把人当作手段,而是更加重视把人当作目的。我国社会主义生产、经济建设的根本目的,就是为了满足人民日益增长的物质文化生活的需要。这一科学发展观正是针对 20 多年的快速发展后出现的新的不平衡提出来的。20 多年来,我国经济快速发展了,人民生活普遍改善了、提高了,从总体上达到了小康水平。这一伟大成就,不仅中国人民亲身体验到了,而且引起了世界的惊叹和瞩目。但是,同时我们也应看到,我国社会

---

① 关于无产阶级社会主义革命胜利后组织的社会生产,要保证满足社会全体成员的需要、福利和自由的全面发展,列宁无论是在俄国十月革命胜利前还是胜利后,在制定党的纲领时,都作过明确的论述。俄国十月革命前15年,1902年列宁在《对普列汉诺夫的第二个党纲草案的意见》一文中说,这种社会生产"不仅满足社会成员的需要,而且保证社会全体成员的充分福利和自由的全面发展"(《列宁全集》,人民出版社中文第 2 版,第 6 卷,第 218 页。着重点是原有的)。十月革命胜利后,1919年列宁在《俄共(布)纲领草案》一文中又指出,这种社会生产要"保证社会全体成员的福利和全面发展,将消灭社会的阶级划分,从而解放全体被压迫的人类,因为它将消灭社会上一部分人对另一部分人的一切形式的剥削"(《列宁选集》第 3 卷,人民出版社 1995 年版,第 718 页)。

生产力原来极其落后,人口众多,底子很薄,发展本来就不平衡,经过20多年的快速发展,又增加了一些新的不平衡,党的十六届三中全会的《决定》指出了五个新的不平衡,这就是城市与乡村发展不平衡,东部、中部、西部区域发展不平衡,经济发展与社会发展不平衡,经济发展与自然发展不平衡,国内发展与对外开放不平衡。也就是说,在多年来快速发展的同时,也积累了不少矛盾和新的问题,主要是城乡差距、地区差距、居民收入差距持续扩大,就业和社会保障压力增加,教育、卫生、文化等社会事业发展滞后,人口增长、经济发展同生态环境、自然资源的矛盾加剧,经济增长方式落后,经济整体素质不高和竞争力不强等等。党中央看到了在这种新的不平衡和矛盾中,蕴藏着人民群众的巨大的物质文化需要,蕴藏着巨大的发展机遇。中国有13亿人口,是一个巨大的市场;13亿人口在党的富民政策下逐步地富裕起来,需求的旺盛可以说是无法估量的。人类社会是在"不平衡——平衡"的矛盾运动中发展的,不可能出现绝对的平衡,但是人类又在绝对的不平衡中追求相对的平衡。正因为有人的需要的不平衡,而人类又在不平衡中追求平衡,所以才推动人类社会不断前进和发展。然而,这种追求有自发和自觉之分,我们党正是自觉地认识到在这种新的不平衡中蕴藏着新的强大的动因,把这种动因开发出来,正可以极大地推动中国特色社会主义事业的发展。以人为本科学发展观的提出,正是为了达到这一目的。需求的旺盛,大家都想尽快地发展,但发展又必须是有序的、有效的,盲目地上低水平重复的项目,搞劳民伤财的政绩工程、形象工程,不但不能实现健康的、可持续的发展,而且危害很大,所以必须实行必要、有效的国家宏观调控。正是为了解决新的不平衡、新的矛盾,实现可持续的、健康的发展,所以党中央提出了"五个统筹"的发展战略。按照这一发展战略的要求,在继续发展城市的同时,要着力解决"三农"的发展问题;在继续发展东部沿海地区的同时,要着力发展中、西部地区和振兴东北老工业基地;在继续坚持以经济建设为中心、大力发展生产力的同时,要统筹发展各项社会事业,促进社会全面进步;还要统筹人与自然和谐的可持续发展,统筹国内发展和对外开放。"五个统筹"发展战略的贯彻落实,必将开发出蕴藏着的巨大的动因作用,极大地推进全面建设小康社会的伟大进程。

动能开发 党中央提出的科学发展观明确指出,坚持以人为本,目的就是要促进经济社会和人的全面发展。促进人的全面发展,既是经济社会发展的目的,也是为了实现对人的动能的全面开发。人是生产力诸要素中唯一能动的要素,生产力诸要素中的生产工具、生产资料都是死的"物",见物不见人,"以物为本"就没有活力,而人不仅具有客观的、内容无限丰富的需要,而且具有无限发展的潜能,只有以人为本,把人的潜能充分开发出来,才能使我们这个社会充满活力,充满无限发展的生机。人的全面发展是一个内涵丰富的概念,包括人的体力和智力的全面发展,人的认识能力、审美能力、道德情操和实践能力的全面发展,人的精神生活的无比丰富多彩和各种素质的全面提高,等等。我们现在着重从动能开发的角度,概括地讲如下四点:

首先,要提高人的科学文化素质。在以人为本的科学发展观中,包含着通过教育和培训来提高人的科学文化素质的要求和措施。社会主义建设事业需要各种各样的资源,而人力资源居于十分重要的地位。我国从数量上说具有丰富的人力资源,如果从质量上不断提高我国劳动者的科学文化素质,将会使我国的人力资源成倍地增值,将会极大地开发出我国社会发展的强大动能。

第二,要提高人的健康素质。人的健康状况,对于劳动者的动能的开发来说至关重要,没有健康的体魄,蕴藏在劳动者身上的能量,就无法充分地发挥。所以,一个国家、一个民族人民的身体素质,健康水平,也是生产力、综合国力的重要内容,重要组成部分。2003年,我国遭到SARS疫病的突然袭击,暴露了我国疾病控制、防治卫生体系的严重不足和脆弱,更加深化了我们党对这个问题的认识,所以党中央把提高人民的健康素质,更快发展卫生和体育事业,纳入以人为本的科学发展观之中,是对动能开发的认识的新进展。

第三,要不断提高人的思想道德素质。一个具有高尚的思想道德的人,不但表现为崇高,而且表现为强大。人在劳动生产中积极性、创造性的发挥,不仅仅决定于科学文化素质和健康素质,而从更深层的意义上说,更决定于人的思想道德素质。所以,党中央在提出以人为本的科学发展观的同时,还提出了加强全民族的思想道德建设的要求,它的深刻的道理就在于此。在人的动能的开发中,千万要注意人的思想道德素质的提高和精神文明建设。

第四,要促进人的思维方式的现代化。有人对思维方式中也存在能量,也可以产生能量,不太理解。我想举个比较通俗的例子来说明这个问题。"实事求是"对于我们来说耳熟能详,这是马克思主义思维方式的一个最基本的要求。而是不是能做到实事求是,对我们的社会主义建设实践来说却是至关重要的,它决定着取得成果的大小、快慢、好坏,甚至成败,是可以产生大为不同的结果的。思维方式中的其他要求,例如辩证观、发展观、系统观等等,也都存在相同的情况。我们应当从过去那种唯书唯上而非求真务实的、一维的而非多维的、单向的而非双向反馈的、直线的而非批判性反思的、单层面的而非网络立体的、静态的而非动态随机的、守旧的而非创新的思维方式中解放出来。所以,思维方式的现代化,对动能的开发是至为重要的。而思维方式属于人的素质的重要组成部分,因此现代思维方式的树立,就成为动能开发的重要组成部分。以人为本的科学发展观的提出,是我们党对社会主义现代化建设规律认识的进一步深化,是认识上的一次新的飞跃,其中就包含着思维方式的变化,摆脱了"以阶级斗争为纲"、"以物为本"等等传统思维方式的束缚,克服了在这种思维方式下所形成的思维定势的消极影响,是人的精神境界的进一步解放,必将开发出强大的动能。

动能也是一个系统,如果再细分,又可分为潜能、动能和效能,怎样实现从潜能到动能、效能的转化,形成现实的发展动力,关键是适宜的社会环境条件,这就进入了我们下一节的论说领域。

动力开发 启动动因,增强动能,并使两者在实践中很好地结合起来,才能形成现实的动力,这就需要建立适应并促进生产力发展的生产关系和上层建筑,即实现各种制度和运行机制的现代化。这属于各种体制改革的任务。所以,党中央在提出以人为本的科学发展观的同时,还提出了各方面体制改革和制度创新的要求和措施,这是开发我国社会主义社会发展动力的更深层次的要求。

第一,以经济建设为中心,进一步深化经济体制改革,完善社会主义市场经济体制。为了贯彻落实科学发展观,党中央在经济建设、经济体制改革方面提出了一系列重要措施和要求,例如,必须坚持以经济建设为中心,不断解放和发展生产力,为社会全面进步和人的全面发展提供物质基础;必须坚持城乡协调发展,统筹城乡经济社会发展,逐步改变城乡二元经济结构;必须坚持区域协调发展,逐步扭转地区差距扩大的趋势;必须坚持可持续发展,统筹人与自然和谐发展,处理好经济建设、人口增长与资源利用、生态环境保护的关系;必须坚持统筹国内发展和对外开放,在更大范围、更广领域、更高层次上参与国际经济技术合作和竞争,提高对外开放水平;必须坚持改革开放,"五个统筹"是落实科学发展观的根本要求,也是完善社会主义市场经济体制的根本要求。按照"五个统筹"推进改革开放,才能为贯彻落实科学发展观提供体制和机制保障,才能促进资源的优化配置,才能把各方面的积极性充分调动起来,才能为发展提供强大动力。社会主义市场经济体制的建立和逐步完善,让市场在资源配置中起基础性的作用,在我国经济社会的快速发展中发挥了强大的作用,是不争的事实。但是,市场经济体制,无论在资本主义社会,还是在社会主义社会,都还有它局限性的一面,都还需要有国家的宏观调控。"五个统筹"发展战略的提出,正是贯彻科学发展观、实现宏观调控必须遵循的基本原则和要求。

第二,继续推进政治体制改革,加强政治文明建设,加强党的执政能力建设。为了贯彻落实科学发展观,在政治体制发展中,党中央强调提出了要扩大社会主义民主,加强社会主义法制建设的要求;提出了"立党为公、执政为民","权为民所用、情为民所系、利为民所谋","政府的一切权力都是人民赋予的,必须对人民负责,为人民谋利益,接受人民监督"的执政理念;提出了建立法治政府的目标,要尊重和保障人权,包括公民的政治、经济、文化权利;提出了要加强政治文明建设、加强党的执政能力建设等重大任务。所有这一切,都是为了通过政治体制改革,完善和健全上层建筑,不断调整、完善国家政权作为社会、经济、政治、文化的管理、协调、公共服务功能,更好地促进社会生产力的发展,更好地开发社会主义社会的发展动力。

第三,继续推进文化、教育、科技、卫生、体育等各方面的体制改革和制度创新。科学发展观强调社会发展要与经济发展相协调,社会发展包括科技、教育、文化、卫生、体育等等社会事业的发展,也包括社会就业、社会保障、社会公正、社会秩序、社会管理、社会和谐等,还包括社会结构、社会领域体制和机制完善等等。加快社会发展,就要保障人民群众安居乐业,继续做好就业和社会保障工作,逐步理顺收入分配关系,化解社会矛盾,维护社会秩序,保持社会稳定,促进社会和谐。经济发展是社会发展的前提和基础,也是社会发展的根本保证;社会发展是经济发展的目的,也为经济发展提供精神动力、智力支持和必要条件。随着人民群众的物质生活水平的日益提高,对精神文化、健康安全等方面的需要也会日益增长,更加要求社会与经济共同协调地发展。所以,党的十六届三中全会的决定,在提出进一步完善社会主义市场经济体制、继续推进社会主义政治体制改革的同时,还提出了一系列继续推进文化、教育、科技、卫生、体育等方面的体制改革、制度创新的要求和措施,使我国的经济、政治、文化、社会等各方面协调地可持续地发展,使社会主义社会的发展动力获得进一步深度开发。

坚持以人为本,既是经济社会发展的长远指导方针,也是实际工作中必须坚持的重要原则。从全社会范围来看,要比较充分地满足人们多方面需要和实现人的全面发展,必须有相应的物质基础和社会条件,这只能是一个不断发展和进步的过程,不能要求过急。现在我国还处于社会主义初级阶段,无论生产力发展和物质财富的积累,还是生产关系和上层建筑的完善,满足人们的多方面的需要和实现人的全面发展还不可能完全做到。要注意处理好人民群众根本利益和具体利益、长远利益和眼前利益的关系。同时也要看到,以人为本是我们党的执政理念和要求,应当从具体事情做起,贯彻到经济社会发展的各个方面,贯穿到各项工作中去。坚持以人为本,构建和谐社会,13亿个动力点形成合力,必将汇聚成为强大的动力流,推动中国特色社会主义建设事业滚滚向前。

综上所述,以人为本科学发展观的提出,不仅具有重大的现实意义,而且具有深远的历史意义。

3. "以人为本"重要思想的提出,不仅具有重大的国内意义,而且具有重大的国际意义

当今的人类面临着大量的全球性问题和挑战:人类面临和平与发展的时代性课题;经济日益全球化和世界市场竞争日趋激烈形势下的发展战略问题;核子武器的发明和扩散,人类面临如何消除核战争毁灭性威胁问题;人类的脚步已经迈出地球,走向星际空间,如何和平利用宇宙空间已经成为人类思考的迫切问题;环境污染、生态保护已经超越狭隘的地域和国家的范围,成为全球关注和只有依靠全人类共同努力才能解决的问题;人工生殖技术的进步,克隆技术的发展,人类怎样改进自身的问题也引起了全人类的关注;艾滋病、SARS 等传染疫病的出现和传播成为全人类关注的问题;还有人口问题、贫困问题、能源问题、毒品泛滥问题、国际反恐问题,等等。2004 年 10 月 29 日英国《泰晤士报》报道,英国医学协会发表的报告称,能够灭绝某一民族族群的基因武器,可能在五年内研制成功。报告的作者布拉德福德大学负责和平问题研究的马尔科姆·丹多说:"几乎每一项重大科学研究成果都会被用于邪恶目的。""如果生命科学被滥用,人权、人类的尊严和人类的安全将受到重大威胁。"作者还警告:由于生物技术"放荡不羁"地发展,生物武器的威胁超过了化学武器和核武器。英国医学协会还敦促世界各国政府要探索加强《生物及毒素武器公约》的办法,并呼吁科学家要清醒地认识他们的尖端科研存在的潜在危险和责

任。人类在外太空寻找生命现象也存在风险,如果探测器将其他星球的微生物带回地球,也许会击垮地球的"免疫系统",对人类造成致命的威胁,科学家们已向人类发出警告。总之,全球性的、全人类都应关注的问题日益增多,"以人为本"也是解决这些问题应当遵循的原则。最近读到汪子嵩教授的一篇文章,其中讲了一个真实的故事,他说在"谈人色变"的年代,有位搞外交工作的同志对我们诉说,他们参加国际会议时感到最为尴尬的是:当别国代表大谈人道主义的时候,我们既不能表示赞同,又实在无法站出来驳斥。现在,我们的党中央提出"以人为本"的重要思想和指导原则,具有普世价值,具有普遍适用性,这就使我们党、我国政府取得了同各国党、各国政府、世界上各种非政府组织、各国人民沟通、交流、协商、谈判的话语主动权和广阔的论说空间,也能为他们所理解和接受。我国的外交官们再也不会像以前那样尴尬了。

三、全球的、未来的展望

——在全球化语境下论说从必然王国到
自由王国的飞跃

　　全球化浪潮在全世界涌动。对于经济全球化的发展趋势、激烈的世界市场竞争,现在人们议论纷纷。发达国家的劳动者非政府组织,由于资金、技术、劳动力、工厂企业在全球的流动、交换、合作,由于工作岗位的减少和失业,强烈反对全球化,经常集会、游行、抗议;贫穷的发展中国家的政府和人民,对于富国、工业化国家借着全球化浪潮搞扩张、掠夺和侵略,心存疑虑,甚至反对。

　　全球化,对于快速发展的改革开放的中国来说,既是机遇又是挑战。我国许多学者已从国际关系、世界贸易的政治、经济、文化、社会等层面进行对策研究,取得大量可贵的成果。现在,党中央又提出以人为本的科学发展观,这就为我们将全球化问题提高到哲学层次的研究提供了哲学武器和工具。生产力的高速发展,世界交往的普遍发展,是推动人类社会前进的强大动力,是人类社会发展的不以人的意志为转移的客观规律,从这方面来说,对于我们共产主义者不仅具有我们在前面所说的重大现实意义,而且具有更深远、更重大的理论价值。

马克思、恩格斯在《德意志意识形态》中曾经说过,共产主义事业,"是以生产力的普遍发展和与此相联系的世界交往为前提的"。只有在世界历史意义上、作为世界历史性的存在,"才有可能实现"。① 当今的全球化发展趋势,完全印证了马克思、恩格斯160年前的这一预言。全球化正是生产力和世界性交往的普遍发展的结果,这就为共产主义事业在全世界的发展提供了重大的新契机。

面对这样的新契机,我们油然地想到了马克思、恩格斯关于从必然王国到自由王国飞跃的精彩论述。

马克思在《资本论》第三卷中说,自由王国只是在由必需和外在目的规定要做的劳动终止的地方才开始;因而按照事物的本性来说,它存在于真正物质生产领域的彼岸。像野蛮人为了满足自己的需要,为了维持和再生产自己的生命,必须与自然进行斗争一样,文明人也必须这样做;而且在一切社会形态中,在一切可能的生产方式中,他都必须这样做。这个自然必然性的王国会随着人的发展而扩大,因为需要会扩大;但是,满足这种需要的生产力同时也会扩大。这个领域内的自由只能是:社会化的人,

---

① 《马克思恩格斯选集》第1卷,人民出版社1995年版,第86、87页。

联合起来的生产者,将合理地调节他们和自然之间的物质交换,把它置于他们的共同控制之下,而不让它作为盲目的力量来统治自己;靠消耗最小的力量,在最无愧于和最适合他们的人类本性的条件下来进行这种物质变换。但是不管怎样,这个领域始终是一个必然王国。在这个必然王国的彼岸,作为目的本身的人类能力的发展,真正的自由王国,就开始了。但是,这个自由王国只有建立在必然王国的基础上,才能繁荣起来。

恩格斯在《反杜林论》中指出,一旦社会占有了生产资料,社会生产内部的无政府状态将为有计划的自觉的组织所代替。个体生存斗争停止了。于是,人在一定意义上才最终地脱离了动物界,从动物的生存条件进入真正人的生存条件。人们周围的、至今统治着人们的生活条件,现在受人们的支配和控制,人们第一次成为自然界的自觉的和真正的主人,因为他们已经成为自身的社会结合的主人了。人们自己的社会行动的规律,这些一直作为异己的、支配着人们的自然规律而同人们相对立的规律,那时就将被人们熟练地运用,因而将听从人们的支配。人们自身的社会结合一直是作为自然界和历史强加于他们的东西而同他们相对立的,现在则变成他们自己的自由行动了。至今一直统治着历史的客观的异己力量,现在处于人们自己的控制之下了。只是从这时起,人们才完全自觉地自己创造自己的历史;只是从这时起,由人们使之起作用的社会原因才大部分并且越来越多地达到他们所预期的结果。这是人类从必然王国进入自由王国的飞跃。

马克思、恩格斯所讲的"自由王国"是指共产主义社会的高级阶段,其中的一些理想境界在社会主义阶段,特别是社会主义初级阶段,还无法完全做到,只能积极创造条件逐步向共产主义过渡,但是作为共产主义者,这一理想境界无疑不可遗忘,不能迷失方向。

四、结 束 语

"以人为本"中的"人",是一个内容十分丰富的哲学概念,哲学范畴,既是社会关系中的人,也是人与自然、人与自身的关系中的人。人为了满足自身的需要而生产劳动,是人类创造世界历史的"第一件事情",是唯物史观所面对的"基本事实",因而,现实的人及其实践活动,是唯物史观的出发点,但是,"人"在中国的遭遇是令人遗憾的,曾经一度出现过"谈人色变"的可悲局面。现在党中央提出"以人为本"的科学发展观,不仅恢复了唯物史观的本来面貌,而且坚持、捍卫和发展了马克思主义,所以,对提出这一重要思想的重大意义,千万不要低估了。现在,"谈人色变"的局面已经一去不复返了,但是,仍然有人对"以人为本"怀有无穷的忧虑,正如王锐生教授在一篇文章的结尾处所说:"'以人为本'是一个很好的、很有用的原则。它的内容并不深奥,不难理解。难以理解的倒是:我们是人,为何却拒绝'以人为本'?"正是为了解疑释惑,我们不厌其详地引用、复述了马克思、恩格斯所创立的唯物史观的原著文本,并诉诸实践,看到了党中央提出以人为本的科学发展观以后,在人民群众中、在建设中国特色社会主义的伟大实践中,发生了何等巨大的动员和指导作用。通过理论与实践相结合的思考,我们是可以丢掉疑虑,轻装前进的,这里用得着邓小平的一句名言:"解放思想,实事求是,团结一致向前看。"

（原载《当代思潮》2004 年第 6 期）

十二论 "以人为本"与促进经济社会和人的全面发展

党的十六届三中全会通过的《中共中央关于完善社会主义市场经济体制若干问题的决定》提出:"坚持以人为本,树立全面、协调、可持续的发展观,促进经济社会和人的全面发展。"这就为我们提出了一个重大的理论研究课题。

一、社会的发展与人的发展的统一性

马克思曾经多次称社会为"活的有机体"。社会有机体是人的社会与社会的人的辩证统一。马克思的伟大贡献,不仅在于阐述了社会与人的辩证关系,更重要的是他把社会与人的关系推置于历史长河中,从社会的发展与人的发展的相互作用中,揭示并阐明社会有机体发展的历史进程和一般规律,创立了历史唯物主义。

由于马克思对社会有机体发展规律考察角度的不同,因而有不同的表述,在马克思看来,社会有机体的发展表现为社会生产的物质技术的发展,即生产力的发展;表现为社会生产中人与人的关系,主要是生产资料所有制形式的发展,即生产关系的发展;表现为社会生产的社会结合方式的发展;表现为社会政治形态、社会意识形态的发展,即上层建筑的发展。

　　马克思在把社会的发展视为"自然历史过程"的同时,十分强调社会这个"自然过程"同纯粹自然界的区别。社会发展的客观规律不依人的意志所转移,但却又是通过人的有意识活动来实现的,"正像社会本身生产作为人的人一样,人也生产社会。"①决定社会发展的力量并不在人的活动之外,而是在人的活动之中。因此,马克思不仅从人的社会发展的角度,而且也从社会的人发展的角度,考察社会有机体的发展。马、恩在其合著的《神圣家族》中说:"历史不过是追求着自己目的的人的活动而已。"在马克思的晚年著作中,我们深深地感受到他对人的全面而自由发展的关注。恩格斯在《费尔巴哈和德国古典哲学的终结》中把历史唯物主义又称作"关于现实的人及其历史发展的科学"。②

　　社会的发展与人的发展,各有自己的特殊形式,但作为社会有机体发展的两个方面,却又是相互依存、相互作用、交叉融合为人类历史的发展进程。"整个历史也无非是人类本性的不断改变而已。"人的本质"在其现实性上,它是一切社会关系的总和"。马克思的这两段论述表明了同一个思想:社会的发展与人的发展是辩证的统一,社会的发展内在地运行着人的发展。人的发展是社会发展的手段,又是社会发展的目的;人的发展是社会发展的结果,又是社会发展的原因。这种手段与目的的统一、原因与结果的统一,根本就在于人是历史的主体,又是历史的客体。

　　"坚持以人为本"与"促进经济社会和人的全面发展"这一重要思想,正是建立在社会发展与人的发展辩证统一这一历史唯物

---

① 《马克思恩格斯全集》第42卷,人民出版社中文第1版,第121页。
② 《马克思恩格斯选集》第4卷,人民出版社1995年版,第241页。

主义的理论基础之上的。

二、"以人为本"的目的是实现
经济社会和人的全面发展

"以人为本",人之所以能够为"本",首先,人类能够把世界上的万事万物当作是属人的,这个世界是属于人类的;其次,人类认为这个世界不但是属人的,而且是能够被人类认识、改造和利用的;第三,人类改造任何事物都不是无意识、无目的的,而都是有目的地为了满足人类的需要;第四,人类的需要永远是无止境的,人类智能的发展和进步也是无止境的,所以人类改造世界的原动力是永恒的,是永无止境的,是永不枯竭的。"以人为本"思想的确立,就使我们获得永无止境的无穷的改造客观世界与主观世界的力量。

人是社会的主体,但是人在变革自然,推动社会发展的同时,也把自身确立为客体,作为自己认识和实践的对象,使人得到不断的锤炼和发展。这是人自身的双重规定。在社会与人的关系上,当人作为主体时,社会就成为客体,成为人的作用对象,在变革社会的实践中,不断地把人的本质或"本质力量"对象化为社会的发展。从这方面来说,人的发展具有主动性,人的发展成为社会发展的手段。当人作为客体时,人便成为主体人的自我确立、自我改造的对象,被融合到社会变革的过程之中。社会在其变革的同时,也以自身的规定性影响、作用和改造着人,并通过人的发展实现和确立社会自身的发展。从这方面来说,人的发展又具有受动性,人的发展成为社会发展的目的。

但是,社会的发展与人的发展既是一致的,又是不一致的。社

会的发展与人的发展的一致性,就其历史发展过程的必然趋势和
最终意义看,被视为一个规律。但这种一致,又是通过人类历史上
社会的发展与人的个体发展的不一致表现出来的。而在社会的发
展与人的个体发展的不一致的现象中,仍然内在地运行着社会的
发展与人的发展的一致性的规律,是这一规律的特殊的表现形式。

　　人的发展是人的个体的发展与人的"类"的发展的统一,但最
终表现为人的个体的发展。在人类历史发展的一定的阶段上,例
如阶级社会,人的个体的发展与"类"的发展往往是对立的。社会
的发展直接表现为人的"类"的发展,而人的"类"的发展又是以个
体的日益片面、个体自身的完整性的牺牲为代价的。这种对立,在
阶级社会中直接表现为阶级对抗。马克思把这种人的个体的片面
化、个体自身的完整性的牺牲,称之为人的本质的"完全空虚",是
人的本质的"异化"。在马克思看来,人本身的现实的局限性状态
和他的片面存在是同局限的社会形式相联系的,因此,马克思既对
劳动异化、人的本质的异化表现了强烈的愤慨,但同时又指出这是
人类社会发展的一定历史阶段的必然产物,是"创造无限的社会
劳动生产力的必经之点"。

　　从历史发展的高度俯视,异化具有客观必然性,它既使人类历
史渗透了悲剧色彩,同时又必须被看作人类历史发展上的一种进
步。人的发展既是社会发展的手段,又是社会发展的目的,在资本
主义社会中异化却导致了手段与目的的相互脱节、颠倒。人的发
展只是当作手段才可能被实现,而目的对劳动者来说,只是为了满
足生存的需要;对于资本家则是以追求价值的增殖为唯一目的。
这对于人的发展无疑具有根本的否定意义,然而这种否定中又包
含着肯定,它肯定了异化状态下生产力所得到的巨大发展。因为
资本家"狂热地追求价值的增殖,肆无忌惮地迫使人类去为生产

而生产,从而去发展社会生产力,去创造生产的物质条件;而只有这样的条件,才能为一个更高级的、以每个人的全面而自由的发展为基本原则的社会形式创造现实基础。"①马克思在《共产党宣言》中展望未来共产主义时曾提出这样令人向往的鼓舞人心的思想:共产主义社会"将是这样一个联合体,在那里,每个人的自由发展是一切人的自由发展的条件。"

我国虽然仍然处于社会主义初级阶段,正在全力以赴地为全面建设小康社会而奋斗,但是,社会主义社会毕竟是在为未来建设共产主义社会创造条件的阶段。为了不致迷失前进的方向,党中央现在提出"坚持以人为本"与"促进经济社会和人的全面发展"的重要思想,不仅是一个真正的马克思主义的命题,而且具有重大的现实意义和深远的历史意义。

在我们的社会主义社会中,已经开始不断消除过去社会中人的个体发展与"类"的发展对立的社会基础,这时提出"以人为本",从哲学上说,就是要使人成为社会发展真正的主体,使其居于本位;从政治上说,就是要让人民成为我们社会真正的主人,所以"权为民所用,利为民所谋,情为民所系"就成为我们党和政府根本的执政理念;从经济上说,以经济建设为中心、大力发展生产力,就是为了满足人民不断增长的物质文化生活需要;从人与人的关系方面来说,就是人人都要把人当作人来对待,尊重人的权利和尊严。总之,"以人为本"的目的,就是要继续消除人的个体发展与"类"的发展相分离、相对立的社会现象,在各项体制创新和制度建设中要防止重新出现社会对抗,实现"经济社会和人的全面发展",为未来的那个更高级的、以每个人的全面而自由的发展为

---

① 《马克思恩格斯全集》第23卷,人民出版社中文第1版,第649页。

基本原则的社会创造现实的基础。

三、树立全面、协调、可持续的科学发展观

党中央在提出坚持以人为本,促进经济社会和人的全面发展这一重要思想的同时,还提出了要树立全面、协调、可持续的科学发展观,这里不仅存在着紧密的内在联系,而且包含了丰富的辩证法内容。

这种发展观的全面性要求,就是在中国特色社会主义现代化建设过程中,必须全面地抓好物质文明、政治文明和精神文明建设,在重视发展社会生产力的同时,要同样重视政治、经济、科技、教育、文化、卫生等各方面的体制改革,注重制度建设和体制创新,以及人自身精神世界的现代化建设,提高人的各方面素质的现代化水平。总之,就是要推动社会全面进步和促进人的全面发展。

这种发展观的协调性要求,就是要正确地处理社会主义现代化建设中的各种关系。中国特色社会主义,是社会主义市场经济、社会主义民主政治和社会主义先进文化协调发展的伟大事业,所以在完善社会主义市场经济体制的同时,还要积极稳妥地推进政治体制改革,扩大社会主义民主,健全社会主义法制,巩固和壮大爱国统一战线,加强思想政治工作,为发展社会主义市场经济提供强有力的政治保证;要大力加强社会主义文化建设,着力建立与社会主义市场经济相适应、与社会主义法律规范相协调、与中华民族传统美德相承接的社会主义思想道德体系,弘扬和培育民族精神,不断提高全民族的思想道德素质和科学文化素质,为改革和发展提供强大的精神动力和智力支持。这种协调性还要求充分发挥中央和地方两个积极性,正确处理改革、发展、稳定的关系,坚持统筹

兼顾,协调好改革进程中的各种利益关系。这种发展观还要求我们在重视东部沿海地区、城市、富裕地区发展的同时,也要重视中西部地区、农村、贫困地区的发展,形成区域经济的梯度开发,协调发展。

这种发展观的持续性要求,就是在资源、人口、环保、科技、教育、国内国际两个市场等等方面的开发和建设中,要按照可持续发展的要求进行统筹规划和治理,大力发展信息技术与知识经济,防止与克服以往社会发展中曾经出现过的种种弊端。人在改造自然、改造社会的过程中出现过种种异化现象,在中国社会主义现代化建设过程中还有可能会出现,按照可持续发展的要求,我们要防止它的出现,当其出现时能及时地加以克服和消除,保持人和自然的和谐发展与人和社会的和谐发展。

（原载《文汇报》2004年3月3日,发表时作了一点压缩,现按原稿排印）

十三论 "以人为本"是科学发展观的本质和核心

以人为本,就是把人民的利益作为一切工作的出发点和落脚点,一切为了人民,一切依靠人民,不断满足人们多方面的需要和促进人的全面发展。坚持以人为本,是科学发展观的本质和核心,是对社会主义初级阶段社会发展的动力系统的深度开发。

我国社会的发展动力的开发,是一个内容丰富的大系统,如果对之作一粗略的划分,可分为动因开发、动能开发、动力开发三个层次。

满足社会主义社会全体成员的物质文化生活需要,是社会主义生产的根本目的,也是我国人民从事劳动生产的根本动因。人的需要同人的劳动生产之间,存在着必然的、客观的、不以人们的意志为转移的辩证关系:需要推动人们从事劳动生产,而劳动生产一方面满足人们的需要,另一方面又使人们产生新的需要,新的需要又推动人们去从事新的劳动生产。在这里,需要表现为目的,是人们从事劳动生产的内在动因,劳动生产则是实现目的的手段。改革开放二十多年来,我国之所以能取得快速的发展,正是由于充分地开发了这一动因。现在提出以人为本,正是对这一动因的深度开发。以人为本,不是仅仅把人当作手段,而是同时把人当作目的。我国社会主义生产、经济建设的根本目的,就是为了不断满足人民日益增长的物质文化生活需要。

促进人的全面发展,既是经济社会发展的目的,也是为了实现对人的动能的全面开发。科学发展观明确指出"坚持以人为本",目的就是要促进经济社会和人的全面发展。人是生产力诸要素中唯一能动的要素。生产力诸要素中的生产工具、生产资料,都是死的"物"。见物不见人,"以物为本",生产力发展就没有活力。而人不仅具有内容无限丰富的需要,而且具有无限发展的潜能。只有以人为本,把人的潜能充分开发出来,才能使我们的社会充满活力,充满无限发展的生机。动能的开发,首先,应不断提高我国劳动者的科学文化素质。其次,应提高人的健康素质。没有健康的体魄,蕴藏在劳动者身上的能量就无法充分地发挥。第三,应不断提高人的思想道德素质。人在劳动生产中积极性、创造性的发挥,从深层的意义上说,决定于人的思想道德素质。第四,应促进人的思维方式的现代化。思维方式属于人的素质的重要组成部分,现代思维方式的树立,应成为动能开发的重要组成部分。

围绕"坚持以人为本"这一核心,建立适应并促进生产力发展的生产关系和上层建筑,即实现各种制度和运行机制的现代化,是社会发展动力开发的重要内容。

在经济建设、经济体制改革方面,党中央提出了一系列重要措施和要求。例如,必须坚持以经济建设为中心,不断解放和发展生产力,为社会全面进步和人的全面发展提供物质基础;必须坚持城乡协调发展,逐步改变城乡二元经济结构;必须坚持区域协调发展,逐步扭转地区差距扩大的趋势;必须坚持可持续发展,统筹人与自然和谐发展;必须坚持统筹国内发展和对外开放,在更大范围、更宽领域、更高层次上参与国际经济技术合作和竞争,提高对外开放水平；等等。这些措施和要求，是为贯彻落实科学发展观提供体制和机制保障，促进资源的优化配置，把各方面的积极性充分调动起来，从而为发展提供强大动力。

在政治体制改革中，党中央提出了要扩大社会主义民主、加强社会主义法制建设的要求；提出了"立党为公、执政为民"，"权为民所用、情为民所系、利为民所谋"的执政理念；提出了建立法治政府的目标，尊重和保障人权；提出了要加强政治文明建设、加强党的执政能力建设等重大任务。所有这一切，都是为了更好地促进社会生产力的发展，更好地开发社会主义社会的发展动力。

在社会发展的问题上，党中央强调社会发展要与经济发展相协调。社会发展包括科技、教育、文化、卫生、体育等社会事业的发展，也包括社会就业、社会保障、社会公正、社会秩序、社会管理、社会和谐等，还包括社会结构、社会领域体制和机制的完善等等。经济发展是社会发展的前提和基础，也是社会发展的根本保证；社会发展是经济发展的目的，也为经济发展提供精神动力、智力支持和必要条件。

（原载《人民日报》2004 年 9 月 3 日）

十四论 "以人为本"与教育在变人口压力为人力资源优势中的作用

对于中国人口众多这个问题要进行辩证的新的思考。中国人口的增长曾经一度失控,一个时期人口增长过快,消耗了大量资源和产品,社会生产力的发展不适应人口增长的速度,不得不采取严格的计划生育政策和措施。这是完全正确的,并且取得了世界瞩目的成绩。这是一方面,另一方面又要正确看待既成事实,如果正确地解决了大量的过剩人口,就会看到这不但不是包袱,而是一笔巨大的资源和财富。正如党的十六届三中全会决定所说:"把人口压力转变为人力资源优势"。

在马克思主义政治经济学中,我们熟知在生产力诸要素中劳动力是最活跃的部分,而且是任何资源中最具能动性的。人的需要推动着人去劳动创造,以生产满足自身物质文化需要的物质和精神产品,因此,人的劳动创造活动是社会历史发展的原动力;人的需要是无止境的,具有无限的丰富性,因此,人类社会发展的原动力是无穷无尽的。坚持"以人为本"不但使我们树立了唯一正确的从事社会主义现代化建设的根本目的,明确了建设中国特色社会主义所要服务的对象,而且使我们找到了促进这种建设和发展的无穷无尽的原动力。从"以人为本"这一重要思想中还可以引申出"人才为本"、"人才兴国"、"教育兴国"、"科技兴国"等重要思想,都是可以单独行文加以论说的。

"文化大革命"期间,正常的教育秩序被打乱,正规教育停顿了多年,影响了整整一代人受教育和深造的机会,对我们国家和民族造成的损失是无法估量的。现在,我们既要继续坚持贯彻落实计划生育政策和措施,又要对既有的众多人口进行高速、有效、高质量、高素质的教育和培训,促使现有劳动力资源广泛增值,变庞大的人力资源为综合国力的强有力的重要组成部分。

教育扶贫、智力脱贫是解决中国贫困人口问题的根本之策。我国的扶贫工作走过救济式扶贫、政策扶贫、开发式扶贫等不同的阶段,而且取得了很大的成绩,已解决了大量的贫困地区和贫困人口问题,现在应该大声喊响教育扶贫、智力脱贫的口号了。

党中央多年前就提出了要实施可持续发展战略,实施这一战略需要种种条件、采取种种措施,对我国丰富的劳动力进行全员、终身的教育和培训可以说是最为重要的条件和措施之一。我们提倡建立学习型政府,我们全民族也应成为学习型民族。这样,我们这个民族将会成为立于民族之林的一个永远昌盛不衰的民族,几代人为之奋斗的强国之梦将会开放出永不凋谢的花朵。

现在,外国跨国公司,特别是制造业,纷纷将工厂、企业迁到中国,"中国制造"、中国是"世界工厂"或是"世界工厂的一个车间",成为当今国内外广泛议论的一个话题。之所以会出现这种情况,就是由于中国劳动力便宜,企业可以降低人力成本,产品可以提高在国际上的竞争力。但目前进到中国来的工厂、企业主要还是劳动密集型的、科学技术含量较低的、附加值较低的,主要原因还是由于我国劳动力的素质还较低,科学技术能量还较低。一旦我们将全体劳动者的素质提高了,掌握了现代化的科技和工艺,而我国的人力成本在一个相当长的时间内相对于发达国家还会是比较低廉的,那么,外国跨国公司的高科技企业和高科技产品仍会继续迁移中国,外国投资仍会流向中国,那时我国劳动力资源就会快速地增值,我国在国际上的竞争力就会快速地提高。物质资源是个定量,是会枯竭的,而劳动力资源则是个变量,是永不枯竭的。当然,物质资源的价值是会变动的,但这决定于人类对它改造加工的深浅精粗,决定于科学技术的发展水平和劳动力素质的高低,最终还是决定于人。这一点,中央领导集体早就认识到了,问题是要把这种认识普及到全体干部以至全民中去,并采取切实的措施加以落实。

党中央、国务院已经采取了一系列措施在农村地区解决普及义务教育的问题,不让一个应该入学的孩子失学、辍学;千方百计解决考入高等学校的贫困大学生的入学困难问题,重视教育的程度可以说是历史上最高的。但是我觉得还应当进一步提高教育在经济社会发展中的战略地位,在师资培养、学校设置、教育投入等等方面,进一步向中西部地区、贫困地区倾斜。这个问题,外国有识之士也看到了。美国《华尔街日报》2003 年 10 月 23 日发表了一篇题为《中国对教育投入太少,可能忽视了人才培养》,该文根据联合国的统计,指出中国对教育的投入低于其他发展中国家。1998 年至 1999 年,中国对教育的总投入相当于国内生产总值的 2.2%,而对有形资产的投入大约是它 15 倍。土耳其对教育的投入占国内生产总值的 2.9%、印度为 3.2%、俄罗斯为 3.5%、菲律宾为 4.2%、而美国是 5%。该文还引用诺贝尔奖得主、美国芝加哥大学经济学家詹姆斯·赫克曼教授的话说:"中国最近取得的经济成就令人瞩目",但他又警告说:"只有把资源从公共工程和摩天大楼向学校转移,这种成功才能保持下去。投资教育也许不像盖办公楼那样见效明显迅速,但它的收益更加持久。"

科技兴国,教育为本。教育是我国劳动力资源增值的根本途径。当前,国家是要增加对教育的投入,但完全由国家来承担也有一定的局限性和困难。现在教育已经可以多渠道筹集资金,并开放了民办教育,但似乎还应该采取更进一步的政策和措施,加快多渠道筹集教育资金,加快民办教育的发展,并加强对所筹集资金和民办教育的管理,提高资金的使用效率和民办教育的质量。

但是,现在还存在一种矛盾现象,一方面有一部分大学本科生毕业后就业有点儿困难,另一方面掌握高、新技术与工艺的熟练的技工、技师又存在缺口,市场有这方面的需要,但缺少这方面的人才,这说明在人才结构、层次以及培训方向、专业设置等方面还存在与市场脱节的问题,需要在这些方面根据市场需要做必要的调整与引导,使我国丰富的人力资源尽可能地人尽其才。

（原载《理论前沿》2004 年第 3 期,此次辑集
出版作了一点修改补充）

十五论　对"以人为本"的几种
不同解读的商榷

党的十六届三中全会制定的科学发展观中提出"以人为本"以后,引起了人们的广泛关注,纷纷谈论。这个问题也引起了哲学家、理论家们的思考,于是又产生了一些不同的理解和说法。对于这些不同的理解和说法,现在谈谈我的看法。

一、能将"以人为本"改为"以人民为本"吗?

有人说,"人"有两层含义,一是指全体社会成员,二指人民,而且认为只有从肯定第一层含义,进而深入到肯定第二层含义才是正确地理解了人、把握了人。于是有人说应将"以人为本"改为"以人民为本"或"以民为本",因为据他们说人是有阶级的区别的,"以人为本"不能反映这种区别,所以要改为"以人民为本"。这是不符合形式逻辑的起码要求的。按照形式逻辑,"人"与"人民"是两个不同的概念,其内涵和外延是不同的,不能混同,不能互相替代,也不能说只有从第一层含义进到第二层含义才是正确地理解了人、把握了人。"人"是一个哲学范畴,他们所说的"人民"是一个政治学范畴,在不同的国家和各个国家的不同的历史时期有着不同的内容,在我们社会主义国家"以人为本"可以包含着"以人民为本",可以在政治学的层面上诠释为"以人民为本",但是"以人民为本"却不能涵盖"以人为本"的全部内容。

"民",在封建社会中是皇帝对他的臣民的称呼,是与"君"相对立而存在的。"民"在中国现代社会中则有两个方面的意思,一方面是以"人民"与敌人相对立而存在的,正如毛泽东所说:"人民这个概念在不同的国家和各个国家的不同的历史时期,有着不同的内容。拿我国的情况来说,在抗日战争时期,一切抗日的阶级、阶层和社会集团都属于人民的范围,日本帝国主义、汉奸、亲日派都是人民的敌人。在解放战争时期,美帝国主义和它的走狗即官僚资产阶级、地主阶级以及代表这些阶级的国民党反动派,都是人民的敌人;一切反对这些敌人的阶级、阶层和社会集团,都属于人民的范围。在现阶段,在建设社会主义的时期,一切赞成、拥护和参加社会主义建设事业的阶级、阶层和社会集团,都属于人民的范围;一切反抗社会主义革命和敌视、破坏社会主义建设的社会势力和社会集团,都是人民的敌人。"①另一方面是官员与老百姓即官与民相对应而存在的。从这两方面的意思来说,"人民"都是一个政治学范畴,都无法完全代替"以人为本"中的"人"。"以人为本"中的"人"不仅是人与社会的关系中的"人",而且是人与自然的关系、人与人自身的关系中的"人"。如若不信,你把"人与自然和谐相处"、"人与自然和谐的可持续发展"中的"人"改成"人民"或"民",会不会感到别扭? 不仅语感别扭,而且改变了意思。

从理论上说,马克思主义在阶级社会中是非常强调阶级观点的,但是,马克思主义哲学在该用阶级观点时坚持阶级观点的同

---

① 《毛泽东文集》第 7 卷,人民出版社 1999 年版,第 205 页。

时,就不能从全人类的角度思考问题吗?马克思主义哲学的视野是宽广而深邃的,它不仅思考无产阶级的解放问题,而且思考全人类的解放、人的全面而自由发展的问题;不仅思考阶级社会中的"人",而且思考无阶级社会中的"人"。如果不是这样,马、恩怎么能在160年前创立为无产阶级以至全人类的解放、实现每个人的全面而自由发展的共产主义学说呢?!

从实践上说,中国已进入社会主义社会,实现了社会的翻天覆地大变革,剥削阶级已经被消灭,按照党章总纲的权威论断,在我们的社会中,阶级斗争已经不是主要矛盾,主要矛盾则是人民群众日益增长的物质文化需要同落后的社会生产之间的矛盾,而且由于新科学技术革命的发展,人类面临着日益增多的、需要超越阶级界限思考和解决的问题,也就是人们常说的全球性的、全人类的问题。在国内国际的这种语境下,党中央在科学发展观中提出"以人为本",可以说是适应了时代的需要、实践的需要的,是在新的实践水平和新的经验基础上对马克思主义的新发展。

二、能将"以人为本"改为"以好人为本"吗?

有人说,人是分为好人和坏人的,我们能把罪犯包括在"以人为本"之中吗?提出这种问题的人,实际上没弄清楚马克思主义哲学中所讲的"人"的含义。马克思主义哲学中所讲的"人"是经过科学抽象的人,是指具有人的本质、本性的人,是具有做人资格的人。马克思说:"罪犯低于人性的水平"。[①] 毛泽东在写给审判因逼婚不成开枪打死刘茜的黄克功案件的审判长雷经天的信中

---

① 《马克思恩格斯全集》第1卷,人民出版社中文第1版,第455页。

说,黄克功"犯了不容赦免的大罪,以一个共产党员、红军干部而有如此卑鄙的,残忍的,失掉党的立场的,失掉革命立场的,失掉人的立场的行为,如为赦免,便无以教育党,无以教育红军,无以教育革命者,并无以教育做一个普通的人。因此中央与军委便不得不根据他的罪恶行为,根据党与红军的纪律,处他以极刑。"由此可见,马克思主义哲学中所讲的"人",是有做人的水平、做人的标准、做人的"格"的。当然,从政治学、法学上讲,只要不是被判处极刑的罪犯,仍要给他做人的权利,还要教育他成为合格的人,将其改造成为对社会有益的人。即使死刑犯,行刑前、行刑中仍要文明地对待之,不能虐待、污辱。

从马克思、恩格斯到毛泽东,都曾经大量地使用不带副词的"人"来立论,毛泽东说"世间一切事物中,人是第一个可宝贵的",没有任何人会把罪犯包含在这里所说的"人"之中。由此可见,将"以人为本"改为"以好人为本"实属画蛇添足,多此一举。

三、能将"以人为本"改为"以社会为本"吗?

有人说,只有空想社会主义才讲"以人为本",而科学社会主义是不讲"以人为本"而讲"以社会为本"的。我已写了专文(《"以人为本"的马克思主义证明》)论述这个问题,说明马克思主义、科学社会主义也是可以讲"以人为本"的。当然,这里的"人"是马克思主义作了科学规定的人。这个方面,今天就不多说了。现在着重讲讲"以社会为本"的问题。

人与社会具有内在的统一性,人是社会的人,社会是人的社会。但是,当人与社会相对而言时,它们又各自有自己的特定的含义。"以社会为本"是存在着理论上的误区的。人格化的社会,即社会的当权者、领导者常常是以社会自居的,古今中外概莫能外。人与社会存在着双向的价值追求的辩证关系,人要求社会满足自身的需要,社会要求每个人对社会作出贡献。这种双向的价值追求关系是通过领导者与被领导者的人与人的关系来表达的。因此,作为社会的当权者、领导者如果提"以社会为本"是会演变为以他们自己为本的,这就可能为社会的公仆异化为社会的主宰留下理论上的空间。我们的党作为社会主义中国的领导者,作为全心全意为全体社会成员服务的执政党,作为已执政50多年的、充满生机活力的执政党,经过深思熟虑响亮地提出"坚持以人为本,树立全面、协调、可持续的发展观,促进经济社会和人的全面发展"的科学发展观,是非常符合自己的身份的,是非常得体的,是符合时代和实践的要求的,因而是科学的、正确的,同时也表现了我们党的成熟和光明磊落,所以深得党心民心。

（本文曾以《关于"以人为本"的几个理论问题》为题在《光明日报》2004年11月16日刊发过,这次收入本书时,作了一点补充）

十六论　构建和谐社会的哲学思考

　　翻开马克思主义哲学史，从马克思、恩格斯到列宁、毛泽东，他们在讲矛盾规律时，都是既讲对立面的对立，又讲对立面的统一的，所以矛盾规律又称对立统一规律。提出人与自然、人与社会、人与自身的和谐发展，其前提就是承认人与自然、人与社会、人与自身是存在矛盾的，所以才产生改造的问题和在改造中要注意和谐发展的问题，因为这种改造，并不是为了破坏和毁灭自然、社会或人自身，而是为了把自然、社会和人自身改造得更加符合人的生存和发展的需要。

　　三个和谐发展，不但符合唯物辩证法的要求，而且符合实践的需要。翻开邓小平改革开放年代的著作，使用频率最高的词汇，除"改革"、"开放"两个词以外，恐怕就数"稳定"这个词了。邓小平几十次使用"稳定"这个词，而且语重心长，讲得非常恳切，例如他说："稳定是压倒一切的"，"中国的最高利益就是稳定"，"中国的问题，压倒一切的是需要稳定。没有稳定的环境，什么都搞不成，已经取得的成果也会失掉"，等等。邓小平为什么如此强调稳定，就是由于在我们的现实生活中存在着大量的不稳定、不和谐的因素。党中央提出"以人为本"和构建社会主义和谐社会，就从思维方式的层面上解决了稳定的哲学基础问题。

一、关于人与自然的和谐发展

人产生于自然界,但为了自身的生存与发展又不断地改造着自然界,不断地与自然界进行物质交换,不断地人化自然界。人与自然界时刻处于矛盾之中。人在改造自然界时,常常取得神奇般的结果,所以人又常常自傲于自然界,常常陶醉在胜利之中。恩格斯曾经告诫过人们:"我们不要过分陶醉于我们人类对自然界的胜利。对于每一次这样的胜利,自然界都报复了我们。"

现代人类与自然界之间的物质交换的规模、总量、速度、广度、深度都有了极大的增长。人类不但在地球上改造自然界,而且将触角伸向宇宙空间和其他星球;人类不但能大规模地、深度地改造客观存在的自然界,而且能改造人自身这一自然,基因工程、生物工程、克隆技术、人工生育技术的快速发展就是证明。总之,人化自然的力量有了极大的提高。在这种情况下,在党的指导思想的层次上提出人与自然和谐相处、和谐发展的问题,实在是太重要太及时了。

促进人与自然相和谐的可持续发展,首先要在观念上树立善待自然界的思想。对待自然界的态度不能是任意的,更不能是恶意的,而必须是亲和的、善意的;对自然界的开发不能是掠夺式的、野蛮的,在开发的同时,还要注意涵养、保护和节约;对自然界的开发也应当是文明的。

对自然界的开发,还必须符合自然界的发展规律,森林开发、沙漠治理、荒地开垦、江河湖泊的疏浚和开发利用,等等,都必须遵循自然界的规律,违反了是会遭到自然界的惩罚的。

对于自然资源要采取爱惜和节约的态度,物质资源是有数量极限的,不能无节制地开采。要注意资源的节约,提高资源的利用率和资源的再生利用。要开发新材料、新工艺,代替和节约可贵的、无法再生的资源。要建立资源可循环利用的新型工业。要大力发展信息技术和知识经济,使经济的发展逐步减少对物质资源的依赖,逐步更多地依靠信息和智力资源。

人类的活动范围现在已经扩大到星际空间,人类对自然的改造已经不局限于地球。人类在改造自然的斗争中,自然科学获得了长足的发展和进步。人类开发了原子裂变聚变技术,一方面可以为人类带来大量的能源和其他利益,但另一方面人类也用这种技术制造了原子弹、氢弹,对自身的生存造成极大的威胁。所以,自然科学的发展与进步,也存在一个如何防止发生异化现象的问题。

总之,在对自然界改造的过程中,在经济建设中,必须对每个项目、每个措施,进行价值评估,看它是否真能满足人们的需要,是否能取得好的经济效益、社会效益、环境效益,防止出现对人的需要和人的生存环境的负面效应。

二、关于人与社会的和谐发展

人与人的社会关系,在不同的社会形态下具有不同的性质,我国进入社会主义社会后,应当建立什么样的人与人以及人与社会之间的关系,是我们党面临的一个新的重大课题。在中国经过20多年的改革开放后,党中央提出以人为本,全面协调可持续的科学发展观,促进经济社会和人的全面发展,不但要促进人与自然的和谐发展,而且要促进人与社会的和谐发展,构建社会主义和谐社会。

　　首先,这是遵循实事求是的思想路线,对中国社会主义初级阶段现实存在的主要社会矛盾客观冷静的如实反映。在现阶段,我国社会的主要矛盾是人们日益增长的物质文化需要同落后的社会生产之间的矛盾。这是我们思考建党治国和改造自然、改造社会时所依据的基本国情。

　　其次,这是总结了社会主义社会发展史上正反两个方面的经验教训后,所取得的可贵的思想理论成果。现在我们党不但否定了以阶级斗争为纲和无产阶级专政下继续革命的错误理论,而且从思维方式的层面否定了在这种错误理论影响下所形成的思维定势,从正面提出了正确处理新的社会主要矛盾的哲学基础。

　　再次,这一重要思想的提出,为我国继续进行的经济、政治、文化等方面的体制改革和制度创新指明了方向,要从体制、制度上保证以人为本,全面、协调、可持续的科学发展观的贯彻落实。按照科学发展观的要求,在经济方面,要继续坚持以经济建设为中心,进一步深化经济体制改革,完善社会主义市场经济体制,特别着重地提出要按照"五个统筹"推进改革开放。在政治体制改革方面,提出要扩大社会主义民主,健全社会主义法制,加强社会主义政治文明建设和党的执政能力建设等重要任务。

　　在全面建设小康社会的现阶段,还要特别注意处理好经济与社会的协调发展。经济发展为社会发展提供强大的物质基础,是社会发展的根本保证,而社会发展则是经济发展的目的,并为经济发展提供精神动力、智力支持和其他必要条件。社会发展包括科技、教育、文化、卫生、体育等社会事业的发展,也包括社会就业、社会保障、社会公正、社会秩序、社会管理、社会和谐等,还包括社会结构、社会领域体制和机制的完善等。加快社会发展的目的,就是要保障人民群众安居乐业,继续做好就业和社会保障工作,逐步理顺收入分配关系,化解社会矛盾,维护社会秩序,保持社会稳定,促进社会和谐。

三、关于人与自身的和谐发展

人类从产生的那天起,就从事两种生产,一种是满足自身生存、发展、享受需要的物质文化生活资料的生产,一种是实现人类世代延续的生殖。

性解放浪潮的冲击、艾滋病的传播、同性恋家庭的增多等等,两性关系面临新的考验和挑战。贩卖妇女和儿童、卖淫嫖娼等社会丑恶现象以及家庭暴力的泛滥,不仅严重威胁家庭和谐,而且影响社会的稳定与和谐。生活节奏的加快、工作压力的加重,两性和谐与家庭和睦也面临新的问题。离婚率的增加、单亲家庭的增多,严重影响着子女的健康成长。人口的增加、资源的欠缺与浪费,人口的控制也面临新课题。发展中国家还面临贫困人口的生存问题……等等。

人与自身的和谐相处、和谐发展问题除人自身的生殖、人的自然素质改造方面的问题,还有一个更深层次的问题,就是人的精神世界的现代化问题。精神文明建设是主体性建设,是人自身的现代化建设。这方面的建设,不仅涉及人的精神面貌的塑造、改造和建构,对于人与自身的和谐发展将发生重要作用,而且对物质文明、制度文明建设也将产生重大的作用,可以形成物质文明、制度文明建设的强大的内在动力,对于人与自然、人与社会的和谐发展发挥重要的甚至是决定性的作用。

构建社会主义和谐社会,不仅仅要处理好人与社会要和谐发展的问题,而且要处理好人与自然、人与自身要和谐发展,只有把三个和谐相处、和谐发展都处理好了,才是我们所要构建的理想的社会主义和谐社会。

　　关于三个和谐发展问题,这里要特别强调的是,人类无论是改造自然、改造社会,还是改造人自身,都存在一个异化问题。人作为主体,在改造客观世界的时候,都会发生主体与客体的关系。主体和客体之间存在着矛盾,人们改造自然、改造社会、改造人自身,创造出来的新的成果满足了人的需要,实现了人的目的,获得了成功,这一个具体的矛盾就算解决了,这里没有出现异化。但是,有时主体创造出来的客体,不但不能满足主体的需要,不为主体服务,而是反过来危害主体、主宰主体,成为主体的一种异己的力量,这才叫作"异化"。所以,如何预防异化,当之出现时如何克服异化,就成为人类认识世界和改造世界的一个重要任务和课题。

　　实现社会和谐,建设美好社会,始终是人类孜孜以求的一个社会理想,也是包括中国共产党在内的马克思主义政党不懈追求的一个社会理想。毛泽东在其哲学名著《实践论》中,用富有哲理的语言讲了一个崇高的理想:"世界到了全人类都自觉地改造自己和改造世界的时候,那就是世界的共产主义时代。"党中央提出的以人为本的科学发展观、构建社会主义和谐社会等一系列重要的指导思想,正是我们党带领全国各族人民在实现这一崇高理想而迈出的扎实步伐。

(原载《今日中国论坛》2005 年第 7 期)

十七论 "以人为本"与建设
中国特色社会主义

中国改革开放以来,一直伴随着一种议论,或曰争论,就是姓"资"还是姓"社"? 一系列关于改革开放的措施、政策、理论的出台,都少不了引起一阵阵关于是姓"资"还是姓"社"的争论,某些人总是质疑其社会主义的性质。对于这种议论或争论不能掉以轻心,但也不能再用过去惯用的"大批判开路"那套错误的做法,而应当认真对待,用理性的、民主的、说理的办法对待,用摆事实、讲道理的办法处理。

党中央所提出的"以人为本"的科学发展观和构建社会主义和谐社会的重要指导思想,也不可避免地遭到了某些人的质疑,归根到底还是怀疑这些重要思想是不是马克思主义的、是不是社会主义的。问题既然涉及如此具有根本的性质,所以不辩论清楚是根本不行的。关于这些重要的指导思想是属于真正马克思主义的,我在前面的文章中已经作了不少论证,在这篇文章中,我想着重谈谈以人为本、构建和谐社会同建设中国特色社会主义的关系,以证明它姓"社"不姓"资",是中国共产党人对科学社会主义学说的坚持和发展。

一、在社会主义初级阶段存在各种
经济成分，为什么说我国社会
是社会主义性质的

综观人类社会的历史发展，马克思、恩格斯指出大体上有五种相继出现的社会形式，这便是原始公社制社会、奴隶制社会、封建制社会、资本主义社会、社会主义——共产主义社会。这主要是从哪一种所有制形式占主导地位来划分的。但是，无论哪一种形式的社会又都不是单一所有制和纯而又纯的，例如封建制社会，就既存在奴隶制社会，甚至原始公社制社会的残余，在其后期还出现资本主义经济的萌芽、成分、因素；再拿资本主义社会来说，就连最发达的资本主义国家，世界上没有哪一个国家是清一色的资本主义所有制，都是既有以前社会形态的遗存，又有未来新的社会形态的萌芽、成分、因素。

其实，这个问题邓小平已经为我们作了很好的回答。他在1992年的"南方谈话"中回答中国的改革开放是姓"资"还是姓"社"时说，改革开放迈不开步子，不敢闯，说来说去就是怕资本主义的东西多了，走了资本主义道路。为了回答这个问题，邓小平提出了判断改革开放是对是错、是姓"资"还是姓"社"的著名的标准。他说："判断的标准，应该主要看是否有利于发展社会主义社会的生产力，是否有利于增强社会主义国家的综合国力，是否有利于提高人民的生活水平。"人们见了这个回答，豁然开朗，从形而上学的姓"资"还是姓"社"的思辨中跳了出来，不再去钻牛角尖了。邓小平还以特区建设的实例来说明这个问题，他说，办特区，从一开始就有不同意见，担心是不是搞资本主义。深圳的建设成就,明确回答了那些有这样那样担心的人。特区姓"社"不姓"资"。从深圳的情况看,公有制是主体,外商投资只占四分之一,就是外资部分,我们还可以从税收、劳务等方面得到益处嘛!多搞点"三资"企业,不要怕。只要我们头脑清醒,就不怕。并强调地说:"我们有优势,有国营大中型企业,有乡镇企业,更重要的是政权在我们手里。"并尖锐地批评那些说"三资"企业多了就是资本主义的东西多了的人,说:"这些人连基本常识都没有。我国现阶段的'三资'企业,按照现行的法规政策,外商总是要赚一些钱。但是,国家还要拿回税收,工人还要拿回工资,我们还可以学习技术和管理,还可以得到信息、打开市场。因此,'三资'企业受到我国整个政治、经济条件的制约,是社会主义经济的有益补充,归根到底是有利于社会主义的。"邓小平在《答美国记者迈克·华莱士问》中也阐明了这个问题,他说:"社会主义财富属于人民,社会主义的致富是全民共同致富。社会主义原则,第一是发展生产,第二是共同致富。"

邓小平在这里教给了我们一个重要的观察问题、分析问题的立场、观点和方法,就是要坚定地站在科学社会主义的立场上,以事物都是相互联系、相互制约的观点和方法来作出正确的判断。我们国家的整体的社会主义制度没有变,我们这个社会主义国家的政权还牢牢地掌握在中国共产党和中国人民的手中,在这种情况下,改革开放的政策、措施只要符合"三个有利于"的"判断标准",那就是正确的,就是社会主义性质的。

现在让我们回到科学发展观。党中央在总结了我国改革开放、建设中国特色社会主义的新经验,同时也汲取了世界上发达国家和发展中国家有关发展的正反两方面的经验教训后,所提出的以人为本的科学发展观,是从总体上把握了新世纪新阶段中国经

济社会发展新的特点,及时地调整了有关发展的整体布局,提出的
进一步促进发展的重大战略思想,是对经济社会发展一般规律认
识的深化,是指导经济和社会发展的世界观和方法论的集中体现,
是推动中国特色社会主义各方面建设全面发展的指导方针,我们
要全面准确地把握科学发展观的深刻内涵和基本要求。坚持以人
为本,就是要以实现人的全面发展为目标,从人民群众的根本利益
出发谋发展、促发展,不断满足人民群众日益增长的物质文化需
要,切实保障人民群众的经济、政治和文化权益,让发展的成果惠
及全体人民。科学发展观中的全面、协调、可持续发展的要求,则
体现了新世纪新阶段我国经济社会发展的阶段性特征,具有鲜明
的时代特征和丰富的内涵。这种发展观之所以是科学的,就在于
它进一步揭示了中国特色社会主义建设的真谛和客观规律,是对
建设中国特色社会主义规律的认识上的一次新飞跃,是完全符合
"三个有利于"的"判断标准"的。

二、以人为本,构建和谐社会,
是社会主义的本质要求

邓小平总结了国际社会主义运动和中国社会主义建设正反
两方面的经验教训后,对于什么是社会主义作了一个定义:"社
会主义的本质,是解放生产力,发展生产力,消灭剥削,消除两极
分化,最终达到共同富裕。"①自从马克思主义、科学社会主义产
生以后,世界上关于社会主义的定义可以说多种多样,各有特色,
邓小平的这个定义可以说是颇具中国特色的,一、它强调的是从

①《邓小平文选》第3卷,人民出版社1993年版,第373页。

"本质"上定义社会主义,省略了一些非本质的、枝蔓的、附加的东西;二、简明扼要,它强调了两个要项,一是发展生产力,二是共同富裕,"消灭剥削"与"消除两极分化"是达到共同富裕的必备条件。以人为本与构建和谐社会,正是对邓小平关于社会主义本质定义的坚持和具体展开。关于以人为本的科学发展观怎样全面地、深度地开发了中国社会主义社会发展的动力系统,怎样促进了中国社会生产力的解放和发展,我已撰写专文加以论述,这里就不重复了。至于以人为本的科学发展观,怎样把我国全体社会成员作为建设中国特色社会主义所要服务的对象,我国社会主义建设成果要惠及全体社会成员;把满足全体社会成员的物质文化需要,不断提高其物质文化生活水平和生活质量,作为我们从事中国特色社会主义建设事业的根本目的确立了下来,这就从社会主义建设目的论的高度把消灭剥削、消除两极分化、达到共同富裕的进程具体化了,所有这一切的最终结果就是构建和谐的社会主义社会。

和谐社会的建设,包括社会的发展与人的发展两个方面。社会的发展和人的发展,各有自己的特殊形式,但作为社会有机体发展的两个方面,却又是相互依存、相互作用、交叉融合为人类历史的发展进程。社会的发展与人的发展是辩证的统一,社会的发展内在地运行着人的发展;人的发展又外化为社会的发展。人的发展是社会发展的手段,又是社会发展的目的;人的发展是社会发展的结果,又是社会发展的原因。这种手段与目的的统一、原因与结果的统一,根本就在于人是社会历史的主体,又是社会历史的客体。社会的全面进步与人的全面发展这种相辅相成的、统一的历史发展进程,在当今的中国它统一于全面建设小康社会、建设中国特色社会主义的历史进程之中。我们建设中国特色社会主义的各项事业,我们从事的一切工作,既要着眼于人民群众现实的物质文化生活需要,同时又要着眼于人民群众各方面素质的提高,也就是要努力促进人的全面发展。这是马克思主义关于建设社会主义新社会的本质要求。推进人的全面发展,同推进经济、政治、文化的发展和改善人民群众物质文化生活,是互为前提和基础的。人越全面发展,社会的物质文化财富就会创造得越多,人民群众的物质文化生活就越能得到改善和提高;而物质文化条件越充分,又越能推进人的全面发展。社会生产力和经济文化的发展水平是逐步提高、永无止境的历史过程,人的全面发展程度也是逐步提高、永无止境的历史过程。这两个过程相互结合、相互促进地向前发展。"坚持以人为本"与"促进经济社会和人的全面发展"的思想,正是建立在人的发展与社会发展辩证统一这一唯物史观的理论基础之上的,是对科学社会主义的继承和发展。

党的十六届五中全会提出了制定我国"十一五"经济社会发展规划的指导方针,可以说是画出了一张贯彻落实科学发展观和构建和谐社会的施工蓝图。十六届五中全会特别引人注目的是提出了建设社会主义新农村的重大历史任务。"三农"问题始终是关系党和人民事业发展的全局性和根本性问题,农业丰则基础强,农民富则国家盛,农村稳则社会安。建设社会主义新农村,则要消除制约农业和农村发展深层次的矛盾,形成促进农民持续稳定增收的长效机制,根本改变农村经济社会发展滞后的局面,建立统筹城乡发展的体制机制。包括建设社会主义新农村在内的一系列重大战略任务的提出和逐步实现,必将全面推进我国小康社会的建设,必将开创中国特色社会主义建设事业的新局面。这种求真务实的做法,使中国人民更加信心百倍地投入建设中国特色社会主义的新的实践。

三、以人为本,构建和谐社会思想的 提出,彻底告别了以阶级斗争 为纲的思维误区

一个被压迫被剥削阶级的革命党,完成了推翻旧的剥削阶级的统治,实现了自己的政治解放,应当说是一次天翻地覆的伟大革命。但是,人们的思维方式要适应这种翻天覆地的变化,却是一个十分艰巨的过程,这里存在一个革命党如何转变为执政党的伟大工程。要完成这个伟大转变,有一系列的艰巨工作需要做,其中包括根本的思维方式的转换,包括哲学样式的转换。恩格斯说过,哲学是时代精神的精华,恩格斯还说过,随着自然科学领域中每一个划时代的发现,唯物主义也必然要改变自己的形式。时代发生了翻天覆地的变革,自然科学发生了划时代的发展,作为时代精神精华的哲学也必须跟着发生深刻的变化,对马克思主义辩证法的对立统一规律的理解和解释就需要注入新的内容,强调的重点应当根据实践需要的变化,根据语境的变化,加以调整。无产阶级的革命党,在取得革命胜利前,在还没有掌握政权前,是一个最受压迫、剥削阶级的政治代表,那时的最重要的任务就是反抗旧的统治阶级的剥削和压迫,同它进行坚决的、殊死的斗争,所以必须突出和强调对立面的斗争这一方面,这是由当时的客观环境、客观需要所决定的,是完全必要和完全正确的。但是,在取得了胜利,自己成了执政者,面对着要建设一个全新的世界,特别是作为共产党,肩负着实现不但要解放无产阶级,而且要解放全人类这样崇高的历史使命的一支有伟大前途的社会力量,就得有博大的胸怀和远大的历史眼光,就得有全人类和全球的视野,要考虑怎样才能长久执

政,直至实现崇高的理想。而实现社会主义——共产主义的崇高理想,是几代人、十几代人甚至几十代人的事业,所以,长期执政对共产党来说是一个严峻的新的考验。

关于无产阶级取得社会主义革命胜利后,无产阶级的革命党成为执政党,它所领导的新社会,它所组织的新的社会生产,要保证满足社会全体成员的需要、保证全体社会成员的充分福利和自由的全面发展,列宁曾经作过非常明确的论述。1902 年,列宁在《对普列汉诺夫的第二个党纲草案的意见》一文中说,这种社会生产"不仅满足社会成员的需要,而且保证社会全体成员的充分福利和自由的全面发展"①。1919 年,列宁在《俄共(布)纲领草案》一文中又指出,这种社会生产要"保证社会全体成员的福利和全面发展,将消灭社会的阶级划分,从而解放全体被压迫的人类,因为它将消灭社会上一部分人对另一部分人的一切形式的剥削"。②对于列宁的这两段重要的论述,我们应当注意如下几点:一、时间相隔 17 年,可见是列宁长期的思想;二、其间经历了俄国十月社会主义革命,党经历了从革命到执政的根本性的变化,可见其思想是一贯的;三、列宁两次都是在研究和讨论制定党的纲领时提出这样的思想的,可见是郑重其事和经过深思熟虑的,而且是在争论中提出的,是经过比较和仔细推敲才提出的。这几点足以提醒我们应当非常重视列宁的这一重要思想。我国在"文化大革命"中,以阶级斗争为纲的错误指导思想发展到登峰造极的程度,国民经济濒临崩溃的边缘,造成了极为严重的灾难,我们党在十一届三中全会和党的第十二次全国代表大会上,经过认真严肃的反思,总结了正

---

① 《列宁全集》第 6 卷,人民出版社中文第 2 版,第 218 页。着重点是原有的。
② 《列宁选集》第 3 卷,人民出版社 1995 年版,第 718 页。

反两个方面的经验教训,继承和发展了列宁的上述重要思想,在十二大所通过的《党章》总纲中,明确规定:"发展生产力,满足社会成员的物质文化需要。"党的十六届三中全会所制定的以人为本的科学发展观和十六届四中全会所提出的构建社会主义和谐社会的指导思想,都是在新的时代条件和新的实践需要的基础上坚持和发展了无产阶级执政党的执政理念,彻底告别了以阶级斗争为纲的思维误区。

中国共产党领导了中国人民反帝反封建反官僚资本主义的长期武装斗争,在这种你死我活的殊死斗争中,党熟练地运用了以对立统一规律为核心内容的唯物辩证法,并取得了成功,取得了革命战争的胜利。这是了不起的伟大的胜利。革命胜利后,面对错综复杂的形势,党又继续运用这种哲学取得了巩固胜利、保卫胜利果实的成就。但是,无产阶级、劳动人民取得政权,完全是一种全新的事业。对于这种社会变革以后的新社会如何治理,却是一个全新的课题,人们应当怎样从哲学上加以认识和说明,就成为一个全新的任务。社会主义和谐社会并不是没有矛盾的社会,在社会主义初级阶段,国内的阶级矛盾已经不是主要矛盾,主要矛盾已经变为人民日益增长的物质文化需要同落后的社会生产之间的矛盾。由于国内国际的原因,阶级斗争还在一定范围内存在,在某种条件下还可能会激化,这又增加了处理这种新的社会矛盾的复杂性和艰巨性。但是,这种新的社会矛盾已经不同于阶级社会中的阶级矛盾与阶级对抗,而是人民群众在根本利益一致、发展目标一致下所产生的矛盾,即使一定范围内还存在的阶级斗争也具有了许多新的特征。新一届党中央,正是总结了党50多年长期执政的经验教训,其中包括以阶级斗争为纲所导致的"文化大革命"的空前浩劫,以及党的十一届三中全会实现全党工作中心的转移所开启的建设中国特色社会主义新的进程以来,在改革开放中取得的伟大成就给人们的启示,提出了以人为本、构建社会主义和谐社会的指导思想。这些重要的指导思想的提出,正是适应新的时代和实践需要应运而生的,这就使我们的党摆脱了以阶级斗争为纲的思维误区,从思维方式的哲学层面上实现了治国理念的新飞跃。世界大同,社会和谐,是人类世世代代梦寐以求的理想境界。构建和谐的社会是中国特色社会主义建设的一个耀眼的亮点,是社会主义优越性的新的集中体现,必将使社会主义建设事业更加令人向往!

(作于 2006 年 2 月 18 日)

十八论 "以人为本"与人的解放和
人的全面发展

人的解放和全面发展作为一个普遍性范畴,指的就是所有人的解放和全面发展,即人类社会的解放和发展;个体只有在类的解放和发展中才能获得解放和发展。所以也可以将人的解放和发展理解为个体解放和发展与类的解放和发展的统一。我们从事的社会主义——共产主义事业,本来就是人的解放和发展的事业。

一、人的解放即人对自然、社会和自身的把握

人对自然、社会和自身的把握,或从中争得自由,或成为它们的主人,是一个意思。之所以说这就是人的解放,是因为到目前为止的人类,在很大程度上仍然是自然、社会、自身及其规律的奴隶,还处于相当程度的盲目的自在状态;整个人类历史就是人不断从自然、社会和自身中争取自由的历史;人类发展的必然归宿——共产主义,就是人终于成为自然、社会的主人,因而也成为自身的主人的美好境界。

人对自然的把握

人曾经是而且现在仍然是大自然中微不足道的栖存者。但从人产生至今，人在自然界中的地位是大大提高了，就是说，人不断从自然界中获得解放，人所控制的自然生物圈越来越大了。

人从自然界中获得解放的标志是生产力。生产力就是人类改造自然征服自然的能力。正是从原始生产力到现代生产力的发展，使人类对自然有了更大的控制权。但另一方面，生产力的发展也是人力图成为自然界的主人的实践努力的结果。人为了控制自然，使之满足自己的需要，开垦了土地，驯养和培植了动、植物，开采了矿藏，制造了机器，航海、航天，进行各种预报预测等等。自然给人提供了更多更好的财富，人也在改造自然中增大了自己的价值。

但是，人至今并没有完全摆脱自然的控制（这也许是永远不可能的），突出表现在人还没有彻底认识和把握自然运动的规律。我们还不知道自然物质的原始奥秘，不知道宇宙的奥秘，也还没有完全知道自己身体的自然奥秘。我们还不能有效地控制气候、地震、火山等等这些在我们周围影响或威胁着我们安全和生存的自然现象。我们将面临能源匮乏，地球上将人满为患，自然对我们对它的征服正在进行报复等等。自然，这个巨大的怪物永远有待我们认识、开发和把握。在此之前，在人类还不能保证自己的生存和发展环境之前，就谈不上人的彻底解放。所以马克思和恩格斯说："只有在现实的世界中并使用现实的手段才能实现真正的解放；没有蒸汽机和珍妮走锭精纺机就不能消灭奴隶制；没有改良的农业就不能消灭农奴制；当人们还不能使自己的吃喝住穿在质和量方面得到充分供应的时候，人们就根本不能获得解放。'解放'是一种历史活动,而不是思想活动,'解放'是由历史的关系,是由工业状况、商业状况、农业状况、交往关系的状况促成的……"①

共产主义社会,最根本的前提条件是生产力的高度发达,即人成为自然界的主人。因为马克思主义者认为,人对自然的关系永远制约着人与人的关系,制约着社会关系;人如果不能成为自然的主人,人的需要不能获得充分的普遍的满足,人的素质不能达到充分的普遍的成熟,人就不能成为社会和自身的主人,这是唯物史观的基本观点。所以,发展生产力,进行物质文明建设,是人解放的根本要求,是实现共产主义理想的根本要求。

人对社会的把握

社会,自从划分为阶级以来,一直存在着阶级的对立和斗争。我们也不能将原始社会视为一种人们自觉控制下的社会。奴隶社会、封建社会和资本主义社会,都不是全体社会成员当家做主的。但是纵观历史,人类社会确实不断从专制走向民主,从盲目走向自觉,人对社会的控制能力是大大提高了,社会日益成为属人的社会,各种非人道的现象(如殉葬、皮鞭和奴役)逐步消失或减少,人在社会中越来越享有较多的福利、民主和自由权利,社会的发展越来越直接以人为本,以人为目的,而不仅仅是以人为手段。这说明,人正在以越来越快的步伐从自己的社会结合中获得解放。社会主义——共产主义正是这样的事业。

当然,人还远远没有完全成为自己社会的主人。这不仅表现在一些价值要求方面,表现在资本主义社会中的阶级剥削,还突出表现在人们还没有成为社会规律——人们自己的社会活动概率的

①　《马克思恩格斯全集》第 42 卷,人民出版社中文第 1 版,第 368 页。

控制者。在现代资本主义社会中,经济运转整个说来还是一个巨大的异己力量,人们只能费力地从缝隙中窥伺它,谨慎小心地间接地左右它,仍不免带来危机。面对这个异己力量造成的社会后果,比如失业等等,人们还只能望洋兴叹。这说明,人还没有成为社会的主人。在社会主义建设中,虽然社会主义制度给自觉运用规律创造了条件,但这并不等于正确认识了规律,尤其不等于驾驭了规律,因此也存在着人对社会的把握问题,人们也有可能受到规律的惩罚。

马克思所设想的共产主义社会,是人真正成为社会主人的制度,这首先表现在个人与社会的完美统一,即人的需要能在社会中得到充分满足,人本身在社会中得到全面而自由的发展。马克思和恩格斯指出:"共产主义所造成的存在状况,正是这样一种现实基础,它使一切不依赖于个人而存在的状况不可能发生,因为这种存在状况只不过是各个人之间迄今为止的交往的产物。"①"在那里,每个人的自由发展是一切人的自由发展的条件。"②另一方面,人成为社会的主人还意味着,人们要成为社会规律的主人。马克思曾认为,在私有制条件下,那种分散的联合使其合力具有异己的性质,成为与个人相对立的力量。社会表现为必然性,而人表现为偶然性。在真正的共产主义条件下,由于生产力高度发达,人们的认识能力和控制能力大大提高,尤其是人们利益的一致性使社会成为一个自觉的整体,那时,社会规律就会被认识、掌握,直至变成人们自觉的行动。

可见,社会领域内的法制、民主、自由与把握客观规律,都是人

---

① 《马克思恩格斯选集》第 1 卷,人民出版社 1995 年版,第122 页。
② 《马克思恩格斯选集》第 1 卷,人民出版社 1995 年版,第 294 页。

的解放的要求,所以我们要进行制度文明建设,使社会在政治、经济、文化等各领域现代化、文明化,使人真正成为社会的主人。

人对自身的把握

人对自身的把握就是使自己成为自觉的人,他懂得自己的本性,知道自己的价值之所在,把握着自己的命运,并在不断地自我改造中使自己日臻全面和完美。

人对自身的把握依赖于人对自然和社会的把握,它的进程与生产力和社会进步的进程相一致。"每一个单个人的解放的程度是与历史完全转变为世界历史的程度一致的。"①但是,个人的认识、改造和自我把握总是特殊的、更丰富的现象,所以,差别或能动性是很大的。我们在不同时代都看到有自强不息、独立不羁、终于掌握了自己命运的人物,只是随着历史进程这类人越来越多了。到了整个社会被人所把握的时候,才能使每个人都成为这样的人。由于认识到了这一点,上述这类人中有许多为社会进步进程而献身。

正确认识和把握自己,需要知识,需要培育精神文明。自我把握就是自我改造的过程。自我改造只有在正确的指导和丰富的知识条件下才有可能健康发展,成为有价值的人。共产主义新人当然是把握了自身的人。他们有正确的世界观、价值观和人生观,有对自身本质的确切认识,他们时刻同自己身上的弱点作斗争,发展和充实自己的优良品质,在为人类创造幸福中使自己得到最完美的幸福。人的解放就要使人自身达到这样的境界。所以我们要加强精神文明建设,使每个人更自觉地成为自身的主人,成为自己把握自

---

① 《马克思恩格斯选集》第1卷,人民出版社1995年版,第89页。

己命运的人。

综上所述,人的解放是一个科学的范畴,它是人与自然、社会和自身关系全面地历史地发展的结果,它的一系列生产力条件、社会条件和人的素质条件,使它成为一个丰富的严肃的课题。任何将人的解放仅仅理解为一句"人权"口号,理解为一个单纯的价值范畴的态度,都是狭隘的,都是没有对人的解放做过严肃思考的结果。

二、人与自然、社会、自身的和谐发展

过去,有人把马克思主义哲学曲解为"斗争哲学",只讲对立面的斗争,不讲对立面的统一,在人们的思想上造成了误区,听到人们讲"和谐"就打问号。其实,讲"和谐"并没有违反矛盾规律,没有违反唯物辩证法,而是恰恰坚持了唯物辩证法和矛盾规律。翻开马克思主义哲学史,从马克思、恩格斯到列宁、毛泽东,他们在讲矛盾规律时,都是既讲对立面的对立,又讲对立面的统一的,所以矛盾规律又称对立统一规律。提出人与自然、人与社会、人与自身的和谐发展,其前提就是承认人与自然、人与社会、人与自身存在矛盾,存在不和谐,所以才产生改造的问题和在改造中要注意和谐发展的问题,因为这种改造,并不是为了破坏和毁灭自然、社会或人自身,而是为了把自然、社会和人自身改造得更加符合人的生存和发展的需要。

三个和谐发展,不但符合唯物辩证法的要求,而且符合实践的需要。翻开邓小平改革开放年代的著作,使用频率最高的词汇,除了"改革"、"开放"两个词以外,恐怕就数"稳定"这个词了。邓小平几十次使用"稳定"这个词,而且语重心长,讲得非常恳切,例如

他说:"稳定是压倒一切的","中国的最高利益就是稳定","没有一个安定团结的政治局面,就不可能搞建设","中国不能乱哄哄的,只有在安定团结的局面下搞建设才有出路","中国的问题,压倒一切的是需要稳定。没有稳定的环境,什么都搞不成,已经取得的成果也会失掉",等等。邓小平为什么如此强调稳定,就是由于在我们的现实生活中存在着大量的不稳定、不和谐的因素。党中央提出"以人为本"和构建社会主义和谐社会,就从思维方式的层面上解决了稳定的哲学基础问题。

马克思在创立他的新哲学的标志性著作《关于费尔巴哈的提纲》中说:"哲学家们只是用不同的方式解释世界,问题在于改变世界。"马克思主义哲学是以"改变世界"为宗旨的,改造自然、改造社会和改造人自身是"改变世界"的伟大实践。"改变世界"的目的是什么? 就是在我们进行"打倒吃人的旧世界"的革命战争年代,我们也不是为了毁灭整个世界、整个社会,而是要把吃人的旧世界、旧社会改变成为真正的人的世界、人的社会。在建立了人民当家作主的新社会、新世界后,提出人与自然、人与社会、人与自身要和谐相处、和谐发展的要求,是天经地义的、完全正确的。

人与自然的和谐发展

人产生于自然界,但为了自身的生存与发展又不断地改造着自然界,不断地与自然界进行物质交换,不断地人化自然界。人与自然界时刻处于矛盾之中。人与自然界的这种矛盾关系是与人共始终的,只要人还存在,这种矛盾就仍会存在。人在改造自然界时,常常取得神奇般的结果,所以人又常常自傲于自然界,常常陶醉在胜利之中。恩格斯曾经告诫过人们:"我们不要过分陶醉于我们人类对自然界的胜利。对于每一次这样的胜利,自然界都对我们进行报复。"恩格斯以对森林的乱砍滥伐和水土流失来说明这个问题,并说:"因此我们每走一步都要记住:我们统治自然界,决不像征服者统治异族人那样,决不是像站在自然界之外的人似的,——相反地,我们连同我们的肉、血和头脑都是属于自然界和存在于自然之中的;我们对自然界的全部统治力量,就在于我们比其他一切生物强,能够认识和正确运用自然规律。"①

现代的人类与自然界之间的物质交换的规模、总量、速度、广度、深度都有了极大的增长。人类不但在地球上改造自然界,而且将触角伸向宇宙空间和其他星球。总之,人化自然的力量有了极大的提高。在这种情况下,在党的指导思想的层面上提出人与自然和谐发展的问题,实在是太重要太及时了。

促进人与自然相和谐的可持续发展,首先要在观念上树立善待自然界的思想。对待自然界的态度不能是任意的,更不能是恶意的,而必须是亲和的、善意的;对自然界的开发不能是掠夺式的、野蛮的,在开发的同时,还要注意涵养、保护和节约;对自然界的开发也应当是文明的。自然界的动植物是人类的朋友,是人类须臾不可或离的,是人类生存和发展的必要条件,也应当善待之。对待动植物的态度,是衡量人的文明程度的一个重要方面。

对自然界的开发,还必须符合自然界的发展规律,森林开发、沙漠治理、荒地开垦、江河湖泊的疏浚和开发利用,等等,都必须遵循自然界的规律,违反了是会遭到自然界的惩罚的。

建设铁路、公路、机场、矿山、电站、工厂,等等,都要事先考虑生态环境的承受能力和自然环境的保护,对于必然会产生的污染必须有可靠的治理措施,不能再走先污染后治理的老路,否则,不

---

① 《马克思恩格斯选集》第4卷,人民出版社1995年版,第383~384页。

但危害当代,而且会贻害子孙后代。人为有害气体的排放,正在造成地球温室效应持续恶化;酸雨、臭氧层遭破坏等灾害正威胁着人类自身的生存,它促使人类日益觉醒,逐步联合起来采取有效措施遏止气候异常变迁。

对于自然资源要采取爱惜和节约的态度,物质资源是有数量极限的,是会枯竭的,不能无节制地开采。要注意资源的节约,提高资源的利用率和资源的再生利用。要开发新材料、新工艺,代替和节约可贵的、无法再生的资源。要建立资源可循环利用的新型工业。要大力发展信息技术和知识经济,使经济的发展逐步减少对物质资源的依赖,逐步更多地依靠信息和智力资源。

中国的人力资源是丰富的,但是对于长期的、可持续发展来说,也仍然存在一个保护、节约的问题,而且要不断提高劳动者的素质,提高劳动生产率,这样才能适应经济的全球化和激烈的国际竞争。并且要继续注意控制人口的增长与资源、生态环境相适应,过快的人口增长也会破坏人与自然的和谐相处。

人类的活动范围现在已经扩大到星际空间,人类对自然的改造已经不局限于地球。人类在外太空寻找生命现象,科学家们已经发出警告,如果探测器将其他星球的微生物带回地球,也许会击垮地球的"免疫系统",对人类造成致命的威胁。人类还应未雨绸缪,万一有外星生命、微生物入侵地球,全人类应当怎样团结起来与之斗争。

人类在改造自然的斗争中,自然科学获得了长足的发展和进步,核物理学的发展,人类开发了原子裂变聚变技术,一方面可以为人类带来大量的能源和其他利益,但另一方面人类也用这种技术制造了原子弹、氢弹,对人类的生存造成极大的威胁。生命科学的发展、基因研究的进步,一方面可以造福于人类,但另一方面又有人利用这种科学技术研制出具有大规模杀伤力的"基因武器"，如果生命科学成果被滥用，人类安全将受到严重威胁。所以，自然科学的发展与进步，也存在一个如何防止发生异化现象的问题。

总之，在对自然界改造的过程中，在经济建设中，在科学研究中，必须对每个项目、每个措施，进行价值评估，看它是否真能满足人的需要，是否能取得好的经济效益、社会效益、环境效益，防止出现对人的需要和人的生存环境的负面效应。

人与社会的和谐发展

人与人的社会关系，在不同的社会形态下具有不同的性质，我国进入社会主义社会后，应当建立什么样的人与人以及人与社会之间的关系问题，是一个新的重大课题。建设社会主义社会确实是前无古人的新事物。改革开放中的中国共产党人，是善于总结历史经验，善于与时俱进发展马克思主义的。在苏联、东欧前社会主义国家发生剧变后，在中国经过 20 多年的改革开放后，现在的党中央提出以人为本，全面协调可持续的科学发展观，促进经济社会和人的全面发展，不但要促进人与自然的和谐发展，而且要促进人与社会、人与自身的和谐发展，构建社会主义和谐社会。

首先，这是遵循实事求是的思想路线，对中国社会主义初级阶段现实存在的主要社会矛盾客观冷静的如实反映。由于国内的因素和国际的影响，阶级斗争还在一定范围内长期存在，在某种条件下还可能激化，所以人民政权的专政功能仍然存在，但是，这时进行的阶级斗争已经不同于夺取政权以前，不是为了破坏现行的社会制度，而是为了保护已经建立起来的社会主义制度，而且阶级斗争已经不是全社会的主要矛盾。在现阶段，我国社会的主要矛盾是人民日益增长的物质文化需要同落后的社会生产之间的矛盾。

这是我们思考建党治国和改造自然、改造社会时所依据的基本国情。

其次,这是总结了社会主义社会发展史上正反两个方面的经验教训后,所取得的可贵的思想理论成果。现在我们党不但否定了以阶级斗争为纲和无产阶级专政下继续革命的错误理论,而且从思维方式的层面上否定了在这种错误理论影响下所形成的思维定势,从正面提出了正确处理新的社会主要矛盾的哲学基础。

第三,这一重要思想的提出,为我国继续进行的经济、政治、文化等方面的体制改革和制度创新指明了方向,要从体制、制度上保证以人为本,全面、协调、可持续的科学发展观的贯彻落实。按照科学发展观的要求,在经济方面,要继续坚持以经济建设为中心,进一步深化经济体制改革,完善社会主义市场经济体制,特别着重地提出要按照"五个统筹"推进改革开放。在政治体制改革方面,提出要扩大社会主义民主,健全社会主义法制,加强社会主义政治文明建设和党的执政能力建设等重要任务。

在全面建设小康社会的现阶段,在处理人与自然、人与社会、人与自身的和谐发展中,除了要处理好城乡、区域、人与自然、国内发展与对外开放的统筹协调发展,还要特别注意处理好经济与社会的协调发展。经济发展为社会发展提供强大的物质基础,是社会发展的根本保证,而社会发展则是经济发展的目的,并为经济发展提供精神动力、智力支持和其他必要条件。社会发展包括科技、教育、文化、卫生、体育等社会事业的发展,也包括社会就业、社会保障、社会公正、社会秩序、社会管理、社会和谐等,还包括社会结构、社会领域体制和机制的完善等。加快社会发展的目的,就是要保障人民群众安居乐业,继续做好就业和社会保障工作,逐步理顺收入分配关系,化解社会矛盾,维护社会秩序,保持社会稳定,促进社会和谐。

人与自身的和谐发展

人类现在不但能大规模地、深度地改造着客观存在的自然界，而且能改造人自身的自然，基因工程、生物工程、克隆技术、人工生育技术的快速发展就是证明。

人类从产生的那天起，就从事两种生产，一种是满足自身生存、发展、享受需要的物质资料的生产，一种是实现人类世代延续的生殖。

人类的生殖，现在不但面对着大量的传统的问题，而且面临层出不穷的新课题。

面对性解放浪潮的冲击、艾滋病的传播、同性恋家庭的增多等等，两性关系面临新的考验与挑战。贩卖妇女和儿童、卖淫嫖娼等社会丑恶现象以及家庭暴力的泛滥，不仅严重威胁家庭和谐，而且影响社会的稳定与和谐。

面对生活节奏的加快、工作压力的加重，两性和谐与家庭和睦也面临新的问题。离婚率的提高，单亲家庭的增多，严重影响着子女的健康成长。

人口的增加、资源的欠缺与浪费，人口的控制也面临新课题。发展中国家还面临贫困人口的生存问题。

老龄社会的出现，人类面临着年龄结构调控的新课题。

精子库、卵子库的建立，人工授孕技术的进步，代孕母亲的出现，两性以及亲子关系都出现了新的伦理问题。人类在优生领域也有不少新的问题需要解决。

克隆技术的发展与进步，使克隆人的问题已经提到人类面前，与之相伴还可能会出现无性生殖问题，一系列科学发展的伦理问题需要人类去解决。

如此等等,层出不穷。科学技术的发展、社会的发展与变化,人自身的生殖、人对自身的改造也存在一个和谐相处、和谐发展的问题。这个问题也越来越尖锐地提到了人类的面前。

人与自身的和谐相处、和谐发展问题除人自身的生殖、人的自然素质改造方面的问题,还有一个更深层次的问题,就是人的精神世界的现代化问题。前面,我们已经讲过,精神文明建设是主体性建设,是人自身的现代化建设。这方面的建设,不仅涉及人的精神面貌的塑造、改造和建构,对于人与自身的和谐发展将发生重要作用,而且对物质文明、制度文明建设也将发生重大的作用,可以形成物质文明、制度文明建设的强大的内在动力,对于人与自然、人与社会的和谐发展发挥重要的,甚至是决定性的作用。

关于三个和谐发展问题,这里要特别强调讲一点的是,人类无论是改造自然、改造社会,还是改造人自身,包括人自身的自然之性与社会之性的改造,都存在一个异化问题。人作为主体,在改造客观世界的时候,无论是改造自然、改造社会,还是改造人自身,都会发生主体与客体的关系,在它们之间存在一种特殊的矛盾,马克思是用"异化"概念来描述这种矛盾的。对于"异化"这个哲学概念,有人要埋葬它,要为它举行葬礼;有人又把它同"矛盾"相等同,把一切矛盾都说成是异化,这些都是对"异化"的误解,是不对的。按照马克思给"异化"所下的哲学定义,"异化"只是主客体之间矛盾的一种特殊的表现。主体和客体之间存在着矛盾,人们改造自然、改造社会、改造人自身,创造出来的新的成果满足了人的需要,实现了人的目的,获得了成功,这一个具体的矛盾就算解决了,这里没有出现异化。但是,有时主体创造出来的客体,不但不能满足主体的需要,不为主体服务,而是反过来危害主体、主宰主体,成为主体的一种异己的力量,这才叫做"异化"。所以,如何预防异化,当之出现时如何克服异化,就成为人类认识世界和改造世界的一个重要任务和课题,成为人与自然、人与社会、人与自身和谐相处、和谐发展的一个重大课题。

实现社会和谐,建设美好社会,始终是人类孜孜以求的一个社会理想,也是包括中国共产党在内的马克思主义政党不懈追求的一个社会理想。根据马克思主义基本原理和我国社会主义建设的实践经验,根据新世纪新阶段我国经济社会发展的新要求和我国社会出现的新趋势新特点,胡锦涛总书记在 2005 年 2 月 19 日的讲话中指出:"我们所要建设的社会主义和谐社会,应该是民主法治、公平正义、诚信友爱、充满活力、安定有序、人与自然和谐相处的社会。"

三、三个和谐发展与三个文明建设的内在一致性及其辩证关系

三个和谐发展,同三个文明建设,在内容上有着内在的一致性,是相契合的。三个文明建设的目的是:人向自然界发挥自己的本质力量,改造自然,与自然界进行物质交换。在进行物质文明建设中,必须注意人与自然的和谐相处,必须注意人与自然和谐的可持续发展,而不能进行野蛮的索取。人在改造社会的时候,也必须注意人与社会的和谐相处和和谐发展,所以,建立各种制度来规范人们的社会行为就成为十分的必要,而在各种制度中,政治制度是核心的制度,所以政治文明建设居于十分重要的地位,但又不仅仅限于政治制度,还应包括经济的、文化的、教育的、科技的等等各种制度,所以进行各方面的体制改革,建立高度的社会主义制度文

明，就成为建设中国特色社会主义的题中应有之义。精神文明建设是人自身的现代化建设，根本目的就是要提高人的各方面的素质，使人不但成为自然界的主人、社会的主人，而且成为人自身的主人，使人与自身在和谐中健康地、文明地发展。

毫无疑问，社会主义物质文明、制度文明和精神文明建设都是与人的解放并行不悖的，是人的解放事业所必然要求的。

哲学上思考问题总要根本些、洞底些。物质文明建设的中心是发展社会生产力，这就是加强人对自然的把握和控制，使自己成为自然的主人，让自然贡献更多更好的财富来满足人们的需要。这是人的解放的根本条件。没有这一条，就谈不上把握社会，把握自身；因为没有高度发达的生产力，就意味着没有强有力的实践能力和认识能力，没有自身需要的充分满足，因而没有任何自我解放的可能性。我国从党的十一届三中全会以来，把经济建设放在中心位置，20多年来取得了很大的成就。这种成就使我们在政治、军事、外交、文化等各方面都有了更大的能力和主动权，使人民的物质和文化生活有了很大提高。这是人的解放的最现实的步骤。这一转变的首要意义是它给人民给国家带来的物质财富和精神财富——宝贵的实践经验，从这经验中我们可以引申出非常有价值的原则：从中国的实际出发，为中国人民的富强幸福而创造性地工作。实践证明了，紧紧抱着为人民服务的目的，紧紧抓住决定这一目的实现的根本环节，紧紧从实际状况的需要出发去抓落实，这就是马克思主义理论和社会发展规律在今天对我们的科学要求，这就是人的解放进程在今天提出的中心任务。

制度文明建设，主要是指政治、经济、文化、教育、科技等各种制度的现代化，也就是我们通常所说的各种体制改革。社会主义制度文明建设，是一种关键性的建设，它一方面要为生产力的又快又好的发展、为物质文明建设提供制度保证,另一方面又要为精神文明建设、为人的素质的全面提高指明方向和提供制度保证。它更是人与社会和谐相处、和谐发展的必备条件。

社会主义精神文明建设的中心应当是提高人的全面素质,因此,它与社会生产力的发展、社会主义的制度文明建设不是脱节和对立的,而是相辅相成的。没有人的素质的普遍提高,就没有科学技术的进步和生产力的发展以及各种制度的现代化。我们党在建设物质文明、制度文明的同时建设社会主义精神文明,从思想、文化、体质等各方面提高人的素质,采取了大力发展教育、科学、文化、卫生、体育事业,落实知识分子政策、健全民主和法制、反腐败、改善社会风气等一系列重大措施,务求使中国人民的精神文明程度赶上来,这是极为明智和务实的行动。与此同时,广泛进行理想教育,用高尚的人生观、价值观引导和启迪人们,也有助于人们正确认识自己、规范自己,从而培养出更多以社会进步为己任、献身人民幸福、献身祖国富强的新人。所有这些,都是有助于人的发展、有助于社会进步的事业,有助于人与自然、人与社会、人与自身的和谐相处、和谐发展,都是迈向共产主义、实现人的解放的现实步骤。

四、从必然王国到自由王国的飞跃

——人的全面而自由的发展

经济全球化浪潮正在世界上涌动,对于这种发展趋势和由此引起的激烈的国际竞争,现在人们议论纷纷,发达国家的劳动者非政府组织,由于资金、技术、劳动力、工厂企业在全球的流动、交换、合作,由于工作岗位的减少和失业,强烈反对全球化,经常集会、游行、示威、抗议；贫穷的发展中国家的政府和人民，对于富国、工业化国家借着全球化浪潮搞扩张、掠夺、入侵，心存疑虑，甚至反对。全球化对于快速发展的改革开放的中国来说，既是机遇又是挑战。我国许多学者已从国际关系、世界贸易的政治、经济、文化、社会等等层面，进行研究，取得大量可喜的成果。现在党中央提出了以人为本的科学发展观，这就为我们将全球化问题提高到哲学层次的研究，提供了哲学武器和工具。从这方面来说，对于我们共产主义者来说，不仅具有重大的现实意义，而且具有更为深远、更为重大的理论价值。全球化是从经济领域开始兴起的，但势必扩展到政治、文化等诸多领域。全球化将为全人类、全世界带来巨大的、深刻的变革。

西方资产阶级学者，把经济全球化说成是"全球资本主义化"或"全球美国化"。他们未免太一厢情愿了。马克思和恩格斯在《德意志意识形态》中说过：共产主义的事业，"是以生产力的普遍发展和与此相联系的世界交往为前提的"，并且强调地指出"只有在世界历史意义上"、"作为'世界历史性的'存在才有可能实现"。①当今的经济全球化发展趋势完全印证了马克思恩格斯160年前的这一预言，全球化正是生产力和世界交往的普遍发展的结果，这就为共产主义事业在全世界的发展，提供了重大的新契机。

面对这样的新契机，我们油然地想到了马克思、恩格斯关于从必然王国到自由王国飞跃的精彩论述：

马克思在《资本论》第三卷中说，自由王国只能在必然王国的基础上生成，他说，像野蛮人为了满足自己的需要，为了维持和再

①《马克思恩格斯选集》第1卷，人民出版社1995年版，第86、87页。

生产自己的生命,必须与自然搏斗一样,文明人也必须这样做;而且在一切社会形态中,在一切可能的生产方式中,也都必须这样做。这个自然必然性的王国会随着人的发展而扩大,因为需要会扩大;但是,满足这种需要的生产力同时也会扩大。这个领域内的自由只能是:社会化的人,联合起来的生产者,将合理地调节他们和自然之间的物质变换,把它置于他们的共同控制之下,而不让它作为一种盲目的力量来统治自己;靠消耗最小的力量,在最无愧于和最适合他们的人类本性的条件下来进行这种物质变换。但是不管怎样,这个领域始终是一个必然王国。在这个必然王国的彼岸,作为目的本身的人类能力的发挥,真正的自由王国,就开始了。但是,这个自由王国只有建立在必然王国的基础上,才能繁荣起来。①

恩格斯在《反杜林论》这部名著中也指出,一旦社会占有了生产资料,社会生产内部的无政府状态将为有计划的自觉的组织所代替。个体生存斗争停止了。于是,人在一定意义上才最终地脱离了动物界,从动物的生存条件进入真正人的生存条件。人们周围的、至今统治着人们的生活条件,现在受人们的支配和控制,人们第一次成为自然界的自觉的和真正的主人,因为他们已经成为自身的社会结合的主人了。人们自己的社会行动的规律,这些一直作为异己的、支配着人们的自然规律而同人们相对立的规律,那时就将被人们熟练地运用,因而将听从人们的支配。人们自身的社会结合一直是作为自然界和历史强加于他们的东西而同他们相对立的,现在则变成他们自己的自由行动了。至今一直统治着历史的客观的异己力量,现在处于人们自己的控制之下了。只是从这时起,人们才完全自觉地自己创造自己的历史;只是从这时起,

---

① 参阅《马克思恩格斯全集》第 46 卷,人民出版社中文第 2 版,第 928～929 页。

由人们使之起作用的社会原因才大部分并且越来越多地达到他们所预期的结果。这是人类从必然王国进入自由王国的飞跃。在《社会主义从空想到科学的发展》一文中,恩格斯又强调地说,到了共产主义社会,"人终于成为自己的社会结合的主人,从而也就成为自然界的主人,成为自身的主人——自由的人"。①

马克思、恩格斯所讲的"自由王国"是指共产主义社会,其中的一些理想境界,在社会主义阶段,特别是社会主义初级阶段,还无法完全做到,只能积极创造条件,逐步向共产主义过渡。社会主义是向共产主义的过渡阶段,是为共产主义社会准备和创造条件的阶段,这个阶段的任务是极为艰巨的,从时间方面来说则是一个漫长的历史发展过程,我们千万不要把这个阶段看得轻而易举,可以一蹴而就。在这个问题上,我们党是吃过很大苦头的,20世纪50年代的"穷过渡"、"共产风"的教训人们记忆犹新。邓小平总结了历史的经验教训后,曾经说过,"巩固和发展社会主义制度,还需要一个很长的历史阶段,需要几代人、十几代人,甚至几十代人坚持不懈地努力奋斗"。在讲人的哲学、人的发展时,我们也要强调这一点,人的解放、人的全面而自由的发展,是离不开社会的解放和发展的,是与社会的解放和发展同步的,社会的发展与人的发展是相辅相成的。所以,关于"自由王国"的理想境界,是需要经过长期的艰苦奋斗才能达到的。但是,作为共产主义者,这一理想境界无疑不可遗忘,不能迷失方向。在全球化语境下学习马克思、恩格斯的这两段经典性的论述,有如下几点应引起我们的特别注意:

第一,必然王国的必然性就在于人的发展是不以人的意志为转移的,而由于人的发展人的需要就必然发展,生产力也必然随之扩大。

---

① 《马克思恩格斯选集》第3卷,人民出版社1995年版,第760页。

第二，自由王国的发展和繁荣是建立在必然王国的基础之上的，是以生产力和人的发展为前提的。在资本主义的社会条件下，"创造无限的社会劳动生产力"，"是靠牺牲多数来强制创造的"；而在社会主义的社会条件下，则是靠全体社会成员为了满足自身的需要，而自觉地创造的。但是生产力的高度发展必然导向自由王国，正如马克思所说："只有这种无限的社会劳动生产力才能构成自由人类社会的物质基础。"

第三，在社会主义——共产主义社会，联合起来的劳动者，不仅成了自然界的主人，而且成为社会结合的主人，原来作为支配人的异己力量将听从人们自己的支配。

第四，只有从这时起，人们才最终地脱离了动物界，才完全自觉地自己创造自己的历史，人类才最终成为自身的主人。

第五，在人类成为自然的、社会的、自身的主人以后，人类在进行生产、在同自然界进行物质交换的时候，要靠消耗最小的力量、在最无愧于和最适合人类本性的条件下来进行。

第六，自由王国的自由就在于人的全面而自由的发展，每个人的自由发展成为一切人自由发展的条件。自由并不是说可以任意为所欲为，用比较通俗易懂的语言来说，就是人成了自然、社会、自身的主人，社会是自由人的联合体，在这里没有阶级社会里的那种剥削和压迫，人可以主宰自己的劳动、活动和命运。如果用哲学语言，正如恩格斯所说："意志自由只是借助于对事物的认识来作出决定的能力。""自由不在于幻想中摆脱自然规律而独立，而在于认识这些规律，从而能够有计划地使自然规律为一定的目的服务。"①马克思、恩格斯所讲的自由就是人对必然的认识和把握，就

---

① 《马克思恩格斯选集》第3卷，人民出版社1995年版，第455页。

是人对客观规律自觉的运用,就是按客观规律办事,客观规律不再成为强加于人的、与人相对立的异己力量。

而这几点,正是我们党制定的科学发展观所指向的发展理想、发展目标。所以,以人为本的科学发展观在实现从必然王国到自由王国的飞跃中,将发挥它的理论指导作用。科学发展观的重大的、深远的理论价值也就在这里。正因为科学发展观具有如此重大的理论价值,而这种理论一经为群众所掌握,就会变成改造自然、改造社会、改造人自身的强大的物质力量。

五、理想的社会与理想的人的生成

无产阶级的革命导师对于社会主义——共产主义有很多论述,从作为一种科学的思想体系和人类的崇高理想这个角度来说,导师们主要讲了两个方面,一是从客体、社会制度,亦即从人所生活的客观环境方面说的,一是从主体、人自身的本质,亦即人自身的存在状态和全面发展方面说的。社会和人、客体和主体本来是统一的,是一个问题的两个方面,为了叙述的方便,我们在这里把它们分开来讲一讲。

从客体、从社会制度方面来说,共产主义就是消灭阶级和阶级对立,直到消灭三大差别,实行高度的社会主义民主和共产主义民主,建立人与人之间的同志式的、平等合作的关系,"代替那存在着阶级和阶级对立的资产阶级旧社会的,将是这样一个联合体,在那里,每个人的自由发展是一切人的自由发展的条件"。生产力高度发展,集体的物质财富不断丰富以至充分涌流,随着生产力的不断增长,分配制度逐步从按劳分配过渡到按需分配,人们的物质的、精神的各个方面的需要都得到了充分的满足，实现世界大同和社区高度自治，人人过着自由美满幸福的生活，等等。

从主体，从人自身的存在状态和全面发展方面来说，主要内容包括：人们的社会主义觉悟和道德水平大大提高，克服了在私有制下长期生活所造成的自私自利心理、观念和习惯，在人对物的占有和享用，以及人与人的关系中排除了自私自利的性质，消灭了旧式的强制性的分工，劳动不仅仅是谋生的手段，而且成了人们生活的第一需要，人们从事着像科学、艺术一样的创造性活动。不再是物支配人，而是人支配物，人不但成了自然界的主人、社会的主人，而且成了自己的主人。随着人们创造性活动全面发展和对象化存在物的极为丰富，人们的体力、智力、感受能力、审美能力、创造能力……总之，人的本质获得了全面的发展和丰富，人越来越优美和完善，从"必然王国"进入了"自由王国"。"自由王国"并不是不再存在必然性，而是人们能够自觉地把握这种必然性，并从中获得自由。

理想的人是什么模样，导师们并没有统一的、一成不变的表述，在社会主义——共产主义社会中全面而自由发展的人，用全面的方式占有自己全面的本质的人，成为自然、社会、自身主人的自由的人，是马克思、恩格斯心目中理想的人；像白求恩、张思德、雷锋那样高尚、纯粹、有道德、脱离了低级趣味、有益于人民的人，自觉地改造客观世界和主观世界的人，是毛泽东心目中理想的人；有理想、有文化、有道德、有纪律的"四有"新人，是邓小平心目中理想的人。理想的人与理想的社会是互为条件、相辅相成的，理想的人是理想的社会的建设者、创造者，同时又是理想社会的产物；理想的人既是理想社会的剧作者，同时又是剧中人物。革命导师对未来的共产主义社会和共产主义新人的这种描述，虽然有的富有哲理,有的带有文学的浪漫主义色彩,但它是建立在对人类社会历史发展规律的科学认识基础上的,是科学的真理,不是幻想中的乌托邦,因而不但成了后来人们无限憧憬的理想,而且鼓舞了一代又一代人为之英勇奋斗,变成了改造客观世界和改造主观世界的巨大的物质力量。

革命导师们不仅为全世界无产阶级和劳动人民指明了奋斗的目标,而且指明了实现这一目标应采用的具体方法、途径和步骤,这就是通过阶级斗争和人民民主专政来实现社会主义——共产主义。无产阶级和劳动人民运用这一方法,遵循这条途径,取得了伟大的胜利,在不少国家建立起了无产阶级和人民大众的国家政权。革命导师对社会和人的理想有一些已经在我们的生活中变成了现实。

在无产阶级和人民大众取得了国家政权以后,无产阶级的思想家,继续探索、试验在新的历史条件下如何实现社会主义——共产主义理想的新方法、新途径,其中有成功的经验,也有局部、暂时失败的教训。我们党继承了他们的事业,总结了正反两个方面的经验教训,提出了在建设高度物质文明和建立新的生产关系、新的社会主义制度的同时,努力建设高度的社会主义精神文明的战略方针。高度的物质文明和制度文明的建设,可以说是属于人所生活的客观环境方面的建设,对人说来是属于客体方面的建设,而高度的社会主义精神文明的建设,则主要是属于人的主体方面的建设,是人的本质的发展和完善,是人自身的现代化。

在马克思主义看来,人是一种复杂的有机体,是物质和精神的统一、存在和思维的统一、客体和主体的统一、自然的存在物和社会的存在物的统一、历史的存在物和现实的存在物的统一、个体和类的统一、个性和共性的统一、静态和动态的统一、常住因素和变动因素的统一、能动性和受动性的统一,等等。在人性中,既存在追求进步、追求文明、追求善的因子,也存在恶的因子,正如恩格斯所说:"人来源于动物界这一事实已经决定人永远不能完全摆脱兽性,所以问题永远只能在于摆脱得多些或少些"①。导师们关于理想的共产主义社会的理论,包括着关于理想的人的理论,但是在现实存在的每一个活生生的人身上,都或多或少地存在着这样或那样的缺点、缺陷、不足和瑕疵,严重的甚至堕落成为犯罪分子,部分地丧失做人的资格,犯了死罪的则全部丧失了做人的资格,所以,人在改造客观世界的同时,永远存在一个改造主观世界的问题,我们在建设理想的社会主义和谐社会的时候,不但要进行物质文明建设,而且要进行制度文明、精神文明建设,要用各种法律法规、规章制度来约束和规范自己的社会行为,要用社会主义的思想道德规范和精神文明的各项要求来规范自身,从各方面提高人自身的文明素质,努力使自己成为一个合格的人,一个真正的人,因而自我选择、自我改造、自我塑造、自我完善,就成为每一个人的必修课题。正是基于这样的认识,所以马克思主义认为人是社会的人,社会是人的社会,"人创造环境,同样环境也创造人"。无产阶级和革命人民改造世界的斗争包括两个方面的任务,即既改造客观世界,也改造自己的主观世界。马克思主义的这些基本观点,不但同共产主义的理论,而且同我们共产党人的实践活动有着密切的关系。

有人认为,共产主义的理想社会很渺茫,共产主义的理想的新人高不可攀,可望而不可即。这种说法是不对的。共产主义不但

---

① 《马克思恩格斯选集》第 3 卷,人民出版社 1995 年版,第442 页。

是一种崇高的理想,而且是一种活生生的有亿万群众参加的现实的运动。自从产生了马克思主义以后,一切共产主义者所从事的活动都是同共产主义密切联系着的,从这个角度也可以说我们天天生活在共产主义的活动之中,而在这种活动中所产生的成千成万的英雄模范人物,就都是共产主义新人在当时的历史条件下的典型。

　　理想的社会和理想的人,既不可能在某一天早晨突然降临人间,也不是靠生产力的发展、物质财富的增长就能自发地实现和生成的,而只有靠具有以共产主义思想为核心的社会主义精神文明的现实的人,充分发挥自己的实践力量来改造客观世界,又改造主观世界,才能实现和生成。正如胡耀邦所说的,社会主义社会是向着未来共产主义高级阶段的目标不断前进的,这个进程不能仅仅依靠物质财富的增长,还必须依靠人们共产主义思想觉悟的不断提高。胡耀邦强调指出:"如果忽视在共产主义思想指导下在全社会建设社会主义精神文明这个伟大的任务,人们对社会主义的理解就会陷入片面性,就会使人们的注意力仅仅限于物质文明的建设,甚至仅仅限于物质利益的追求。那样,我们的现代化建设就不能保证社会主义的方向,我们的社会主义社会就会失去理想和目标,失去精神的动力和战斗的意志,就不能抵制各种腐化因素的侵袭,甚至会走上畸形发展和变质的邪路。"胡耀邦在党的十二大报告中的这一精辟论述,至今仍具有现实的实践意义,为我们指明了实现理想的社会和理想的人的具体途径和方法。

　　毛泽东说过,"世界到了全人类都自觉地改造自己和改造世界的时候,那就是世界的共产主义时代。"①在中国,当今的一切努

----

①　《毛泽东选集》第1卷,人民出版社1991年版,第296页。

力,都是为了这样的理想的社会和理想的人的生成!

(原载人民出版社 2005 年 12 月版

《人的哲学论纲》)

十九论　理论一经掌握群众也会变成物质力量

马克思说:"批判的武器当然不能代替武器的批判,物质力量只能用物质力量来摧毁;但是理论一经掌握群众,也会变成物质力量。理论只要说服人,就能掌握群众;而理论只要彻底,就能说服人。所谓彻底,就是抓住事物的根本。但是,人的根本就是人本身。"①

马克思曾经批判过费尔巴哈的"人自身",那么马克思自己所说的"人本身"是指什么? 同费尔巴哈又有什么本质区别? 费尔巴哈的方法是撇开历史的进程,在那里孤立地、静止地考察人,"假定一种抽象的——孤立的——人的个体",并且仅仅把人身上的生物学、生理学和心理学的特殊性抽象出来作为这个孤立的人类个体的本质规定。正如恩格斯所说:"费尔巴哈设定的是'一般人',而不是'现实的历史的人'。"②"对抽象的人的崇拜,即费尔巴哈新宗教的核心,必定会由关于现实的人及其历史发展的科学来代替"。③

---

①　《马克思恩格斯选集》第 1 卷,人民出版社 1995 年版,第 9 页。
②　《马克思恩格斯选集》第 1 卷,人民出版社 1995 年版,第 75 页。
③　《马克思恩格斯选集》第 4 卷,人民出版社 1995 年版,第 241 页。

马克思主义所说的人,是在社会中、历史上活动的、实践的现实的人、具体的人,同时也是具有无限丰富性、无止境发展可能性的人,人的根本、人的本质就存在于这种人本身之中。这种"人本身"包含着丰富的内容,包括人的本体论、人的逻辑学、人的辩证法、人的认识论,总之一句话,人的哲学也就是说要从本体论、逻辑学、辩证法、认识论的角度去研究和把握人。对于人的哲学,我进行了 20 多年的研究和论说,虽然最近汇集成了一本书,并且正在撰写一本学术专著,但仍然感到同"人的根本就是人本身"的无限丰富性相比,还只是初步的成果。"人本身"不仅应从哲学上去研究和把握,还应当从人类学、社会学、历史学、政治学、经济学、伦理学、文学、美学……等等社会科学各分支学科去进行研究和把握;还应当从有关人的自然科学,例如人的生物学、生理学、心理学、医学、人体解剖学、脑科学、生殖工程学……等等分支学科去进行研究和把握,正如马克思在 160 年前曾经预见过的那样:"自然科学往后将包括关于人的科学,正像关于人的科学包括自然科学一样:这将是一门科学。"[1]马克思为什么当时没说已经是一门科学,而说未来"将是"一门科学,因为科学的发展当时还处于分门别类进行研究的阶段,马克思作为一位伟大的思想家,他根据"历史本身是自然史的即自然界成为人这一过程的一个现实部分"[2],即人产生于自然界并在改造自然界的过程中不断发展、不断人化自然界这一根本事实,敏锐地预见到了这种发展的趋势。人类智慧发展到今天,各门各类科学对"人本身"的研究比 160 年前深入多了、全面多了、精确多了,已经可以在分门别类研究的基础和成果之

---

① 《马克思恩格斯全集》第 42 卷,人民出版社中文第 1 版,第 128 页。
② 《马克思恩格斯全集》第 42 卷,人民出版社中文第 1 版,第 128 页。

上,进行综合和整合,将关于人的科学同自然科学整合成为一门科学。马克思的科学预见正在逐步成为现实。在今天的实践需要、时代需要、思维能力、知识水平、新的语境下,党中央提出"以人为本",完全符合马克思160年前关于人的科学与自然科学将结合成为一门科学的科学预见,是对马克思主义哲学的一个重大的发展,是人类智慧的新结晶,是时代精神的新精华。党中央所提出的"以人为本"中的人,既包括社会关系中的人,也包括人与自然关系和人与自身关系中的人,这样的人具有无限的丰富性和无止境发展的可能性,具有无止境的创造能力。这样的人的全面而自由的发展,将产生极强大的动力,将会极大地推动我国社会主义社会的发展。哲学把人民群众当做自己的物质武器,人民群众也把哲学当做自己的精神武器,正确的、先进的理论一经被人民群众掌握将会变成强大的物质力量。党中央提出"以人为本",提出科学发展观,顺民意、得民心,在干部、群众中引起了何等强烈的反响,在今年3月召开的全国人民代表大会和全国政协的"两会"期间,会上会下、会内会外、报刊上、电视广播里,大家都在谈论"以人为本",产生了何等强大的动员和指导作用,再一次生动地印证了马克思所说,理论只要说服人,就能掌握群众,就能变成强大的物质力量!让我们抛弃一切陈腐的观念,全面准确地理解科学发展观,坚决认真地贯彻落实科学发展观。

(作于 2004 年 10 月 12 日)

二十论　继承马克思　走向新时代

　　党的十六届四中全会关于《加强党的执政能力建设的决定》中说："在半个多世纪的执政实践中,党紧紧围绕什么是社会主义、怎样建设社会主义和建设什么样的党、怎样建设党这两大问题,进行了艰辛探索,积累了成功经验,也有过失误的教训。坚持十六大提出的基本经验,认真总结和汲取党执政的历史经验,对于提高党的执政能力,对于党和国家事业继往开来至关重要。"决定还强调地指出,必须坚持抓好发展这个党执政兴国的第一要务,把发展作为解决问题的关键。而发展需要有与时俱进的、发展着的马克思主义作指导,需要建立科学的发展观,党的十六届三中全会的决定为我们很好地解决了这个问题,决定提出:"坚持以人为本,树立全面、协调、可持续的发展观,促进经济社会和人的全面发展。"科学发展观的内容非常丰富,三句话具有紧密的内在逻辑关系,含有丰富的辩证法思想:"以人为本"是科学发展观的根本的出发点,是其实质和核心;"全面、协调、可持续发展"是科学发展观的基本内容和要求,是其实现途径和实现形式;"经济社会和人的全面发展"是科学发展观所要达到的根本目的。由此可见,科学发展观是一个完整的体系,我们应当全面地、准确地把握它。

　　对于科学发展观中的"以人为本",我曾经根据马克思、恩格斯创立唯物史观的历史事实,引用大量马克思和恩格斯自己的原话,作了马克思主义的证明,说明了党中央提出的科学发展观是符合马克思主义的,是建立在马克思主义的科学理论之上的,是继承了马克思主义。但是,科学发展观的提出,更重要的还是适应了时代发展的需要,不但总结了我国自己的关于发展的经验教训,而且汲取了国际上关于发展的经验教训。国际上的经验教训,不但包括苏联和其他一些社会主义国家的经验教训,也包括当代发达国家和发展中国家在发展问题上的经验教训,不但具有丰富的经济、政治、文化和伦理道德方面的内容,而且具有深邃的哲学方面的内容。

哲学是人类智慧的结晶,哲学是时代精神的精华。在中国,无产阶级已经获得了解放,中国共产党已经通过武装斗争夺取了全国政权,从一个革命党发展成为领导 13 亿人民从事建设中国特色社会主义伟大事业的执政党,正在朝着全面建设小康社会阔步迈进。我们党成为执政党已经 55 年了,我们现在的语境同 55 年前已经大大地不同了。面对着这样翻天覆地的时代大变化,马克思、恩格斯如果还在世的话,我想他们也会毫不犹豫地发展他们所创立的历史唯物主义和辩证唯物主义的。

恩格斯还说过:"随着自然科学领域中每一个划时代的发现,唯物主义也必然要改变自己的形式"。① 现时代,有人说是后工业化时代,有人说是后现代化时代,有人说是信息化、数字化时代,有人说是全球化时代……总之,在人类日益走向全球化、信息化、现代化的时代,在这样的语境下,哲学老人不能再老态龙钟,步履蹒跚,而应迈开矫健的步伐,赶上时代的发展,焕发青春活力。面对

---

① 《马克思恩格斯选集》第 4 卷,人民出版社 1995 年版,第228 页。

自然科学的突飞猛进,在这种新的语境下,我想马克思和恩格斯如果还健在的话,他们也会义不容辞地发展他们所创立的历史唯物主义和辩证唯物主义的。

继承马克思,是为了说明我们的事业是继承了马克思主义,我们没有丢掉老祖宗,但这并不是我们的最终目的。我们的目的是走向新时代,开创新境界。马克思主义如果不能随着时代的发展而发展,那么它必将枯槁,必将丧失生命活力。

中国社会主义的现代化建设,不但要求自然科学的现代化,而且要求社会科学和哲学的现代化。当今的时代,各类科学要想实现自身的现代化,并为现代化建设作出自己的贡献,很重要的一条就在于它们之间的结合。而新科技革命的浪潮正有力地促进科学走向综合和一体化的过程,逐步打破了自然科学和社会科学之间的界限,正如马克思在160年前所曾经预见过的那样:"自然科学往后将包括关于人的科学,正像关于人的科学包括自然科学一样:这将是一门科学。"马克思还说:"共产主义,作为完成了的自然主义,等于人道主义,而作为完成了的人道主义,等于自然主义,它是人和自然之间、人和人之间的矛盾的真正解决……它是历史之谜的解答,而且知道自己就是这种解答。"①

当今人类所面临的许多全球性的问题,诸如和平与发展问题、社会变革与发展战略问题、信息化数字化与社会发展问题、人工生殖工程与人的克隆问题、生态环境问题、人口问题、能源问题,等等,都是既涉及自然科学又涉及社会科学的问题,都依赖于自然科学与社会科学的结合,哲学在这种结合中应发挥自己应有的作用。我们的党中央所提出的科学发展观,为哲学发挥应有的作用开辟

---

① 《马克思恩格斯全集》第42卷,人民出版社中文第1版,第128、120页。

了广阔的道路。

马克思在实现从唯心主义者到唯物主义者、革命民主主义者到共产主义者转变的关键性著作《黑格尔法哲学批判》及其《导言》中，发出振聋发聩的号召："必须推翻那些使人成为被侮辱、被奴役、被遗弃和被蔑视的东西的一切关系"，第一次指出了无产阶级是能够实现社会主义革命的社会力量，提出了一个卓越的原理：先进理论是无产阶级斗争的精神武器，无产阶级是能够改造社会的物质力量。马克思说："批判的武器当然不能代替武器的批判，物质力量只能用物质力量来摧毁；但是理论一经掌握群众，也会变成物质力量。理论只要说服人，就能掌握群众；而理论只要彻底，就能说服人。所谓彻底，就是抓住事物的根本。但是，人的根本就是人本身。"

党中央提出的坚持以人为本，树立全面协调可持续的发展观，促进经济社会和人的全面发展的重要指导思想，在我国广大干部、群众中产生了广泛的、强烈的反响，在今年 3 月份召开的"两会"期间，在会议上、在报刊上、在广播电视中，几乎人人都在谈论"以人为本"，可见这一重要思想说服了人，必将为广大人民群众所掌握，定会变成建设中国特色社会主义的强大的物质力量！

（作于 2004 年 9 月 30 日）

（二）

劳动异化论是唯心史观吗?

　　有位哲学教授 2004 年 9 月 3 日发表文章说,马克思的劳动异化理论是唯心史观。对于这种说法,笔者不能苟同,特提出商榷。

　　首先,从马克思创立唯物史观的历史事实来看,这种说法不符合历史事实,是不能成立的。马克思的劳动异化理论是在批判黑格尔的绝对观念异化论以后建立起来的。马克思的《1844 年经济学哲学手稿》在分析劳动异化开始说的第一句话就是"我们从当前的经济事实出发吧",接着就展开了对劳动异化所反映的各种经济关系以至人与人的关系的论述。在作了这样的论述后,马克思又作了这样的总结:"我们已经从经济事实即工人及其产品的异化出发。我们表述了这一事实的概念:异化的、外化的劳动。我们分析了这一概念;因而我们只是分析了一个经济事实。"①马克思"从经济事实出发",最后又归结为"只是分析了一个经济事实",由此可见,马克思的劳动异化论完全是建立在现实的经济事实的基础之上的,因而是唯物主义的。

　　再从马克思创立劳动异化理论的目的来说,它通过现实的经济事实揭露资产阶级的剥削和压迫,唤醒无产阶级的觉悟,奋起对

---

　　① 《马克思恩格斯全集》第 42 卷,人民出版社中文第 1 版,第 90、98 页。

资本主义制度进行武器的批判,求得自身和全人类的解放,因而是一种革命的学说,大大地超出了资产阶级的、空想社会主义的人道主义、人本主义道德说教的水平。也正如马克思在《手稿》中所说:"从异化劳动同私有财产的关系可以进一步得出这样的结论:社会从私有财产等等的解放、从奴役制的解放,是通过工人解放这种政治形式表现出来的,而且这里不仅涉及工人的解放,因为工人的解放包含全人类的解放;其所以如此,是因为整个人类奴役制就包含在工人同生产的关系中,而一切奴役关系只不过是这种关系的变形和后果罢了。"①

　　把马克思的劳动异化理论说成是唯心史观的人们的一个重要的手法,就是抹杀《1844年经济学哲学手稿》中的劳动异化理论同黑格尔的异化论的本质区别,把那个时期已经批判了黑格尔、超越了黑格尔的马克思描绘成仍然是一个黑格尔主义者。这是对马克思劳动异化理论的根本歪曲。其实,马克思的劳动异化理论同黑格尔的异化论是根本对立的,正是在《1844年经济学哲学手稿》中,马克思对黑格尔的异化论进行了系统的深刻的批判。在黑格尔那里,人的本质是同自我意识等同的,因此,人的本质的一切异化都不过是自我意识的异化。而马克思《手稿》的劳动异化理论是对现实的经济关系进行严格的科学剖析的结果,是建立在唯物主义基础之上的,是同黑格尔的绝对观念异化论根本对立的。马克思的这种剖析是从揭露资产阶级经济学本身所存在的矛盾开始的。马克思指出,在资本主义社会中,存在着这样的怪现象:劳动者生产了财富,但他们得到的却是贫困;与此相反,资产者不劳动,但它拥有的资本却不断积累起来,集中在资产者手中的财富越来

① 《马克思恩格斯全集》第42卷,人民出版社中文第1版,第101页。

越多。这些本来是工人生产的物，却反过来成为奴役和支配工人的异己力量。而资产阶级经济学家囿于他们的狭隘眼界，却竭力为这种现象辩护，这就使这种学说陷入了无法自圆其说的矛盾之中：它一方面认为劳动是形成价值的唯一源泉，从这一论点出发，它就应该得出全部的劳动产品应该属于劳动者所有的结论。但是，他们不但没有得出这样的结论，反而从理论上去论证资本家的工资所表现的较小的劳动量换得工人较多的劳动量、工人的较多的劳动量换得资本家以工资形式支付的较少的劳动量是合情合理的。马克思抓住了资产阶级经济学中这一根本矛盾，开始了他对资产阶级经济学的批判，而劳动异化理论就是这一批判性研究的成果。劳动异化论一方面完成了对资产阶级经济学所包含的矛盾的揭露和批判，另一方面也就为马克思的划时代的理论发现——剩余价值学说作了理论上的准备。马克思通过对劳动异化的各种形式，例如资本、利润、利息、地租、工资等的剖析，彻底揭穿了资本家剥削剩余价值的真相，并在此基础上通过物对人的统治的现象揭示了人对人的统治的实质，从而完成了对资本主义社会的生产关系的科学解剖。

　　再从哲学方面来说，由于马克思的劳动异化论是从剖析现实的经济关系出发的，是在批判了黑格尔异化论的唯心主义以后建立的，所以它又同时为马克思的另一个伟大发现——唯物史观的建立作了理论准备。劳动异化这个概念，不仅是经济学的一个重要范畴，而且也是唯物史观的一个重要范畴。马克思在讲人类历史发展的时候，一刻也没有离开对劳动及其性质的考察和研究。劳动不仅在从猿到人转变过程中发挥了决定性的作用，而且自从人类产生以后，人类历史的一切发展和变迁，都同劳动及其性质的变化有着密切不可分的关系。人类社会所以划分为原始公有制社会、私有制社会和新的公有制即社会主义和共产主义社会,就是由于劳动的性质在这些社会中发生了变化。马克思是用劳动异化来说明这种变化的:在原始公有制社会,正是由于生产力还很落后,还不能产生剩余产品,还没有产生阶级,所以劳动与人是统一的;到了私有制社会,由于生产力有了新的发展,出现了分工和剩余产品,出现了阶级,劳动与人分裂了、异化了,劳动不但不再成为人的自主的、自觉的活动,而是异化成了支配人、奴役人、统治人的一种异己力量(当然,这种异化在不同的私有制社会又各具有不同的形式和特点);当生产力高度发展以后,无产阶级通过社会革命建立社会主义社会以后,人类也就进入了社会主义、共产主义社会,也就是说进入了更高级的公有制社会,这就为逐步以至完全扬弃劳动异化创造了条件,这时,劳动又逐步和完全成了人的自主自觉的创造性活动,劳动又重新同人统一了。社会主义社会同共产主义社会所以还有区别,就是由于劳动的性质还有所不同。虽然在这两个社会阶段中,人们都要"各尽所能",也就是说人人都要充分地发挥自己的智力和体力,发挥自己的劳动能力,但是在社会主义阶段由于人们的智力和体力还没有充分地极高度地发展,劳动的效率还不很高,所以只能实行以"按劳分配"为主的制度,即按照每个人提供给社会的劳动的数、质量来分配消费品,实行不劳动者不得食和多劳多得、少劳少得的原则;到了共产主义社会,由于人们的智力和体力得到了充分的、高度的发展,人的觉悟也极大地提高了,人们都自主自觉地从事创造性的劳动,生产力有了极大的提高,集体财富的一切源泉都充分涌流了,那时才能实行"各尽所能,按需分配"的原则。

第二,这位哲学教授不仅把马克思的劳动异化理论说成了唯心史观,而且把马克思说成了一辈子都是一个历史唯心主义者。

这是不能不辨析清楚的。从唯物史观和剩余价值学说创立后的历史事实来看，这位教授的说法也是不符合历史事实，不能成立的。马克思不但在创立唯物史观和剩余价值学说时大量使用劳动异化概念，形成劳动异化理论，而且在创立唯物史观和剩余价值学说以后，在其成熟时期的《政治经济学批判》、《剩余价值理论》和《资本论》等名著中仍在大量使用这一概念，并没有放弃这一理论，也没有理由放弃这一理论，实际上是把劳动异化理论融入剩余价值学说和唯物史观之中，成为其有机的组成部分。关于这一点，我在发表于1981年《江汉论坛》第5期的《驳在异化问题上所谓两个马克思对立的观点》和发表于1982年《学习与探索》第1期的《异化劳动论与马克思两个伟大发现的关系》的两篇文章中，引用了马克思成熟时期名著中大量有关劳动异化的论述作了论证，现在用来回答这位教授正合用。这两篇文章已经编入拙著《人的哲学论说》一书（中国社会科学出版社2004年8月出版），这里就不重复了。

现在，让我们来看看列宁是怎样评论马克思世界观的转变的。马克思实现从唯心主义者到唯物主义者、从革命民主主义者到共产主义者转变的关键性著作是1843年发表在《德法年鉴》上的《〈黑格尔法哲学批判〉导言》。在这部著作中，马克思发出了振聋发聩的号召："必须推翻那些使人成为被侮辱、被奴役、被遗弃和被蔑视的东西的一切关系"。马克思第一次指出了无产阶级是能够实行社会主义革命的社会力量，提出了一个卓越的原理：先进的理论是无产阶级进行革命斗争的精神武器，无产阶级是能够改造社会的物质力量。列宁在论述马克思在《德法年鉴》上发表的《〈黑格尔法哲学批判〉导言》时说："马克思在这个杂志上发表的文章表明他已经是一个革命家。他主张'对现存的一切进行无情的批判'，尤其是

'武器的批判'；他诉诸群众,诉诸无产阶级。"①列宁还说:"从1844—1845年马克思的观点形成时起,他就是一个唯物主义者"②。马克思的劳动异化理论正是在1844年经济学哲学手稿中集中地加以表述,并在后来几十年的著作例如《政治经济学批判》、《剩余价值理论》和《资本论》中继续大量使用的。

关于扬弃了异化以后的共产主义社会里劳动的性质,马克思在写于1875年4月至5月的《哥达纲领批判》中作过这样生动的描述:在共产主义社会高级阶段,在迫使个人奴隶般地服从分工的情形已经消失,从而脑力劳动和体力劳动的对立也随之消失之后;在劳动已经不仅仅是谋生的手段,而且本身成了生活的第一需要之后;在随着人的全面发展,他们的生产力也增长起来,而集体财富的一切源泉都充分涌流之后,——只有在那个时候,才能完全超出资产阶级权利的狭隘眼界,社会才能在自己的旗帜上写上:"各尽所能,按需分配!"

恩格斯在他作于1876年9月至1878年6月的《反杜林论》中,也论述过扬弃劳动异化对于实现共产主义,对于人类实现从必然王国进入自由王国的飞跃的重要意义。恩格斯指出,一旦社会占有了生产资料,产品对生产者的统治也将随之消除,社会生产内部的无政府状态将为有计划的自觉的组织所代替。生存斗争停止了。于是,人在一定意义上才最终地脱离了动物界,从动物的生存条件进入真正人的生存条件。人们周围的、至今统治着人们的生活条件,现在受人们的支配和控制,人们第一次成为自然界的自觉的和真正的主人,因为他们已经成为自身的社会结合的主人了。

---

① 《列宁选集》第2卷,人民出版社1995年版,第415页。
② 《列宁选集》第2卷,人民出版社1995年版,第418页。

"至今一直统治着历史的客观的异己的力量,现在处于人们自己的控制之下了。只是从这时起,人们才完全自觉地自己创造自己的历史;只是从这时起,由人们使之起作用的社会原因才大部分并且越来越多地达到他们所预期的结果。这是人类从必然王国进入自由王国的飞跃。"①在马克思逝世后,恩格斯在 1884 年 3 月底至 5 月 26 日,为了完成马克思研究古代史的遗愿,写了一部名著即《家庭、私有制和国家的起源》。就是在这部名著中,恩格斯还在毫不含糊、毫不犹豫地使用"异化"概念。恩格斯称产生国家后掌握公共权力的官吏为"同社会相异化的力量的代表"②。又说国家是"从社会中产生但又自居于社会之上并且日益同社会相异化的力量"。③ 在总结巴黎公社的经验教训时,1891 年恩格斯还在为《法兰西内战》所写导言中强调要用民主的方法防止社会"公仆"异化为社会的"主人"。在党的十六届四中全会决定要加强党的执政能力建设的今天,重温马、恩的这些重要思想,具有特别重要的现实教育意义。

(原载《理论前沿》2005 年第 5 期)

---

① 《马克思恩格斯选集》第 3 卷,人民出版社 1995 年版,第 634 页。

② 《马克思恩格斯选集》第 4 卷,人民出版社 1995 年版,第 172 页。

③ 《马克思恩格斯选集》第 4 卷,人民出版社 1995 年版,第 170 页。

驳在异化问题上
所谓两个马克思对立的观点

马克思的《1844年经济学哲学手稿》，自1932年公诸世以来，无论是在西方还是在东方，对《手稿》的评价毁誉各异，褒贬不一。这种针锋相对的评价常常集中在异化问题上。西方有些人，站在资产阶级的立场上，竭力歪曲事实，用抬高马克思早期著作，贬低、诋毁马克思成熟时期著作的手法，制造两个马克思即所谓"青年马克思"和"老年马克思"的对立；东方，主要是苏联和东欧的某些人，为了回答西方某些人的歪曲、诋毁，则走向另一个极端，用马克思成熟时期著作来否定早期著作，说什么《手稿》中的异化概念是马克思不成熟性的表现，在其成熟时期的著作中已经抛弃了异化等等概念。这种论调也传播到了我国。我国有些人不独立地进行深入的研究，也跟着说什么异化、人性、人道主义等等统统是资产阶级的概念和思想，同马克思主义是水火不相容的，作为马克思主义者的马克思是根本抛弃了这些概念和思想的。在他们看来，真正的马克思主义是不应该讲什么异化、人性、人道主义等等问题的。

这就向我们提出了一个重大的理论问题，就是异化、人性、人道主义概念和思想，在马克思主义中到底占有一个怎样的地位？

马克思主义到底是怎样处理异化、人性和人道主义问题的？

　　马克思是有一个从革命民主主义者、唯心主义者到共产主义者、唯物主义者的转变过程的，但是我们认为，根据马克思自己的回顾和确认，他从 1843 年批判黑格尔法哲学开始，中间经过《手稿》，到 1845 年春写出《关于费尔巴哈的提纲》，已经基本上完成了自己世界观的转变，这个时期的马克思已经可以称得起是马克思主义者的马克思了，也就是说，这个时期著作中的异化、人性、人道主义概念和思想，已经可以说是马克思主义的了，已经同黑格尔、费尔巴哈有了本质的区别。

　　关于马克思《手稿》等著作中的异化、人性、人道主义概念和思想同黑格尔、费尔巴哈的历史上的联系和内涵上的本质区别，本人在《马克思主义人性论初探》、《解放的哲学和哲学的解放》、《马克思主义哲学是人的解放学说的科学形态》等文章中已作了粗浅的探讨，这里就不再重复了。本文着重探讨一下马克思后来的著作中的异化、人性、人道主义概念和思想，以及它同《手稿》等著作中的这些概念和思想的关系，以驳某些人在这个问题上制造两个马克思对立的神话。

　　我们之所以讲他们说在异化问题上存在两个马克思的对立是一种"神话"，就是因为这种说法不符合客观存在的事实，完全是为了满足他们的某种主观需要而编造的。

　　马克思在他后来的著作中，不但根本没有抛弃异化、人性、人道主义这些概念和思想，而且在继续使用这些概念，不断发展、丰富和深化这些问题上的思想。马克思的这些著作中有关异化、人性、人道主义的概念和思想，内容是非常丰富和深刻的，在我们这篇短短的文章中，只能择其要者略举一些例证。现在，我们就来着重考察一下马克思在《政治经济学批判》、《剩余价值理论》和《资本论》这三部名著中对异化等等概念的使用和阐发的情况。

（一）马克思的《政治经济学批判》也称《1857—1858 年草稿》，写于 1857 年 10 月至 1858 年 5 月，是公认的马克思主义的重要著作之一。这一长达 50 多个印张的手稿，内容极为丰富，是后来的《资本论》的最初的草稿，在马克思主义的发展史上占有特殊的地位。在这份草稿中，马克思第一次明确阐述了他的价值理论的基本要点和一些细节，并在此基础上形成了剩余价值理论。在这样一部重要著作中，马克思不但继续使用异化概念，而且继续探讨人的本质；不但继续深入揭示了资本主义下异化的本质，而且在探讨未来社会形态时，对共产主义社会中的劳动、人的发展和人的相互关系等问题作了精湛的论述，阐发了他的唯物主义的共产主义的人道主义的基本内容。

在《政治经济学批判》中，马克思沿着《1844 年经济学哲学手稿》所开辟的道路，继续考察了劳动异化的过程。在《货币章》中讲到资本主义社会中人与人的关系的特征时，马克思指出，一切产品和活动转化为交换价值，毫不相干的个人之间的互相的和全面的依赖，构成他们的社会联系。活动的这种社会性，"活动和产品的普遍交换已成为每一单个人的生存条件，这种普遍交换，他们的互相联系，表现为对他们本身来说是异己的、无关的东西，表现为一种物。在交换价值上，人的社会关系转化为物的社会关系；人的能力转化为物的能力"。①

在《资本章》第一篇《资本的生产过程》中，在考察剩余资本的形成、劳动和资本的关系的再生产时，马克思指出，同活劳动能力

---

① 《马克思恩格斯全集》第 46 卷（上册），人民出版社中文第 1 版，第 103～104 页。

的独立的自为的存在相对立的,是价值作为资本的存在。劳动的客观条件对活劳动能力的漠不相干性、异己性,表现为财产即劳动的物质条件同活劳动能力的绝对的分裂或分离,也就是说,财产同活劳动之间、活劳动能力同它的实现条件之间、物化劳动同活劳动之间、价值同创造价值的活劳动之间绝对地分离和分裂了。在资本和活劳动之间的交换,即新的生产过程中,剩余劳动,从而剩余价值、剩余产品,以至劳动(剩余劳动和必要劳动)的全部结果都表现为资本,表现为同活劳动能力相独立的和与之无关的交换价值。"在剩余资本中,一切要素都是他人劳动的产品,即转化为资本的他人的剩余劳动"。于是马克思进一步指出:"如果从劳动的角度来考察,那么劳动在生产过程中是这样起作用的:它把它在客观条件中的实现同时当做他人的实在从自身中排斥出来,因而把自身变成失去实体的、极度贫穷的劳动能力而同与劳动相异化的、不属于劳动而属于他人的这种实在相对立;劳动不是把它本身的现实性变成自为的存在,而是把它变成单纯为他的存在,因而也是变成单纯的他在,即同自身相对立的他物的存在。"① 马克思还指出,那种表面上进行着自由和平等的等价物交换的生产,从根本上说是作为交换价值的物化劳动同作为使用价值的活劳动之间的交换,这种财产关系是"劳动的异化"。② 在资本对雇佣劳动的关系中,劳动对它本身的条件、对它本身的产品的关系,所表现出来的是"极端的异化形式"。③

工人丧失所有权,资本占有他人劳动,这种在对立的两极上所表现的同一关系,是资本主义生产方式的基本条件,所以,在资本

① 《马克思恩格斯全集》第 46 卷(上册),人民出版社中文第 1 版,第 450 页。
② 《马克思恩格斯全集》第 46 卷(上册),人民出版社中文第 1 版,第 519 页。
③ 《马克思恩格斯全集》第 46 卷(上册),人民出版社中文第 1 版,第 520 页。

主义条件下,文明的一切进步,社会生产力的任何增长,例如科学发明、劳动的分工和结合、交通工具的改善、世界市场的开辟、机器的使用等等,都不会使工人致富,而只会使资本致富,使支配劳动的权力更加增大,使资本的生产力增长。资本是工人的对立面,所以文明的进步只会增大支配劳动的客观权力。但是,这种权力的增大也不是无限制的,在《资本章》第二篇《资本的流通过程》中,马克思进一步论述了在资本主义条件下,生产力、财富、组织等等创造是受到限制的。这些限制就表现于这些创造"表现为从事劳动的个人本身的**异化**",劳动者"不是把他自己创造出来的东西当作**他自己的财富**的条件,而是当作**他人财富**和自己贫困的条件"。紧接着,马克思又强调地指出,"这种对立的形式本身是暂时的,它产生出消灭它自身的现实条件"。①

在《资本章》第三篇《资本是结果实的东西》中,马克思专门辟了一节来论述资本的发展,劳动条件同劳动相异化的问题。马克思指出,在劳动生产力发展的过程中,劳动的物的条件即物化劳动,同活劳动相比必然增长,从而社会财富越来越表现为劳动本身创造的劳动条件,劳动的客观条件即物化劳动对活劳动具有越来越巨大的独立性,"社会财富的越来越巨大的部分作为异己的和统治的权力同劳动相对立"。② 接着,马克思还进一步阐述了异化和物化的区别。资产阶级经济学家由于受到阶级的和历史的局限,他们竭力混淆异化和物化的区别,把异化永恒化。劳动的物化在任何社会条件下都是存在的,而劳动的异化则是私有制社会中特有的现象,把异化同物化混淆起来,认为异化的必然性同物化的

---

① 《马克思恩格斯全集》第 46 卷(下册),人民出版社中文第 1 版,第 36 页。
② 《马克思恩格斯全集》第 46 卷(下册),人民出版社中文第 1 版,第 360 页。

必然性是"分不开的",那就等于说异化也是任何社会中都会存在的永恒的现象。为了揭露资产阶级经济学家为资本主义私有制的永恒性辩护的企图,马克思强调地指出:"关键不在于**物化**,而在于**异化**,外化,外在化,在于巨大的物的权力不归工人所有,而归人格化的生产条件即资本所有,这种物的权力把社会劳动本身当做自身的一个要素而置于同自己相对立的地位。"①马克思还进一步指出,随着劳动异化的被扬弃,"随着个人的活动被确立为直接的一般活动或**社会**活动,生产的物的要素也就摆脱这种异化形式",这些物的要素就变成为"作为社会的单个人的个人借以再生产自身的财产",成为"有机的社会躯体"。②

在论述劳动异化的同时,马克思还进一步论述了在资本主义社会里,货币是这些物化和异化的表现形式。马克思指出,货币存在的前提是社会联系的物化。人们为什么信赖货币呢?"因为这种物是人们互相间的物化的关系","货币所以能拥有社会的属性,只是因为各个人让他们自己的社会关系作为物同他们自己相异化"。③

在论述资本主义条件下劳动异化的同时,马克思还论述了人的本质的异化,人的本质表现为完全的空虚,人越来越失去自己的本质和目的,马克思说:"在资产阶级经济以及与之相适应的生产时期中,人的内在本质的这种充分发挥,表现为完全的空虚,这种普遍的物化过程,表现为全面的异化,而一切既定的片面目的的废弃,则表现为为了某种纯粹外在的目的而牺牲自己的目的本身。"④

---

① 《马克思恩格斯全集》第46卷(下册),人民出版社中文第1版,第360页。
② 《马克思恩格斯全集》第46卷(下册),人民出版社中文第1版,第361页。
③ 《马克思恩格斯全集》第46卷(上册),人民出版社中文第1版,第107页。
④ 《马克思恩格斯全集》第46卷(上册),人民出版社中文第1版,第486页。

　　马克思作为唯物史观的创始人,他对于资本主义条件下的劳动异化和人的本质的异化,并不只是停留于发泄道德学上的义愤,而是进而揭示了这种物化和异化的历史必然性,指出它是人类社会发展的一定的阶段,一方面是历史的进步,另一方面又是在一定的狭隘的生产关系内个人之间自发的必然的联系,他说:"毫无疑问,这种物的联系比单个人之间没有联系要好,或者比只是以自然血缘关系和统治服从关系为基础的地方性联系要好。同样毫无疑问,在个人创造出他们自己的社会联系之前,他们不可能把这种联系置于自己支配之下。""这种联系是各个人的产物。它是历史的产物。它属于个人发展的一定阶段。这种联系借以同个人相对立而存在的异己性和独立性只是证明,人们还处于创造自己社会生活条件的过程中,而不是从这种条件出发去开始他们的社会生活。这是各个人在一定的狭隘的生产关系内的自发的联系。"①

　　马克思不但揭示了资本主义社会里人与人的关系物化和异化的历史必然性,而且论述了在资本主义生产本身之中已经包含着消除劳动异化和人的异化的因素,这种异化为共产主义的全面发展的个人和使社会关系服从人们自己的控制创造了物质前提,他说:"全面发展的个人——他们的社会关系作为他们自己的共同的关系,也是服从于他们自己的共同的控制的——不是自然的产物,而是历史的产物。要使这种个性成为可能,能力的发展就要达到一定的程度和全面性,这正是以建立在交换价值基础上的生产为前提的,这种生产才在产生出个人同自己和同别人的普遍异化的同时,也产生出个人关系和个人能力的普

① 《马克思恩格斯全集》第46卷(上册),人民出版社中文第1版,第108页。

遍性和全面性。在发展的早期阶段,单个人显得比较全面,那正是因为他还没有造成自己丰富的关系,并且还没有使这种关系作为独立于他自身之外的社会权力和社会关系同他自己相对立。留恋那种原始的丰富,是可笑的,相信必须停留在那种完全空虚之中,也是可笑的。"①马克思还进一步指出,资本对雇佣劳动关系的这种"极端的异化形式","是一个必然的过渡点",其中"包含着一切狭隘的生产前提的解体,而且它还创造和建立无条件的生产前提,从而为个人生产力的全面的、普遍的发展创造和建立充分的物质条件"。②

(二)1861 年 8 月到 1863 年 7 月,马克思又写了一部篇幅更大的手稿。这部手稿的历史部分、历史批判部分或历史文献部分,构成《剩余价值理论》,手稿的其余部分,即理论部分后来经马克思重新修改和补充,形成《资本论》1 卷至 3 卷的内容。

在《剩余价值理论》中,马克思围绕着剩余价值理论这个政治经济学的核心问题,对各派资产阶级的理论进行了系统的历史的考察、分析和批判,它虽然基本上是一部历史文献性的著作,但马克思继续多次使用异化劳动概念来说明多方面的问题:

在第 3 章和第 21 章中,马克思指出,资本是"从劳动异化的而又支配劳动的力量"③,是"作为从劳动异化出来的、支配劳动的和在资本家身上个性化了的力量同劳动相对立"④。

在第 21 章中,马克思还指出,资本主义生产的本质,就是雇佣

---

① 《马克思恩格斯全集》第 46 卷(上册),人民出版社中文第 1 版,第 108～109 页。
② 《马克思恩格斯全集》第 46 卷(上册),人民出版社中文第 1 版,第 520 页。
③ 《马克思恩格斯全集》第 26 卷(第 1 册),人民出版社中文第 1 版,第 73 页。
④ 《马克思恩格斯全集》第 26 卷(第 3 册),人民出版社中文第 1 版,第 299 页。

劳动,亦即"从本身中异化出来的劳动的本质"①。这种劳动创造的财富作为别人的财富和它相对立,它自己的生产力作为它的产品的生产力和它相对立,它的致富过程作为自身的贫困化过程和它相对立,它的社会力量作为支配它的社会力量和它相对立。但是,资产阶级经济学家却竭力掩盖异化劳动的这种实质,把"这种一定的、特殊的、历史的形式说成是一般的、永恒的形式,说成是自然的真理,而把这种生产关系说成是社会劳动的绝对(而不是历史地)必然的、自然的、合理的关系"②。通过这样的分析,马克思无情地揭露了资产阶级经济学家视野的局限性。

在这一章中,马克思还指出,资本的积聚,大资本通过消灭小资本而进行的积累,资本主义生产在对立和矛盾中转化为社会生产,"是以异化的形式"实现的。③

在附录《收入及其源泉。庸俗政治经济学》中,马克思指出利润、利息、货币都是"异化的形式",并且指出,利息把资本的所有权,或者说单纯的资本所有权,表现为占有别人劳动产品的手段,表现为支配别人劳动的权力。但是,它是把资本的这种性质表现为某种在生产过程本身之外属于资本的东西,而不是表现为这个生产过程本身的独特的规定性的结果。它不是把资本的这种性质表现为同劳动对立,而是相反地同劳动无关,只是表现为一个资本家对另一个资本家的关系,所以在利息这种异化形式中,"资本和剩余价值的性质,也和一般资本主义生产的性质一样,终于被完全

① 《马克思恩格斯全集》第26卷(第3册),人民出版社中文第1版,第284页。
② 《马克思恩格斯全集》第26卷(第3册),人民出版社中文第1版,第285页。
③ 参阅《马克思恩格斯全集》第26卷(第3册),人民出版社中文第1版,第348~349页。

神秘化了"①。马克思通过自己的精辟的、透彻的分析,穿过层层迷雾,彻底揭露了从外表上看似乎同劳动无关的利息,实际上也是从劳动异化而来的,这就彻底地缴了资产阶级经济学家的械,揭穿了他们掩盖资本主义剩余价值的实质、维护资本主义剥削的一切企图。

在附录中,马克思还指出,异化形式使资产阶级的古典的和批判的政治经济学家感到困难,他们试图通过分析来剥去这种形式,但是庸俗经济学家却在异化中感到十分自在。他们认为资本主义下存在的异化是"合乎自然和对公众有益的";他们在谈到"土地——地租,资本——利息,劳动——工资"这一公式时,就像经院哲学家谈到"圣父、圣子和圣灵"三位一体公式时一样感到十分自在。在庸俗经济学家看来,"越是在异化的形式上来认识资本主义生产的各种形态,它就越是接近于普通观念的要素,也就是越在它自己的自然要素中浮游"②。在这里,马克思通过对庸俗经济学家对资本主义异化现实的颂扬和肯定所作的揭露和批判,进一步划清了自己的异化论同庸俗经济学家的异化论的本质区别。

(三)《资本论》更是举世公认的马克思主义的不朽名著。在这部名著中,马克思继续沿着《1844 年经济学哲学手稿》、《政治经济学批判》和《剩余价值理论》的逻辑,进一步考察了资本主义社会的异化现象,全面地系统地揭示了商品拜物教的实质,和在资本、利润、利息、地租、工资等等劳动异化的不同形式掩盖下的剩余价值——资本主义剥削的真相,以完备的科学的形态表述了马克思的两个划时代的伟大发现——剩余价值学说和唯物史观。

---

① 《马克思恩格斯全集》第 26 卷(第 3 册),人民出版社中文第 1 版,第 544 页。
② 《马克思恩格斯全集》第 26 卷(第 1 册),人民出版社中文第 1 版,第 559 页。

在《资本论》第 1 卷第 1 章《商品》中，马克思首先揭示了资本主义下的商品拜物教就是一种异化，并通过对资本主义商品经济中人与人之间的关系表现为物与物之间的关系的揭示，剖析了商品拜物教的实质。①

在《资本论》第 1 卷第 21 章《简单再生产》中，马克思论述了劳动产品和劳动本身的分离，客观劳动条件和主观劳动力的分离，是资本主义生产过程事实上的基础或起点。接着马克思还论述了在异化劳动的条件下，工人不断地把自己当做雇佣工人来再生产，而这是资本主义生产的必不可少的条件。马克思指出，在简单再生产过程中，一方面，生产过程不断地把物质财富转化为资本，转化为资本家的价值增殖手段；另一方面，工人的劳动则不断地同他自己相异化，而为资本家所占有，并入资本中去。因为生产过程同时就是资本家消费劳动力的过程，所以工人的产品不仅不断地转化为商品，而且也转化为资本。于是马克思得出结论说：“工人本身不断地把客观财富当做资本，当做同他相异化的、统治他和剥削他的权力来生产，而资本家同样不断地把劳动力当做主观的、同它本身物化的和实现的资料相分离的、抽象的、只存在于工人身体中的财富源泉来生产……工人的这种不断再生产或永久化是资本主义生产的必不可少的条件。”②

在《资本论》第 3 卷第 5 章《不变资本使用上的节约》中，马克思分析了在资本主义条件下，由于劳动的异化性质，资本家为了追求提高利润率，更多地剥削工人的剩余价值，尽可能地节约生产资料，对工人的生命和健康是不关心的，而工人则对生产资料的节约

---

① 参阅《马克思恩格斯全集》第 23 卷，人民出版社中文第 1 版，第 88～89 页。
② 《马克思恩格斯全集》第 23 卷，人民出版社中文第 1 版，第 626～627 页。

毫不关心。马克思指出,资本主义生产方式由于它的矛盾的、对立的性质,所以资本家"把浪费工人的生命和健康,压低工人的生存条件本身,看作不变资本使用上的节约,从而看作提高利润率的手段"①。而工人则同资本家采取完全相反的态度,马克思说:"我们以前(指《马克思恩格斯全集》第 23 卷,第 361～362 页——引者注)已经说过,工人实际上把他的劳动的社会性质,把他的劳动和别人的劳动为一个共同目的的结合,看成是一种和自己相异化的权力;实现这种结合的条件,是和他相异化的财产,如果他不是被迫节约这种财产,那末浪费一点,对他说来毫无关系。"②

　　在《资本论》第 3 卷第 15 章《规律内部矛盾的发展》中,马克思分析了资本怎样表现为异化的、独立化了的社会权力,以及这种社会权力同资本家个人对社会生产条件拥有的私人权力之间的矛盾,如何促使资本主义生产关系的解体和向社会主义生产条件的转化。马克思指出:资本积累的增长包含着资本积聚的增长,资本的权力在增长,资本越来越表现为社会权力,这种权力的执行者是资本家。"但是资本表现为异化的、独立化了的社会权力,这种权力作为物,作为资本家通过这种物取得的权力,与社会相对立。由资本形成的一般的社会权力和资本家个人对这些社会生产条件拥有的私人权力之间的矛盾,发展得越来越尖锐,并且包含着这种关系的解体,因为它同时包含着生产条件向一般的、共同的、社会的生产条件的转化。这种转化是由生产力在资本主义生产条件下的发展和实现这种发展的方式所决定的。"③

　　在《资本论》第 3 卷第 23 章《利息和企业主收入》中,马克思

---

①　《马克思恩格斯全集》第 25 卷,人民出版社中文第 1 版,第 102 页。
②　《马克思恩格斯全集》第 25 卷,人民出版社中文第 1 版,第 101 页。
③　《马克思恩格斯全集》第 25 卷,人民出版社中文第 1 版,第 294 页。

再一次揭示了利息是一种更加隐蔽的异化形式。在第 48 章《三位一体的公式》中，马克思进一步更加全面、系统地揭示了资本、利润、利息、地租、工资这些异化形式怎样掩盖了资本主义剥削剩余价值的真相。马克思指出，如果说资本起初在流通的表面上表现为资本拜物教，表现为创造价值的价值，那么，"现在它又在生息资本的形式上，取得了它最异化最特别的形式。由于这个原因，'资本—利息'这个公式，作为'土地—地租'和'劳动—工资'的第三个环节，也就比'资本—利润'这个公式彻底得多了，因为在利润的场合，我们总会想起它的起源；而在利息的场合，不仅想不到它的起源，而且想到和这个起源完全相反的形式上去了。"马克思还指出："同作为剩余价值的独立源泉的资本相并列的，是土地所有权，它所起的作用是限制平均利润，并把剩余价值的一部分转移到这样一个阶级手里，这个阶级既不亲自劳动，又不直接剥削工人，也不像生息资本那样可以找到一些在道义上宽慰自己的理由，比如说，贷放资本要冒风险和作出牺牲。在这里，因为剩余价值的一部分好像不是直接和社会关系联系在一起，而是直接和一个自然要素（土地）联系在一起，所以剩余价值的不同部分互相异化和硬化的形式就完成了，内部联系就最终割断了，剩余价值的源泉就完全被掩盖起来了，而这正是由于和生产过程的不同物质要素结合在一起的生产关系已经互相独立化了。"①

　　马克思通过对资本、利润、利息、地租、工资等等异化形式的全面的、系统的分析，彻底揭露了资本主义剥削的真相，为进一步揭示资本主义社会中人与人之间的阶级对立，提供了事实的和理论的根据，于是，马克思在《资本论》第 3 卷的最后一章即第 52 章

---

① 《马克思恩格斯全集》第 25 卷，人民出版社中文第 1 版，第 937～938、938 页

《阶级》中,分析了资本主义社会的阶级结构。马克思说:"单纯劳动力的所有者、资本的所有者和土地的所有者,——他们各自的收入源泉是工资、利润和地租,——也就是说,雇佣工人、资本家和土地所有者,形成建立在资本主义生产方式基础上的现代社会的三大阶级。"①

至此,马克思完成了对资本主义社会的全面的考察和剖析。

在《资本论》中,马克思在继续使用异化劳动概念考察资本主义生产方式的同时,还发展和丰富了他早已形成的关于人及其本性、本质的科学规定。在第 5 章中讲到劳动过程时,马克思用建筑师同蜜蜂、织工同蜘蛛相对比,论述了人同动物的区别就在于人的劳动是有意识有目的的劳动。而劳动首先是人和自然之间的过程,在这个过程中,人自身作为一种自然力与自然物质相对立,为了在对自身生活有用的形式上占有自然物质,人就使他身上的自然力——臂和腿、头和手运动起来。从马克思的论述中,我们可以看到,人首先是一个自然存在物,具有他自己的"自然力"即自然属性。马克思接着又向我们指出,人通过他自身的自然力的这种运动作用于他身外的自然并改变自然时,也就同时改变他自身的自然。② 在第 11 章中讲到协作问题时,马克思又向我们揭示了人的社会性,指出,人即使不像亚里士多德所说那样天生是政治动物,"无论如何也天生是社会动物"。③ 在第 22 章中批判边沁的所谓"效用原则"时,确认了人是具有"一般本性"的,而人的本性又是在每个时代历史地发生变化的。④

---

① 《马克思恩格斯全集》第 25 卷,人民出版社中文第 1 版,第 1000 页。
② 参阅《马克思恩格斯全集》第 23 卷,人民出版社中文第 1 版,第 201～202 页。
③ 《马克思恩格斯全集》第 23 卷,人民出版社中文第 1 版,第 363 页。
④ 《马克思恩格斯全集》第 23 卷,人民出版社中文第 1 版,第 669 页。

　　我们围绕着异化等概念,通过对《政治经济学批判》、《剩余价值理论》和《资本论》等三部巨著所作的简要考察,可以清楚地看出,马克思在这些著作中,不但根本没有抛弃异化等概念,而且在凡是需要使用这些概念的地方,从不回避;在使用这些概念时,没有丝毫的踌躇。马克思也根本没有背弃对扬弃劳动异化和人性异化,实现共产主义和人的全面、彻底解放这个崇高目标的热烈追求和科学探讨。而马克思的这些思想,同《1844 年经济学哲学手稿》相比,虽然在其用词用语的精确性方面有所提高,在其理论的广度和深度方面有所发展和前进,但在其基本立场和观点,在其精神实质方面则是一脉相承、基本上一致的,根本不存在两个马克思的对立。在这样铁一般的事实面前,那些在这个问题上制造两个马克思对立的神话也就不攻自破了。

（原载《江汉论坛》1981 年第 5 期）

异化劳动论与
马克思两个伟大发现的关系

马克思用他毕生的精力来研究政治经济学,这并不是为了满足某种抽象思维的爱好,也不是单纯出自道德学上的愤怒和怜悯,而是为了解决苦恼着他的历史之谜和理论之谜,为了认识人类历史的发展规律,为了指导无产阶级的革命斗争,为了完成无产阶级以至全人类的解放事业。马克思本人在他 1859 年 1 月为《政治经济学批判》所写的《序言》中,曾经回顾了他研究政治经济学的动因和历程。他说他原来学的专业是法律,但他只是把它当做哲学和历史的辅助学科来研究的。1842 年至 1843 年间,当马克思作为《莱茵报》的主编,第一次遇到要对所谓物质利益发表意见的难事,在莱茵省议会就林木盗窃和地产析分开展讨论时,当时莱茵省总督冯·沙培尔就摩塞尔农民的状况同《莱茵报》展开了论战。最后还有一个关于自由贸易和保护关税问题的辩论。马克思说,所有这些,"是促使我去研究经济问题的最初的动因"。马克思为了解决苦恼着自己的疑问,他写的第一部著作是对黑格尔法哲学的批判性的分析。在这一批判性的分析中,马克思得出了一个重要的结果,就是法的关系同国家的形式一样,既不能从它们本身来理解,也不能从所谓人类精神的一般发展来理解,而应从物质生活关系的总和中寻找它们的根源:对资本主义社会的解剖应该到政治经济学中去寻找。马克思于 1843 年秋到了巴黎,开始了他对政治经济学的研究,《1844 年经济学哲学手稿》是他进行这一研究的重要的成果和结晶。后来,马克思被基佐下令驱逐,移居布鲁塞尔,在那里继续进行着他的政治经济学研究。这个时期的研究成果,体现在他和恩格斯合著的《德意志意识形态》、《共产党宣言》以及他自己的《关于自由贸易的演说》、《哲学的贫困》、《雇佣劳动与资本》等著作中。在这以后,马克思对政治经济学进行了更大规模、更持久、更系统、更深入的研究,这种研究的成果和结晶便是《政治经济学批判》、《剩余价值理论》和《资本论》这样的不朽名著。

从上面的这一简要回顾中,我们可以清楚地看出,马克思对政治经济学的系统的、深入的研究可以说开始于《1844 年经济学哲学手稿》,完成于《资本论》。只要我们对马克思所使用的异化劳动概念进行认真的考察,就可以清楚地看出,在这一整个过程中,马克思不但在不断地使用异化这个概念,而且不断扩大这个概念的使用范围,不断丰富这个概念的内涵,使这个概念不但具有丰富的政治经济学方面的内容,而且具有深刻的哲学方面的含义。说马克思在他成熟时期的著作中抛弃了异化概念,是根本不符合事实的;说马克思这以后所使用的异化概念仍然是黑格尔、费尔巴哈的概念,抹杀马克思的异化概念同黑格尔、费尔巴哈的异化概念的质的区别,也是不符合历史事实的。

马克思对异化劳动的研究和阐发,并不是在玩弄纯思辨的哲学游戏,而是有着非常现实的目的性的,这便是为了扬弃劳动的异化和人性的异化,实现人性复归和人的全面解放服务的,是为无产阶级推翻资本主义制度的革命斗争锤炼理论武器,是为社会主义和共产主义事业作科学的论证。关于这一点，我们不必大量引证马克思一系列著作中的论述，只需引述《资本论》第 3 卷第 48 章中的一段话，就可以得到清晰的、有力的证明。在这里，马克思深刻地论述了存在异化劳动的社会是必然的王国，在必然王国的彼岸是自由王国即共产主义社会，而自由王国只有在异化劳动终止的地方才能开始；人类只有进入了共产主义社会，才能得到真正的自由。只有到那时，"社会化的人，联合起来的生产者，将合理地调节他们和自然之间的物质变换，把它置于他们的共同控制之下，而不让它作为盲目的力量来统治自己；靠消耗最小的力量，在最无愧于和最适合于他们的人类本性的条件下来进行这种物质变换"。"但是，这个自由王国只有建立在必然王国的基础上，才能繁荣起来"。① 这就清楚地告诉我们，必然王国，存在着异化劳动的社会，是人类社会发展的必经的阶段。自由王国不会从天上掉下来，它必须经过必然王国为自己的诞生创造条件，因此，也可以说必然王国是进入自由王国的必经的桥梁。这里包含着丰富的辩证法思想、深刻的唯物史观和彻底的人道主义思想。把马克思的这一段精彩的论述同他在《1844 年经济学哲学手稿》中关于共产主义的论述，关于废除私有制、扬弃劳动的异化和人性的异化，实现人性的复归，人以一种全面的方式占有自己的全面的本质的精彩论述对照起来读，不难发现它们不但在思想上是一脉相承的，而且在语言表达的风格上也是非常近似的。

只要不带任何主观偏见，而是严格按照客观的事实和进程，把马克思的《黑格尔法哲学批判》及其《导言》、《论犹太人问题》、《1844 年经济学哲学手稿》、《神圣家族》、《关于费尔巴哈的提

---

① 《马克思恩格斯全集》第 25 卷，人民出版社中文第 1 版，第 926～927、927 页。

纲》、《德意志意识形态》等著作,同马克思后来的著作,例如《共产党宣言》、《政治经济学批判》及其《序言》、《剩余价值理论》、《资本论》、《哥达纲领批判》等著作联系起来加以考察和思索,对于异化劳动论在马克思关于唯物史观和剩余价值学说两个伟大发现中的地位,我们大体上可以得到如下几点认识:

(一)异化劳动论为剩余价值学说和唯物史观的创立作了理论准备;唯物史观和剩余价值学说是异化劳动论的逻辑的必然的结论,是马克思的从异化劳动论开其端的新世界观的完成,在马克思创立了完整形态的唯物史观和剩余价值学说以后,异化劳动论就成为这两个伟大发现的有机组成部分。

在异化问题上制造两个马克思对立的人们的一个重要手法,就是抹杀《1844 年经济学哲学手稿》中的异化劳动论同黑格尔的异化论的本质区别,把那个时期的马克思描绘成黑格尔主义者,然后再把他同后来的马克思对立起来。这是对马克思的异化论的根本歪曲。其实,马克思的异化论同黑格尔的异化论是根本对立的,正是在《手稿》中,马克思对黑格尔的异化论进行了系统的、深刻的批判。

马克思从《手稿》开始创立的异化劳动论,同黑格尔思辨哲学中的绝对观念异化论是有质的区别的。这个区别就在于马克思的异化劳动论是建立在唯物主义基础之上的,是对现实的经济关系进行严格的科学剖析的结果。马克思的这一剖析是从揭露资产阶级经济学本身所存在的矛盾开始的。在资本主义社会中,存在着这样的怪现象:劳动者生产了财富,但他们得到的却是贫困;与此相反,资产者不劳动,但它拥有的资本却不断积累起来,集中在资产阶级者手中的产品和财富越来越多。这些本来是工人生产的物,却反过来成为奴役和支配工人的异己力量。而资产阶级经济学家囿于狭隘眼界,却竭力为这种现象辩护,这就使这种学说陷入了无法自圆其说的矛盾之中:它一方面认为劳动是形成价值的唯一源泉,从这一论点出发,它就应该得出全部的劳动产品应该属于劳动者所有的结论。但是,他们不但没有得出这一结论,反而从理论上去论证资本家以工资所表现的较小的劳动量,换得工人较多的劳动量;工人以较多的劳动量,换得资本家以工资形式支付的较少的劳动量是合情合理的。马克思抓住了资产阶级经济学中这一根本矛盾,开始了他对资产阶级经济学的批判,而异化劳动论就是这一批判性研究的成果。异化劳动论一方面完成了对资产阶级经济学所包含的矛盾的揭露和批判,另一方面也就为马克思的划时代的理论发现——剩余价值学说作了理论上的准备。马克思通过对劳动异化的各种形式,例如资本、利润、利息、地租、工资等的剖析,彻底揭穿了资本家剥削剩余价值的真相,并在此基础上通过对物对人的统治的现象揭示了人对人的统治的实质,从而完成了对资本主义社会的生产关系的科学解剖。

再从哲学方面来说,由于马克思的异化劳动论是从剖析现实的经济关系出发的,是在批判了黑格尔异化论的唯心主义以后建立的,所以它又同时为马克思的另一个伟大发现——唯物史观的建立作了理论准备。异化劳动这个概念,不仅是经济学的一个重要范畴,而且也是唯物史观的一个重要范畴。马克思在讲人类历史发展的时候,一刻也没有离开对劳动及其性质的考察和研究。劳动不仅在从猿到人转变过程中发生了决定性的作用,而且自从人类产生以后,人类历史的一切发展和变迁,都同劳动及其性质的变化有着密切不可分的关系。人类社会所以划分为原始公有制社会、私有制社会和新的公有制即社会主义和共产主义社会,就是由于劳动的性质在这些社会中发生了变化。马克思是用异化劳动来说明这种变化的:在原始公有制社会,劳动和人是统一的;到了私有制社会,劳动与人分裂了、异化了,劳动不但不再成为人的自主的、自觉的活动,而是异化成了支配人、奴役人、统治人的一种异己力量(当然,这种异化在不同的私有制社会又各具有不同的形式和特点);当逐步和完全扬弃了劳动的异化,人类也就进入了社会主义、共产主义社会,也就是说进入了更高级的公有制社会。这时,劳动又逐步和完全成了人的自主自觉的创造性活动,劳动又重新同人统一了。社会主义社会和共产主义社会所以还有区别,就是由于劳动的性质还有所不同。虽然在这两个社会中,人们都要"各尽所能",也就是说人人都要充分地发挥自己的智力和体力,发挥自己的劳动能力,但是在社会主义阶段由于人们的智力和体力还没有充分地高度地发展,劳动的效率还不很高,所以只能实行"按劳分配"的制度,即按照每个人提供给社会的劳动的数质量来分配消费品,实行不劳动者不得食和多劳多得,少劳少得的原则;到了共产主义社会,由于人们的智力和体力得到了充分的、高度的发展,人的觉悟也极大地提高了,人们都充分自主自觉地从事创造性的劳动,生产力有了极大的提高,集体财富的一切源泉都充分涌流了,那时才能实行"各尽所能,按需分配"的原则。

所以,我们说马克思在《1844年经济学哲学手稿》中虽然还没有形成系统的、完备的关于剩余价值和唯物史观的学说,但是他的异化劳动论却为剩余价值学说和唯物史观的创立作了理论准备,而唯物史观和剩余价值学说则是异化劳动论的逻辑的必然的结论,是马克思从异化劳动论开其端的新世界观的完成。

关于这一点,恩格斯在他写于1859年8月的《卡尔·马克思〈政治经济学批判。第一分册〉》一文中,给我们作过透彻的论述。恩格斯指出,当德国的资产阶级、学究和官僚把英国和法国经济学的初步原理当做不可侵犯的教条死记硬背的时候，德国无产阶级的政党出现了。它的全部理论内容来自对政治经济学的研究，"它一出现，科学的、独立的、德国的经济学也就产生了"①。恩格斯在这里所说的"德国的经济学"就是马克思所建立的政治经济学。这种政治经济学从研究商品开始。产品之所以成为商品，只是因为在这个物中，在这个产品中结合着生产者和消费者之间的关系，在这里，两者已经不再结合在同一个人身上了。所以恩格斯说，马克思主义的"经济学所研究的不是物，而是人和人之间的关系，归根到底是阶级和阶级之间的关系；可是这些关系总是同物结合着，并且作为物出现。诚然，这个或那个经济学家在个别场合也曾觉察到这种联系，而马克思第一次揭示出它对于整个经济学的意义，从而使最难的问题变得如此简单明了"②。从这里我们可以看出，马克思对资本主义社会里劳动的物化、这种物化了的劳动怎样反过来成为支配和统治工人的异己力量以及被这种异化所掩盖着的阶级对立关系的揭示，在马克思主义政治经济学的创立中具有何等重要的意义。

马克思对黑格尔辩证法进行批判改造的一个重要内容，就是对黑格尔的虽然是唯心的，但却包含着辩证法的合理内核的异化概念和否定之否定规律的批判性的改造，并运用经过批判改造后的异化概念和否定之否定规律，论述了劳动的异化和人性的异化以及这些异化的扬弃。由此可见，马克思的异化理论，不仅具有政治经济学方面的意义，而且具有哲学方面的意义；不仅可以运用它对资本主义社会和资产阶级政治经济学进行实质性的分析和批

① 《马克思恩格斯选集》第 2 卷，人民出版社 1995 年版，第 37 页。
② 《马克思恩格斯选集》第 2 卷，人民出版社 1995 年版，第 44 页。

判,而且可以运用它作为研究人类社会的历史发展的科学方法。

(二)对于被劳动异化现象所掩蔽着的资本主义剥削本质的揭露,和关于这种异化的扬弃,以及在此基础上对人性异化和人性复归的理论阐明,为科学的社会主义和共产主义学说作了理论准备,而马克思的科学社会主义和共产主义学说,则是无产阶级以至全人类彻底解放的理论武器。

在异化问题上制造两个马克思对立的人们的另一个手法,就是混淆《手稿》中的人性和人性异化概念同费尔巴哈的人本主义的原则区别,把那个时期的马克思说成是费尔巴哈式的人本主义者,然后再把这个时期的马克思的思想同科学社会主义、共产主义对立起来。我们认为,这也是一种歪曲和篡改。不错,在《手稿》等著作中,马克思还沿用了费尔巴哈哲学中的某些概念,例如"人是类的存在物",等等,但是,这是人类意识发展中的一种常见的现象,是对前人的某些概念、范畴和思想材料的借用。这些概念、范畴和思想材料,在马克思那里已经发生了质的变化,具有了新的内容。例如,从《黑格尔法哲学批判》开始,到《手稿》和《关于费尔巴哈的提纲》,马克思对于人的本质的认识已经大大超出了费尔巴哈的人主要是生物学和生理学意义上的一个类的认识,而是逐步形成了关于"人"及其本质的科学规定。马克思所说的"类"已经具有了新的含义。在《黑格尔法哲学批判》中,马克思已经提出了"人的社会特质"的命题;在《手稿》中已经形成了人的自然属性同社会属性相统一的思想;在《关于费尔巴哈的提纲》和《德意志意识形态》中形成了人的本质是建立在社会关系总和这个现实基础之上的思想。《手稿》中关于人性异化和人性复归的理论已经根本不同于费尔巴哈的抽象的、人本主义意义上的人性论,以及他的不分阶级彼此相爱的"爱的呓语",而是建立在唯物主义的异化劳动论的基础之上,并且同扬弃私有制,实现共产主义的科学理论紧密地结合在一起了。马克思的无产阶级立场在这里是很鲜明的。马克思所讲的人的社会性,就是指的人的劳动的社会性,人不可能离开社会孤立地从事劳动;马克思所说的人性异化和人性复归,也就是说劳动这个人的本质属性在私有制社会中怎样从人身上分裂和异化了出去,在社会主义社会中怎样逐渐复归,在共产主义社会中怎样完全复归的问题。马克思的这些思想,在他后来的著作中,得到了进一步的发展和丰富。

马克思和恩格斯在《共产党宣言》中一方面尖锐地批判了德国"真正的社会主义者"所宣扬的那种不代表无产阶级的利益,而是代表所谓"人的本质的利益,即一般人的利益";根本不是从现实出发,而只是存在于云雾弥漫的哲学幻想中的"人性论",另一方面则科学地论述了他们自己的代表无产阶级利益的关于无产阶级以至全人类彻底解放的学说,即科学社会主义和共产主义。为此,马克思和恩格斯抓住资本主义社会现实存在的根本矛盾,向我们揭示了资本主义灭亡和共产主义胜利的客观必然性。在马克思主义的科学社会主义和共产主义学说中,对于资本主义和共产主义这两种社会形态中劳动的不同性质的阐明,占有非常重要的地位。马克思和恩格斯指出,在资本主义社会里,活的劳动只是增殖已经积累起来的劳动的一种手段;在共产主义社会里,已经积累起来的劳动则是扩大、丰富和提高劳动者的生活的一种手段。因此,在资本主义社会里,是过去支配现在,而在共产主义社会里则是现在支配过去。在资本主义社会里资本具有独立性和个性,而活动着的个人却没有独立性和个性;而在共产主义社会里,资产者的个性、独立和自由是被消灭了,而无产者的被奴役、被支配、被统治、毫无自由的条件也被消灭了。马克思、恩格斯强调指出,共产主义并不剥夺任何人占有社会产品的权力,它只剥夺利用这种占有去奴役他人劳动的权力。"代替那存在着阶级和阶级对立的资产阶级旧社会的,将是这样一个联合体,在那里,每个人的自由发展是一切人的自由发展的条件。"①

关于扬弃了异化以后的共产主义社会里劳动的性质,马克思在写于1875年四至五月间的《哥达纲领批判》中,还作过这样生动的描述,他说,在共产主义社会高级阶段上,在迫使人们奴隶般地服从分工的情形已经消失,从而脑力劳动和体力劳动的对立也随之消失之后,在劳动已经不仅仅是谋生的手段,而且本身成了生活的第一需要之后;在随着个人的全面发展生产力也增长起来,而集体财富的一切源泉都充分涌流之后,只有在那个时候,才能完全超出资产阶级权利的狭隘眼界,社会才能在自己的旗帜上写上:"各尽所能,按需分配"。

恩格斯在他写于1876年9月至1878年6月的《反杜林论》中,也论述过扬弃异化对于实现共产主义,对于人类实现从必然王国进入自由王国的飞跃的重要意义。恩格斯指出,一旦社会占有了生产资料,商品生产就将被消除,而产品对生产者的统治也将随之消除。社会生产内部的无政府状态将为有计划的自觉的组织所代替。生存斗争停止了。于是,人才在一定意义上最终地脱离了动物界,从动物的生存条件进入真正人的生存条件。人们周围的、至今统治着人们的生活条件,现在却受到人们的支配和控制,人们第一次成为自然界的自觉的主人,因为他们已经成为自己的社会结合的主人了。"一直统治着历史的客观的异己的力量,现在处于人们自己的控制之下了。只是从这时起,人们才完全自觉地自

---

① 《马克思恩格斯选集》第1卷,人民出版社1995年版,第294页。

己创造自己的历史；只是从这时起，由人们使之起作用的社会原因才大部分并且越来越多地达到他们所预期的结果。这是人类从必然王国进入自由王国的飞跃。"①

（三）马克思的异化理论同阶级斗争、无产阶级专政学说的关系，不是对立的、水火不相容的，不是承认了一个就必须否定另一个的关系，而是相辅相成、互为条件的。

制造两个马克思对立的神话的人们，还有一个重要的论点，就是认为成熟时期的马克思所坚持的是阶级斗争和无产阶级专政的学说，而关于异化、人性、人道主义的理论则是马克思早期的不成熟性的表现，是资产阶级人道主义的遗迹。在他们看来，马克思的异化理论同阶级斗争、无产阶级专政学说是根本对立、水火不相容的。我们认为这一论点也是站不住脚的。这两者之间的关系是统一的，相辅相成的，互为条件。异化的事实就是人之分裂为阶级的证明，异化的发展史就是阶级斗争的发展史，因而关于异化的理论阐明就为阶级斗争、无产阶级专政提供了理论根据，而阶级斗争、无产阶级专政则是扬弃异化的途径和手段。

马克思的异化论揭示了在资本主义条件下，劳动异化和人的异化的表现就是资产阶级同无产阶级的对立和斗争。在资本主义社会中，是"劳者不获，获者不劳"。劳动是人的本质的对象化和自我肯定，劳动异化则是人的本质的异化和自我否定。无产阶级在异化过程中，不但丧失了劳动成果，而且受到他自己生产的劳动成果的统治和奴役，过着非人的生活。而资产阶级在异化过程中则丧失了人本应具有的劳动的品质，但他却享有他人劳动创造的成果，获得了人的生存的外观。这是一个不可调和的对立，失去劳

---

① 《马克思恩格斯选集》第3卷，人民出版社1995年版，第634页。

动这一人的本质属性的资产阶级享有人的生存权利,而保有人之所以为人的劳动这一本质属性的无产阶级却丧失了人的生存的权利。这就是资本主义社会中的一个尖锐的矛盾。由此可见,马克思的异化劳动论,实际上就是劳动分裂论、阶级分化论、阶级斗争论。而马克思认为,资本主义条件下的阶级斗争的结果必然导致无产阶级专政。因此,阶级斗争、无产阶级专政就成为扬弃异化,实现劳动复归和人性复归的途径,成为消灭阶级和阶级斗争、消灭无产阶级专政自身,实现人类大同的手段,成为从资本主义社会向共产主义社会过渡的必经阶段。如果说劳动异化是人的本质的异化和自我否定,那么实现了共产主义,克服了劳动异化,也就是人的本质的复归和人的本质在更高历史阶段上的自我肯定。这就是人类社会的否定之否定的辩证发展的生动图景。有人认为"人性异化和人性复归"是一种典型的人道主义的唯心主义历史观。其实,这里的关键还是没有区分马克思所说的"人"、"人性"同唯心主义人道主义所说的"人"、"人性"的本质区别。从马克思关于劳动异化就是人的本质的异化,人性复归就是劳动作为人的本质在人身上的复归的规定来说,马克思关于人性异化和人性复归的理论是建立在坚实的唯物主义基础之上的,到了共产主义社会劳动将作为人的第一需要就是这一理论的科学结论。

恩格斯在《反杜林论》中,向我们指出,异化、阶级、阶级对阶级的统治都是人类社会发展的必经阶段。恩格斯在批判杜林的"暴力论"时,从经济上分析了阶级即人对人的统治产生的根源,并且具体地分析了产生阶级的两种途径,使我们看到了社会职能的独立化、异化、对立化的过程。恩格斯通过这样的分析告诉我们,异化、阶级、奴隶制等等的出现是历史的必然,是人类社会发展的必经阶段,是人类进步的必经阶梯,它们都是有深刻的经济根源的,不能用感伤主义的或单纯的义愤对待这些事物。恩格斯用彻底的唯物史观分析了劳动异化的客观必然性,他认为,剥削阶级和被剥削阶级、统治阶级和被压迫阶级之间的一切历史对立,都可以从人的劳动的相对不发展的生产率中得到说明。当实际劳动的人口要为自己的必要劳动花费很多时间,以致没有多余的时间来从事社会的公共事务,例如劳动管理、国家事务、法律事务、艺术、科学等等的时候,必然有一个脱离实际劳动的特殊阶级来从事这些事务;而且这个阶级为了它自己的利益,绝不会错过机会把愈来愈沉重的劳动负担加到劳动群众的肩上。作了这样的科学论证后,恩格斯还进一步论证了消灭劳动异化和实现共产主义的客观必然性。他说:"只有通过大工业所达到的生产力的大大提高,才有可能把劳动无例外地分配于一切社会成员,从而把每个人的劳动时间大大缩短,使一切人都有足够的自由时间来参加社会的理论的和实际的公共事务。因此,只是在现在,任何统治阶级和剥削阶级才成为多余的,而且成为社会发展的障碍;也只是在现在,统治阶级和剥削阶级,无论拥有多少'直接的暴力',都将被无情地消灭。"①

　　在《社会主义从空想到科学的发展》中,恩格斯更进一步论述了消灭异化劳动和国家的政治权威,实现共产主义,必须经过无产阶级革命和无产阶级专政的客观必要性,他说:"无产阶级将取得公共权力,并且利用这个权力把脱离资产阶级掌握的社会生产资料变为公共财产。通过这个行动,无产阶级使生产资料摆脱了它们迄今具有的资本属性,使它们的社会性有充分的自由得以实现。从此按照预定计划进行的社会生产就成为可能的了。生产的发展

----

① 《马克思恩格斯选集》第 3 卷,人民出版社 1995 年版,第 525～526 页。

使不同社会阶级的继续存在成为时代的错误。随着社会生产的无政府状态的消失，国家的政治权威也将消失。人终于成为自己的社会结合的主人，从而也就成为自然界的主人，成为自身的主人——自由的人。"①

劳动与人相统一—劳动与人相异化—劳动与人重新统一；

无阶级社会—阶级社会—重新进入无阶级社会；

无国家权力—国家权力—国家权力的消亡。

这都是历史发展的必然。所以，经过异化消灭异化，经过阶级斗争消灭阶级斗争，经过无产阶级专政消灭一切形式的国家权力，这就是历史发展的辩证法。而劳动的异化，私有制和阶级的产生，国家权力的存在，其根本的原因都在于生产力有了一定的发展，但又还没有充分地发展；而消灭异化、私有制、阶级和国家权力的根本条件就在于充分地发展生产力。这就是辩证唯物主义的历史观。

通过以上的分析，我们已经看清楚了，马克思的劳动异化和人性异化以及扬弃这些异化的思想，同他的关于阶级斗争、无产阶级专政的思想，并不是一种矛盾的、对立的关系，而是一种相辅相成、互为条件的关系。但是，下面这样一种现象我们到底应该怎样理解呢，即在马克思的早期著作中，阶级斗争这样的字样出现比较少，无产阶级专政这一思想还没有形成，比较多地出现的是劳动异化、人性异化以及扬弃这些异化的概念和思想，而在后来的著作中，阶级斗争、无产阶级专政的概念和思想却比较地常见和丰富，异化、人性、人道等概念相对地说却比较地少了，而且还出现了不少批判人性论、人道主义的论述。

其实，只要搞清楚了马克思思想发展的脉络，分清楚了马克思

---

① 《马克思恩格斯选集》第3卷，人民出版社1995年版，第759～760页。

主义的异化、人性和人道主义概念同资产阶级的异化、人性、人道主义概念的本质区别,这种现象是完全可以理解的。

第一,马克思的思想是随着无产阶级的革命实践的发展而不断发展的。马克思在他的早期著作中提出了消灭私有制,实现共产主义,从而扬弃劳动和人性的异化,实现人性的复归和全人类的彻底解放的崇高理想,并对这一崇高理想作了理论上的探讨和论证。但是到底怎样实现这种理想,通过什么样的途径,采用什么样的手段和方法实现这种思想,当时限于革命斗争发展的水平还不够高和经验还不够丰富,还不可能作出很具体的论述和规定。这个问题只有随着革命实践的发展和斗争经验的积累才能解决。就拿无产阶级专政思想的形成和发展来说,也是有一个发展过程的,在《共产党宣言》中,也还只是提出无产阶级通过革命使自己成为统治阶级的思想,还没有明确形成打碎旧的国家机器,建立无产阶级专政的思想,只是在总结了1871年巴黎公社失败的经验教训以后,马克思和恩格斯才提出了无产阶级不能只是简单地夺取国家机器,而是必须用革命暴力打碎旧的国家机器,并且建立无产阶级专政的思想。而在他们论述无产阶级专政的历史作用时,又总是把它作为消灭私有制、实现共产主义、实现无产阶级以至全人类的彻底解放的手段和途径来对待的,从来没有忘记他们一生为之奋斗的崇高目标,从来没有把无产阶级专政当作终极目的。

第二,从个人的思想发展的正常进程来说,这种现象也是完全可以理解的。在马克思从人类历史发展的实际进程中,不但在自己的思想上弄清楚了劳动异化和人性异化以及怎样扬弃这些异化这个问题,而且对这个问题作出了科学形态的表述以后,不再时时重复这些表述,只是在必要的时候重提一下,而把自己的注意力和科学表述的创造性活动转向层出不穷的新问题和无限广阔的新领域,则完全是正常的、无可非议的现象。马克思是同时代共命运的伟大的思想家,在他的著作中完全体现了逻辑的进程同历史的进程的统一,这有什么值得大惊小怪的呢?

　　第三,马克思关于异化、人性、人道主义等概念及其思想,从一开始就是在批判了黑格尔、费尔巴哈等资产阶级思想家的有关这方面的概念和思想以后建立起来的,是同他们有了本质区别的,而在后来的革命实践和意识形态的斗争中又同形形色色的资产阶级的异化、人性、人道主义的思想进行了不断的、不疲倦的斗争,而在这种斗争中又进一步发展和丰富了自己的异化论、人性论和人道主义。在马克思的著作中,的确有不少对于异化、人性和人道主义的批判性、否定性的论述,但同时又有不少肯定性的、正面的论述,前者属于对资产阶级的异化论、人性论、人道主义的批判,后者属于对马克思主义的异化论、人性论、人道主义的阐发。不作这样的区分,就是对马克思成熟时期的著作也是难于读懂的。在这个问题上,除了有意制造两个马克思对立的人们以外,有些人所以会觉得似乎有两个马克思的对立,重要原因之一,就是由于他们没有作出这样严格的区分,只是形式主义地从字面意义上去读马克思的著作,没有看到有时字面上虽然同是一个词,但在不同人的笔下和用在不同的场合,其实际内涵却是大不一样的。看不到这种区别,必然会感到困惑。这种困惑,不是用否定马克思主义有自己的异化论、人性论和人道主义的办法所能解决的,而是必须承认马克思主义有自己的异化论、人性论和人道主义,而且是同资产阶级这方面的理论有着本质区别的。否则,不但会在思想上引起困惑和混乱,而且会在革命实践中造成危害。

(原载《学习与探索》1982 年第 1 期)

（三）

《人的哲学论说》自序

    20 世纪 70 年代末 80 年代初,在揭批林彪、"四人帮"两个反革命集团、拨乱反正之际,人们对林彪、"四人帮"为了篡党夺权,肆意篡改马克思主义,胡作非为,进行严肃的反思。在对"文化大革命"十年浩劫进行理论上的拨乱反正时,人们提出了人道主义、异化等问题并进行探讨。这期间,我曾对自己反复地提出这样的问题:我在青年时代学习马克思主义,感到无比的亲切,由衷地感到可亲可敬。它在我的心目中是崇高而神圣的,因为它是无产阶级和全人类求解放的学说,是非常关注人类命运和幸福的。但是,在林彪、"四人帮"的手中,却变得面目全非了,造成了人们的疏远感,甚至反感。这到底是怎么一回事? 正是带着这样的问题,我又重新如饥似渴地去阅读马克思、恩格斯、列宁、毛泽东的原著,并将林彪、"四人帮"在"文化大革命"期间散布的种种谬论与之对照,终于发现问题不是出在马克思主义本身,而是出在林彪、"四人帮"的歪曲和篡改。感受特别深的是他们一方面断章取义地摘录刘少奇、邓小平富有人情味、关怀人的一些言论,然后扣上宣扬"地主资产阶级人性论人道主义"的大帽子,大加挞伐。另一方面则宣扬所谓"斗争哲学",不分青红皂白一个劲地斗、斗、斗,武斗成风;鼓吹什么"有了权就有了一切"、"政权就是镇压之权",煽动造反派到处夺权,他们自己则处心积虑地阴谋篡夺党和国家的最高权力。这难道是真的马克思主义?

为了揭批他们对马克思主义的歪曲和篡改,恢复马克思主义的本来面目和在人民群众心目中可亲可敬的形象,为了澄清无端地强加在刘少奇、邓小平等同志头上的"地主资产阶级人性论人道主义"的罪名,我陆续地写了几篇文章,并有幸在报刊上发表了,参加了这场大争论。我对于争论抱非常冷静的态度,即欢迎争鸣,回答诘难。我要感谢争鸣,正是因为有了不同意见的激荡,不同观点的交锋,才促使我再一次更加认真地阅读马、恩、列、毛的原著和其他中、外论著,越读越增强我对自己对马克思主义理解的信心,不但坚持自己的基本理论观点,而且深化和丰富了这些观点,使其更臻于系统。这期间写作欲特别强盛,又陆续写了一批文章。这些文章,现在都收编到这本集子中。在我的关于马克思主义人的哲学的一批文章发表后,有两位青年学子对我的观点表示赞赏和支持,与我共同切磋和论证若干问题,并在我的倡议下合作了几篇文章。对这些文章的对错正误我义不容辞要承担责任。

收编在这本集子中的文章,大体上分为三个单元:第一个单元主要围绕着人性、人的本质、人在马克思主义哲学中的地位、人道主义、异化问题、人的需要与人的劳动、人的价值与人的责任、人的解放、人的自由、人与自然、人与社会、社会的发展与人的发展、以人为本、人的全面发展等问题展开论述的,概括起来说是有关马克思主义人的哲学的。第二个单元是论述现实问题的,其中多数文章运用了我对马克思主义人的哲学的理解,以体现理论同实际的结合。第三个单元是有关改革与思维方式的变革、改革对哲学的呼唤、建立新的知识体系、知识经济与中国出版业的关系、源于自然与人化自然等问题,其中也涉及我对哲学应关注人学、人的发展、人的现代化、人与自然和谐相处等人学问题的一些思考。

因为这些论文是在一定的历史条件下写成的，为了便于读者了解我的心路历程，三个单元中的文章，多数大体上是按照写作或发表的时间顺序编排的，个别的为了把论题相近的文章编得连贯一点，也作了一些小的调整。因为不少文章是争鸣的产物，为了忠实于历史，力求保留历史的本来面目，所以这次汇集出版时，除了个别文字订正外，基本理论观点一律保持原貌，个中是非对错，留给广大读者和历史老人去评判。

搞马克思主义的理论研究和写作，我并不赞成太多地去引用原著，最好是理论结合实际，尽量用自己的语言来表述，但是论集中有一部分文章，涉及对马、恩、列、毛的原著到底应如何正确理解和准确把握，是对辩论对方的回答，所以不引证原著是根本无法完成任务的。

25 年前，我在一篇文章（即本书第一篇）的开头，提出了"谈人色变"的局面一定要打破的呼吁，此后虽然遭到了一股倒春寒，遇到了一点波折，但是，我们的社会毕竟进步了，人民毕竟更加成熟了，林彪、"四人帮"猖獗时那种"谈人色变"的局面终于一去不复返了。20 年来，"以人为本"的思想日益深入人心，成为各行各业最具动员和指导作用的一个口号。现在，"以人为本"、"人与自然和谐发展"、"人与社会和谐发展"、"社会和人全面发展"等重要思想不仅广泛传播，为更多的人所接受，而且写入党中央的正式文件，这实在是非常令人兴奋的一种局面。人们坚信，这些重要思想一定会更加深入人心，中国特色社会主义事业一定会获得更加光辉的胜利。

2004 年元旦

《人的哲学论纲》自序

拙著《人的哲学论说》出版后,得到不少老领导、老同事、老朋友的鼓励,他们有人还建议我在已有研究的基础上写一本关于人的哲学的专著,并且为我策划,提出了全书应包括三大部分的写作提纲:一是对马克思主义中有关人的哲学的原著文本的解读;二是展开对人的哲学具体内容的阐述;三是人的哲学在中国的历史命运以及在中国社会主义现代化建设中的理论价值与实践意义。真是爱护备至,鼓励有加。我的这本《人的哲学论纲》,就是他们鼓励和鞭策的产物。

胡锦涛总书记在 2004 年 3 月 10 日中央人口资源环境工作座谈会上的讲话《树立和落实科学发展观》中强调说:"要树立和落实科学发展观,首先必须全面准确地把握科学发展观的深刻内涵和基本要求。坚持以人为本,就是要以实现人的全面发展为目标,从人民群众的根本利益出发谋发展、促发展,不断满足人民群众日益增长的物质文化需要,切实保障人民群众的经济、政治和文化权益,让发展的成果惠及全体人民。"胡锦涛同志还根据新世纪新阶段我国经济社会发展的阶段性特征,具体阐释了科学发展观中的全面、协调、可持续发展的丰富内涵和基本要求。这种发展观之所以是科学的,就在于它揭示了中国特色社会主义发展的真谛和客观规律,真正称得上是发展着的马克思主义。本书以"坚持以人为本,实现人的全面发展"为核心主题,并围绕这一主题展开对人的哲学的系统论述。全书包括导论和正文十二章,涵盖了我所理解的人的哲学的主要内容:

导论,主要讲了为什么要研究人的哲学,包括人类自觉地认识自己是一个历史性课题,人的哲学的历史发展与现实状况,研究人的哲学大潮在中国兴起的历史原因与现实需要,人的哲学研究的对象、理论价值、实践意义和研究的方法。

第一、二章,研究了唯物史观中的"人",论证了科学的人本观是唯物史观中的一根主线,以及这种人本观作为马克思主义有机组成部分的理论证明。在第一章还专辟一节讲了人的哲学在中国的历史命运及其经验教训。

第三章专门研究了社会主义社会中的"人"以及"以人为本"在建设中国特色社会主义实践中是怎样应运而生的。

第四章论述了社会的发展与人的发展的辩证统一关系及其历史进程,研究了对社会进步和人的发展评价的历史尺度与价值尺度的统一,以及社会的现代化与人的现代化的辩证统一。

第五、六章,研究和阐发了人类社会以及社会主义社会发展的动因和动力问题,并从理论到实践讲了"以人为本"的科学发展观对我国社会发展动力系统的全面开发。

第七章,讲了作为人的需要的满足方式的社会生产方式在人与社会发展中的决定作用。

第八章,研究了人的意识及其反映与能动、保守与进步的双重作用,以及这种作用在社会主义社会中的意义。

第九章,阐述了何谓人的价值,人的价值肯定、价值判断和价值追求,以及人的价值与人的责任辩证统一关系。

第十章,专门研究社会的全面进步与人的全面发展在社会主义建设中是怎样实现的,着重阐述了物质文明、制度文明和精神文明建设的具体内容及其辩证关系。

第十一章,研究了精神文明建设与人的素质的全面提高,着重阐明了精神文明建设的意义和作为主体性建设的诸种特点。

第十二章,研究了人的解放就是人对自然、社会和自身的把握,人怎样成为自然、社会、自身的主人。这一章还着重研究了人与自然、人与社会、人与自身三个和谐相处、和谐发展,阐发了三个和谐发展同三个文明建设的内在统一及其辩证关系。还专设两节讲了三个文明建设、三个和谐发展同马克思主义关于从必然王国到自由王国飞跃的内在联系,以及怎样为向共产主义发展创造条件,理想的社会与理想的人怎样在和谐发展中生成。

最后,是一个简短的结束语:为人类幸福而工作。

写这本书,当然使用了我26年来的研究成果,这是任何著述活动中不可避免的,但也融进了20多年来,我对马克思主义经典原著文本钻研的新体会,汲取了实践的发展、认识的提高、思维方式的进步的新成果,在有关人的哲学理论思维的深化和系统化方面也花了一点儿新工夫,所以,对我来说撰述的过程也是重新学习的过程,也是学术上升华的过程,在精神上也是一次愉悦的享受。

马克思主义关于人类解放的学说,从其产生之日起,就不仅遭到资产阶级的攻击、诅咒、漫骂,甚至遭到某些号称“马克思主义者”的曲解和篡改,具体手法常常是截取某一片段加以无限的夸大,将其绝对化;或者只要手段,不顾目的。所以,保卫马克思主义,全面地准确地理解和把握马克思主义,仍然是当今人们的一项重大的任务。

讲到对马克思主义原著文本的学习和研究,我有点儿感想,也有点儿感慨。马克思主义理论体系博大精深，马克思主义哲学深邃洞底，马克思和恩格斯在其一生的著述中与时俱进，不断适应客观环境和语境的变化而发展和丰富自己的学说，所以，人们对之常学常新，是座丰富的思想宝库。人们在不同的历史时期，面对不同的实践需要，随着理论思维兴奋点的转移，常会有新的体会、新的理解。无产阶级在进行你死我活的残酷的阶级斗争的年代，在为夺取政权而斗争和刚刚取得政权的年代，学习和运用马克思主义，有其侧重点；在取得政权以后，而且经过长期的执政和建设以后，在生产力有了快速的巨大的发展，人们的世界联系和国际交往有了普遍发展的今天，面对经济全球化日益发展的今天，只要认真地再读再学马克思主义原著，不但侧重点和理论思维的兴奋点有所转移，而且会有许多新的启发、领悟和理解，常常感到豁然开朗，似乎出现了一片新天地，进入新境界。

写学术专著，应当采取平实的、正面论述的写作方式，应当避免争鸣、论战的写法。但是，由于过去20多年中的研究和论说，是在激烈的争鸣和论战中度过的，所以在这本书中，少数地方还残留有论战、争鸣的痕迹，这也是难以完全避免的。但留有一点儿痕迹也有一定的好处，就是避免将我的观点强加于人，在这种残留的痕迹中，读者可以看到何处曾经存在过分歧和不同观点，人们可以在比较中鉴别，或者在比较、鉴别中得到启发，得出自己的更准确、更正确的认识。

这本书现在出版面市了，但我认为这也只是在有关人的哲学的学术研究中迈出新的一小步。"学无涯"，学术研究和发展是无止境的，我欢迎读者、学者们对我的这一小步提出批评，更欢迎更多的学者能在这方面拿出更多更好的著述和成果。

《人的哲学论纲》跋

（一）

《人的哲学论纲》今天完成了撰述,26 年的思想之旅、精神之旅终于到了一个驿站,可以稍事休息了。

有人说我关于人的哲学的研究和著述,是执著的探索。就我自己的感受来说,则是艰难而又愉悦的探索。说其艰难,是因为人的哲学,外国从古希腊哲学、中国从先秦诸子百家起,就是古代哲人智者争说纷纭的问题,至今仍在争论不休,可见其难;在中国当代还要加上一难,由于林彪、“四人帮”的肆虐,曾经一度上演了“谈人色变”的悲剧。说其愉悦,是因为我心坦然真诚,虽在强大的政治压力下步履沉重维艰,但在追求真理的途程中,每有所思所得,哪怕是一点一滴,也感到无比的喜悦和愉快。

人不能谈人这种 20 世纪的愚昧——违背人类文明发展大道的悲惨局面终于不能长久,在党中央郑重地提出“以人为本”的重要指导思想以后,“谈人色变”的局面终于被打破了,中国人民终于迎来了研究人的哲学的春天。为了迎接百花盛开的春天,我于 2004 年 8 月在中国社会科学出版社出版了《人的哲学论说》,接着又在朋友们的鼓励和鞭策下完成了《人的哲学论纲》的著述。《论纲》是在 26 年思想苦旅的基础上写成的,是对以往研究成果的一次深化和系统化,增强了内容的逻辑性和系统性。即使这样,我仍觉得只是一个初步的探索。我并不认为我的这个逻辑系统及其中的每一个论点都是绝对正确、完美无瑕的。无论是系统还是论点,都是可以继续推敲和琢磨的,还可继续打磨,使其更加精准。

最后说几句感谢的话。首先要感谢争鸣中的对方。说句老实话,没有他们的诘难,我就缺失研究和论说的内在动因,正是有了回答他们的需要,才使我去进行进一步的研究和撰述。所以首先要感谢他们。同时要感谢多年来对我支持和鼓励的朋友们,没有他们的鼓励和支持,我根本无法坚持长达 26 年的苦旅,更不可能出版这样两本书。他们的支持和鼓励不但使我获得了持久而强大的动力,我还从他们宝贵的意见中获得启迪,从而增强了拙著的说服力和可信度。最后,要感谢我的家人。强大的政治压力和高强度的精神劳动,没有他们的理解和真诚的支持,我的精神是会崩溃的。然而我的精神不但没有崩溃,反而日益振奋和愉悦,可见这种理解和支持的极端重要。

说是到了一个驿站,可以稍事休息,但只要我的大脑思维能力还未丧失,思考和论说还会继续,不过可以更加从容不迫了。

2005 年元旦

(二)

马克思主义具有与时俱进的品格,党中央强调要用发展着的马克思主义指导新的实践。所以,我们要弄清楚什么是发展着的马克思主义。发展着的马克思主义不是虚无缥缈的空中楼阁,不是不食人间烟火、不着边际的抽象原则，而是实实在在的在实践中发挥着正确的指导作用的我们党的方针、政策和路线，是符合实践需要的正确的理论思维，是能够动员群众、武装群众、为群众所掌握的精神武器。这种发展着的马克思主义还必须回到实践，指导实践，经受实践的检验，在实践中不断进行调整和修正，使其日臻完善。

这本书，从其狭义的内容来说，是有关人的哲学的专著，但从更广泛的意义上也可以说是"我观马克思主义"或曰"我的马克思主义观"。马克思主义自从150多年前诞生以来，就成为亿万无产阶级与劳动者的崇高理想，是其世界观和革命的方法论，同时也遭到资产阶级及其卫道者的攻击和诅咒。在被剥削被压迫的无产阶级与劳动者的求解放的革命斗争中，马克思主义发挥了重要的指导作用，取得了无数次的成功和胜利。同时，在马克思主义的阵营内、队伍中，也出现过理解、解读上的分歧，出现过应用上的失误，遭到过痛苦的失败和挫折，其中包括俄国十月革命的胜利、苏联卫国战争的胜利以及苏共的瓦解与苏联的解体；中国新民主主义革命的胜利、抗日战争的胜利、"文化大革命"的挫折、改革开放和建设中国特色社会主义的成功和胜利，等等，如此丰富的交织着胜利与失败、成功与挫折的实践，为我们从理论上思考马克思主义、观照马克思主义，提供了广阔的思维空间。本书正是在这样的历史和实践背景下，围绕着"人的哲学"这个引人注目的话题，讲述了我对马克思主义的观感和理解，是否准确，是否正确，只能留给新的实践去检验和历史老人去评判了。

我心真诚坦然，我的研究和撰著完全是为了追求真理、服膺真理，从社会实际出发，论实事、讲真话，务实求真。实践的需要、实践的检验、实践的力量是巨大的、无穷的，是什么力量也阻挡不住的,逆实践而思而动必然碰壁,必然会以失败而告终,人的哲学在中国之历史命运,再一次证明了这一铁律的真理性。所以我要感谢实践。我在这种思考和论说中保持了崇高的理想和革命乐观主义的情怀,是不是有点儿太理想化了? 这是由马克思主义自身强大的生命力所决定的,并不是我的刻意雕饰。我所追求和服膺的真理并不是终极的绝对真理,也不是一个封闭的体系,而是与实践紧密结合的一种理论思维和探索,是一种朴素的"实事求是"。我的这种论说,除了要接受实践和历史老人的评判,也要接受时代青年才俊的检阅,我欢迎青年朋友们给予批评指正。任何思想、理论,不能孤芳自赏,它必须与青年对话,与时代对话,与实践对话,并从中汲取营养。

2005 年 7 月 1 日

（三）

我的《人的哲学论说》在中国社会科学出版社出版后,曾接到几十位老上级、老朋友、老同事的电话、书信、书评、书讯、诗词,对我表示祝贺与鼓励。《人民日报》理论部的资深编辑、著名哲学家汪子嵩先生,在《炎黄春秋》杂志上发表了书评《执著的探索》,给予拙著以很高的评价。著名教授高放先生、研究员胡义成先生、出版家陆本瑞先生等写了书讯、书评,推荐和评论拙著。读者李建先生寄来诗一首,题为《盛赞〈人的哲学论说〉》,诗云:

风雨狂摧花折落,阳光灿烂喜晴天。

清源马列还哲理,正本人文出世先。

诸子争鸣频活力,莽园齐放更鲜妍。

以人为本和谐策,求实创新年复年。

对于朋友们的祝贺和鼓励,我发自内心表示感谢。在《人的哲学论说》的姊妹篇《人的哲学论纲》出版面市之际,我除了对20多年来对我的探索和撰著给予了鼓励、帮助和支持的老朋友们表示衷心感谢外,还要特别对为《人的哲学论说》写了序言的顾骧研究员、为《人的哲学论纲》写了序言的高放教授,以及中国社会科学出版社的张树相、王昊等同志,人民出版社的郇中建、张小平、黄书元诸同志表示诚挚的感谢,他们为这两本书的出版,付出了辛劳。

我要特别感谢高放教授,主要还不是由于他在《序言》中对我的《人的哲学论纲》一书讲了不少赞扬的话,作了很高的评价,更为感谢的是他对拙著的不足之处和某些论点提出了商榷和补充,并为人学研究提出了一大批新的课题,不但表明他是我的真正的挚友,而且表明了他深厚的人学学养。他的这些意见,对于我是一种鞭策和推动,促使我进一步深入地思考一些问题,并力争加以说明。现在借此机会,对他提到的三个文明建设问题,再作一些补充说明。

"物质文明、制度文明、精神文明"与"物质文明、政治文明、精神文明"这两种提法,各有侧重点,都有存在的理由和存在的价值。

物质文明、政治文明、精神文明建设这一提法,是从三个文明存在于三个领域来说的,主要是对应我国社会主义社会的经济、政治、文化建设这样的三分法来说的,而物质文明、制度文明、精神文明这一提法则主要是从三种文明本身的存在形态及其各自的特性来说的。

从三个文明各自存在形态的特性来看,物质文明主要表现为物质性,制度文明主要表现为制度性,精神文明主要表现为精神性。但这种划分并不具有绝对隔绝的意义,特别是在各种文明形态处于建设的过程之中,实际上是互相交叉、互相渗透的,例如,在物质文明建设中,虽然主要表现为物质性,但也不排除制度性、精神性因子的参与;制度文明建设主要表现为制度性建设,但也不排除物质性、精神性因子的参与;精神文明建设主要表现为精神性成果,但也不排除物质性、制度性因子的参与。而在制度文明中,又可分为经济制度文明、政治制度文明、文化制度文明、军事制度文明、教育制度文明、科技制度文明,等等。与每种制度文明相对应又必有思想、行为文明,例如政治又可分为政治思想、政治制度、政治行为文明,经济又可分为经济思想、经济制度、经济行为文明,等等。

今年 3 月,我拜访高放教授,聆听了他的意见后,对拙著的初稿作了一些修改和补充,在第十章的结尾处加写了一段,对于物质文明、制度文明、精神文明三种文明在现实生活中的存在形态的错综复杂的情况,作了一些说明。看了高放教授为拙著写的《序言》后,我感到这个补充说明还不够,还没有回答制度文明与政治文明的关系问题。现在,我将就回答这个问题作一点尝试。

我最早接触这个问题,是在发表于 1986 年 11 月 14 日《人民日报》的《精神文明建设是一种主体性的建设》一文中。这篇文章,是学习党的十二届六中全会《关于社会主义精神文明建设指导方针的决议》的体会。我在文中说:决议指出,我国社会主义现代化建设的总体布局是:"以经济建设为中心,坚定不移地进行经济体制改革,坚定不移地进行政治体制改革,坚定不移地加强精神文明建设,并且使这几个方面互相配合,互相促进。"从这一战略思想中,我们可以看到我国社会主义的现代化至少包括如下三个层面的建设:第一个层面是物质方面的现代化建设,亦即我们通常所说的"四个现代化"。这是一个最基本的层面,是其他层面现代化建设的基础,是最容易被人们看得见、摸得着的"物"的建设。第二个层面是社会结构、社会关系方面的现代化建设,属于社会体制和运行机制方面的现代化,也就是我们通常所说的经济、政治、文化、教育、科技等等体制方面的改革。这个层面的建设不像"物"的建设那样容易被人们看得见、摸得着,因而容易被人们所忽视。现在我们的党已经充分认识到这个层面的现代化建设同样是十分重要的。第三个层面的现代化建设就是精神文明建设,属于人的精神世界的现代化,任务是解决人的各方面素质的现代化问题,因而是一种主体性的建设。这三个层面的社会主义现代化建设是互相联系、互相制约、互相促进的(见《人的哲学论说》,中国社会科学出版社 2004 年版,第 392~393 页)。

在这篇文章中,我在讲了物质文明和精神文明建设的重要性的同时,还特别强调了各种体制改革的重要性,文中说:"如果只抓物质文明建设和精神文明建设,不抓各种体制的改革,不抓各种社会运行机制的现代化建设,那么,现代化就没有组织保证,必然会出现'中梗阻',物质和精神两个文明建设都会受到妨碍,同样也不能实现真正的社会主义现代化。"(见同上书,第 394 页)

在发表于 1997 年《探求》杂志第 2 期上的《论邓小平对中国现代化建设的总体设计》一文中,我更进一步将上文中所说的"第二个层面是社会结构、社会关系方面的现代化建设,属于社会体制和运行机制方面的现代化"明确表述为社会制度的现代化和制度文明建设。文中说:"开始于 20 世纪下半叶,将完成于 21 世纪上半叶的中国的社会主义现代化,按照邓小平同志的总体设计,首先是全方位的,是包括社会生活即经济、政治、文化、军事、科技、教育等各方面的整体的现代化；其次是分层次的，大体上分为三个层次：第一个层次是'物'的现代化，即我们通常所说的物质文明建设，属于物质基础方面的建设。第二个层次是社会结构方面的现代化，各种'制'的现代化，即我们通常所说的各方面的体制改革，主要属于制度文明建设。第三个层次是'人'的现代化，即我们通常所说的精神文明建设，主要属于人自身各方面素质的现代化建设。"（见同上书，第403～404页）在《人的哲学论纲》第十章第二节中，我还分别论述了这三个层面文明建设的各自的具体内容和它们之间的辩证关系，指出物质文明建设属于基础性的建设，主要任务是发展社会生产力，建设全社会的物质基础，为其他两个层次的现代化建设提供最基本的物质条件；制度文明建设属于关键性的建设，主要任务是解决生产关系和上层建筑方面社会结构的现代化问题，这是一个承上启下的中间层次的建设，是保证我国现代化社会主义发展方向的建设；精神文明建设是人自身的主体性建设，主要任务是解决人的精神面貌和全面素质的现代化问题，人既是手段，又是目的，所以精神文明建设是手段性和目的性相统一的建设。

关于政治文明同制度文明的关系，我在《人的哲学论纲》第十二章第三节中，主要是从制度层面强调"政治制度文明"，并强调了"制度文明"与"政治文明"的相互包容性。我说："人改造社会的时候，也必须注意人与社会的和谐相处和和谐发展，所以，建立各种制度来规范人们的社会行为就成为十分的必要，而在各种制度中，政治制度是核心的制度，所以政治文明建设居于十分重要的地位，但又不仅仅限于政治制度，还应包括经济的、文化的、教育的、科技的等等各种制度，所以进行各方面的体制改革，建立高度的社会主义制度文明，就成为建设中国特色社会主义的题中应有之义。"

　　如果从人与自然、人与社会、人与自身三个和谐相处、和谐发展相对应的关系展开论说,我觉得用物质文明、制度文明、精神文明三种文明建设来表述,似乎比较贴切、比较匹配、比较合乎逻辑。在这里,概念划分的标准是比较一致的,都是针对着三个文明存在的形态和各自的特性说的。

　　从构建社会主义和谐社会的角度来说,社会结构、社会各方面运行机制的现代化,社会各方面、各领域例如经济、政治、文化、军事、教育、科技、卫生、体育、新闻、出版等更需要建立符合现代文明标准的各种制度,来规范人们的行为,使整个社会能在有序的、和谐的状态下运行,使我国的社会主义社会成为民主法治、公平正义、诚信友爱、充满活力、安定有序、人与自然和谐相处的社会。

　　我国不少学者,对人类社会的三种文明进行了深入的研究,不少见解是颇有见地的。余少波先生发表于《学术研究》2003 年第5 期《略论社会主义政治文明建设》一文中说:“无论哪种社会经济形态的文明,都包括物质文明、精神文明与制度文明。物质文明是人类改造自然界的物质成果,它表现为物质生产的进步和物质生活的改善。物质文明发展水平愈高,人类离开野蛮状态愈远,改造和控制自然的生产能力愈强,并愈来愈学会与自然界和谐相处。精神文明是人类在改造客观世界和主观世界的过程中所取得的精神成果。它表现为科学、文化、教育、艺术的发展,表现为政治法律思想、伦理道德、美学、宗教和哲学的不断提高。精神文明发达程度是人类的社会精神生产和精神生活水平提高的标志,也是人类追求‘真善美’的崇高境界所达到的程度的尺度。制度文明是人类在改造自然、改造社会过程中所形成的(包括自发的和自觉的)种种组织、机构、体制、制度的进步状况,表现为经济制度、经济体制,政治法律制度、政治法律体制以及其他社会组织和体制的变迁。总的看来,制度文明是随着物质文明的进步、适应精神文明的提高而不断进步的。"关于政治文明以及它同制度文明、精神文明的关系,该文说:"政治文明包括了政治思想(政治理念)、政治活动(政治行为)、政治制度、政治体制等等方面的文明形态。一般地说,政治制度、政治体制是一定的政治思想(政治理念)、政治活动(政治行为)的制度化、程序化、规范化,即哲学所说的对象化、客观化。因而它比后者显得更为重要,是政治范畴的核心部分。由此可见,政治文明与制度文明、精神文明是互相交错、互相渗透的,它们归根到底都是在物质文明的基础上产生和演化的。以一定的政治制度和政治体制为核心的政治文明在整个社会文明中处在十分重要的地位,有着非常巨大的作用。"

关于政治文明的丰富的内涵,刘吉发先生发表于《陕西师范大学学报(哲学社会科学版)》2003年第5期上的《政治文明的哲学透视》一文中说:"政治文明本身是一个多层次的复合体,具有其自身的三维结构。它可以逻辑地分为政治意识文明、政治制度文明和政治行为文明三大层面。""政治意识文明、政治制度文明和政治行为文明构成了人类政治文明的三环结构,展示了政治文明自身结构的逻辑框架。在人类政治文明的三维结构中,政治制度文明始终是政治文明的核心层面和主导结构,它内导着人类政治文明发展的历史轨迹。"

关于如何建设社会主义政治文明,汪锡奎先生发表于《南京师大学报(社会科学版)》2003年第4期上的《社会主义政治文明建设和政治文化创新》一文中说:"政治文明作为一种历史运动,是其抽象形式(政治思想观念)、具体形式(政治制度)和行为方式(政治行为,其基本内容是政治决策)之间的互动,这就意味着只有实现政治思想、政治制度、政治决策等方面的文化创新,才能有政治文明的发展。在政治文明发展中,政治思想创新是前提,政治制度创新是中心课题,政策(政治决策)创新是关键,三者互相作用,是一个完整过程的不同方面。政治文明的发展总要落实到政治制度创新这个中心课题上,而政治制度创新总要通过一定政治思想指导下的决策活动才能实现。"

何增科博士发表于《文史哲》2004 年第 2 期上的《社会主义政治文明六论》一文,对于国际国内关于政治文明理论发展的历史和现状,以及政治文明同政治制度文明的关系,作了比较全面、系统和简要的回顾和归纳,并加以评论,也颇富启发性。作者指出,学术界关于政治文明的定义不尽相同,有三要素说、四要素说、五要素说,作者主张五要素,他说:"社会主义政治文明是由中国共产党领导的,以人民当家作主为核心内容的现代政治文明,包括体现民主、自由、法治、人权、效能、稳定、廉洁、公正等基本政治价值的先进政治文化、先进政治制度、文明的政治行为、高素质的政治主体与和谐的政治关系等。"又说:"政治制度是规范政治资源特别是政治权力和权利配置的规则体系,它包括国家制度、政府制度、政党制度、立法制度、行政制度、司法制度、选举制度、决策制度、国防制度等。先进的政治制度是能够体现民主、自由、法治、人权等政治理念的政治制度。"

诚然,在建设中国特色社会主义的整个进程中,制度文明建设与政治文明建设各有侧重点和丰富的内涵,都有广阔的论说和运用空间,都有存在的价值,这两种提法并不是对立的、互不相容的,而是可以互相补充、互相促进的。总之,"物质文明、制度文明、精神文明","物质文明、政治文明、精神文明",以及"制度文明"与"政治文明"等等之间的关系问题,是一个很复杂的理论和实践问题,各种不同的理解和表述,都有一定的理由和所指,都有存在的价值和认识的价值,是一种正常的思想现象,只有在探讨和切磋中才能逐渐清晰和明确。

2005 年 8 月 1 日

《以人为本　构建和谐社会20论》后记

（一）

我一生从事编辑出版工作,在社内外举办的讲授编辑学的课堂上和撰写的编辑学论文中,我提倡编辑工作者在首先完成为他人作嫁衣裳的本职工作的前提下,也应做点儿科研和写作,力争在某一学科、某一方面成为专家、学者、作家,这样,你才能取得与作家、学者、专家们的话语权,处理书稿、对书稿作出判断时才能准确,不会眼高手低,造成失误。对于这一主张,我终生都在实践。在1999年8月离休前,由于编辑出版业务繁忙,加上又担任一个大出版社的社长、总编辑,从事科研、写作只能在有限的业余时间进行。好在我这个人好学好思,在业余时间没有其他的爱好与娱乐,学、思、写几乎成了我唯一的消遣和休息,几十年中,也积累了哲学方面的几十篇论文和编辑学方面的几十篇论文,当时也没有怎么想出书,只是作为一种爱好和责任而坚持着。1999年离休后,有了比较多的空闲时间,总要找点儿事情干干,不然就太无聊了,开始几年里协助杨瑾主编《中国园林之旅》(十卷本)。《中国园林之旅》的主编工作告一段落后,才将整理、编辑旧作和撰著新作提上议事日程,2003 年整理、编辑了《人的哲学论说》,中国社会科学出版社于 2004 年 8 月正式出版面市。2004 年整理、编辑了《为他人作嫁衣裳》,人民出版社于 2004 年 12 月正式出版面市。2004 年至 2005 年花了两年时间撰写《人的哲学论纲》,人民出版社于 2005 年 12 月正式出版面市。在整理、编辑、撰写这三本书的同时,2003 年 10 月党的十六届三中全会提出以人为本的科学发展观,2004 年 9 月党的十六届四中全会提出构建社会主义和谐社会的重要指导思想以后,我的精神状态非常振奋,陆陆续续地写了 20 篇论以人为本和构建和谐社会的论文,平均差不多一个多月写一篇。这 20 篇论文汇编为本书的第一单元。我感觉近三四年来,是我的理论著述的收获期。这期间,2003 年 10 月份、2005 年 4 月份闹了两次心衰,各住院治疗一个月。说也奇怪,住院治疗心衰期间,因注射了稀释血液、疏通血管的药物,所以头脑特别清醒,思维特别清晰,我不能浪费这大好时光,《论"以人为本"》等几篇文章,就是 2003 年 10 月住院期间躺在病床上写成初稿,所以笔记本上的字迹歪歪倒倒,很不整齐。当时,主治医生张大夫见我躺在病床上写东西,多次劝阻,但我总是控制不住自己,还是偷偷地写成了初稿。我一生中的写作,没有任何人的授意或命令,完全凭责任心和理性的良知,为了追求真理,出于自觉自愿、无怨无悔。这本《以人为本　构建和谐社会 20 论》记录了两三年来的所思所得,其中有正面的论说,也有不同观点的争鸣和商榷,目的都是为了通过民主和平等的讨论求得正确地理解和贯彻党中央所提出的"以人为本"和构建和谐社会的指导思想,在新的历史条件下和新的实践中坚持马克思主义,心意是真诚的。这些文章,大部分在《人民日报》、《光明日报》、《文汇报》、《北京日报》、《理论前沿》、《当代思潮》、《今日中国论坛》等报刊上发表过,有七篇未刊发过,存于我的文稿档案中，此次借汇集出书的机会，一并发表。

　　我已出版了《人的哲学论说》和《人的哲学论纲》两本书，为什么还要出版主题相近的《以人为本　构建和谐社会20论》？这本新书到底有什么特色？《论说》是我20多年中关于人的哲学的论文汇集，反映了我的心路历程，带有历史的痕迹；《论纲》是一本系统的学术论著，逻辑地记录了我对马克思、恩格斯关于人的哲学的原著文本的解读，和我对马克思主义人的哲学基本内容的系统阐述。而这本《20论》则集中地讲了我对党中央提出以人为本的科学发展观和构建社会主义和谐社会的重要指导思想的解读，新一届党中央是怎样根据实践的、时代的需要，既坚持又发展了马克思主义。党中央提出要用发展着的马克思主义指导新的实践，我们有责任、有义务具体地来证明党中央是怎样发展了马克思主义，又用这种发展着的马克思主义指导新的实践的。在这样做的时候，我们一定要十分自觉地坚持实事求是的原则，不要无根据地有意拔高，而要摆事实，讲道理，用事实说话。我建议读者不妨先读一读这次公开发表的《"以人为本"是执政兴国理念的新飞跃》、《"以人为本"与马克思关于劳动过程中人与物关系的理论》、《"以人为本"与马克思关于社会劳动科学化的理论》、《"以人为本"与马克思主义的世界观》、《"以人为本"与建设中国特色社会主义》、《理论一经掌握群众也会变成物质力量》、《继承马克思　走向新时代》等几篇文稿，然后再读其他文章，这一思路便清晰可见了，就会知道在这本新书中是有一些在前两本书中没有说过或没有说透的话语的。

　　我要特别感谢在争鸣、探讨中持有不同观点的人们，正是他们的一些文章激发了我的思考，给我出了不少选题。思想和科学是在争鸣、切磋中发展的，真理愈辩愈明。真理在实践中生成和存在,而且要接受实践的检验和校正。

2006 年 3 月 1 日

(二)给周凡博士的一封信

在我完成了《以人为本 构建和谐社会 20 论》的撰著之际,读到了严冰先生发表于《今日中国论坛》2006 年第 2～3 期上的《人学研究的里程碑——薛德震〈人的哲学论纲〉简析》、周凡博士发表于《马克思主义与现实》杂志 2006 年第 2 期上的《以马克思主义方法研究人的问题——评薛德震先生的新著〈人的哲学论纲〉》和发表于《今日中国论坛》2006 年第 5 期上的冯玉珍女士的《〈人的哲学论纲〉读评》。这三篇书评对拙著作了很高的评价,我受之有愧,特表示衷心的感谢! 读了这几篇书评,我的感慨颇多,于是给周凡博士写了一封信,现将这封信作为本书的后记(二)收录于此。

周凡博士:

您好! 我们从未见过面,素不相识,但是读了您的《以马克思主义方法研究人的问题》一文对拙著的评论,就如同见到了认识很久、很深的老朋友,真有一种遇到了知音的痛快之感。我在《人的哲学论纲》的《跋》中说过,希望我的论说"也要接受时代青年才俊的检阅",您的书评就是我所盼望的这种检阅。您不但读了、读懂了我的《论纲》,而且知之很深。这篇一万余字的书评,已经大大超出了书评的范畴,而是一篇很有分量的哲学学术论文。

马克思主义人的哲学,在中国曾经经历过"谈人色变"的不幸岁月。正是这种逆境、压力激励我愈发勇敢、勤奋地去为真理而斗争。我愈读马克思、恩格斯的原著,愈将这些原著同一百多年来无产阶级的革命实践、特别是我们中国的革命实践联系起来思考,愈觉得我的理解、解读没有错。背离人类文明发展大道的现代愚昧终于不能长久,中国人民现在迎来了研究人学的阳光明媚的春天!

马克思、恩格斯不是神仙,也不是算命先生,正如您在论文中所说,我们不能要求他们在一百多年前就预知人类现在所面临的生活生存状态,更不能要求他们在一百多年前就预先制定好解决人类今天所遇到的问题的具体方案。今天我们学习马克思主义,不应当死记硬背、照抄照搬他们当年的那些具体的论说和结论,归根结底是学习他们的科学方法。可以把马克思主义的方法讲得很高深,其实很简明,就是"实事求是"四个字。我们只要深入了解无产阶级、劳动人民在马克思、恩格斯生活的那个时代所碰到的问题,所追求的理想,而马克思、恩格斯是怎样思考和解决这些问题的,便可以发现他们所坚持、所运用的就是"实事求是"的方法。这就是您所说的马克思主义的"真精神"。马克思主义的"真精神",马克思主义方法的精髓"实事求是",说起来容易,做起来却是非常困难、非常不容易的。正如您在论文中所说,我们应当秉持马克思主义的"真精神",根据变化的历史条件推进马克思主义向前发展。既不能死守教条成规,又不能背弃原则和方法,唯一正确的态度是顺应时代的潮流,符合现实的需要,满足人民的愿望,推动社会的进步,根据变化了的具体实践去关注新形势、研究新问题、总结新经验、提炼新观点、作出新概括。正是本着这些原则,我最近完成了《以人为本 构建和谐社会 20 论》的撰著,试图对党中央所提出的重要的指导思想作出马克思主义的解读和证明,对我们时代所面临的哲学主题作出当代诠释。做得是否能够令人满意,只能由后人评说了。关于哲学的时代主题,现在已经引起越来越多的学人的关注。邹广文、刘文嘉先生在《回归生活世界：哲学与我们时代的人生境遇》一文中指出：现在哲学的"人学"内蕴被进一步彰显出来。关注人的生存困境，克服人同自身、同自然、同社会的分裂，给人提供普遍价值与终极理想，这些在各个历史阶段哲学都要面对的重要问题，今天在更高的层面被重新提了出来。从人的生活世界视角重新审视哲学的本体论、认识论与辩证法，在当代历史背景下关注与关怀人，解决人自身的困惑与困境，便成为当代哲学必须认真面对的时代主题。（见《杭州师范学院学报》2005 年第 6 期）陈学明先生在《马克思所构建的"意义世界"是当代人的指路明灯》一文中也指出：人的生存的意义是不是仅在物质领域就能全部实现，还是必须从各个方面满足自己，在追求全面满足中来实现自己的意义，这一问题越来越尖锐地摆在人们面前。显然，在马克思为人类所构建的"意义世界"中，人应当是全面发展的，只有全面发展的人才是真正有意义的人。（见《思想理论教育导刊》2005 年第 12 期）党中央所提出的以人为本的科学发展观和构建和谐社会的重要指导思想，对解决哲学的时代主题作出了新贡献。我坚信，中国人民在党中央的坚强领导下，坚决贯彻落实这些重要的指导思想，将会更加勤奋地建设美好的明天，人类崇高的理想 一定能实现！

　　我们是以文会友，通过文章互相相识，并成了知心的朋友，我希望我们的这种友谊能够保持下去。祝您在学术研究和著述中取得更大的成就。此致
敬礼！

薛 德 震

2006 年 6 月 1 日

（四）

关于社会主义政治
文明建设的几个问题

　　人民成为社会的主体、社会的主人,这是社会主义社会最根本的特点、最大的优势,也是人类社会发展的一个极大进步。社会主义社会的政治文明建设、政治体制改革,应当以此为最根本的出发点。

一、政治文明建设要着重解决扩大社会主义
民主和健全社会主义法制的问题

　　随着人类社会不同发展阶段社会主体的变化,社会政治制度也发生着演变。社会主义社会实行的是人民民主制度,目前我国的社会主义政治文明建设要着重解决扩大社会主义民主和健全社会主义法制问题。民主是社会主义题中应有之义,邓小平曾经反复强调,没有民主就没有社会主义,民主与社会主义有着本质的联系,这是由人民是社会主义社会的主体、主人这一本质所决定的。社会主义事业是前无先例的,所以社会主义民主也只能在探索中前进。我们已经建立了人民代表大会制度、共产党领导的多党合作和政治协商制度,建立了与民主党派长期共存、互相监督、肝胆相照、荣辱与共、合作共事的社会主义政党制度,还进行了政治体

制方面的其他一些改革。现在党中央又提出了要扩大社会主义民主,可见这种民主还需要进一步发展和完善。社会主义民主建设又是同社会主义法制建设密切相联系的,所以党中央又提出了要健全社会主义法制的任务。怎样扩大社会主义民主和健全社会主义法制,是我国政治体制改革和政治文明建设的一个重要课题。

为了解决这个课题,需要制定一系列具体的政策及相应的法制、法规和制度,这是应当集中全党、全国人民的智慧来加以解决的。中央已经多次为经济体制改革和精神文明建设作过专门的决定,现在应当与之相配套为政治体制改革和政治文明建设作出专门的决议,使政治体制改革和政治文明建设在党的强有力的领导下平稳地、有序地、健康地向前推进。

二、政治权力的传承交接问题应当成为政治文明建设的一项重要内容

政治文明建设其中一项重要内容,就是有关政治权力传承交接的领导制度、组织制度、干部制度的改革和创新。

这个问题,在国际社会主义的发展史上,在共产党的执政史上,有过严重的经验教训。邓小平在总结"文革"十年浩劫的经验教训时,在他所作的经中央政治局讨论通过的那篇著名的《党和国家领导制度的改革》讲话中严肃地指出,从党和国家的领导制度、干部制度方面来说,主要的弊端就是官僚主义现象,权力过分集中现象,家长制现象,干部领导职务终身制现象和形形色色的特权现象,并具体地分析了这些现象的种种表现和产生的原因、解决的办法。在作了这种具体分析后,邓小平总结说:"我们过去发生的各种错误,固然与某些领导人的思想、作风有关,但是组织制度、

工作制度方面的问题更重要。这些方面的制度好可以使坏人无法任意横行,制度不好可以使好人无法充分做好事,甚至会走向反面……不是说个人没有责任,而是说领导制度、组织制度问题更带有根本性、全局性、稳定性和长期性。这种制度问题,关系到党和国家是否改变颜色,必须引起全党的高度重视。"①在二十多年的改革开放中,我们党和国家在领导制度、组织制度、干部制度方面也的确进行了不少改革,取得了长足的进步,有不少可喜的文明成果,但是,在党的十六大强调提出加强政治文明建设,十六届三中全会决定又两次重申要扩大社会主义民主、健全社会主义法制的今天,重温这些教导,仍然使人感到十分亲切和耳目一新、振聋发聩。

领导制度、组织制度、干部制度,都涉及政治权力的传承交接问题,这个问题的解决是应该提到加强政治文明建设的议事日程上来了。在这个问题上进一步加以解决,进一步加强民主化、法制化和程序化,关系到我们党和国家的长治久安。

三、制定社会主义政治伦理的基本守则

进行政治文明建设,免不了要涉及政治伦理问题。对于当政者、掌权者,除了一般的为人之道外,还应当提出更严格的、更有针对性的政治伦理要求,这在政治文明建设中是一项重要内容。在这方面,应广泛听取专家学者和老百姓的意见,为执政者、掌权者制定具体的、明确的伦理道德行为守则,并严格执行之。

为政者的诚信应当成为第一要务。瞒上欺下、搞数字政绩、报

---

① 《邓小平文选》第 2 卷,人民出版社 1994 年版,第 333 页。

喜不报忧，尔虞我诈、妒能嫉贤者千万不可掌权，根本不配当领导者。

为人正派、公正是为政者的必备条件，对人对事都应秉公办事。对近者亲远者疏，对敢于监督揭发自己者怀恨打击报复者也不配当领导。

为政者是人民的公仆，执政为民是对为政者的基本要求。贪赃枉法、以权谋私者不但不能当政，而且应当受到严厉的法律制裁。

为政者必须勤政爱民。吃喝玩乐、腐化堕落，对人民的疾苦漠不关心者，不能当领导。

为政者应当严于律己、宽以待人。对己宽对人严，手电筒照人，对别人尽看缺点、不足之处，对自己却放纵任为、争宠邀功者，不配当领导。

为政者应远小人近君子。对吹牛拍马、抬轿子吹喇叭、阿谀奉承者提拔重用，对不合自己心意者压制打击者，搞裙带关系、"一人得道鸡犬升天"、任人唯亲唯派者，没有为政掌权的资格。

吃苦在前、享受在后。这种优良的品德为政者应当继续发扬光大。

贿选拉票、跑官要官、买官卖官，贿赂买卖双方都违反了为政的伦理道德，发现一件严肃查处一件，绝不能让其坏了政风政纪。

与黑社会相勾结，充当保护伞，称霸一方，危害百姓者，应当坚决制裁，决不手软。

小肚鸡肠，大事不闻不问，专注于小是小非，闹无原则纠纷；遇有责任互相推诿、上推下卸，遇有权利互相争夺、各不相让，不能团结共事者，不能为官。

这里提到的有些问题超出了伦理道德的范畴，但是对于为政者、掌权者先作为政治伦理的要求提出,如果触犯了刑律,当按法律加以制裁。

四、政治制度文明建设要与经济、 文化、科学、教育等各项制度 文明建设协调发展

社会主义政治文明不但要与物质文明、精神文明协调发展,而且政治制度的文明建设,与经济、文化、科学、教育等各项制度的文明建设也要协调发展,它们之间是相辅相成、互为条件、互相促进、互相制约的。在二十多年的改革开放中,我国的经济、文化、科学、教育等方面的体制改革、制度创新,都取得了长足的进步,取得了不少文明成果。我国的政治体制改革虽然也进行了一些尝试和改革,但相对比较滞后。其实这也属于正常现象,正如邓小平在讲政治体制改革时多次谈到的:"这个问题太困难,每项改革涉及的人和事都很广泛,很深刻,触及许多人的利益,会遇到很多的障碍,需要审慎从事。"①尽管他看到了政治体制改革的困难,他仍然多次强调政治体制改革的必要性、重要性和迫切性。他在肯定经济体制改革进行得比较顺利和取得了很大成绩的时候,多次强调:"重要的是政治体制不适应经济体制改革的要求","不改革政治体制,就不能保障经济体制改革的成果,不能使经济体制改革继续前进"②。可见政治体制改革的重要性和关键性。

党的十六届三中全会遵循邓小平理论的指导,再次强调了要

---

① 《邓小平文选》第 3 卷,人民出版社 1993 年版,第 176 页。
② 《邓小平文选》第 3 卷,人民出版社 1993 年版,第 176 页。

坚持社会主义物质文明、政治文明和精神文明的协调发展。中国特色社会主义是社会主义市场经济、社会主义民主政治和社会主义先进文化协调发展的伟大事业。因此,要积极稳妥地推进政治体制改革,扩大社会主义民主,健全社会主义法制,巩固和壮大爱国统一战线,加强思想政治工作,为发展社会主义市场经济提供强有力的政治保证。要大力加强社会主义文化建设,着力建立与社会主义市场经济相适应、与社会主义法律规范相协调、与中华民族传统美德相承接的社会主义思想道德体系,弘扬和培育民族精神,不断提高全民族的思想道德素质和科学文化素质,为改革和发展提供强大的精神动力和智力支持。

五、加强舆论监督与民意调查

加强政治文明建设,还有一个重要方面是不可忽视的,就是要加强舆论监督,建立畅通的民情民意的采集、公示、反馈机制。

现在,一些贪污腐败分子并不太害怕群众监督,因为他们手中有权,一是可以封堵防范,借口"保密"把他们的丑行掩盖起来。二是对于敢于揭发者实施打击报复。三是他们可能还有保护伞、说情网。一旦犯事,纷纷出马,有的包庇,有的说情,为其解脱。但是,他们却非常害怕舆论监督,他们的腐败行为一旦在媒体上曝光,就很难逃过党纪国法的惩处。所以,舆论监督是防腐倡廉的一个重要武器。当然舆论的作用还不仅仅限于此,它还是立党为公、执政为民的方针得到落实的好助手。可是这个武器的运用,现在还是不很顺畅,媒体的编辑、记者、老总们还有不少顾虑,不适当的干扰还是有的,这里就涉及一个对媒体的依法保护问题。

现在,我国还未出台新闻法、出版法,对媒体的管理还停留在政策管理的层次，还未上升到法律管理。谁都知道，法律管理比政策管理更具有权威性、稳定性和长期有效性。怎样按照宪法规定的原则精神制定新闻法、出版法，在我国新闻出版界、法学界、政治学界已经酝酿、讨论了多年。怎样在媒体的责任与权利之间求得平衡，既能体现宪法中的有关新闻、出版、言论自由的原则，给媒体以法律的保护，又能体现媒体自身的责任，加强自律、责任意识，在媒体违规违法时可依法制裁，是有不小的难度，但总可以通过借鉴国际上的通常做法，总结我国自己的经验来加以解决的。

　　与舆论监督紧密联系的还有一个舆情即民情民意的采集、公示、反馈机制的建设问题。这种机制我国不能说完全没有，但还不是很健全、很规范、很畅通、很有影响力。在我国早已有党、政领导机关接待上访信访的机制，解决了不少问题，但这还只能被动地接受送上门来的信息，还缺少可以主动设置议题，包括就重大政策措施的出台、重要的人事任免、各级干部的考核等重要事项主动地征询人民群众意见的机制。现在已经出现了某些民调机构，某些媒体上也出现了一些民意、民调的内容，某些党政机关也采取了一些调查民意的措施，但毕竟还只是一些雏形，很不规范、也缺少影响力，亟须制定专门的法律法规来加以促进和规范，使之成为独立的、规范的、透明度高的、公开公正的民调机制，使之逐步发展和成熟起来，成为我们党和政府依法治党治国的得力助手。

（原载《岭南学刊》2004 年第 2 期）

保护物权就是保护全体
公民权益的物质基础

在马克思和恩格斯生活的那个年代,无产阶级在资本主义社会中是一个没有生产资料的阶级,处于社会的最底层,最无权利和权力,正如《国际歌》中所说:"一无所有"。马克思和恩格斯面对这个最受剥削、压迫和奴役的阶级,为它的解放呼号,为它的解放创立了马克思主义。

无产阶级的解放意味着什么? 无产阶级的解放,首先要改变其无产者的境况,要从无产者变为有产者。所以,变无产者为有产者是无产阶级解放的必要的、首要的条件,也是无产阶级解放所要实现的根本目的。正因此,马克思认为无产阶级通过革命、取得国家政权后所建立的社会制度并不是要让所有的人都变得一无所有的制度,马克思在《资本论》这部经典名著中从生产资料所有制的角度为人们描绘了这种制度的根本原则那便是在"生产资料共同占有基础上的个人所有制",这是一种公有制与个人所有制相结合的制度。马克思指出生产资料的集中和劳动的社会化,达到了同它们的资本主义外壳不能相容的地步。这个外壳就要被炸毁、被扬弃。马克思说:"从资本主义生产方式产生的资本主义占有方式,从而资本主义的私有制,是对个人的、以自己劳动为基础的私有制的第一个否定。但资本主义生产由于自然过程的必然性，造成了对自身的否定。这是否定的否定。这种否定不是重新建立私有制，而是在资本主义时代的成就的基础上，也就是说，在协作和土地及靠劳动本身生产的生产资料的共同占有的基础上，重新建立个人所有制。"①恩格斯说："共产主义是关于无产阶级解放的条件的学说。"②马克思在《资本论》中所说的在生产资料共同占有的基础上重新建立的个人所有制，就是这种条件。

无产者，在社会主义社会条件下，已经成为建立在生产资料共同占有基础上个人所有制的财产所有者，即已变为有产者，而且其物质的和精神的财富，随着社会的发展和进步，还会不断地增长和丰富起来。

中国正处于社会主义初级阶段，以公有制为主体、多种所有制经济共同发展，决定了我国社会主义市场经济主体的多元化和物权主体的多元化。在我国物权主体分别为国家、集体和私人。所以，党的十六届三中全会决定明确规定要"保障所有市场主体的平等法律地位和发展权利。"十届人大五次会议通过的《物权法》又明确规定：在财产归属依法确定的前提下，作为物权主体，不论是国家、集体、还是私人，对其物权也都应当给予平等保护。《物权法》规定"私人对其合法的收入、房屋、生活用品、生产工具、原材料等不动产和动产享有所有权。""私人合法的储蓄、投资及其收益受法律保护。""国家依照法律规定保护私人的继承权及其他合法权益。""私人的合法财产受法律保护，禁止任何单位和个人侵占、哄抢、破坏。"

---

① 《资本论》第 1 卷，人民出版社 2004 年版，第 874 页。
② 《马克思恩格斯选集》第 1 卷，人民出版社 1995 年版，第 230 页。

　　我们还应特别注意,我国公民作为物权主体,他的身份是多重的,不仅是私人合法财产的所有者,是私人财产的主体,而且也是国家所有和集体所有财产的主体,《物权法》明确规定法律规定属于国家所有的财产属于"全民所有"。"国家所有的财产受法律保护,禁止任何单位和个人侵占、哄抢、私分、截留、破坏。""集体所有的财产受法律保护,禁止任何单位和个人侵占、哄抢、私分、破坏。"所以,保护国家、集体所有的财产,也同样成为每个公民的权利和义务,这是我国公民作为社会主义社会主体地位的进一步确立,因此,《物权法》的制定,不仅是我国人民经济生活中的一件大事,而且也是政治生活中的一件大事,也是社会主义民主政治建设的一件大事,它将极大地增强我国公民的利益共同体,对公、私物权的平等保护,也就是保护了这个利益共同体的物质基础,夯实了我国社会的根基。

　　物权主体的多元化,我们还应当注意改革开放中出现的一种新情况、新事物,这便是股份公司、股份制企业。股份制企业除了国家单独持股的以外,还出现了公、私法人和自然人持股,所以股份制企业是一种多种所有制经济的混合体,它的物权主体是多元的。对于股份公司、股份制企业,当其在资本主义生产方式内出现时,马克思在《资本论》第三卷中便敏锐地看到了它对扬弃资本主义生产方式的意义,指出这"是在资本主义体系本身的基础上对资本主义的私有产业的扬弃",是"通向一种新的生产形式"的"过渡点"。① 中国在改革开放中,适应建设中国特色社会主义的需要,应运而生了股份制企业,成为中国社会主义公有制经济的又一种实现形式。

―――――――――――

　　① 《资本论》第3卷,人民出版社2004年版,第497页。

保护物权表明了我国对人权的尊重和保护。生存权、发展权、受教育权、消费权、享受权等等是最基本的人权，保护了物权也就是保护了人权的物质基础，使人权的实现有了物质保证。

《物权法》的制定，对于反腐败、反犯罪，防止政府权力的异化，也具有十分现实的意义。《物权法》明确规定，行使国家财产所有权的是政府，"国务院代表国家行使所有权"，中央政府和地方政府分别代表国家履行出资人职责。《物权法》赋予政府行使国家财产所有权的职责，政府有责任保护国家所有财产的安全，不但要防止任何单位和个人的侵占、哄抢、私分、截留、破坏，而且要防止政府权力的异化。马克思、恩格斯都讲过，私有制的产生，阶级的产生，都是生产力发展到一定时期产生的历史现象。由于阶级的产生，阶级矛盾和阶级斗争的激化，于是产生了国家。国家权力的产生也是一种历史现象，一定历史时期的产物。它的产生是为了将阶级矛盾和阶级斗争控制在不至于将整个社会炸毁的范围内，所以，国家权力的产生也是一种异化，人民把自己的一部分权利让渡给社会的管理者。马克思和恩格斯已经为人们揭示了这些历史现象产生的规律，那么取得社会主义胜利的无产阶级如何接受这样的历史的经验教训，在自己取得统治地位成为整个社会的真实主体，成为社会的主人，成为整个社会的主导力量和领导力量以后，如何建立不同于私有制的社会制度，如何建立不同于私有制下权力异化的国家制度，就成为一个根本性的现实课题。温家宝总理 2007 年 3 月 5 日的《政府工作报告》在讲到加强政府自身改革和建设时强调指出，必须坚持以人为本、执政为民，把实现好、维护好、发展好最广大人民的根本利益作为出发点和落脚点；必须坚持从国情出发，实现党的领导、人民当家做主和依法治国的有机统一；必须坚持不断完善社会主义市场经济体制，促进经济社会全面协调可持续发展;必须坚持创新政府管理制度和方式,提高政府工作的透明度和人民群众的参与度。我们的目标是,建设一个行为规范、公正透明、勤政高效、清正廉洁的政府,建设一个人民群众满意的政府。温家宝总理同年3月16日在记者招待会的开场白中再次强调说:"必须懂得一个真理,这就是政府的一切权力都是人民赋予的,一切属于人民,一切为了人民,一切依靠人民,一切归功于人民。必须秉持一种精神,这就是公仆精神。政府工作人员除了当好人民的公仆以外,没有任何其他权力。必须坚持一个信念,只要解放思想,与时俱进,追求真理,只要坚持改革开放,只要坚持科学发展、和谐发展、和平发展,我们就一定能够把中国建设成为一个富强、民主、文明、和谐的现代化国家。"温家宝总理所讲的这一切,必将有力地防止政府权力的异化,推动中国特色社会主义建设事业的健康发展。

《物权法》的制定,对于构建社会主义和谐社会也具有重要的现实意义。古人云:"民之为道也,有恒产者有恒心,无恒产者无恒心。苟无恒心,放辟邪侈无不为己"(《孟子·滕文公上》)。①恒产是固定的财产,恒心是指常有的善心。苟无恒心就会肆意作恶。古人都知道有恒产者有恒心的道理,马克思主义是为无产阶级争取解放,获得普遍的恒产,彻底改变无产者境况的主义,当然更加重视有恒产者有恒心的道理。在生产力有了高速的发展,社会财富普遍增加的时候,并不能自然而然地得到社会稳定、社会和谐的结果,还需要社会的领导力量按照公平正义的原则来处理人民的财产关系,使公私财产所有权获得平等的保护,这样才能保持社会的稳定与和谐。我国的《物权法》就是我们党领导全国人民

---

① 见《四书白文》,故宫博物院监制,沈阳出版社出版。

适应了这种现实的需要而制定的,所以它的颁布必将促进我国和谐社会的建设。

　　从整个人类社会历史发展的广度和高度来思考我们党所制定的以人为本、构建社会主义和谐社会的战略指导思想和全国人民代表大会所制定的《物权法》,便可以发现,这不仅是对建设中国特色社会主义社会发展规律认识的深化及其新成果,而且也是对人类社会发展规律认识的深化及其新成果。贫穷不是社会主义,普遍贫穷更不是社会主义,永远保留无产阶级的无产者境况更是距离社会主义十万八千里。社会主义是以全体社会成员的普遍富裕、共同富裕为其本质特征的。中国特色社会主义在改革开放中使所有公民普遍富裕、共同富裕的过程中,怎样保护所有公民对国家、集体、私人财产的物权,就成为人们的一种普遍的要求。只有体现了这种普遍要求,社会主义才能深得人心,才能根深叶茂,永葆青春活力。

（原载《今日中国论坛》2007 年第 5 期）

构建和谐社会是对唯物史观的
坚持和发展

　　党的十六届六中全会《关于构建社会主义和谐社会若干重大问题的决定》(以下简称《决定》)第一部分第一句话是:"社会和谐是中国特色社会主义的本质属性"。这句话开宗明义地点明了这次全会《决定》的重大的丰富的战略内涵。构建社会主义和谐社会,是我们党运用发展着的马克思主义,全面贯彻落实科学发展观,从中国特色社会主义事业总体布局和全面建设小康社会全局出发提出的重大战略任务,反映了建设富强、民主、文明、和谐的社会主义现代化国家的内在要求,体现了全党全国各族人民的共同愿望。

一、党的十六届六中全会决定坚持和发展了唯物史观

　　《决定》在讲构建社会主义和谐社会的指导思想、目标任务和原则时,所讲的第一条必须遵循的原则就是"必须坚持以人为本",要"始终把最广大人民的根本利益作为党和国家一切工作的出发点和落脚点,实现好、维护好、发展好最广大人民的根本利益,不断满足人民日益增长的物质文化需要,做到发展为了人民、发展

依靠人民、发展成果由人民共享,促进人的全面发展。"总之,社会主义社会是全体人民共建共享的和谐社会。这是马克思主义唯物史观的根本观点。"社会和谐"与"以人为本",都是科学社会主义的本质要求,两者是互为表里的。以人为本是社会和谐的根本目的,也是实现社会和谐的根本手段;社会和谐是以人为本所要实现的根本的社会理想状态,也是实现国家富强、民族振兴、人民幸福的根本保障。关于以人为本和构建和谐社会,怎样坚持和发展了唯物史观,我在拙著《人的哲学论纲》和《以人为本 构建和谐社会20论》两本书中已作了比较具体的论述,这里就不多讲了。

二、党的十六届六中全会决定坚持和 发展了解决社会矛盾的辩证法

任何社会都不可能没有矛盾,人类社会总是在矛盾运动中发展进步的。客观事物普遍存在着矛盾,一方面互相排斥、互相对立、互相斗争,另一方面又具有同一性、统一性、一致性,又互相渗透、互相贯通、互相依存、互相联结、互相合作。综观人类社会历史的发展,社会矛盾的解决,从哲学上说,无非两种方法,一曰对立面的斗争,一曰对立面的统一、和谐、团结、合作。这两种方法都是建立在唯物辩证法的对立统一规律的哲学基础上的。这两种方法,有时主要运用一种,有时是同时使用或交叉、交替使用。具体到主要使用哪种方法来解决社会矛盾,则要由各个不同的社会历史发展阶段社会矛盾的性质和发展状况来决定。例如,我国社会处于半封建半殖民地的发展阶段时,各种社会矛盾极端尖锐,中国人民遭受帝国主义、封建主义、官僚资本主义三座大山的剥削、压迫、奴役,真正达到了饥寒交迫、没有活路的程度,所以,中国人民只能奋

起反抗,运用武装斗争和你死我活的斗争方法,来求得自身的解放。这时,如果提出与"三座大山"讲"和谐",那无异是痴人说梦,只能是继续任人宰割。但是,就是在对敌斗争中主要使用斗争方法的同时,也还要注意对立面统一的一面,在抓武装斗争的同时,也还要抓统一战线,注意斗争谋略运用上的有理、有利、有节,而且在革命队伍内部、在人民内部、在党的内部还要讲协调、团结、和谐和合作。在人民民主革命胜利、推倒"三座大山"的统治后,在人民当家做主后,人民成了国家的主人,这时,社会的主要矛盾已经不是阶级斗争,而转变为人民内部的矛盾,社会矛盾虽然仍然存在,阶级斗争也还在一定范围内存在,但从根本上说,从总体上说,社会主要矛盾已是人民在根本利益一致和根本目标一致的基础上所产生的矛盾,人民已经成为真实意义上的社会主体,所以,这时解决社会矛盾的主要方法就可以转变为使用和谐的方法。

应当说,中国在人民民主革命胜利后,在完成三大改造,建立了社会主义制度以后,中国共产党人也确实是在艰难地探索解决社会矛盾的哲学方法的转换。毛泽东这时提出要解决社会主义建设中的十大关系问题,要正确区分两种不同性质的社会矛盾和正确处理人民内部矛盾问题,都是这种可贵的探索。但是,由于客观的和主观的原因,造成了这种探索的中断和夭折。"左"倾思潮泛滥,到了"文革"时期发展到了登峰造极的程度,"斗争哲学"发展到了极致,国民经济被拖到了"崩溃的边缘"。党的十一届三中全会以后,结束了这场噩梦,中国人民走上了改革开放的道路。28年的改革开放,坚持以经济建设为中心,中国社会生产力获得了快速的发展,人民的生活获得了很大的改善和提高,中国人民迈入了全面建设小康社会的康庄大道。与时俱进的党中央,适时地提出了以人为本的科学发展观和构建社会主义和谐社会的重大的战略指导思想,终于实现了在思维方式的层面上解决社会矛盾的哲学方法的转换,这也标志着我们党作为执政党在领导建设中国特色社会主义的伟大事业中迈出了新的坚实的步伐。

在哲学层面上提出以人为本的科学发展观和构建社会主义和谐社会的重大战略指导思想,不但需要有理论上的勇气,而且需要有充分的社会历史条件。党中央提出了这一重大的战略指导思想,是有坚实的社会历史条件作根据的,这些条件,就是 28 年的改革开放所创造的。在一个物质极度匮乏、人民的生活处于普遍贫困的社会,根本无法谈论以人为本和构建和谐社会;在一个"人治"的社会也根本谈不上以人为本和构建和谐社会;在一个没有私人领域与公共领域的区分、物权和人权都没有保障的状态下同样谈不上以人为本和构建和谐社会,28 年的改革开放,从物质、制度、精神三个层面,都为我们党今天提出以人为本、构建社会主义和谐社会的重大战略指导思想,创造了充分的条件和坚实的基础,正如《决定》所说:"经过长期努力,我们拥有了构建社会主义和谐社会的各种有利条件。"

我们要构建和谐社会,但和谐社会是在不断解决矛盾中前进的,正如《决定》所说:"任何社会都不可能没有矛盾,人类社会总是在矛盾运动中发展进步的。构建社会主义和谐社会是一个不断化解社会矛盾的持续过程。我们要始终保持清醒头脑,居安思危,深刻认识我国发展的阶段性特征,科学分析影响社会和谐的矛盾和问题及其产生的原因,更加积极主动地正视矛盾、化解矛盾,最大限度地增加和谐因素,最大限度地减少不和谐因素,不断促进社会和谐。"

三、党的执政理念的新发展

在两年前党的十六届四中全会上就提出了构建社会主义和谐社会的战略任务,同时还提出了加强党的执政能力建设的历史性任务。党的十六届六中全会总结了两年来建设和谐社会的新经验,更进一步完整地、系统地进行了构建社会主义和谐社会的理论建设,形成了以人为本,构建社会主义和谐社会的重大的战略指导思想体系,是我们党在新世纪新阶段的历史条件下执政理念的新发展。

一个领导着 13 亿人口大国的执政党,一个从事开创人类美好未来、建设理想的社会主义——共产主义社会的大党,如果没有理论思维、没有自己的符合时代和实践需要的哲学,就会没有根基,这个党就不会有应有的深度、厚度和高度,就根本不可能根深叶茂、雄浑厚重、高瞻远瞩,就会显得根基浅薄、随风摇摆,严重的话就会连根拔起。而按照马克思、恩格斯的说法,哲学是时代精神的精华。哲学是人类理论思维的升华和结晶,是指导人们实践——改造客观世界和主观世界的世界观和方法论。

马克思、恩格斯在创立为无产阶级和全人类彻底解放和全面而自由发展服务的共产主义学说时,所完成的两个伟大发现,一曰唯物史观,二曰剩余价值学说。这两个伟大发现,奠定了马克思主义的理论基础,形成了真正属于马克思主义的哲学和政治经济学。现在,我们党继承着他们的崇高事业,领导着 13 亿中国各族人民从事建设中国特色社会主义的伟大事业,同样不能没有理论思维,不能没有属于今日时代和实践需要的哲学,所以,相继应运而生了邓小平理论、"三个代表"重要思想。党的理论和路线方针政策关乎党的生命。党的十六大以来，党中央又提出了科学发展观、构建社会主义和谐社会等一系列重大战略思想。历史表明，只有不断实现党的理论和路线方针政策的与时俱进，我们党才能找到实现中国人民和中华民族根本利益的正确道路和科学方法，推动党和人民的事业不断从胜利走向新的胜利。

我们党对马克思主义理论的坚持和发展，还表现在执政理念方面。胡锦涛总书记在2003年7月1日的讲话中说："人心向背，是决定一个政党、一个政权盛衰的根本因素。马克思主义政党的理论路线和方针政策以及全部工作，只有顺民意、谋民利、得民心，才能得到人民群众的支持和拥护，才能永远立于不败之地。"他还多次强调地讲过要"立党为公，执政为民"、"权为民所用，情为民所系，利为民所谋"的执政理念。

谋全体社会成员的幸福和全面而自由的发展，是共产党和科学社会主义的本质要求。马克思所创立的共产主义学说，是无产阶级和全人类求得彻底解放和全面而自由发展的精神武器。创立这一伟大学说时，无产阶级当时虽然还是一个最受剥削、压迫和奴役的阶级，是一个最无权利和权力的阶级，但是马克思根据社会发展的规律和无产阶级所处的历史地位，揭示了它是一个最有力量和最有伟大前途的阶级，发现了无产阶级是资本主义制度的掘墓人，阐明了无产阶级的历史使命，坚定地认为无产阶级能够自己解放自己，而且无产阶级只有解放全人类才能最后解放自己。无产阶级获得解放后所建立的代替资产阶级旧社会的，应当是在保证社会生产力高度发展的同时，又保证每个生产者个人最全面发展的新社会。

近读报刊，发现近来还有人反对"以人为本"这个提法，他们说"以人为本"是不讲阶级分析的（见2007年4月16日《北京日报》）。为了反驳这种错误论调，李步云先生讲了七条理由，都很有力。我想补充的是，在无产阶级取得统治地位，共产党成为执政党以后，正确的阶级观点应当是怎样的，在这个重大问题上，我们不妨请教请教无产阶级的革命导师，重新学习学习马克思、恩格斯、列宁他们是怎样论述的。恩格斯在《共产主义原理》一文中指出："根据共产主义原则组织起来的社会，将使自己的成员能够全面发挥他们的得到全面发展的才能。"①马克思和恩格斯在其纲领性文献《共产党宣言》中更明确地宣布："代替那存在着阶级对立的资产阶级旧社会的，将是这样一个联合体，在那里，每个人的自由发展是一切人的自由发展的条件。"马克思在其经典名著《资本论》中也强调地指出：代替资产阶级旧社会的新社会是"以每个人的全面而自由的发展为基本原则的社会形式"。

列宁在领导俄国十月革命前、后，继承了马克思、恩格斯上述根本的理论观点，关于无产阶级取得社会主义革命胜利后，无产阶级的革命党成为执政党，它所领导的社会，它所组织的新的社会生产，要保证满足社会全体成员的需要，保证全体社会成员的充分福利和全面而自由的发展，作过非常明确的论述。1902 年，列宁在《对普列汉诺夫的第二个党纲草案的意见》一文中说，这种社会生产"不仅满足社会成员的需要，而且保证社会全体成员的充分福利和自由的全面发展"。② 列宁在"全体"和"充分"两个词下面还加了着重号，以示强调。十月革命胜利后两年，1919 年列宁在《俄共（布）纲领草案》一文中又指出，这种社会生产要"保证社会全体成员的福利和全面发展，将消灭社会的阶级划分，从而解放全体被

---

① 《马克思恩格斯选集》第 1 卷，人民出版社 1995 年版，第 243 页。
② 《列宁全集》第 6 卷，人民出版社 1986 年版，第 218 页。

压迫的人类,因为它将消灭社会上一部分人对另一部分人的一切形式的剥削"。① 对于列宁的这两段重要论述,我们应当注意如下几点:1.列宁的这一重要思想直接继承了马克思、恩格斯根本的指导思想;2.时间相隔17年,可见是列宁长期的思想;3.其间经历了俄国十月社会主义革命,党经历了从革命到执政的根本性变化,可见其思想是一贯的;4.列宁两次都是在研究和讨论制定党的纲领时阐述这样的思想的,可见是郑重其事和经过深思熟虑的,而且是在争论中提出的,是经过比较和仔细推敲才提出的。这几点足以提醒我们应当非常重视列宁的这一重要思想。

我们党也继承和发展了马克思、恩格斯、列宁的上述思想,在党的八大,根据中国社会已经发生了翻天覆地变革的新的现实,勇敢地提出了中国社会的主要矛盾已经不是阶级斗争,而是人民日益增长的物质文化需要同落后的社会生产之间的矛盾。党的十二大总结了八大以后正反两个方面的经验教训,不但坚持了八大关于我国社会主要矛盾的科学论断,而且进一步在《党章》的总纲中郑重地、明确地规定:"发展社会生产力,满足社会成员日益增长的物质文化生活的需要。"我们党自进入改革开放年代以来,一直坚持和发展着党的十一届三中全会和十二大的基本理论和基本路线,坚持和发展着马克思、恩格斯、列宁关于共产党执政后要为全体社会成员谋幸福和全面而自由发展的根本指导思想。以人为本的科学发展观,构建社会主义和谐社会的战略指导思想正是坚持和发展了这一根本的指导思想,是真正称得上是发展着的马克思主义。

我们这样说,有人可能会问,那么,在建设中国特色社会主义

① 《列宁选集》第3卷,人民出版社1995年版,第718页。

的历史进程中,还有没有敌人? 还有没有阶级斗争? 当然还会有,这是《党章》中明确阐述过的:"由于国内的因素和国际的影响,阶级斗争还在一定范围内长期存在,在某种条件下还有可能激化,但已经不是主要矛盾。"某些人自外于社会主义社会的人民,与国际上的反华、反共、反社会主义的势力相勾结,不愿意承担社会主义社会成员的义务和责任,站在社会主义社会的敌对方面,在行动上破坏、颠覆社会主义制度,他们也就失去了做社会主义社会人民和社会成员的资格,转换成为社会主义社会的敌人。这时,已经成为社会主义社会主人的人民、社会成员当然要用斗争的方法将其反社会主义社会的活动粉碎。当然,人民运用手中的人民民主专政的、国家政权的力量粉碎了敌人的破坏、颠覆活动后,当敌人缴械投降后,人民还会采取教育改造的方法,将其改造成为社会主义社会合格的人民、合格的社会成员。我们党执政后,在正确路线指导下之时,历来都是这样做的,今后还会这样做。

　　"人民"这个名词,原来的本义就是全体社会成员。胡锦涛总书记说:"坚持以人为本","让发展的成果惠及全体人民。"① 又说:"切实维护和实现社会公平和正义,保障全体社会成员共享改革发展的成果"。② 在这里,"全体人民"的内涵与"全体社会成员"的内涵,完全重合。胡锦涛总书记的这些重要论述,正是对马克思、恩格斯、列宁和我们党的八大、十二大正确指导思想的继承和发展。党的十六届六中全会的《决定》通篇不仅从哲学层面、从思维方式的层面解决了共产党执政要为全体社会成员谋幸福和全面而自由发展的理论问题,而且从实践层面制定了一系列目标、任

---

① 《十六大以来重要文献选编》(下册),中央文献出版社 2006 年版,第 850 页。
② 《十六大以来重要文献选编》(中册),中央文献出版社 2006 年版,第 718 页。

务、方针、政策、措施和办法，坚持了理论同实践紧密相结合，与时俱进，高瞻远瞩，求真务实，正是发展着的马克思主义的新证明。

（原载《湖北社会科学》2007 年第 6 期）

啼血的杜鹃

——高放《中国政治体制改革的心声》读后

民主建设需要扎扎实实的制度建设,而不能仅停留在理论宣传和舆论造势的层面

腐败可以说是民主程度的测试剂、体温表;民主则可以说是根治腐败的根本之策、锐利的武器。

改革开放以来,党中央就一直在高倡反腐败,并采取了一系列严厉的反腐败措施,如果不是这样,不知腐败可能比今天还会严重多少倍。但即使党中央采取了如此严厉的反腐败之策的情况下,腐败并没有从根本上被扼制,反而有蔓延之势,这值得我们严肃反思、认真总结,并痛下决心加快根治这一顽症的根本之策——社会主义的民主制度建设。

加强社会主义民主和法制建设,我们党可以说年年讲、月月讲、日日讲,但是为什么还没有从根本上解决问题? 症结何在? 读了高放教授的新著《中国政治体制改革的心声》(重庆出版社出版),我得到了一些启发和感悟,民主建设不能停留于理论宣传和舆论造势的层面,而必须进行扎扎实实的制度建设,也就是要认真地、实实在在地进行政治体制改革。

政治体制改革,要把握好"度",快了不行,慢了也不行

政治体制改革,不能像"文化大革命"那样进行急风暴雨式的所谓"革命",而是一种认真地进行增量积累式的体制内的改革。因为是增量积累,所以特别艰难,快了不行,慢了也不行,"度"是必须很好把握的,但是又不能因为强调把握好"度"而停滞不前。

在政治体制改革上是存在封建残余等严重的阻力的,这一点邓小平已作过分析。正因为存在这种严重的阻力,所以要有十分坚定的决心、要用十分大的力量来冲破这种阻力。正是在如何推进政治体制改革、加强社会主义民主制度建设这个问题上,本书可说是一种呕心沥血的力作。

作者是把社会主义民主概括为党内民主、人民民主和党际民主三个领域,并着力论述了在这三个领域中如何进行民主和法治的制度建设,如何使民主和法治制度化、规范化、程序化,提出了一系列具体的设想和建议。这些设想和建议都不是空对空的议论,而是建立在扎实的马克思主义的理论基础之上和对国际共产主义运动、中国革命经验教训的深刻总结的基础之上,包括汲取了人类在民主和法治建设方面共有的文明成果,使人读起来感到有血有肉、言之有物、言之成理。特别值得肯定和赞扬的是,作者并没有因为这个问题政治上敏感,而且自己曾经遭到过误解,而有丝毫的顾虑和回避,而是畅所欲言、秉笔直书,毫不吞吞吐吐,言他人之未言、不敢言。表面上看这是一种勇敢,而实质这却是一种忠诚,是一种襟怀坦荡、忧国忧民之情怀。

作者在自序中说:"我时常想起宋朝诗人王令在七绝《送春》中留下的千古绝句:'子规夜半犹啼血,不信东风唤不回。'古代传说子规,即杜鹃鸟啼叫最苦时会啼血。清末诗人黄遵宪(1848～1905)在《赠梁任父同年》中还有肺腑之言:'杜鹃再拜忧天泪,精

卫无穷填海心。'但愿我呕心沥血、忧思含泪呼唤政治体制改革的心声会得到东风的回响。"但愿高放教授的这一心声能得到东风的回响,是为我为之作评的至盼。

我们的民主是社会主义须臾不可离的民主,是我们的一种内在需要

"民主",现在在世界上成了一个很时髦的词,成了个别国家手中推行单边主义、霸权主义的工具,哪个国家、哪个民族,如果不合它的心意,不顺它的眼,它就说那里不民主,就打着"民主"的幌子搞颠覆,甚至武力推行其所谓民主。这是一种极大的讽刺。我们过去说"革命"是不能输出的,实际上"民主"也是如此,你把"民主"讲得天花乱坠,但你用刺刀、枪炮、战争把"民主"当作礼物送人,是没有人会接受的,是必然会失败的。民主只有成为一国人民、一个民族的内在需要时,而且民主的实现形式、方式必须适应不同国家、民族的历史、文化特性和现实情况,并由各国各民族在实践中创造、选择,才能在那里根深叶茂、开花结果。

《中国政治体制改革的心声》,字里行间闪烁的都是社会主义须臾不可离的民主,都是中国人民和几代仁人志士所追求的民主,都是中国人民内在的一种需要,而绝对不会接受外部输入的"民主",中国人民吃帝国主义、霸权主义侵略的苦头已经够多的了,而且绝对不会忘记历史的经验教训。高放教授在几十万言的论著中,所论证、所建议的民主、法治建设的一系列新说,都是结合中国的具体国情,具体的历史、文化特性的肺腑之言。这些建言都是中国的"土特产",不是从西方来的舶来品,而且只是供我们党和中国人民创造和选择的建言。

民主是我党的一面旗帜，谈论民主不应成为顾忌

民主，在我们党的长期奋斗历程中，在中国人民长期进行的武装斗争中，是一面鲜亮的旗帜，我们党在取得全国政权前，就已经积累了实行新型民主的经验。对于这种经验，我们应当进行认真的总结，并在新的实践中发扬光大。不知从什么时候起，民主在一些人的眼中，似乎成了人们谈论的一种顾忌。这是很不正常的，是社会主义社会所不应有的一种怪现象。高放教授的新著，冲破了这种忌讳，书中不仅引经据典地讲述了他的一系列民主新说的活水源头，即马列主义经典原著，而且紧密结合中国人民所进行的社会主义民主、法治建设的实践，作了有说服力的论证。

（原载《北京日报》2006 年 7 月 3 日）

评价社会发展和进步的两种尺度

民主、法治、自由、平等、人权、博爱、公平、正义等等,是人类在漫长的历史进程中共同追求的价值和共同创造的文明成果。这种价值和文明成果,也正是我们党所制定的以人为本的科学发展观和构建社会主义和谐社会的战略指导思想所追求的理想,现在正日益得到人们的广泛关注。为了加深对这个问题的理解,我想从评价社会发展和进步的两种尺度、两个标准的角度来谈谈这个问题。

人的本质是人类创造文明的内在动力,人类文明是人的本质通过创造性活动的外化、物化和对象化,因此,人类文明同人的本质存在着内在的统一性,建设物质文明、制度文明、精神文明都是人的本质需要,在人类社会发展的历史上,它们是人类进步的阶梯。

人类文明同人的本质是一致的,那么,评价人类社会发展和进步的尺度、标准究竟是什么呢? 在唯物史观中,衡量一种社会形态的发展和进步,用生产力的发展作为标准、尺度进行评价,同用它是否符合人的本质的需要,是否有利于人的本质的发展这种价值尺度和标准进行评价,虽有区别,但两者有着内在的一致性。前者是从社会发展的物化成果的角度加以评价,后者是从这种物化成果满足社会主体——人的需要是好是坏、是正是负及其程度的角度加以评价。从这两个角度评价社会的发展和进步，是不可缺一的，马克思在评价人类社会的发展和进步时，是将这两种尺度和标准结合起来使用的。

马克思在其名著《政治经济学批判（1857—1858 草稿）》中说过，"古代的观点和现代世界相比，就显得崇高得多，根据古代的观点，人，不管是处在怎样狭隘的、民族的、宗教的、政治的规定上，毕竟始终表现为生产的目的，在现代世界，生产表现为人的目的，而财富则表现为生产的目的。"①马克思还揭露了他所生活的资本主义生产时期，普遍的物化过程表现为全面的异化，生产表现为为了某种纯粹外在的目的——例如财富——而牺牲人的目的本身。对于资本主义社会，这是不是一种价值评价呢？我想，谁都不会否认这是一种价值评价，并且，在马克思这里，这种价值评价又是同以生产力为尺度所进行的评价紧密结合着进行的。马克思在对资本主义社会作出这种价值评价的同时，还指出，如果抛掉资本主义生产的这种"狭隘的资产阶级形式"，换句话说，如果用新的社会形式例如生产者联合体的形式代替资本主义的旧形式，那么，财富正可以在普遍交换中造成个人的需要、才能、享用、生产力等等的普遍性，财富正是人对自然力（既是通常所谓的自然力，又是人本身的自然力）统治的充分发挥，正是人的创造天赋的绝对发挥。而这种发挥，可以使人类全部力量的全面发展成为目的本身。到那时，"人不是在某一种规定性上再生产自己，而是生产出他的全面性；不是力求停留在某种已经变成的东西上，而是处在变易的绝

---

① 《马克思恩格斯全集》第46卷（上册），人民出版社中文第1版，第486页。

对运动之中。"①在这里,马克思运用价值尺度和生产力尺度对资本主义和未来社会两种社会形态进行了评价。

在《资本论》中,马克思在论述扬弃了异化劳动的未来社会时,作过这样的评价:那时,"社会化的人,联合起来的生产者,将合理地调节他们和自然之间的物质变换,把它置于他们的共同控制之下,而不让它作为一种盲目的力量来统治自己;靠消耗最小的力量,在最无愧于和最适合于他们的人类本性的条件下来进行这种物质变换。"②"靠消耗最小的力量",说明了未来社会是最有利于生产力的发展的,这属于以生产力为尺度的评价;"最无愧于和最适合于他们的人类本性",则是明显的价值评价。这充分说明在未来社会中,这两种评价尺度是有机地融为一体的。

马克思说:"在资本主义制度内部,一切提高社会劳动生产力的方法都是靠牺牲工人个人来实现的"。③而在代替资产阶级旧社会的新的社会形式中则是"以每一个个人的全面而自由的发展为基本原则的"。④这种社会,在保证社会劳动生产力极高度发展的同时,又保证每个生产者全面而自由的发展。马克思坚持不仅要用生产力尺度,而且强调要用人的本质需要的尺度对社会的发展和进步进行全面的评价,这对我们今天加深对党中央所制定的以人为本的科学发展观和构建社会主义和谐社会的重大战略指导思想的理解和把握,具有重要的启迪和指导意义。

其实,两种评价尺度的统一性,正是马克思主义的一个根本特点,体现了它的既唯物又辩证的特性。马克思主义所以长盛不衰,

① 《马克思恩格斯全集》第 46 卷(上册),人民出版社中文第 1 版,第 486 页。
② 《资本论》第 3 卷,人民出版社 2004 年版,第 928~929 页。
③ 《资本论》第 1 卷,人民出版社 2004 年版,第 743 页。
④ 《资本论》第 1 卷,人民出版社 2004 年版,第 683 页。

经过 150 多年的风风雨雨,仍然保持着它的强大生命力,也在于这种统一性。马克思主义的以生产力为尺度同以价值为尺度之间是相互交融、相互渗透的,这在马克思主义中就是真、善、美的统一。追求真理,追求对客观世界及其规律的正确认识和自由自觉地运用,是人类的理想,与此同时,人类还追求善和美,民主、法治、自由、平等、人权、博爱、公平、正义,以及人与自然和谐相处、人与社会和谐相处、人与自身和谐相处、人的全面而自由的发展等等,都属于价值的追求。真、善、美对人类都是具有崇高价值的,都是人类所追求的理想境界,马克思在《1844 年经济学哲学手稿》中曾经强调地论证过,人类也是按照美的规律从事生产、从事劳动创造的。追求真、善、美是人类同其他任何动物的一个根本性的区别。我们在建设中国特色社会主义的伟大历程中所作的一切努力,都是对真、善、美理想境界的追求,因而是一项崇高的事业。

　　对每一种社会形态都应坚持用两种尺度去进行评价,这样才能是客观的、全面的、科学的。但是,两种尺度在每一种社会形态中的实现程度是有差别的,甚至是背道而驰的。在资本主义的雇佣劳动的社会条件下,正如马克思所说"创造无限的社会劳动生产力","是靠牺牲多数来强制地创造"①的。而在社会主义条件下,两种评价尺度可以实现真正的统一,可以相互促进、相辅相成、相得益彰,因为社会主义社会的全体劳动者是为了满足自身的物质文化需要,而自觉地去从事生产劳动创造,在生产力获得高度发展的同时,每个劳动者个人也可以获得相应的发展。

　　两种评价尺度的真正统一,对于从事中国特色社会主义建设事业的中国人民来说,具有极为重大的现实意义。邓小平指出,社

---

　　① 《马克思恩格斯全集》第 49 卷,人民出版社中文第 1 版,第 49 页。

会主义的本质,是解放生产力,发展生产力,消灭剥削,消除两极分化,最终达到共同富裕。这就告诉我们,巩固和发展社会主义必须认识和把握好两大任务:一是解放和发展生产力,极大地增加社会的物质财富;一是逐步实现社会公平与正义,极大地激发全体社会成员的创造活力和促进社会和谐。没有生产力的持久大发展,就不可能最终实现共同富裕,实现社会主义本质所要求的社会公平与正义;不随着生产力的发展而相应地逐步推进社会公平与正义,就不可能愈益充分地调动全体社会成员的积极性和创造活力,因而也就不可能持久地实现生产力的大发展。

在当今的时代,我们党在建设中国特色社会主义时,更加自觉地坚持了运用两种评价尺度。我们总是说,社会主义既能够促进生产力的快速发展,又能够将快速发展生产力的成果惠及全体人民。我们党总是在指导思想上要求中国特色社会主义又好又快地发展,"好"和"快"正是反映了衡量社会发展和进步的两个尺度的要求。我们党所制定的以人为本的科学发展观,构建社会主义和谐社会的重大战略指导思想,也是符合评价社会发展和进步的两种尺度的要求的。2007年3月5日,温家宝总理在全国人民代表大会十届五次会议上所作《政府工作报告》中,从全面落实科学发展观,加快构建社会主义和谐社会的高度,进一步论述了当前弘扬人类在漫长的历史进程中共同追求的价值观和共同创造的文明成果的具体内容,指出:发展民主,健全法制,是社会主义制度的内在要求。构建和谐社会,最重要的是加强民主法制建设,促进社会公平正义。要积极稳妥地推进政治体制改革,加快中国特色的民主政治建设。完善人民的民主权利保障制度,保障人民依法管理国家事务、管理经济和文化事业、管理社会事务。加强城乡基层自治组织建设。扩大基层民主,完善政务公开、厂务公开、村务公开等制度,保证人民依法直接行使民主权利。各级政府要坚持科学民主决策,完善重大问题集体决策制度、专家咨询制度、社会公示和听证制度、决策责任制度,依法保障公民的知情权、参与权、表达权、监督权。

对以生产力为标准和以人的本质需要为内容的价值标准这样两种评价尺度,我们应当全面地、辩证地加以把握和运用,不可偏废。可以说,以人为本的科学发展观和构建社会主义和谐社会的重大战略指导思想,强调以社会主义现代化建设为中心,全面加强经济建设、政治建设、文化建设与和谐社会建设,在大力发展生产力的同时,强调了价值观和价值评价的重要性,而这一战略指导思想的确立,武装全党和全国人民以后,就极大地、系统地从动因、动能和动力全方位、深度地开发了中国特色社会主义社会的发展潜力,极大地促进了我国全体劳动者能力和我们党执政能力的发展,促进了我国社会劳动生产力又好又快地发展。实践再一次雄辩地证明了两种评价尺度不但是统一的,而且是互相促进、互相制约的,我们只要更好地把握和运用两种尺度、两种标准,就必能极大地推动建设中国特色社会主义事业的发展,就必能极大地推动人的全面而自由地发展。

(原载《今日中国论坛》2007 年第 10 期)

对马克思主义原汁原味地解读

——《马克思主义与社会主义新论》读评

最近喜获高放教授的新著《马克思主义与社会主义新论》,饶有兴趣地开始了阅读,而且越读越有兴味,越读越发现书名中这个"新"字的意义和价值。这个"新"并不是标新立异之新,也不是单纯地为了"追新"而新。这个"新",完全是建立在马克思主义本意之上的,是对原汁原味的马克思主义的新发掘,是在现代条件下对马克思主义的新解读。

一、追求人类解放是马克思主义的核心主题

弄清楚马克思主义的真正含义,是坚持和发展马克思主义的出发点。但过去在马克思主义是什么的问题上,有这样那样的误解、曲解甚至是歪解。高放在该书的重点部分《马克思主义是人的解放学——加强对马克思主义科学整体研究献议》一文中,给马克思主义下了一个定义:马克思主义是"马克思恩格斯创立的无产阶级和全人类解放的科学",也可以简化为五个字的定义:马克思主义是"人的解放学"。

过去在一些人的印象中,马克思主义是和阶级斗争联系在一

起的,那么,说马克思主义是"人的解放学",是否符合马恩的本意? 高放认为,他的这个定义完全符合马克思、恩格斯思想的本意。对这一点,我完全同意。因为这是就马克思主义创始者本人原创的根本意图和历史本来的真实面貌来说的。

马克思主义创立后,在这么多年的实践和发展中,交织着胜利、成功和挫折甚至在一些国家和地区的暂时的失败。在这个过程中,学术界出现了对马克思主义各种各样的解读和定义,不少政党和革命者还根据这些不同的解读和定义,进行了各种各样的实践和试验。如果从马克思主义发展到今天的现实实践来说,高放在书中作出这个定义也是迫切需要的。全书共分四编:关于马克思与马克思主义;关于科学社会主义;关于世界资本主义与世界社会主义;关于中国特色社会主义。这四编中的主要论说都是以历史的眼光、从理论思维的高度、总结正反两个方面的经验教训,所以这个定义给人以厚重的历史感、强大的逻辑力量和强烈的现实感,是具有说服力的。无产阶级与全人类的解放问题,在马克思、恩格斯创立马克思主义时起就作为一个现实的课题提上了议事日程,进入了马、恩的视野,并成为马克思主义的核心主题。今天,无产阶级与全人类解放已成为一个时代的和实践的课题摆在世人的面前,在这个时候,高教授提出这个定义,表现了理论的与时俱进。

二、把马克思主义定义为"人的解放学",
有利于厘清一些人思想上的"迷障"

从作者作出这个定义后学术界、理论界的反映来说,高放教授的这个定义可以说是有的放矢,切中了长期流行的观点的要害。一篇文章、一部书出版后,如果引起社会上广泛的、强烈的反响,无论是正面的肯定、赞扬，还是反面的否定、反对和批评，都说明它产生了值得关注的社会效果。高放教授的这些新论发表后，有人肯定、赞成，有人否定、反对、批评，我认为这都是正常的思想现象，不足为奇为怪，因为真理是在辩论中发展的。有论者认为，高放教授的定义丧失了无产阶级的阶级性和党性，"马克思主义作为一种特殊意识形态，是一种有党性的学说，其基本意义就在于它不是一切人的解放的学说，而只是无产阶级解放的学说。如果离开无产阶级的解放而大谈人的解放，这只能是毫无意义的空谈。"对于这种批评，高放教授采取引用马克思、恩格斯原著的方式作了有力地回答。"当代要如何对待马克思主义"、"重新精读马列的点滴感悟"、"要澄清对'中国特色论'的种种误解"、"怎样理解马克思恩格斯思想的转变与发展"……高放在书中的一系列新论说明了批评者把马克思主义说成"只是无产阶级解放的学说"，是违反马克思主义的原意的。

对于马克思主义是不是"只是无产阶级的解放学、而不是一切人的解放的学说"这个问题，我们还是看看马克思、恩格斯自己是怎样说的。除了高放教授已作的引证外，我们还可以补充大量的引证，马、恩在1845年合著的《神圣家族》一书中指出，无产阶级"能够而且必须自己解放自己"。马克思还指出，无产阶级是这样的一个阶级，它"若不从其他一切社会领域解放出来并同时解放其他一切社会领域，就不能解放自己的领域"。① 马、恩在后来的一系列著作中不但反复论述了无产阶级必须自己解放自己和能够自己解放自己，而且反复论述了无产阶级只有解放全人类才能最后解放自己，其根本内涵就是"每个人的全面而自由的发展"

---

① 《马克思恩格斯全集》第1卷，人民出版社中文第1版，第466页。

（《资本论》），就是"每个人的自由发展是一切人的自由发展的条件"（《共产党宣言》）。无产阶级与全人类的解放这个核心主题，可以说是贯穿马克思、恩格斯全部著作中的一根红线。

　　从马、恩的这些论述来看，按照一些同志的看法，马、恩他们是不是也丧失了无产阶级的阶级性和党性？是不是在作"毫无意义的空谈"？真正的无产阶级的阶级性和党性不是一些同志所曲解的那一种，而是马、恩所代表的这一种！马、恩所坚持的这一根本原理绝对不是什么"空谈"，而是颠扑不破的真理！多年来，怎样改进在我国广大干部、群众中进行马克思主义基本理论的教育问题一直是人们关注和探讨的一个问题。所以高放说："人人生来都渴望得到自由解放，享有幸福美满生活，为此人人都要学习马克思主义，而且人人都可能愿意学习马克思主义。"

　　马克思、恩格斯已经明确为我们解决了这个根本问题，某些同志现在居然视而不见，这是一个值得人们深思的思想现象。针对资产阶级思想家想把阶级、阶级斗争永恒化的企图，马克思和恩格斯的一个伟大贡献就是论证了阶级的产生和存在、阶级斗争、阶级专政的出现和存在，都是一定历史时期的现象，绝不是一直存在的永恒的现象。这一马克思主义的基本原理，现在却被某些同志遗忘了，甚至不只是遗忘了，而且仍然把对马克思主义及其阶级性与党性的曲解当作金科玉律。这种曲解至今仍是某些人思想上的一种"迷障"，挥之不去。理论研究贵在创新，只有敢讲真话、实话、新话、深话，才能在学术上有所建树。所以，高放在书中提出，"一个学者不能墨守成规、人云亦云，不能'左'右逢源"。这本书体现了高放教授的这种为学、为文之道。

　　在书中，围绕"人的解放学"这一核心主题，高放教授还从各个角度，展开了自己对马克思主义、科学社会主义的理解，不仅观点新,而且资料新,语言活,实现了理论研究的深度与语言表达的可读性之间的统一,使理论变得可读,可亲。

（原载《北京日报》2007 年 9 月 17 日）

科学发展观是对马克思主义
主体性思想的继承和发展

毛泽东在《实践论》的结束语中有句名言:"世界到了全人类都自觉地改造自己和改造世界的时候,那就是世界的共产主义时代。"①

无产阶级革命导师对共产主义时代从各种不同的角度有多种不同的描述和表达,有从生产力获得高度发展,物质财富将充分涌流;有从精神生活角度描述人们的精神文化生活丰富多彩,精神财富也将充分涌流;有从社会发展的角度展示人们和谐相处,世界大同;有从人的生存状态憧憬每个人将获得全面而自由的发展,等等。但是,毛泽东却独辟蹊径,用富有哲理的语言告诉我们,只有当全人类都自觉地改造自己和改造世界的时候,才能进入共产主义时代。

对于毛泽东的这句名言,我过去学习时只是觉得这一说法很新颖、很别致、很深刻,真正是一位哲人之思,也没有更多地思考它包含深刻的内涵和丰富的内容。最近,再次联系实际学习这句名言时,并同其他革命导师有关共产主义的论述联系起来思

---

① 《毛泽东选集》第 1 卷,人民出版社 1991 年版,第 296 页。

索，获得了一些新的启示和感悟，现在写出来与有兴趣的同道者共切磋。

一、毛泽东的这一论述的独特之处在于：理想社会的新人不仅要自觉地改造客体、客观世界，而且要自觉地改造主体、主观世界

　　共产党人的理想社会，是以"共产主义社会"来标示的，但是，人们心目中的理想世界也可以用其他名称来标示。不管用什么样的名称来标示，古往今来世世代代的人们对人类美好未来的憧憬都离不开天下为公、世界大同，人与人和谐相处、共享人类所创造的文明和幸福这种理想。这样的理想境界，首先需要有生产力的高度发展，社会物质财富和精神财富的充分涌流，人们过着充裕的、丰富的物质文化生活。这是人类达到理想境界的物质技术基础，没有这基础是万万不行的，不去扎扎实实地创造这个条件，那只能是一种乌托邦、一种空想。但是，光有这一条，没有其他条件的匹配、制约，那将会误入歧途，陷于只是追求物欲的满足，也是万万不行的。毛泽东的表述的绝妙之处就在于它把人们的物质追求同精神追求统一了起来，把人们对客观世界的改造同人们对自身主观世界的改造统一了起来，所以我们要将物质文明、制度文明和精神文明建设结合起来进行。

　　强调理想的、未来社会的人对客观世界和主观世界的改造，是完全符合马克思主义的本质要求的。马克思在创立自己的新哲学时，非常强调自己的新哲学同传统的旧哲学的根本不同之处就在于旧哲学只是为了说明世界，而不是为了改变世界，马克思在批判旧哲学时强调地说："哲学家们只是用不同的方式解释世界，而问

题在于改变世界。"①而"改变世界"就要去实践，而人类的实践归根结底就是改造客观世界和改造主观世界，就是改造自然、改造社会和改造人类自身。

二、达到两个"自觉地改造"需要很多的主体条件

要达到两个"自觉地改造"，除了生产力要有高度的发展，物质技术基础雄厚，还需要主体对客观世界和主观世界发展规律的正确认识和准确把握，不使客观规律成为制约、控制、支配人们的异己力量。在阶级社会中，人们对客观世界和主观世界发展的客观规律的认识，不仅受到当时的生产力发展水平、人类认识能力的制约，而且受到阶级利益、阶级局限性的制约，客观规律对于活动着的人类就是一种盲目的异己力量，人们常常由于违背客观规律而受到惩罚。到了理想社会，人们不但由于生产力有了高度的发展和认识能力有了很大的提高，因而人们认识、把握、运用客观规律的能力也有了高度的发展，而且由于消灭了阶级，阶级利益及其局限性也随之消失，人们成了自然界、人类社会和人类自身活动的主人，人们可以自由自觉地认识客观规律，从而可以自觉地改造客观世界和主观世界。

毛泽东的这一表述，充分地凸显了主体性的重要性。马克思的新哲学——唯物史观，是在批判了费尔巴哈的旧唯物主义后建立起来的。马克思《关于费尔巴哈的提纲》这篇著名文献开宗明义的第一句话便是："从前的一切唯物主义（包括费尔巴哈的唯物主义）的主要缺点是：对对象、现实、感性，只是从客体的或直观的

---

① 《马克思恩格斯全集》第3卷，人民出版社中文第1版，第6页。

形式去理解,而不是把它当作感性的人的活动,当作实践去理解,不是从主体方面去理解。"①毛泽东关于两个"自觉地改造"的思想,继承和坚持了马克思主义哲学凸显人的主体性、实践性这一根本特性,所以在中国革命实践中发挥了强大的哲学指导作用。

以胡锦涛为总书记的党中央创造性地根据时代的、实践的需要所制定的以人为本的科学发展观,在现代条件下继承和发展了马克思、毛泽东凸显人的主体性的哲学,将党的创新理论建立在深厚的马克思主义哲学基础之上,将极大地动员建设中国特色社会主义的 13 亿主体,充分发挥其主体性,必将形成强大的动力源。

在党的十六届三中全会将"以人为本"作为党的指导思想写进中央全会的正式文件之际,一位著名的论者敏锐地看到了它的重大理论价值和深远的历史意义,在为一个刊物所写社论中说:"以人为本作为指导思想的确立,不仅是某个理论观点的变化,或某一思想观念的更新,而是一种思维模式的转换。思维模式的转换导致发展观的转变。以人为本的新的发展观是对以物为本发展观的根本变革,它的实质就是发展的目的是人。"并以热烈的口吻强调说:"用以人为本的思想作指导,确立新的发展观,调整国家发展战略,其意义之重大,影响之深远,随着时间的推移,将会愈来愈清晰地显示出来。它像冲出地平线的太阳开启新的一天那样,标志着一个新时代的开始"(见段若非为2004 年 2 月 20 日出版的《当代思潮》撰写的社论:《以人为本,实行五个统筹发展战略》)。时间过去了五年,实践和事实越来越证明这个判断的敏锐和准确。五年的事实也证明了党中央思维模式的转换和国家发展战略的调整、转换是极不容易的,碰到了重重阻力和障碍。人们记忆犹新,

---

① 《马克思恩格斯选集》第 1 卷,人民出版社 1995 年版,第 54 页。

在极左思潮肆虐时，中国曾经出现过"谈人色变"的黑暗时期，这种现代愚昧，至今还阴魂不散，禁锢着某些人的头脑，他们仍用"谈人色变"的传统观点和思维模式质疑党中央所制定的以人为本的科学发展观。恢复"人"在马克思主义唯物史观中的应有地位，仍然是我们理论工作者、哲学工作者的一项重要任务。唯物主义的、实践的人本观，本来就是唯物史观中的一个核心观点，但是在"左"的传统观点的操控下，长期被埋没了，至今仍有人用被曲解、被肢解了的无人的所谓"唯物史观"来禁锢人们的头脑。在现今的形势下，我们重温毛泽东的两个"自觉地改造"的思想，也是有重大的现实意义的。毛泽东的两个"自觉地改造"的主体就是唯物史观中的人，在毛泽东的实践哲学中，人的主体地位是确立着的，人在改造自然、改造社会、改造人类自身的实践活动中，必须充分地、自觉地发挥自己的主体作用，这在中国的革命和建设、改革和开放中被证明是完全正确的。党中央所制定的科学发展观中的"以人为本"，正是建立在从马克思到毛泽东所坚持的以人为本的唯物史观上的，因而也是完全正确的。

三、理想社会是美好的，但需要每个人自觉地改造，把理想社会的实现同每个人的责任统一起来

毛泽东的两个"自觉地改造"的思想，同马克思、恩格斯的每个人获得全面而自由发展和从必然王国到自由王国飞跃的思想是相通的。能够自觉地改造世界和改造自己，也就是说人获得了全面而自由的发展，获得了强大的改造世界和改造自己的能力，这样就必能取得社会生产力的极快速、极高速的发展，在生产力的这种

发展中,人自身也必能获得全面而自由的发展,这两种改造、两种发展,是相互统一、相辅相成、相得益彰的。在这种统一、相成、益彰中,人也就成了自然、社会和人自身的主人,完成了从必然王国到自由王国的飞跃。当然,这并不是人类历史发展的终结,人类为了保持这种美好的理想状态,仍必须永远地坚持两个"自觉地改造"。这就是历史发展的辩证法。

毛泽东的两个"自觉地改造"的重要思想,它的高明之处,就是把理想社会的实现同每个人的责任联系了起来。人们追求理想社会,是一种崇高的价值追求。理想社会之所以能够成为人们的向往、憧憬,人们甚至不惜牺牲自己的生命去追求它的实现,就在于理想社会最适合人类本性之需要。这种美好的、崇高的价值追求,不能依靠别人去为我们创造,而完全依靠全人类每一个人的创造,所以,构建理想社会就成为每个人的责任,这就将价值追求同每个人的责任、贡献统一了起来,现在党中央领导全党、全国人民共建、共享社会主义和谐社会,所以能够如此深得党心、民心,发生如此强大的动员作用,正是因为把这两者很好地统一了起来。

以人为本的科学发展观和构建和谐社会的重大战略指导思想,在实践中之所以能够发挥强大的动员作用,精神力量转化为物质力量,还在于它抓住了建设中国特色社会主义事业的根本,正如马克思所说:"批判的武器当然不能代替武器的批判,物质的力量只能用物质力量来摧毁;但是理论一经掌握群众,也会变成物质力量。理论只要说服人,就能掌握群众;而理论只要彻底,就能说服人。所谓彻底,就是抓住事物的根本。但是,人的根本就是人本身。"①以人为本的科学发展观和构建社会主义和谐社会的战略指

---

① 《马克思恩格斯选集》第 1 卷,人民出版社 1995 年版,第 9 页。

导思想,正因为它是建设中国特色社会主义事业的根本之策,所以能够说服群众、掌握群众、动员群众,转化为强大的物质力量。

四、理想社会的每一个追求者都应当将两个"自觉地改造"作为座右铭

我们生活在现实社会中,现在的中国还处于社会主义的初级阶段,还需要几代人、十几代人,甚至几十代人的努力奋斗,才能达到理想境界,即使到了理想境界,人类也不会停下前进的脚步,仍要不断自觉地改造自己和改造世界,所以,人类一刻也不能停止两个"自觉地改造",而且正因为还要越过漫长的道路,所以更需要坚定不移,更需要有韧性。因此,我们应当把"自觉地改造自己和自觉地改造世界"作为座右铭,永远用它来指导自己的实践。

(原载《今日中国论坛》2008 年第 1 期)

科学社会主义的
实践形态和理论形态

　　胡锦涛总书记在党的十七大报告中强调指出,中国特色社会主义道路,就是在中国共产党领导下,立足基本国情,以经济建设为中心,坚持四项基本原则,坚持改革开放,解放和发展社会生产力,巩固和完善社会主义制度,建设社会主义市场经济、社会主义民主政治、社会主义先进文化、社会主义和谐社会,建设富强民主文明和谐的社会主义现代化国家。中国特色社会主义道路之所以完全正确、之所以能够引领中国发展进步,关键在于我们既坚持了科学社会主义的基本原则,又根据我国实际和时代特征赋予其鲜明的中国特色。在当代中国,坚持中国特色社会主义道路,就是真正坚持社会主义。

　　胡锦涛总书记接着又强调指出,中国特色社会主义理论体系,就是包括邓小平理论、"三个代表"重要思想以及科学发展观等重大战略思想在内的科学理论体系。这个理论体系,坚持和发展了马克思列宁主义、毛泽东思想,凝结了几代中国共产党人带领人民不懈探索实践的智慧和心血,是马克思主义中国化最新成果,是党最可宝贵的政治和精神财富,是全国各族人民团结奋斗的共同思想基础。中国特色社会主义理论体系是不断发展的开放的理论体系。《共产党宣言》发表以来近160年的实践证明，马克思主义只有与本国国情相结合、与时代发展同进步、与人民群众共命运，才能焕发出强大的生命力、创造力、感召力。在当代中国，坚持中国特色社会主义理论体系，就是真正坚持马克思主义。

中国特色社会主义道路和中国特色社会主义理论体系，是中国共产党人运用科学社会主义、马克思主义与时俱进的最新成果，是科学社会主义、马克思主义与新的时代特征和中国国情相结合的实践形态和理论形态。对于这种实践形态和理论形态，我们不但应当倍加珍惜，而且应当进行认真的、深入的学习和研究。为了使这种学习和研究富有成果，我们必须结合科学社会主义、马克思主义的思想发展史来进行深入的思考。

自从马克思、恩格斯创立科学社会主义以来，已经经历了160多年风风雨雨的考验，至今仍然生机勃勃。科学社会主义的核心主题就是关于世界无产阶级和全人类解放的问题。结合科学社会主义的思想发展史来学习、研究中国特色社会主义道路和理论体系，从根本上说也就是要结合科学社会主义是怎样解决这个核心主题的思想发展史来进行学习和研究，只有这样，才能准确把握中国共产党人在将马克思主义中国化的过程中，在实践和理论上的创新成果对世界社会主义运动和全人类解放运动所作贡献的杰出作用和重大价值。现在，就让我们来简要地回顾一下科学社会主义是怎样回答全世界无产阶级和全人类解放这个核心主题的。

一、无产阶级和全人类解放的两种形式、途径和前途

马克思、恩格斯是世界无产阶级的思想家、革命导师和领袖，他们不但亲身参加了欧洲无产阶级波澜壮阔的阶级斗争和革命运

动,用自己的智慧和谋略指导这样的斗争和运动,而且不断研究和总结这些斗争和运动的经验教训,在他们一生的著作中,都在研究和阐述无产阶级和全人类的解放问题。对于这个问题不但有大量的论述,而且在不同的历史时期他们理论思维的兴奋点、论述的重点也在发生变化,有时还提出新的论点修正以前的论述,所以对他们关于无产阶级和全人类解放的形式、途径和前途的论述,人们不能抓住某一个时期、某一种观点,将其固定化、永恒化,不能抓住一点不计其余,而应当进行综合的、总体的研究和把握,将其放到无产阶级革命斗争不断发展和变化的形势中去进行研究和把握,看到它的发展和变化,领会其精神实质。也就是说要用马克思主义的方法去研究马克思主义。其实,这种方法马克思、恩格斯早就教导过我们。恩格斯曾经告诫过人们,马克思主义不是教义,必须在实践中不断地丰富和发展。《共产党宣言》发表 25 年后,马克思、恩格斯在《1872 年德文版序言》中就公开地说过:《宣言》中所阐述的一般原理"是完全正确的"但"有些地方已经过时了",并强调"这些原理的实际运用,正如《宣言》中所说的,随时随地都要以当时的历史条件为转移"①。马、恩关于无产阶级和全人类解放的具体形式、途径和前途的论述,都是根据当时的历史条件和阶级斗争的形势作出的,所以不同的时期、面对不同的历史条件和形势,有多种不同的表述,我们应当结合不同时期的历史发展的实际情况来理解和把握。结合研究马、恩这方面的论述,概括起来说,在解放的形式、途径和前途方面,大体上有两种,一曰暴力革命,二曰和平过渡。19 世纪中期,在欧洲大陆,无产阶级的武装起义此起彼伏,到处筑街垒,进行巷战,所以在 1848 年的《共产党宣言》及其

---

① 《马克思恩格斯选集》第 1 卷,人民出版社 1995 年版,第 248 页。

以后的一系列著作中,马、恩特别强调无产阶级要通过暴力革命,要打碎资产阶级的旧国家机器,要建立无产阶级专政,来实现无产阶级以至全人类的解放。到了 19 世纪后期,欧洲无产阶级的处境和革命斗争形势发生了很大的变化,资本主义出现了许多结构性的变化,资产阶级调整了统治和社会治理方式,无产阶级的生存状态也发生了很大的变化,无产阶级的阶级斗争形势处于低潮,出现了相对和平发展时期。正是在这种形势下,1895 年 3 月 6 日,恩格斯在《卡·马克思〈1848 年至 1850 年的法兰西阶级斗争〉一书导言》中,对马克思主义的整个理论体系进行反思和总结,他说:"历史表明我们也曾经错了,暴露出我们当时的看法只是一个幻想。历史走得更远:它不仅打破了我们当时的错误看法,并且还完全改变了无产阶级借以进行斗争的条件。1848 年斗争方法(指暴力革命——引者注),今天在一切方面都已经过时了,这一点值得在这里比较仔细地加以探讨。"①接着恩格斯又说:"实行突然袭击的时代,由自觉的少数人带领着不自觉的群众实现革命的时代,已经过去。""近 50 年来的历史,已经教会了我们认识这一点。"②

接着,恩格斯还进一步分析了深层的经济原因,他说:"历史表明,我们以及所有和我们有同样想法的人,都是不对的。历史清楚地表明,当时欧洲大陆经济发展的状况还远没有成熟到可以铲除资本主义生产的程度;历史用经济革命证明了这一点,从 1848 年起经济革命席卷了整个欧洲大陆,在法国、奥地利、匈牙利、波兰以及最近在俄国刚刚真正确立了大工业,而德国简直就成了一个头等工业国,——这一切都是以资本主义为基础的,可见这个基础

---

① 《马克思恩格斯选集》第 4 卷,人民出版社 1995 年版,第 510 页。
② 《马克思恩格斯选集》第 4 卷,人民出版社 1995 年版,第 521 页。

在 1848 年还具有很大的扩展能力。"①

恩格斯还指出："既然连这支强大的无产阶级大军（指用'得到大家公认的、透彻明了的、明确表述了最终目标的理论'即'马克思的理论'武装起来的'社会主义者的国际大军'——引者注）也还没有达到目的，既然它还不能以一次重大的打击取得胜利，而不得不慢慢向前推进，在严酷顽强的斗争中夺取一个一个的阵地，那么这就彻底证明了，在 1848 年要以一次简单的突然袭击来实现社会改造，是多么不可能的事情。"②

正是在这篇著名的导言中，恩格斯根据历史发展的新的现实，论述了无产阶级进行阶级斗争谋求解放的新形式、新途径。1870年至 1871 年的战争和巴黎公社的失败，欧洲工人运动的重心从法国移到了德国，德国工业获得了快速的发展，而德国社会民主党也要更加迅猛和持续地成长。恩格斯详细论述了德国工人善于利用1866 年实行的普选权，"党的惊人的成长就以无可争辩的数字展现在全世界面前"③，恩格斯详细地记录了德国社会民主党所得选票的情况后说："德国工人仅仅以自己作为最强有力、最守纪律并且增长最快的社会主义政党的存在，就已经对工人阶级事业作出头一个重大贡献，除此以外，他们还对这个事业作出了第二个重大贡献，他们给了世界各国同志一件新的武器——最锐利的武器中的一件武器，向他们表明了应该怎样使用普选权。"④

普选权在法国老早就已经存在了，在罗曼语族各国的革命工人都惯于把选举权看做陷阱，看做政府的欺骗工具。但在德国，情

---

① 《马克思恩格斯选集》第 4 卷，人民出版社 1995 年版，第 512 页。
② 《马克思恩格斯选集》第 4 卷，人民出版社 1995 年版，第 513 页。
③ 《马克思恩格斯选集》第 4 卷，人民出版社 1995 年版，第 515 页。
④ 《马克思恩格斯选集》第 4 卷，人民出版社 1995 年版，第 516 页。

况就不同了,恩格斯引用马克思写的《法国工人党纲领导言》中的话说:"选举权已经被他们由历来是欺骗的手段变为解放的手段。"①

恩格斯进一步说:"由于这样有成效地利用普选权,无产阶级的一种崭新的斗争方式就开始发挥作用,并且迅速获得进一步的发展……结果弄得资产阶级和政府害怕工人政党的合法活动更甚于害怕它们的不合法活动,害怕选举成就更甚于害怕起义成就。""因为这里斗争的条件也已经发生了根本的变化。旧式的起义,在 1848 年以前到处都起决定作用的筑垒巷战,现在大大过时了。"②

正是恩格斯在这篇导言中,系统地阐述了无产阶级以至全人类解放的另一种形式、途径和前途,即和平过渡、和平扬弃。

暴力革命与和平过渡,都是马克思、恩格斯论证过的无产阶级以至全人类解放的形式和途径。这两种形式和途径,在俄国革命、中国革命以及北欧、西欧、东欧一系列国家的发展中,有过争论,有过试验,有过胜利,也有过挫折和失败,因此,这是一个可以争论和不断试验的课题。对于探讨和试验中出现的各种模式是可以实事求是地进行研究和评论的。俄国十月革命的胜利,在人类漫长的发展史上,破天荒第一次成功建立了社会主义制度。在这个过程中,列宁灵活地、创造性地运用马克思主义,特别是其中关于阶级斗争、暴力革命和无产阶级专政的思想,形成了列宁主义。这是马克思主义的一次伟大的实践和胜利。我们不能因为后来的一些失误和 1991 年苏共和苏联的瓦解,就全盘否定列宁的贡献和十月社

---

① 《马克思恩格斯选集》第 4 卷,人民出版社 1995 年版,第 516~517 页。
② 《马克思恩格斯选集》第 4 卷,人民出版社 1995 年版,第 517~518 页。

会主义革命胜利的伟大历史意义。中国新民主主义革命的胜利和新中国的建立,是中国共产党人和毛泽东在东方的半封建半殖民地的落后国家中,灵活地、创造性地运用马克思列宁主义的成功,在这个过程中形成了毛泽东思想,都是具有伟大历史意义的。我们同样不能因为毛泽东晚年的错误和"文化大革命"的十年动乱,而全盘否定中国新民主主义革命胜利的伟大意义和毛泽东思想的价值,只应当恰如其分地否定该否定的错误,而不应该否定一切。如果那样做,必将陷入历史虚无主义,是不会有好结果的。至于欧洲社会民主党,在他们生活的历史条件下,遵从他们的现实和传统,实行民主社会主义那也应当是允许的,对于他们的理论和实践成果,这已是一种客观存在的事实,人们应当将其当做人类共同创造的物质和精神财富,进行客观冷静和实事求是的研究,该肯定的肯定,该否定的否定,而且不能不顾其他国家和地区的具体条件生搬硬套。对于社会主义的各家各派,人们不应该搞思想、文化的专制主义,搞只此一家,别无分店。而应搞兼容并蓄、百花齐放、博采众家之长,这样才能使社会主义茁壮成长、长盛不衰、永葆青春活力。

马克思、恩格斯对自己创立的思想、学说、主义,根据社会历史和阶级斗争形势的发展变化,就曾不断地进行修正,这是一种正常的现象,是不断发展马克思主义的必需。对于马、恩后来修正了的以前的思想、观点,也不能采取一笔勾销、否定其曾经存在过的事实。这些被修正的思想、观点是马克思主义发展的一些不可缺少的环节,是不能抹杀或不予承认的,这样做也是不科学、不实事求是的,也不能正确地认识和理解马克思主义是怎样发展的。例如,对马克思主义中的阶级斗争、暴力革命、无产阶级专政等等思想、观点,将其僵化、绝对化、永恒化,搞阶级斗争万岁、暴力革命万岁、无产阶级专政万岁,固然不对,但将其妖魔化、丑化,否定马、恩曾经着力地论证过,企图将其一笔勾销、将其抹杀,也是不对的,对研究和发展马克思主义也是不利的。理论思维中失当、失误,也是一种思想财富。有一句至理名言,叫做"失败是成功之母",错误可以为正确开辟道路,这是符合辩证法的,是符合辩证思维的规律的。一个严肃的党,一个郑重的党,从自己的错误、挫折、失败中学习,是一种最有效的学习。中国共产党在长征途中的遵义会议上和后来的延安整风学习中,清算了自己所犯的错误,开启了胜利之门,迎来了中国新民主主义革命的胜利和新中国的建立。粉碎"四人帮"、结束"文化大革命"十年动乱后召开的党的十一届三中全会及其接着进行的拨乱反正,不仅纠正了十年"文化大革命"的错误,而且纠正了20年搞以阶级斗争为纲的"左"的错误,开通了胜利之途,中国共产党走上了改革开放、建设中国特色社会主义的光辉道路,取得振兴中华民族、复兴社会主义的伟大胜利。所有这些都说明,错误、失败并不可怕,只要认真学习,从中汲取经验教训,就定会重新走向成功和胜利。

二、对现代资本主义的再认识

马克思、恩格斯逝世后,资本主义社会又有了一百多年的发展。在这一百多年中,社会生产力有了更快更大的发展,其成就比其前一百多年的发展不知超出多少倍。在这期间,世界资本主义体系还曾遭到俄国十月革命、中国新民主主义革命以及其他国家和地区的革命运动的冲击。一百多年的风风雨雨,可供人们反思的内容十分丰富。马克思在《政治经济学批判》序言中说:"无论哪一个社会形态,在它所能容纳的全部生产力发挥出来以前,是决不会灭亡的;而新的更高的生产关系,在它的物质存在条件在旧社会的胎胞里成熟以前,是决不会出现的。所以人类始终只提出自己能够解决的任务,因为只要仔细考察就可以发现,任务本身,只有在解决它的物质条件已经存在或者至少是在生成过程中的时候,才会产生。"① 马、恩生前已经看到,"历史清楚地表明,当时欧洲大陆的经济发展的状况还远没有成熟到可以铲除资本主义生产的程度。"② 恩格斯还根据席卷了欧洲大陆经济革命的事实指出:"这一切都是以资本主义为基础的,可见这个基础在 1848 年还具很大的扩展能力。"③

　　在《共产党宣言》中,马克思、恩格斯非常客观冷静、实事求是地肯定过"资产阶级在历史上曾经起过非常革命的作用"。④ 并用热烈的口吻描述了资产阶级在它的不到一百年的阶级统治中所创造的生产力,比过去一切世代创造的全部生产力还要多,还要大。自然力的征服,机器的采用,化学在工业和农业中的应用,轮船的行驶,铁路的通行,电报的使用,整个整个大陆的开垦,河川的通航,仿佛用法术从地下呼唤出来的大量人口,——过去哪一个世纪料想到在社会劳动里蕴藏有这样的生产力呢?

　　现代资本主义不但没有被铲除,反而以更快的速度、更大的规模发展生产力,近一百年特别是第二次世界大战后的半个世纪,新科技获得了比以往一百多年生产力发展超出不止一倍数倍,而是几十倍、上百倍。面对这样的现实,马、恩如果还健在将会作出怎样的评论呢? 对自己以往的某些论断将会作出怎样的反思和修正? 其实,马、恩在其晚年已经敏锐地觉察到了这个问题,并且作

---

① 《马克思恩格斯选集》第 2 卷,人民出版社 1995 年版,第 33 页。
②③ 《马克思恩格斯选集》第 4 卷,人民出版社 1995 年版,第 512 页。
④ 《马克思恩格斯选集》第 1 卷,人民出版社 1995 年版,第 274 页。

出了初步的探索。对于马克思、恩格斯所作的这种可贵的探索,过去在"左"的教条主义的禁锢下,长期不被人们重视,甚至有点被埋没,现在应当引起人们的高度关注。

现代资本主义社会生产力的发展并没有枯竭,也没有停滞,而是仍以超高速度在发展,是值得好好地进行深入研究的课题,现代科学技术的迅猛进步,带动了全社会生产力的大发展。现代科学技术的大发展是需要与其相适应的社会历史条件的,这就需要对现代资本主义的生产关系、社会体制、社会运行机制、社会治理模式、资产阶级的统治方式进行客观冷静、实事求是的研究。马克思、恩格斯晚期著作对资本主义社会所发生的结构性的变化和新的社会治理模式的变化、资本运行新机制的出现等等的论述,实际上已经提出了对资产阶级社会改造的新形式、新途径和新的前途,即和平过渡、和平扬弃问题。

对于现代资本主义的发展,还有一个重要的原因是不能忽视的,这便是工人阶级所进行的阶级斗争、世界社会主义革命运动和社会主义事业的发展对其冲击和影响。资产阶级从这种斗争、冲击和影响中也汲取了经验教训,学习和借鉴了社会主义的种种因素,调整了自己的统治政策和统治方式。

在发达的资本主义社会,现在是不是还存在无产阶级搞武装起义、暴力革命的可能性? 一个人如果大脑思维能力还正常,是不难作出回答的。无论在美国还是欧洲,现在都不存在国内阶级斗争激化到搞起义暴动的程度。欧美的马克思主义者、社会主义者,面对这样的客观形势,当然应当进行现实的冷静的思考。在这种形势下,和平发展、和平扬弃、和平过渡是人们必须考虑的问题,走这样的道路是一种清醒的选择。回顾整个人类的发展史,包括奴隶暴动、农民起义、工人巷战,在其中所占的时间相比较是短暂的,人类生存的多数时间是处在和平发展、和平扬弃、和平过渡之中。

　　通过和平过渡、和平扬弃的形式和途径对社会进行改造的思想在马克思、恩格斯后期的著作中已初见端倪。马克思作为一位伟大的思想家,思想极为敏锐,绝对不会停留于自己思想发展的某一高度,总是跟着历史和实践的发展不断地与时俱进。当 1866 年爆发世界经济危机后,大规模的投资银行和股份公司的出现,改变了资本主义社会的社会结构。随着一个新的银行制度的出现,资本集聚不再仅仅依靠资本家的个人积累,而是依靠全社会的储蓄、积累,吸收社会的资金办企业,股份公司就应运而生了。马克思非常看重这一变化,认为股份制度“是在资本主义体系本身的基础上对资本主义的私人产业的扬弃”,“这是资本主义生产方式在资本主义生产方式本身范围内的扬弃,因而是一个自行扬弃的矛盾,这个矛盾明显地表现为通向一种新的生产形式的单纯过渡点”①。马克思还进一步指出这一过渡的具体内容和形式是:“在股份公司内,职能已经同资本所有权相分离,因而劳动也已经完全同生产资料的所有权和剩余劳动的所有权相分离。资本主义生产极度发展的这个结果,是资本再转化为生产者的财产所必需的过渡点,不过这种财产不再是各个互相分离的生产者的私有财产,而是联合起来的生产者的财产,即直接的社会财富。另一方面,这是再生产过程中所有那些直到今天还和资本所有权结合在一起的职能转化为联合起来的生产者的单纯职能,转化为社会职能的过渡点。”②从马克思的论述中,我们可以明显地体会到,资本主义生产力的高度发展,资本主义生产社会化程度的不断提高,人在生产中的主体

---

①　《资本论》第 3 卷,人民出版社 2004 年版,第 497 页。
②　《资本论》第 3 卷,人民出版社 2004 年版,第 495 页。

地位日益增强,为社会主义的生产方式创造了条件。而股份制的应运而生,则直接成为向社会主义生产方式发展的现实的过渡点。马克思已经敏锐地捕捉到资本主义生产方式除了采用暴力方式将其铲除,还可以采用和平方式将其扬弃。在1883年马克思逝世后,恩格斯继承并继续阐发了马克思对资本主义生产方式可以和平扬弃、和平过渡的思想,《卡·马克思〈1848年至1850年的法兰西阶级斗争〉一书导言》集中反映了这一思想。

对于无产阶级通过暴力革命或和平过渡取得胜利,新的社会形式应当建立什么样的所有制和运行机制,马、恩有过多种设想和描述,公有制和计划经济是他们讲得比较多的,《资本论》第1卷中的另一种描述和设想是富有启迪意义的。马克思认为,无产阶级取得胜利后所建立的社会制度,并不是要让所有的人都变成一无所有的无产者的制度,而是一种生产者联合体,他从所有制的新特点方面描述了这种新的所有制是在"生产资料的共同占有的基础上"的个人所有制。马克思指出:"从资本主义生产方式产生的资本主义占有方式,从而资本主义的私有制,是对个人的、以自己劳动为基础的私有制的第一个否定。但资本主义生产由于自然过程的必然性,造成了对自身的否定。这是否定的否定。这种否定不是重新建立私有制,而是在资本主义时代的成就的基础上,也就是说,在协作和对土地及靠劳动本身生产的生产资料的共同占有的基础上,重新建立个人所有制。"①这是富有启迪意义的,说明无产阶级取得胜利后建立什么样的所有制,建立什么样的社会制度,是一个可以探讨和试验的课题,正如马、恩在《〈共产党宣言〉1872年德文版序言》中所说,《宣言》所阐述的一般原理的实际运用,

---

① 《资本论》第1卷,人民出版社2004年版,第874页。

"随时随地都要以当时的历史条件为转移"。一个人,一个政党,都需要不断地"吐故纳新",只有这样才能保持旺盛的生命力,这一过程一旦停止了,一个人也就走向了死亡,一个政党也就必然走向瓦解和崩溃。一种学说,一种理论也一样,也需要不断地"吐故纳新",所以,我们常常看到马克思、恩格斯在自己的著作中说,以前的某种观点、某种论述"过时了",要用新的观点、新的论述来代替。正是因为经常地这样"吐故纳新",所以马克思主义才保持了长盛不衰和强大的生命力。我们这些作为马克思主义信奉者的后来人,千万不能将马克思主义当做僵死的教义,不管时间、地点、条件,到处生搬硬套,而应当根据时代的和实践的需要,沿着马克思主义的真精神进行创造性的、实事求是的"吐故纳新"。中国共产党人在我国的改革开放中,在建设中国特色社会主义的伟大历程中,在理论上和实践中有许许多多的创新,正是根据这一原则进行的,中国共产党并没有教条主义地对待马克思主义,而是在实践中不断地发展马克思主义,用发展着的马克思主义来指导新的实践。

三、对现实社会主义也要再认识, 中国特色社会主义道路和理论 体系就是这种再认识的光辉成果

前文讲了对现代资本主义要进行再认识问题,对现实社会主义也要进行再认识。关于现实社会主义的研究对象,应当包括马克思主义产生后出现的各种社会主义现象,是多种多样的,但是加以归纳,择其有重要影响的,大体上有这样两种模式,一曰列宁和俄国共产党人在十月革命后创立的社会主义模式;二曰邓小平和中国共产党人所创立的中国特色社会主义。

　　对于列宁和俄国共产党人创立的苏联模式,是应当进行再认识的。这种模式存在种种弊端,斯大林和后继的一些领导人还犯过一系列严重的错误,但是在这种再认识中,我觉得应当防止两种走极端的做法,一种仍然受原来教条主义条条框框的束缚,只能盲目地、绝对地肯定,不准进行批判性的研究和分析;一种是采取历史虚无主义的态度,因为1991年苏共和苏联的瓦解,而加以全盘否定。而是应当冷静地进行实事求是的分析和研究,肯定该肯定的,否定该否定的,把苏联社会主义模式的失败,变为人类理论思维的一种财富。中国特色社会主义,是邓小平和中国共产党人经历了二十年的"左"的错误包括十年"文化大革命"浩劫后,痛定思痛,进行严肃的反思,总结了国际国内社会主义实践的成功和失败的经验教训后,和平扬弃了从苏联引进的社会主义模式后创立的一种新的社会主义模式。这种模式不但总结了中国自己正反两个方面的经验教训,而且汲取了苏联社会主义模式和国际社会主义运动的经验教训,同时也注意汲取了当代发达的资本主义社会发展中的经验教训,所以正在生机蓬勃地发展。前面我们讲到马克思在《资本论》中(第1卷第874页)关于未来社会所有制形式的设想是富有启迪意义的,但是,社会主义社会的所有制问题应该怎样解决,归根结底是一个只能在实践中创造并加以解决的问题。我国在建设中国特色社会主义的历程中就有不少新的试验和创造,例如,以公有制为主体、多种所有制经济共同发展;以现代产权制度为基础,发展混合所有制经济;推进集体企业改革,发展多种形式的集体经济、合作经济;坚持平等保护国家所有、集体所有和个人所有的物权;股份制企业日益发展壮大,持股人的队伍日益扩大;投资融资渠道社会化程度越来越高;党的十七大报告中还提出要创造条件让更多群众拥有财产性收入等等。这样,我国公民不仅成为个人动产与不动产的所有者,而且日益更多地成为国家所有、集体所有物权权证的持有者。所有这一切以及将来更多的创新发展,都是为了解决未来理想社会的所有制问题,总之,将会使所有社会成员日益富裕起来、共同富裕起来。我国公民、自然人,不仅成为生产者、所有者,而且可以成为投资者、融资者、经营者。我们的社会成为我国人民的利益共同体,每个人对社会共享权益、共担风险,共创繁荣富裕、共享成果幸福。

在对现代资本主义和现实社会主义的再认识时,有一个重大问题是首先应当搞清楚的,这就是这两种社会形态的阶级、阶层的构成和它们的生产生活状况。

在现代发达的资本主义社会中,恐怕不能说还存在一个资本原始积累时期的无产阶级。人们曾经见过,英国资本原始积累时期资本家为了发展毛纺织工业,搞跑马圈地,出现过"羊吃人"的惨状,大量农民被从土地上驱赶走,流落成为赤贫者,构成马、恩称之为无产阶级的大军。恩格斯后来还曾写过《英国工人阶级状况》一书,专门研究当时英国这个阶级的状况。资本主义社会经过两三百年的发展和治理,现在已经发展成为发达的资本主义社会,在那里现在恐怕再难找到资本原始积累时期的无产阶级了,人们现在通常用蓝领、白领来描述那里的劳动者阶层。在现代资本主义社会中,当然还存在富人和穷人、压迫者和被压迫者、统治者和被统治者。对这个社会的阶级、阶层构成状况应该进行客观的、实事求是的调查研究,应当写出新的英国、美国、法国、德国、日本等国家的工人阶级状况。与此相应,还应写出新的资产阶级的状况。这是一种基础性的调查研究。

至于说到现实社会主义社会,我想在无产阶级取得社会主义革命的胜利后,建立了社会主义制度,原来的无产阶级成了国家和社会的主人,已经摆脱了原来被剥削、被压迫、被奴役的地位,恐怕更加不能再说还存在一个无产阶级。所以从党的十二大以来历届党代表大会所通过的《党章》,都把中国共产党定性为"中国工人阶级的先锋队,同时是中国人民和中华民族的先锋队"。在当代中国所建立的社会主义,是在贫穷落后的基础上建立的社会主义,处于社会主义的初级阶段,所以不可避免地还存在贫富差距,还存在贫困的弱势群体,但是无论如何不能说还存在资本原始积累时期的无产阶级,而且党和政府按照社会主义要实现共同富裕的原则,千方百计地实行脱贫致富的政策和措施,为全面建设小康社会而奋斗。对于现实社会主义社会的阶级、阶层结构,也应当进行客观的、实事求是的研究,但是有一点是可以肯定的,就是在现实社会主义社会中已经不存在原来意义上的无产阶级了。

从上述的初步分析中可以看出,对于无产阶级和全人类解放的问题,现在恐怕更应该强调全人类的解放问题。

社会主义制度在苏联实行了70多年,在东欧的一些国家也实行了40多年,但在1991年突然瓦解和崩溃。在其瓦解和崩溃前,在这些国家执政的共产党都提出了改革的问题。为什么要改革?这说明这种社会制度还有诸多不完善之处,还有不适应社会生产力发展之处。正在改革之中,突然瓦解和崩溃了,这就给世人留下了一个很大的反思的空间,也就是对现实社会主义要进行再认识。

中国是在经历"文化大革命"十年浩劫之后走上改革开放之路的。邓小平曾经说过,我们搞了几十年的社会主义,但是对什么是社会主义并没有完全搞清楚。可见,中国也是在对社会主义进行反思、进行再认识中进行改革开放,走上建设中国特色社会主义道路的。在这个历程中,中国共产党不断地进行理论的、实践的创新,从邓小平理论到科学发展观、构建社会主义和谐社会的战略指导思想,就是这种再认识的理论的和实践的成果。对于这种理论的和实践的创新,人们可以写出多卷本的大书,但是我觉得,人们在对现实社会主义再认识中取得的一个重要成果就是认识到了社会主义的立足点是全人类。党中央所制定的以人为本的科学发展观,就是这种再认识的一个重大成果。但是,词语崇拜和词语禁忌也会闹出非常荒唐的事情。在中国,就曾经出现过"谈人色变"的现代愚昧。"人"作为一个客观存在,作为人类社会历史发展的客体、主体和主客体的统一体,但是人们却不能研究它,只要看到有人一提到"人",就马上责问你说的是哪个阶级的人?似乎只有贴上了阶级标签的人才算是人,其他意义上的人都不能算人。这种禁忌,在党中央提出以人为本的科学发展观后终于被打破了。但是仍有人被"谈人色变"的思维方式和思维定式弄得晕头转向、语无伦次,一有机会还会提出质疑。有人不只是质疑,甚至公然号召再来一次"文化大革命",继续搞"以阶级斗争为纲"。这种质疑,这种论调,现在已经没有多少市场了,在中国人民(包括原来的无产阶级)已经获得解放,当了国家和社会的主人以后,正在充满信心地、求真务实地建设理想社会之际,立足全人类来思考我国社会的继续发展、继续前进的问题,是当务之急。对于这个问题,还是让我们先来重温一下马克思主义创始人和继承者的论述。

马克思和恩格斯在《共产党宣言》中说:"代替那存在着阶级和阶级对立的资产阶级旧社会的,将是这样一个联合体,在那里,每个人的自由发展是一切人的自由发展的条件。"在《资本论》中马克思又指出,代替资产阶级旧社会的新社会是"以每一个个人的全面而自由的发展为基本原则的社会形式"。马、恩把这种新社会称为"生产者联合体",有时又称为"自由人联合体"、"自由平等的生产者联合体"。

作为马克思主义事业继承者列宁,1919 年在《俄共(布)纲领草案》一文中也强调地指出无产阶级在取得社会主义革命胜利、建立了新的社会主义社会后,共产党作为执政党,它所组织的社会生产要"保证社会全体成员的福利和全面发展,将消灭社会的阶级划分,从而解放全体被压迫的人类,因为它将消灭社会上一部分人对另一部分人的一切形式的剥削"。①

马、恩、列的这些论述,都是在党的纲领性文献中作出的,因而是郑重的。他们都讲到了要消灭阶级剥削和阶级对立,都讲到了要解放全人类,都讲到了要为全体社会成员、要为每个人的幸福和全面而自由的发展服务。归结到一点,他们都是立足于全人类来观察和解决这个问题的。由此可见立足点问题的极端重要性。

立足点问题,也就是立场问题,也就是我们过去常说的要学习马克思主义的立场、观点、方法中的立场问题。对于一个社会主义国家的执政党来说,立场问题之所以极端重要,就在于这是该党制定理论、路线、方针、政策时起决定性作用的因素;而人心的向背则是决定该党生死存亡的根本所在,所以,对于这个执政党来说,它的理论、路线、方针、政策是否能得到全体人民也就是全体社会成员的赞成、拥护,就成为决定该党兴衰成败的关键。

我们过去讲立场问题,通常都是讲要有坚定的无产阶级的立场,现在我们在这里根据马、恩、列自己的原始论述强调要立足于全人类、立足于全体人民、立足于全体社会成员,这两种表述是一种什么关系? 是矛盾、对立的,还是具有内在的一致性、统一性? 我认为,正确的说法应当是具有内在的一致性和统一性。在无产阶级还处于被剥削、被压迫、被奴役的时候,在无产阶级未成为统

---

① 《列宁选集》第 3 卷,人民出版社 1995 年版,第 718 页。

治阶级,还未完成社会主义革命和建立社会主义制度之前,首先实现无产阶级的解放,建立无产阶级的统治,但就是在这个时候,马、恩、列也从来都强调无产阶级不能只是解放自己,而是要解放所有被剥削、被压迫、被奴役的人们,也就是只有解放全人类,无产阶级才能最终地解放自己。所以,就是在那个时候,无产阶级的立场与全人类的立场也是一致的。

在无产阶级获得解放后,成为社会的统治力量和主导方面以后,特别是作为工人阶级根本利益的政治代表的共产党成为执政党以后,它已经成为全社会的领导力量,这时,它的立场、立足点更显得特别重要。在无产阶级革命胜利前、后,马、恩、列已经反复地强调地论证过,共产党要为全体社会成员、要为每一个人谋幸福和全面而自由的发展。在完成社会主义革命的胜利,共产党成为执政党以后,这就成为现实的、直接的实践任务,如果此时的执政党宣称只代表某一个阶级的利益,而不代表全体社会成员的利益,那么这个阶级、这个政党就有了一己私利,也就不可能真正做到立党为公、执政为民。所以,这时从全体社会成员即全人类的立场出发,思考和解决问题就成为一个迫切的、头等重大的现实课题。

从整个人类社会历史发展的广度和高度来思考党中央所制定的以人为本的科学发展观和构建社会主义和谐社会的战略指导思想,便可以发现,这不仅仅是对建设中国特色社会主义发展规律认识的深化和新成果,而且是对人类社会发展规律认识的深化和新成果。贫穷不是社会主义,普遍贫穷更不是社会主义。社会主义是以全体社会成员的普遍富裕、共同富裕以及全面而自由的发展为其基本特征的。只有这样的社会主义才能深得人心,根深叶茂,永葆青春活力。以人为本,构建社会主义和谐社会的重大战略指导思想,正是中国共产党坚定地站立于全体社会成员的立场、全人类的立场之上所制定的关系中国人民命运的战略指导思想。

四、结 束 语

无产阶级和全人类的解放问题,在现实的中国已经发展成为全体社会成员的解放和全面而自由发展的问题。这个问题,也是中国特色社会主义道路和中国特色社会主义理论体系所要解决的一个重大的课题,也是科学发展观和构建社会主义和谐社会重大战略指导思想所要解决的根本问题。胡锦涛总书记在讲到科学发展观时,首先阐明了科学发展观是对马克思主义的继承和发展,给科学发展观以准确的定位,他说,科学发展观是对党的三代中央领导集体关于发展的重要思想的继承和发展,是马克思主义关于发展的世界观和方法论的集中体现,是同马克思列宁主义、毛泽东思想、邓小平理论和"三个代表"重要思想既一脉相承又与时俱进的科学理论,是我国经济社会发展的重要指导方针,是发展中国特色社会主义必须坚持和贯彻的重大战略思想。

中国特色社会主义理论是邓小平理论的核心内容。中国人民亲切地称邓小平是中国改革开放和建设中国特色社会主义的总设计师。改造社会需要设计,改造自然和改造人类自身也都需要设计。邓小平在设计中国的改革开放和建设中国特色社会主义时都坚持了从全体中国人民的根本利益出发,也就是说坚持了以人为本的。

胡锦涛还进一步指出科学发展观的丰富内涵、重大的现实指导作用及其科学价值,他说,科学发展观,第一要义是发展,核心是以人为本,基本要求是全面协调可持续,根本方法是统筹兼顾。学习胡锦涛的报告,给人强烈的感受是通篇都体现了中国特色社会主义理论和科学发展观的要求,通篇都体现了为全国人民也就是全体社会成员谋福祉,为人的全面而自由的发展创造各方面的物质、制度和精神条件。学习胡锦涛的报告使人们进一步深刻地认识到中国特色社会主义理论体系包括科学发展观,是经受了实践、人民、历史的检验证明是正确的、科学的,进一步增强了全党和全国人民深入贯彻落实中国特色社会主义理论和科学发展观的坚定性和自觉性,为夺取全面建设小康社会的新胜利而奋斗。

(原载《湖南社会科学》2008 年第三期)

马克思主义是科学性与价值观的统一

——为《共产党宣言》发表 160 周年而作

一、《共产党宣言》中的科学性与价值观

《共产党宣言》(以下简称《宣言》)公诸于世已经 160 年了,经过 160 年全世界各国被压迫、被剥削、被奴役的劳动者前赴后继的革命风暴和建设新社会的不懈奋斗的洗礼和考验,《宣言》仍然保持着旺盛的生命力,仍然焕发着强大的震撼力和穿透力,仍然是全世界各国无产阶级和全人类求得全面彻底解放的精神武器。为什么会这样?这是因为《宣言》既是科学真理,同时又凝聚了世世代代人们崇高的价值理想和精神追求,它是科学性与价值观的有机统一。过去我们在研究、阐发、宣传《宣言》时,比较多的是强调它的科学性,这没有错。但是如果只是讲这一方面,而不同时讲它是一种崇高的价值观,甚至将人类共同追求的价值理想说成是资产阶级的,将其变成资产阶级的专利,那不但会陷入片面性,而且最终会走向科学性的反面,演化成为谬误。所以,今天在纪念《宣言》发表 160 周年之际,我们在阐发《宣言》的科学性的同时,应该

同时强调指出它是全人类共同追求的价值理想。

　　19 世纪 40 年代,无产阶级和劳动者所掀起的革命风暴席卷欧洲大陆,决心埋葬吃人的资本主义旧世界。正是在此之际,马克思、恩格斯为了为这种革命提供精神武器,欣然接受当时国际工人秘密团体"共产主义同盟"的委托,为该组织起草了这个详细的理论和实践纲领。所以,《宣言》着重阐发了无产阶级革命的必要性、必然性及其斗争的战略策略,而在后来相继发生的俄国革命、中国革命等等革命实践中,根据当时革命斗争形势的需要,着重阐发其科学性即符合人类社会特别是资本主义社会发展的客观规律性,是完全必要的、正确的。

　　但是,《宣言》不仅包含着人类社会特别是资本主义社会发展的客观规律性,即《宣言》所具有的真理性,它还对资本主义社会中无产阶级、劳动者所遭到的非人奴役以及资本家对无产阶级的残酷压迫和剥削进行了无情的揭露和抨击;而《宣言》中对埋葬资产阶级旧社会后所建立的新社会的憧憬,则饱含着全人类共同追求的崇高的价值理想。这种崇高的价值理想凝聚成一句话就是:"代替那存在着阶级和阶级对立的资产阶级旧社会的,将是这样一个联合体,在那里,每个人的自由发展是一切人的自由发展的条件。"①46 年以后的 1894 年 1 月,当卡内帕请求恩格斯为即将出版的《新纪元》周刊从马克思的著作中找一段题词,表述未来新时代的基本思想时,恩格斯回答说:"除了从《共产党宣言》中摘出下列一段话外,我再也找不出合适的了"②。恩格斯找到的正是我在上面引用的这一段精辟的论述。马克思在《资本论》中进一步坚持

---

①　《马克思恩格斯选集》第 1 卷,人民出版社 1995 年版,第 294 页。
②　《马克思恩格斯全集》第 39 卷,人民出版社中文第 1 版,第 189 页。

和发展了《宣言》中的这一重要思想,强调指出,代替资产阶级旧社会的未来更高级的新社会,是"以每一个个人的全面而自由的发展为基本原则的社会形式"。无产阶级和全人类在这种解放中失去的只是枷锁,而得到的则是整个世界,人将成为自然、社会和自身的主人,人将获得全面而自由的发展。

自由、平等、民主、法治、人权、博爱、公平、正义等等,是人类在漫长的历史进程中共同追求的价值理想和共同创造的文明成果。马克思主义不但没有脱离人类文明发展的这条光明大道,而且正是这条光明大道发展的必然结果,集中地忠实地揭示了这种崇高的价值理想。正因为《宣言》中浸透着这样崇高的价值理想,并且将其同深邃的科学性紧密相结合,所以 160 年以后人们再读《宣言》时,仍然会深感它的强大的震撼力、穿透力和说服力,仍然会感到它的勃勃生机和青春活力。

对于《宣言》和《资本论》中所表达的这种崇高的价值理想,在马克思逝世后,恩格斯在其晚年所撰著的《家庭、私有制和国家的起源》中,不但作了历史的考察,而且作了科学的预测。马克思恩格斯对于美国学者路易斯·亨利·摩尔根深入印第安人居留地进行长达 40 年考察、研究的成果《古代社会》一书的公诸于世是非常重视和赞赏的。马克思曾经打算根据摩尔根的研究成果,从唯物史观的立场出发撰写一部关于人类史早期阶段的专著,并为此对《古代社会》一书作了大量摘录和批注,但可惜未能如愿便与世长辞了。恩格斯的著名论著《家庭、私有制和国家的起源》可以说是在某种程度上执行了马克思的遗愿。恩格斯在自己的著作中大量地使用了马克思的摘录和批注。恩格斯根据摩尔根所提供的大量史实,深刻地揭示了私有制和家庭、国家产生的过程,推翻了关于人类社会自古以来就有私有制的传统观点,证明在人类历史的早期阶段存在着以氏族制度为基础的氏族公社所有制。摩尔根考察了印第安人在氏族公社所有制下的生活方式,发现民主、自由、平等、博爱等古代价值观是建立在这样的生活方式基础之上的,是氏族社会团结、和谐、富于活力的保障。恩格斯站在唯物史观的理论高度,对于摩尔根的这种思想是非常赞赏的。正因为如此,恩格斯非常罕见地在《家庭、私有制和国家的起源》的结尾处大段地引用摩尔根的原话作为自己这部著作的结束语:

"自从进入文明时代以来,财富的增长是如此巨大,它的形式是如此繁多,它的用途是如此广泛,为了所有者的利益而对它进行的管理又是如此巧妙,以致这种财富对人民说来已经变成了一种无法控制的力量。人类的智慧在自己的创造物面前感到迷惘而不知所措了。然而,总有一天,人类的理智一定会强健到能够支配财富,一定会规定国家对它所保护的财产的关系,以及所有者的权利的范围。社会的利益绝对地高于个人的利益,必须使这两者处于一种公正而和谐的关系之中。只要进步仍将是未来的规律,像它对于过去那样,那么单纯追求财富就不是人类的最终的命运了。自从文明时代开始以来所经过的时间,只是人类已经经历过的生存时间的一小部分,只是人类将要经历的生存时间的一小部分。社会的瓦解,即将成为以财富为唯一的最终目的的那个历程的终结,因为这一历程包含着自我消灭的因素。管理上的民主,社会中的博爱,权利的平等,普及的教育,将揭开社会的下一个更高的阶段,经验、理智和科学正在不断向这个阶段努力。这将是古代氏族的自由、平等和博爱的复活,但却是在更高形式上的复活。"①

---

① 《马克思恩格斯选集》第 4 卷,人民出版社 1995 年版,第 178~179 页。

在恩格斯看来,摩尔根所说下一个更高阶段的社会,或如马克思所说代替那资产阶级旧社会的新的"劳动者联合体"、"自由人联合体"的新社会,应当如摩尔根所说:将是古代氏族的民主、自由、平等、博爱的复活,但却是在更高形式上的复活。

二、马克思恩格斯是正确对待《宣言》的榜样

160 年后,在我们重温《共产党宣言》,纪念它 160 岁生日的时候,还应该重视 160 年以来时代的变化、人类改造客观世界的实践的发展以及科学技术的突飞猛进,在充分肯定《宣言》的价值和作用的同时,还应当沿着《宣言》所开辟的全世界无产阶级和全人类解放的道路继续前进,不断坚持和发展《宣言》所代表的马克思主义的真精神。

在《宣言》发表 25 年后,马克思恩格斯在为 1872 年德文版所写的序言中就已经提出了这个课题。他们说:"不管最近 25 年来的情况发生了多大的变化,这个《宣言》中所阐述的一般原理整个说来直到现在还是完全正确的。"[①]但是,马克思恩格斯紧接着又强调指出:"这些原理的实际运用,正如《宣言》中所说的,随时随地都要以当时的历史条件为转移,所以第二章末尾提出的那些革命措施根本没有特别的意义。如果是在今天,这一段在许多方面都会有不同的写法了。由于最近 25 年来大工业有了巨大发展而工人阶级的政党组织也跟着发展起来,由于首先有了二月革命的实际经验而后来尤其是有了无产阶级第一次掌握政权达两月之久

---

① 《马克思恩格斯选集》第 1 卷,人民出版社 1995 年版,第 248 页。

的巴黎公社的实际经验,所以这个纲领现在有些地方已经过时了。"①马克思恩格斯在这篇序言中为我们树立了如何正确对待《宣言》以至整个马克思主义的榜样。

中国共产党人是《宣言》忠实的信仰者,同时又是坚定的实践者、创新者。中国共产党人第一代领导集体的核心毛泽东,将《宣言》和整个马克思主义与中国的具体实际情况相结合,创立了具有中国气派的新民主主义革命理论,领导中国新民主主义革命取得了伟大的胜利;中国共产党第二代领导集体的核心邓小平以及以后各届中央领导集体,又创立了中国特色社会主义理论体系。这一理论体系坚持完整地理解马克思列宁主义和毛泽东思想,创造性地将其与当代中国的"历史条件"即新的时代特点和基本国情相结合,具有鲜明的中国特色。这一理论体系由邓小平理论、"三个代表"重要思想、以人为本的科学发展观和构建社会主义和谐社会等重大战略指导思想组成,充分体现了《宣言》和马克思主义的科学性同价值观的统一,是对《宣言》和整个马克思主义的坚持和发展。正是在这一创新理论的指导下,中国特色社会主义实践取得了辉煌的胜利。

三、科学性与价值观的统一需要不断地丰富和发展

从总体上说,在马克思主义中,科学性和价值观是统一的,是有机结合和不可分割的。但是在科学社会主义的实践发展和理论创新中,其具体内容和侧重点是有所不同和不断发展的。这种不同和发展,决定于实践和理论思维在历史发展的不同阶段所面临

---

① 《马克思恩格斯选集》第1卷,人民出版社1995年版,第248~249页。

的形势和任务的变化,表现为主观辩证法和客观辩证法、逻辑和历史的统一。

马克思主义的科学社会主义在其思想发展中大体上可以分为如下四个层次:

1.首先强调为了满足人类生存和发展的需要,人类必然要从事劳动,因而这种活动的基本特点是自由自觉的,不是人自身以外的力量强迫的,因此马克思重点阐述了人的解放和全面而自由的发展是人类历史发展的根本动力和根本目的。这一点构成了"关于现实的人及其历史发展的科学"①即马克思"第一个伟大发现"唯物史观的根本原理。

2.发现了人的解放的物质承担者无产阶级,以及实现这种解放的具体途径——通过无产阶级的阶级斗争和实行无产阶级专政,实现向消灭阶级和无阶级社会的过渡,最终实现全人类的解放。

3.探讨这种解放的历史必然性即历史发展的客观规律性,研究革命斗争的战略和策略。

4.当谈到这一切的必然结果,即未来社会制度时,立即可以看到马克思早期思想的重新出现,即社会的人的解放,强调人的全面而自由的发展,指出自由自觉的劳动是人的本性,民主、自由、平等、博爱等等是人类共同的价值追求。这决不是偶然的词语的重复和回归,是马克思主义的科学社会主义思想发展的辩证逻辑同历史发展的客观辩证逻辑的统一和必然结论。

从1844年开始,马克思已经阐明了第一点和第二点,并且原则上肯定了第三点,后来,马克思的研究进一步深入系统地论

----

① 《马克思恩格斯选集》第4卷,人民出版社1995年版,第241页。

证了第三点,肯定了第四点,即在新的研究成果的基础上返回或承接了第一点。这种发展是很自然的,当无产阶级正处于水深火热、饥寒交迫的境地时,不提出解放他们的神圣任务,就不可能成为马克思主义者;而面对疾风暴雨式的阶级斗争现实,面对正在酝酿或已经发生的革命风暴,如果还仅仅停留于关于人的解放的泛泛议论,也不是一个真正的马克思主义者。但是,在社会主义革命成功、无产阶级和劳动者获得解放以后,如果忘记了革命的根本目的,让思想感情和理论思维的范畴仍然停留在急风暴雨式斗争的年代,那他也决不是一个彻底的马克思主义者。马克思本人决不是这样的。在早期,他带着火一样的激情强调人的价值和人的解放。但决不是仅限于此。他诉诸革命斗争,诉诸群众和无产阶级,诉诸历史发展的客观进程。后来,他深入透彻地论述了资本主义将会为新的更高级的社会形式所代替的历史必然性,揭示了社会发展的客观规律,并为无产阶级和共产党制定了社会主义革命的战略和策略,但他决不是抛开了人。恰恰相反,一方面,他把社会发展的必然性理解为人们从自然界和社会关系中争取自身解放的客观进程,因而自然地把人民群众理解为历史发展的主体力量;另一方面,每当谈到革命的目的、谈到社会发展的必然归宿时,他总是表现出对人的需要、人的自由和福祉的满腔热忱,表现出对人类本性的深刻理解,表现出对适合人的全面而自由发展的社会条件的强烈关注。这里,我们有必要全面回顾一下马克思和恩格斯有关社会主义社会科学形态的论述。马克思在《1844年经济学哲学手稿》中指出:"共产主义是私有财产即人的自我异化的积极的扬弃,因而是通过人并且为了人而对人的本质的真正占有;因此,它是人向自身、向社会的(即人的)人的复归,这种复归是完全的、自觉的而且保存了以往发展的全部财富的。"①1848 年马克思恩格斯在《共产党宣言》中指出："代替那存在着阶级和阶级对立的资产阶级旧社会的,将是这样一个联合体,在那里,每个人的自由发展是一切人的自由发展的条件。"在《资本论》中,马克思指出在社会发展的新阶段,"联合起来的生产者,将合理地调节他们和自然之间的物质变换,把它置于他们的共同控制之下,而不让它作为一种盲目的力量来统治自己;靠消耗最小的力量,在最无愧于和最适合于他们的人类本性的条件下来进行这种物质变换"。② 恩格斯在《反杜林论》中说:"当社会成为全部生产资料的主人,可以在社会范围内有计划地利用这些生产资料的时候,社会就消灭了迄今为止的人自己的生产资料对人的奴役。不言而喻,要不是每一个人都得到解放,社会也不能得到解放。因此,旧的生产方式必须彻底变革,特别是旧的分工必须消灭。代之而起的应该是这样的生产组织:在这个组织中,一方面,任何个人都不能把自己在生产劳动这个人类生存的自然条件中所应参加的部分推到别人身上;另一方面,生产劳动给每一个人提供全面发展和表现自己全部的即体力的和脑力的能力的机会,这样,生产劳动就不再是奴役人的手段,而成了解放人的手段,因此,生产劳动就从一种负担变成一种快乐。"③

由此可见,社会主义社会是科学性与价值观相统一的产物。在科学社会主义中,人总是作为主体和目的出现的,占有至为宝贵和至高无上的地位。如果抽掉马克思主义、科学社会主义中丰富的阶级情感,抹杀它的强烈的、崇高的价值追求,就是对马克思主义的极大歪曲。这同那种把马克思主义变成一般的人道主义说

---

① 《马克思恩格斯全集》第 42 卷,人民出版社中文第 1 版,第 120 页。
② 《资本论》第 3 卷,人民出版社 2004 年版,第 928~929 页。
③ 《马克思恩格斯选集》第 3 卷,人民出版社 1995 年版,第 644 页。

教,抹杀它的科学力量的企图一样,是马克思主义本身所不容许的。

四、结束语:从"幽灵"到阳光、春风和大地

总之,马克思和恩格斯一贯所坚持的是在促进社会发展和进步的同时,促进人的全面而自由的发展和进步,这正是马克思主义科学性与价值观的统一所要求的。马克思主义是科学,是基于人、通过人并且为了人的科学。它以现实的人为出发点,以人的需要及其历史活动为内在根据,以人民群众的实践为唯一中介,以人类的彻底解放为最终目的。因此,它是对人的全面肯定的学说,人既是追求价值理想的主体,又是科学研究的客体,所谓全面肯定,就是把人既作为价值对象又作为科学对象的肯定。在这里,人不仅是目的,而且是主体,是动力,是从事实践活动的、具有丰富的必然属性的客观存在物。既然人是一个具有各种规定性的客观存在物,那么,第一,尊重和肯定人就是尊重和肯定客观存在,这是唯物主义者最基本的立场,也是一切社会事业成败的决定性要素。可见,对人的尊重这样一个价值要求,实际上是一个严肃的科学要求。第二,人及其种种属性既然具有客观性,它就不仅是必须尊重的价值对象,而且是必须加以研究的科学对象。只有准确地认识了人的客观属性及其发展变化的规律,我们才能做到在科学的意义上尊重人、动员人、改造人,自觉而且卓有成效地为人类谋福祉。这样一来,对人的全面肯定就体现了科学性与价值观的统一。这种统一必然是一切科学的社会理论和社会形态的基础。马克思主义的力量,科学社会主义的优越,其源泉和根据就在于它是科学性与价值观的统一,在于它对人的全面而彻底的肯定。

在 19 世纪 40 年代的欧洲,共产主义像一个"幽灵"在大地上游荡,使统治者胆战心惊;而在人民当家做主的国度里,它却像宝贵的阳光、和煦的春风和丰收的大地。

党的十六届三中全会所制定的科学发展观完整表述是:"坚持以人为本,树立全面、协调、可持续的发展观,促进经济社会和人的全面发展。"这实际上就是以现实的全体中国人的需要、福祉为根本的出发点,以经济社会(包括经济、政治、文化、教育、科学、社会等方方面面)的全面、协调、可持续发展和进步为中介,以理想的人即全面而自由发展的人的生成和发展为归宿、为目的,是完全符合马克思主义、科学社会主义的科学性与价值观相统一的要求的,是适应新的历史条件的马克思主义的创新理论。

（原载《马克思主义与现实》2008 年第 3 期）

从抗震救灾看"以人为本"
执政理念的强大力量

　　2008年5月12日,四川汶川发生了8级大地震,以胡锦涛为总书记的党中央立即率领全党全军全国人民投入抗震救灾,温家宝总理立即奔赴第一线指挥抗震救灾。胡锦涛、温家宝等党中央国家领导人,在抗震救灾全过程中,自始至终都强调要坚决贯彻落实"以人为本"。"以人为本"这一治国理政根本理念的科学性和正确性、强大的生命力和动员力量,在这次抗震救灾中得到了充分的验证。一周来,我一方面坐在电视机前默默地观看有关抗震救灾的滚动式播报,陷入深深的悲痛之中;一方面也对"以人为本"进行理性的沉思。多年来,我虽然一直在研究、思考、阐述"以人为本",但这一次仍然给我的理论思维以强烈的冲击,并从中得到一些新的感悟:

　　首先,人的生命是最可宝贵的,人的生命高于一切,人的生命是最高的价值。只有真正懂得珍惜生命、爱护生命、保卫生命,才能成为一个真正文明的人,才能成为一个真正文明的国家,才能成为一个真正文明的民族。这一点,可以说是我们全民族在这次严重的灾难中所受到的最宝贵的精神洗礼和精神升华,所取得的最大的收获,我们的国家、我国人民在灾难中走向更加成熟。

　　第二,尊重和保障人权,这一点已经不仅是理论上的认知,不仅仅是宪法条文,而是成了党和政府治国理政的最高准则和行动指南,在抗震救灾中时时刻刻都得到遵循,变成了活生生的现实生活。

　　第三,人的尊严得到了极高的升华。国务院决定 5 月 19 日至 21 日为全国哀悼日,国旗低垂,举国同哀,以这种庄严的方式对不幸遇难的同胞以国家级的最高的尊严,以这种方式集中表达了全国人民的哀伤和痛楚,倾注了全国人民的怀念和追思之情,使遇难者得到最崇高的祭奠,使生者得到最深切的慰藉。

　　"以人为本"作为我国党和政府最根本的执政理念,在这次抗震救灾中,不仅得到全党全军全国人民的广泛认同和坚决拥护,并在自己的行动中贯彻落实,而且得到国际社会和世界舆论的广泛认同和热烈赞誉,正如《欧洲时报》在《地震废墟中站起大写的"中国人"》一文所说:"中国政府、中国人民、海外华侨华人团结救灾的前前后后,没有任何刻意经营形象的痕迹。而'以人为本'这一近年来在举国上下达成的全民共识,才是此次抗震救灾精神遗产之核心所在。今天,我们可以说,在惨烈的地震废墟中站起的是一个大写的'中国人'。这使我们在悼念死者的悲痛之中,燃起中华民族伟大复兴的希望之光。"美国《洛杉矶时报》5 月 17 日发表文章也说:"中国领导人关心民众疾苦,重视民情,身体力行地贯彻以人为本精神。中国各地群众为了帮助灾区人民,捐钱捐物献血,要求到灾区救援的人排起了长队。这一切表明中国是一个充满生命力的国家。"类似这样的评论,最近在世界各国的媒体上屡屡出现。

　　这是一种罕见的可喜现象,中国共产党人在现代的文明人应当具备什么样的价值观方面、在现代的政党和政府应当具备什么样的治国理政理念方面,赢得了话语主动权和主导权,不但获得世人的共鸣,而且获得如此高的赞誉和评价。近年来,中共中央和中国政府提出的一些重要思想和主张,除了"以人为本"的治国理政理念,而且还有构建和谐社会、建设和谐世界、建设政治文明、建设生态文明等等,也获得了世人的广泛关注、认同、赞誉。这也是一种软实力,这是一个与正在和平崛起的世界大国相伴同行的思想文化现象。我们原来的那套话语系统,海外人士往往感到生疏,有时甚至感到生畏,我们应当加以反思和总结,自觉地加以扬弃。对于中国共产党人的一些新的话语得到世人的认同、共鸣、赞誉这种可喜现象,中国学者应当认真地加以研究,并发扬光大。

　　"以人为本",在党中央的正式文件中,最早是在党的十六届三中全会所制定的科学发展观中出现的,当时诠释为科学发展观的本质和核心。"以人为本"提出后,深得党心民意的认同和拥护,经过几年的实践,"以人为本"的内涵、意义和作用,已经从科学发展观的本质和核心进一步发展成为指导发展、指导改革开放、指导各项工作的重要的战略指导思想,总之一句话,发展成为中国共产党、中国政府治国理政的根本理念。在这次抗震救灾中,使我更加深切地感受到"以人为本"这一治国理政的根本理念,确确实实是凝聚了马克思主义世界观、历史观、价值观的真精神,又汲取了人类文明发展的共同成果,其科学性和正确性、其强大的生命力和战斗动员作用,经历了再一次严峻的实践、人民和历史的检验,再一次证明在共产党执政史上、在科学社会主义发展史上,它是真正的创新理论。

　　　　　　　　（作于 2008 年 5 月 20 日全国哀悼日。5 月 26 日
　　　　　　　　《北京日报》理论周刊编入《"以人为本"理念的
　　　　　　　　充分体现》一文之中,现恢复原文面貌）

在抗震救灾中对
"以人为本"的新感悟

2003 年 10 月"以人为本"进入党中央的正式文件之后，我的精神非常振奋，也一直在研究、思考、阐述"以人为本"。在这次抗震救灾中，"以人为本"发挥了极大的动员和指导作用，给我的理论思维以强烈的冲击，现将一些新的感悟和心得写出来，与大家共切磋。

一、官与民共同的价值取向

"以人为本"，在当代中国既是每一个平民百姓的价值理想、价值追求，同时又是党和政府以及每一个官员的执政理念，也可以说是党和政府以及每一个官员的最根本的价值观。普通的平民百姓追求民主、法治、公平、正义、人格尊严等价值理想，这就意味着要求社会的领导者、执政者实行"以人为本"；而社会的领导者、执政者作为人民的公仆，而不是异化为人民的老爷，就必须将"以人为本"作为治国理政的根本理念。所以，"以人为本"就成为当今中国官与民的共同的价值追求、共同的价值观。也正因此，在党中央在科学发展观中提出"以人为本"以后，获得了全党全民的高度认同和拥护,就不奇怪了。"以人为本"在指导科学发展、指导改革开放、指导中国特色社会主义事业、指导抗震救灾等等实践中之所以能够产生如此强大的力量,其根据也在于这是当代中国社会共同的价值追求和共同的价值理想。

二、"以人为本"凝聚了马克思主义世界观、历史观、价值观的真精神,又汲取了人类文明发展的共同成果

马克思主义是关于无产阶级和全人类解放的科学。《共产党宣言》提出,在未来社会,每个人的自由发展是一切人的自由发展的条件。在《资本论》中,马克思也指出,未来社会是以每个人的全面而自由的发展为基本原则的。《共产党宣言》和《资本论》中所提出的这个经典思想,是马克思主义作为无产阶级和全人类解放的科学的最高命题。这个最高命题,既集中体现了马克思主义关于现实的人及其历史发展的科学思想,集中体现了马克思主义的世界观、历史观,也集中体现了马克思主义始终以人为主体和目的的价值观,代表着马克思主义崇高的价值理想。事实上,马克思主义正是这种世界观、历史观、价值观的有机结合,是科学性和价值观的统一。

对马克思主义始终以人为主体和目的、追求人的自由全面发展的思想,如果再加以概括,那就是"以人为本"。所以也可以说"以人为本"凝聚了马克思主义世界观、历史观、价值观的真精神,是马克思主义的最高命题。

自由、平等、民主、法治、人权、博爱、公平、正义、人格尊严,等等,是人类在文明发展的进程中形成的共同价值理想。马克思主

义不仅没有离开人类文明的发展大道,而且正是在这条发展大道上形成的卓越的思想文化成果,它继承并提升了人类共同的价值理想,将其置于科学的基础之上。而在科学的意义上,人类文明在其发展中所形成的上述种种价值理想,最后都可以归结为一句话,就是"以人为本",也就是以人为最高的价值。所以,"以人为本"是汲取了并集中反映了人类文明发展的共同成果的。

党中央提出创新理念"以人为本"后,我曾这样解读过:这里所说的"人"不仅指社会关系中的人,而且指人与自然关系中的人、人与自身关系中的人,即所有的每一个人,在当今的中国,"以人为本"就是要以所有社会成员为本。中央提出"以人为本"的科学发展观,有人认为,不能抽象地讲人,人是分为不同阶级的,人是分为人民和敌人的,"人"有两层含义,一是指全体社会成员,二是指"人民",而且强调只有从肯定第一层含义进而深入到第二层含义,才算正确地理解了"人"。我想,汶川地震后,在抗震救灾中所彰显的"以人为本"精神,人的生命高于一切的价值理念,千方百计拯救每一个生命的行动,已经最有力地回答了对"以人为本"的这种质疑。这次抗震救灾,不仅净化了人们的心灵,也会改变那种陈旧僵化的思维方式。

三、"以人为本"具有实现华夏同胞大团结的强大凝聚力

汶川地震造成的损失是巨大的,也许很难完全能用数字来表达,但是这场全民族总动员的抗震救灾,却给我们留下了一笔无价之宝。在这次抗震救灾中,执政党、政府、人民、全世界的华夏同胞,共同在"以人为本"这一核心价值的引领下,倾注全部的人力、

物力和财力救援受难同胞。正是从这里,我们清楚地看到了,"以人为本"具有实现全球华夏同胞大团结的强大凝聚力。也清楚地看到了这种精神力量定会转化为强大的物质力量。

在发展市场经济的过程中,物质享受成为一些人群的追逐对象,曾经出现了某种道德滑坡的现象,引起人们的担忧。但在这次大灾大难面前,在抗震救灾中,出现了如此众多的无私无畏、舍己救人的英雄;出现了如此众多的自救救人、助人为荣的感人故事;出现了如此波澜壮阔的众志成城、排除万难的场景,令人看到了中华美德底蕴的深厚,看到了富裕起来的中国人的价值观、道德观的普遍的升华,人性美丽、崇高的一面充分地表现出来。这是一种非常可贵的思想文化现象,我们全民族都应当倍加珍惜,并发扬光大。

（原载《学习时报》2008 年 6 月 23 日）

在抗震救灾中对
"以人为本"理念的再思考

　　在党的十六届三中全会提出"以人为本"的科学发展观后,有人曾经发出这样的议论:不能抽象地讲人,人是分为不同阶级的,人是分为人民和敌人的,"人"有两种含义,一是指全体社会成员。二是指"人民",而且强调只有从肯定第一层含义进而深入到第二层含义,才算正确地理解了"人"。针对这种把"人"和"人民"两个概念加在一起、混同起来的违背逻辑的论调,我当时曾经指出,党中央所提出的"以人为本"中的"人",不仅指社会关系中的人,而且是指人与自然关系中的人、人与自身关系中的人,因而是指所有的社会成员。诚然,在阶级社会中,在人与社会关系中的"人"是有阶级性的,但阶级性也不是这种人的唯一属性,人的社会属性除了阶级性之外,还有其他种种属性,例如种族属性、民族属性、家族属性、性别属性、职业属性、文化传统属性、宗教信仰属性等等;"人"除了具有种种社会属性,还具有种种自然属性。"人"就是具有如此多种多样属性的客观存在物,把人的属性只归结为一种阶级性,把人际关系只归结为一种敌我关系,是一种过分简单化的做法。在现实生活中是行不通的。这种简单化的思维方式,在"文化大革命"中曾经造成了极为严重的危害。但是,粉碎"四人帮"、结束"文化大革命"后,这种思维方式并没有绝迹,在党中央提出"以人为本"后,还有人提出种种质疑,就是证明。但是,脱离实践和现实生活的、违背逻辑的、丧失辩证的理性思维能力的简单化的思维方式,在实践的强大力量面前,在人类的强大的辩证理性思维能力面前,迟早是会破产的。

党中央提出"以人为本"这一根本理念以后,虽然遭到某些人的质疑,五年来不仅经受了实践的检验,而且在实践中它的内涵、意义和作用,却获得了不断的丰富和发展,从最初诠释为科学发展观的本质和核心,发展成为指导发展、指导改革开放、指导中国特色社会主义事业、指导各项工作、指导抗震救灾的战略指导思想,总之,发展成为执政的中国共产党和中国政府治国理政的根本理念。不仅得到全党全国人民的高度认同和拥护,并落实到自己的实践中,成为指导自己的行动指南,而且获得了国际社会和世界舆论的认同、共鸣和高度赞誉。

2008 年 5 月 12 日发生在四川汶川的 8 级大地震这样严重的自然灾害,在自然界与人类发生如此激烈的大碰撞时,在抗震救灾中,人人都发自内心地高呼要"以人为本",人人都说人的生命高于一切,人的价值是最高的,要千方百计救人,要救所有的人。在抗震救灾中,从胡锦涛、温家宝中央领导人到每一个干部、战士、医生、护士、志愿者和平民百姓,人人都本着这一崇高的理念在排除万难、顽强战斗。在抗震救灾中,"以人为本"这一根本理念,发挥了强大的战斗动员和指导作用,凸显了它的强大生命力,是一个不争的事实! 原来被简单化的思维方式禁锢着头脑的人们恐怕再难发出这样的惊呼了:"且慢! 你们是要救什么样的人?""不分阶级,不分清人民还是敌人,你们这样去救人是会犯错误的!"按照他们过去的思维方式,发出这样的惊呼,是完全合乎逻辑的。但是,在大地震面前,在全民的抗震救灾中,他们恐怕是难以启齿了。所以,自然界与人类发生的大碰撞,可能会把某些人们震醒,我们从抗震救灾中某些曾经质疑过"以人为本"的人们认识的转变中已经看到了这一端倪,这是一种可喜的、值得欢迎的现象。

"以人为本"理念之所以如此强大有力,如此深得党心民意的认同、共鸣和拥护,首先就在于它是执政党中国共产党作为治国理政的根本理念提出来的,是作为党和政府全体各级干部执政的根本指导原则提出来的。这既是中国共产党的根本宗旨,也反映了全体社会成员共同的根本的愿望,它不仅仅是执政党的治国理政的根本理念,而且是全体平民百姓的共同的价值追求、价值理想。全体平民百姓,不仅希望要以自己为本,而且希望要以全社会所有他人为本,因为"以人为本"中的"人"包括了所有社会成员,包括你、我、他。因此,"以人为本"是当今中国"官"与"民"共同的价值取向,共同的价值观。这正是中国特色社会主义根本优越性之所在!人们应当倍加珍惜。

在大自然与人类发生如此惨烈的大碰撞,造成如此严重灾难之际,在抗震救灾的伟大斗争中,"以人为本"不仅获得了全党全军全国人民如此热烈的认同、共鸣和拥护,在抗震救灾中发挥了如此强大的战斗动员和指导作用,而且获得了包括台湾、香港、澳门和全球华侨华人,也就是全体中华民族同胞的共鸣共识,是非常可喜可贺的。我认为这种共鸣共识,将会长远地发挥作用,将会成为促进中华民族全体同胞大团结大统一的强大动力,我们全体华夏子孙千万要把握这一历史机遇!

(原载《今日中国论坛》2008 年第 8 期)

人的主体性觉醒是一种
极大的社会进步

　　改革开放初期,有一位化名为"潘晓"的青年提出人生价值问题,引起了一场大讨论。开始曾经有一种舆论认为,人的价值、人权问题,是一种资产阶级的概念和理论,我们无产阶级、共产党人怎么能提出这样的问题呢?"文革"前后,在我国曾经出现过"谈人色变"的现代愚昧,人们在人性、人道、人权、人的价值、人的自由、人的平等等等问题上噤若寒蝉,不敢谈论。现在人人都在谈论"以人为本",谁还敢在人的问题上拿大棒子打人? 改革开放 30 年来,在这方面发生了何等大的变化,真如隔世! 这是人的主体性的觉醒,是一种极大的社会进步!

　　人,这种客观的自然存在物和社会存在物,具有极其丰富的多种规定性或属性。人是社会的主体,是社会的主人,则是其根本的属性、根本的规定性。但是,在"左"的教条主义盛行的年代,连这一点起码的人类常识都被抹杀了,因而,什么样的荒唐蠢事都会发生,也就毫不奇怪了。

　　现在好了,人们再也不用害怕因谈论人的问题会遭到打击和大批判了。这是改革开放新时期的一个伟大的、了不起的成就和进步,回顾和总结改革开放 30 年对此应当充分肯定、大书特书。

但是,在这方面是不是已经万事大吉,不存在任何问题了呢? 非也。在提高人的主体性觉悟这个问题上,我们还面临内外两个方面的阻力和干扰。

在我们国内,由于两千年的封建统治对人的主体性的压抑,许多潜移默化的非主体性意识还在作祟,例如在民主、法治、自由、平等、人权、博爱、公平、正义、人格尊严等价值观建设方面,在新的思想解放中我们还面临着繁重的任务;深层次的改革开放,包括经济、政治、文化、社会体制的进一步改革开放,包括从根本上解决腐败这样的顽症,根本性的动力还是要进一步增强全体中国人的主体性和主人公意识。在这些问题上,"民"与"官"都须克服一种心理障碍:平民百姓千万不要把官方实行"以人为本"当做是什么"恩赐",那是每一个平民百姓本应享受的权益;社会的领导者、"官员"们也不要把平民百姓争取民主、法治、平等、自由等等看做是向自己的一种"索取",处处设防。"官"与"民"都应当把自觉地践履"以人为本"当做是一种应享的权益和应尽的义务,人人无论是对己还是对他人都应坚持"以人为本",只有这样才能真正建成社会主义和谐社会。在 2008 年 12 月 10 日《世界人权宣言》发表 60 周年之际,中共中央总书记、国家主席胡锦涛致信中国人权研究会,明确地说:"在全面建设小康社会、加快推进社会主义现代化的进程中,我们要一如既往地坚持以人为本,既尊重人权普遍性原则,又从基本国情出发,切实把保障人民的生存权、发展权放在保障人权的首要位置,在推动经济社会又好又快发展的基础上,依法保证全体社会成员平等参与、平等发展的权利。"①从这封信中,我们可以体会到"以人为本"中的"人"就是指的"全体社会成

---

① 《人民日报》2008 年 12 月 12 日。

员",对党中央所提出的"以人为本"的治国理政的根本理念,作出了最为权威的诠释。

在国际上,我们还要抵制和克服霸权主义所制造的各种阻力和麻烦。国际霸权主义者不懂得一个基本的道理:一个国家、一个民族的民主、法治、自由、平等、人权、博爱等等价值观的建设,是他们自己的事情,理想、美好、崇高的价值体系,只有真正成为他们自己的内在需要时,才能在那里生根、开花、结果。霸权主义者现在到处插手,甚至用枪炮和战争推销他们的所谓价值观。在这方面要战胜国际霸权主义,根本的办法还是要靠我们自己,靠我国全体社会成员包括"民"与"官"大家共同努力,切实贯彻落实"以人为本"的治国理政的根本理念,根据我国的基本国情和自身发展的内在需要,进一步提高我们全民族的主体性觉悟;抵制国际霸权主义用强权推销他们的价值观是我们自己主体性觉悟的一种体现。我们要通过全民族的共同努力,把我们的理想的、美好的、崇高的价值观建设好,把我们的中国特色社会主义建设好。

(原载《北京日报》2008 年 8 月 4 日,12 月 12 日补写了一段)

知情权和表达权是我国
公民的"基本权利"

　　在这次四川汶川大地震后的抗震救灾中,信息的公开、透明、及时,创造了中国的历史之最,获得了国内外舆论的普遍欢迎和赞扬。为什么会是这样? 这是因为知情权是现代人权的一个重要内容,是一种基础性的权利。而中国在改革开放中在这方面获得了显著的进步,这是中国人权事业取得的一个重大成就。与知情权密切相关的,还有一项重要人权就是表达权,知情是实现表达权的一个重要的前提条件。

　　知情权和表达权,都属于我国宪法所规定的我国公民"基本权利"。当然,这些基本权利的实现同我国物质文化基础的建设和发展是密切相联系的。随着我国物质文化基础的建设和发展,我国全体公民的基本权利也获得了长足的进步和发展,这是可喜可贺的。在肯定我国人权事业的发展和进步的同时,我们还应看到,我国是一个有着长期封建传统的国家。封建传统对人的主体性的长期压抑,造成了我国在知情权和表达权等人权事业建设方面需要做大量的启蒙工作。

　　这种工作,其实毛泽东主席早就在做了。早在延安时期,他就对黄炎培说过,我们已找到新路,我们能跳出这周期率。这条新路,就是民主。只有让人民来监督政府,政府才不敢松懈。只有人人起来负责,才不会人亡政息。

在取得全国政权后的初期,毛主席还是非常清醒的,他反复教育全党要谦虚谨慎,要戒骄戒躁,要广泛听取人民群众的意见。他说过,对于党和国家的领导者来说,最可怕的是"万马齐喑",人们不敢讲话。1956 年 2 月 19 日,有人反映有位苏联学者对《新民主主义论》中关于孙中山的世界观的论点有"不同看法",他回答说:"我认为这种自由谈论,不应当去禁止。这是对学术思想的不同意见,什么人都可以谈论,无所谓损害威信。""如果国内对此类学术问题和任何领导人有不同意见,也不应加以禁止。如果企图禁止,那是完全错误的。"①1956 年 9 月 24 日,在《吸取历史教训,反对大国沙文主义》一文中,毛主席指出,自由、平等、博爱是资产阶级的口号,"而现在我们反而为它斗争了"②。其实,民主、自由、平等、博爱等等价值观,并不仅仅是资产阶级的口号,我们党在新民主主义革命时期,就高举这样的大旗同蒋介石的反动独裁统治进行坚决的斗争,而且按照恩格斯《家庭、私有制和国家的起源》一书的结束语所引用摩尔根《古代社会》中的论述,民主、自由、平等、博爱这样的价值观在古代氏族公社所有制下就存在了,而在代替资产阶级旧社会的新社会将在更高形式上复活。所以,民主、自由、平等、博爱真正应当称作是共产主义者的价值观。1957 年 2 月 27 日,毛主席在《关于正确处理人民内部矛盾的问题》这篇著名论文中又强调地说:"我们的宪法规定:中华人民共和国公民有言论、出版、集会、结社、游行、示威、宗教信仰等等自由。"③这种种

---

①　《毛泽东文集》第 7 卷,人民出版社 1999 年版,第 9 页。
②　《毛泽东文集》第 7 卷,人民出版社 1999 年版,第 127 页。
③　《毛泽东文集》第 7 卷,人民出版社 1999 年版,第 207 页。

自由权利可以说都属于表达权。我国宪法规定年满 18 周岁的公民有选举权和被选举权,选举权也是一种表达权,是用选票进行表达。我国公民对国家机关及其工作人员还有批评、建议权,对其违法失职行为有申诉、控告或者检举权,这也属于表达权。知情权、表达权与人的生存权、劳动权、财产权、发展权、休息权、受教育权等等构成人权的基本内容。

社会主义社会是一种公民社会,是全体公民的现实的利益共同体,或者如马克思、恩格斯所说,我们所要建设的新社会是"自由人联合体"、"自由平等的生产者联合体"。对于这种新社会中的人们应具有怎样的价值观,应享有哪些基本权利,是新社会每一个成员所关注的,也是社会主义者、共产主义者不断探索的课题。党中央从中国特色社会主义的本质要求和新时期改革与发展的实践出发,坚持和发展马克思主义,提出了"以人为本"的价值观。"以人为本"的价值观内涵很丰富,包含了民主、法治、自由、平等、人权、博爱、公平、正义、人格尊严等等价值理想,包含了充分肯定人的生存权、劳动权、财产权、发展权、休息权、受教育权、知情权、表达权等等的基本权利。把"以人为本"作为我们党根本的价值观和治国理政的根本理念,完全符合马克思主义的世界观和历史观的要求,是科学的、正确的,所以一经提出就得到了全党全民的认同、共鸣和拥护。这是对中国现实的社会主义社会发展规律认识的深化,我们应当非常珍惜。只有当"以人为本"真正成为我国全体社会成员包括"官"与"民"的自觉行动,我们的社会主义和谐社会才能真正建成。

（原载《学习时报》2008 年 8 月 25 日）

干部对平民百姓应有敬畏之心

一个多月前,我在同一位朋友聊天时,曾经讲到我们的党政官员,对于平民百姓不但应当热爱,而且应当敬畏,因为我们的一切权力都是老百姓赋予的。这种热爱和敬畏不仅应当来自深刻的理性认知,而且应当来自真诚的情感投入。当时,我们还谈到了对胡锦涛总书记和温家宝总理的观感,觉得他们在同人民群众和广大干部的接触、谈话中,经常十分自然地流露了在这方面不仅有深切的理性认知,而且有非常真诚的情感上的投入,给人留下深刻的印象。

中国是一个有长期封建传统的国家,官本位有很久远的历史渊源,怎样建立新型的社会主义的官民关系、干群关系,是一项非常艰巨的任务。

近来,在继续思考这个问题时,我又查阅了一些资料,有了一些新的感悟。

1945 年 7 月,民主人士黄炎培访问延安,毛泽东在同他谈话时的遣词用字真是十分精准。他认为,只有实行民主,让人民来监督政府,"政府才不敢松懈",这说的就是各级政府及其官员应对人民群众有敬畏之心。

胡锦涛总书记反复强调我们的各级干部要坚持深入基层、深入群众，倾听群众呼声，关心群众疾苦，时刻把人民群众的安危冷暖挂在心上，做到权为民所用，情为民所系，利为民所谋。并说，人心向背，是决定一个政党、一个政权盛衰的根本因素。马克思主义政党的理论路线和方针政策以及全部工作，只有顺民意、谋民利、得民心，才能得到人民群众的支持和拥护，才能永远立于不败之地。

温家宝总理2004年3月5日在第十届全国人民代表大会第二次会议所作《政府工作报告》中也说："政府的一切权力都是人民赋予的，必须对人民负责，为人民谋利益，接受人民监督。只有人民监督政府，政府才不会懈怠。"

对于平民百姓不仅要有大爱，而且要有敬畏之心，这不能限于只有马克思主义的理论思维，而且要有真诚的情感投入。胡锦涛总书记2008年6月30日在讲话中总结了抗震救灾的经验，强调地指出："中国共产党人最博大的爱就是爱人民，最深切的爱也是爱人民，最真挚的爱还是爱人民。"9月19日他在中央党校的讲话中又讲了一段语重心长的话："今年以来，一些地方发生重大生产安全事故和食品安全事故，给人民群众的生命财产造成重大损失。从这些事件中反映出，一些干部缺乏宗旨意识、大局意识、忧患意识、责任意识，作风漂浮、管理松弛、工作不扎实，有的甚至对群众呼声和疾苦置若罔闻，对关系群众生命安全这样的重大问题麻木不仁。"

我们有些官员特别是一些高级官员，一开口便给人官腔十足之感，没有自己的语言。近来在这方面也出现了一些可喜的现象，给人以清新之感，例如李源潮9月5日在三所干部学院2008年秋季开学典礼上的讲话就给人这样的清新之感，他说："当干部要有敬畏之心，一要敬畏历史，使自己的工作能经得起实践和历史的检验;二要敬畏百姓,让自己做的事情对得起养育我们的人民;三要敬畏人生,将来回首往事的时候不会感到后悔。"

（原载《学习时报》2008 年 10 月 6 日）

奥运会与中国人的全面发展

　　2008年8月8日至24日,第29届夏季奥林匹克运动会,在全球奥运健儿和各国人民的欢乐中于北京成功举行。国际奥运会主席罗格称赞这是一次"无与伦比"的奥运会。

　　在中国举办奥运会,是中国人民的百年期盼。中国人民为申办和筹办奥运会,进行了十多年艰苦卓绝的努力,倾全国之力和全民之力来筹办这次奥运会,但在国际上却遭到某些戴着有色眼镜看中国的人们的阻挠、抵制和挑衅,特别是奥运圣火在西方号称"文明"的几个国家遭到恶意的挑衅和破坏,曾经使我国的某些人产生这样的疑问:中国人民为筹办奥运会作了种种艰苦的努力,值得吗?最终中国人民在国际奥林匹克大家庭、各国体育健儿和各国人民的共同支持下,成功地举办了一届"无与伦比"的奥运会后,现在我们可以理直气壮地回答:值得!

　　现在人们都从不同的角度和层面回顾和总结这一届奥运会给人类留下的种种物质的和精神的遗产,我选择《奥运会与中国人的全面发展》这个题目来进行论说。

一、"更快、更高、更强"是一个奥运口号，是一个体育理想，同时也适用于人的全面发展

体育运动其本质是强身健体，是人类自身发展的一种内在需要。体育同时又肩负着挑战人类自身发展极限的任务，所以应运而生了更快、更高、更强的要求和口号。在这次奥运会上共打破世界纪录 38 项。牙买加短跑运动员博尔特打破 100 米、200 米两项世界纪录，同时还是 4×100 米接力队的成员，也打破了世界纪录；美国运动员菲尔普斯在泳池中狂揽 8 枚金牌、多次打破世界纪录；中国女子举重运动员刘春红 6 次试举、5 破纪录；中国体操运动员杨威不仅是男子团体冠军的主力队员，而且夺得男子体操全能冠军……这次奥运会打破世界纪录项目和人次之多，赛场气氛之热烈和谐，给全球观众以难以忘怀的享受，让整个世界为之倾倒、为之喝彩、为之讴歌，书写着人类超越自我、挑战极限的梦想，诠释着"更快、更高、更强"的真谛。

体育健身是人的全面素质的一个重要方面，也是人的全面发展的一个重要内容。人类一直追求着自身体魄更加健康和坚强，这可以说是人的永恒的追求，也是人类的一种共同的价值，构成人的一种共同本质。

奥运会是人的这种共同本质和共同价值的集中展示。为了实现这种本质和价值，无数运动员进行了多么艰苦坚韧的训练，在竞赛场上又进行着怎样勇敢的拼搏和你追我赶，向人们展示着健和美，证明超越种种极限、获得成功的可能。

在竞赛场上，不仅有成功，有胜利，有欢乐，同时又伴随着种种失手、失败、挫折和悲伤、泪水。运动员在赛场上所表现的胜不骄、

败不馁的崇高风格和奥林匹克精神，也给人们深刻的教育和启迪。

运动员在竞赛时是对手，互不相让，总要争个高低胜负，但竞赛中又彬彬有礼，尊重对手、尊重裁判，赛完了还要互致祝贺，赛场外还是朋友。这种体育精神和体育道德，向人们传递着善的信息，是人类追求善良的一种愿景，也是人类在日常生活中处理人与人关系时应当仿效的表率。

"更快、更高、更强"是在激烈的竞赛中实现的，是在健与美的展示中实现的，是在全世界几十亿人的观赏中实现的，所以对于普普通通的每一个人具有强烈的感召力、震撼力和穿透力，对于每一个人怎样实现自身的全面发展，怎样实现自身的价值和意义，具有重要的、深刻的启示作用。中国人民正在党的以人为本的科学发展观的指引下，通过全面、协调、可持续的发展为实现经济社会和人的全面发展而奋斗，"更快、更高、更强"对于我国人的全面发展也就具有了更大的深远的启迪作用。这次奥运会，对于我国人民更加自觉、更加坚定地贯彻落实科学发展观，构建社会主义和谐社会必将发生重大的推动作用。

二、"鸟巢一代"将造就明日中国

在四川汶川大地震的抗震救灾中，出现了一支几十万人的志愿者大军，他们自觉自愿，自费奔赴抗震救灾第一线，不顾个人安危和辛苦，在余震不断的险恶环境下救死扶伤，成为党和政府抗震救灾的得力援手和助手。这批志愿者大军主要由80年代后的一代年轻人所组成，所以"80一代"的称谓应运而生，并获得中外媒体的广泛赞誉。

在这次奥运会中，《中国青年报》8月23日一篇《"鸟巢一代"

横空出世》的文章,引起了中外媒体的广泛关注,"鸟巢一代"指的是为奥运服务的志愿者大军。据报载,为这届奥运会服务的赛会志愿者有十万多名,还有 40 多万城市志愿者、100 多万社会志愿者。这支志愿者大军热情、主动、周到地为各国各地运动员、奥运大家庭各成员的官员、来自全世界各国各地的旅游者提供服务,获得广泛好评。国际奥委会还特别决定在闭幕式上由新当选的奥林匹克委员会运动员委员会的委员向志愿者代表献花,对他们无私的热情服务表达谢意。

国际媒体则发表文章赞誉"鸟巢一代"将"造就明日中国",他们说:世界今后应重视的这个"鸟巢一代"指的是年龄在 10 岁至 29 岁间的年轻一代,他们在中国迈向奥运会的崛起阶段长大,大约占 13 亿中国人的 1/3。这一代人的特点是"自信、爱和平、爱国、开放和友善"。另外的特点就是使用互联网,今后或许还有公民意识日益增强。

国际舆论对我国"80 一代"、"鸟巢一代"的评价,同我国国内媒体的评价基本上是一致的,都认为这一代必将成为中华民族复兴的生力军,是中国未来发展的可依靠的一代。

从抗震救灾到奥运会中涌现的志愿者大军,是中国社会中出现的一种可喜的人文现象,也是我国社会进步的一个重要标志,不仅是一座独特的人文景观和亮丽的风景线,而且将会发展成为促进我国经济社会和人的全面发展的生力军,深刻地影响我国的社会进步。我们所要建设的是中国特色社会主义社会,这种社会是以人为本的和谐社会。这种社会需要庞大的、各种各样的志愿者队伍。这支大军将会成为党和政府得力的援手和助手,不仅如此,还可能成长为我国社区自治和民主管理的重要模式。在中国人的现代化、人的全面自由发展的全过程中,这一代人可能成为时代的尖兵,他们科学文化素质高,具有现代人所应具备的知识和视野;他们继承了中国传统的优良美德和他们祖辈的爱国传统和坚忍不拔的奋斗精神;他们具有现代的思维方式,开放不保守,人的主体意识和主人翁意识强,社会主义民主法治、自由平等、公平正义理念强,志愿者为社会和人民服务中实现自身价值;他们爱好体育,注意锻炼身体,具有强健的体魄,能够承担艰巨的任务。当然,这一代人不是没有弱点和缺点,例如,他们是独生子女一代,娇生惯养,可能会给其中某些人带来脆弱;还有一点是年轻,缺少社会经验,但也正因此,这一代人又具有任何人年轻时都具有一个特点,就是可塑性强,接受新事物快,所以,这是应当好好研究并促其健康发展成长的一代。

三、一个既是大国又将成为富国　　强国的国民应当具备的素质和　　中国人的全面发展

中国,现在是一个有 13 亿人口的大国,但是,在 1949 年中国革命胜利前的 100 多年,遭受国际列强帝国主义、殖民主义的侵略和欺负,这给中国人民带来了难忘的耻辱,同时也激发中国人民奋起抗争。从 1840 年的鸦片战争到 1949 年中华人民共和国建立,经历了 100 多年艰苦卓绝的抗争,牺牲了多少同胞,受尽了多少苦难,才争得了民族的独立和人民的自由解放。中国从此走上了民族复兴之路。经过几代人的艰苦奋斗,中国人民正意气风发地在中国特色社会主义道路上奋勇向前。中国人民在改革开放和全面建设小康社会中是取得了伟大的、举世瞩目的成就。但是,中国人民清醒地看到,中国仍然是一个发展中的大国,离富国强国仍有一

段相当大的距离,我国正在向世界一流的富国强国奋进。

现代奥林匹克运动诞生之时,中国正处于遭受帝国主义、殖民主义残酷侵略宰割之时,那时国家和人民都处于极端的积贫积弱之中、处于水深火热之中,中国人被西方殖民主义者称为"东亚病夫",所以,奥运会绝对不可能在这样的中国举行。可是,中国人民又是热爱和平的人民,又是热爱奥林匹克团结、友谊、和平精神的民族,因此,在中国举办奥运会就成了中国人民的百年期盼。

中国是一个社会主义国家,中国又是一个具有深厚的传统文化的国家。社会主义同中国传统文化中的精华相结合就决定了中国是一个生机蓬勃的国家又是一个追求"己所不欲,勿施于人"与"和为贵"的国家。一个遭受过侵略痛苦的国家和人民,一个经历过战争所造成的无数苦难的民族,他们在具有强烈的爱国心的同时,还最热爱和平、合作和友谊,他们是最反对对其他国家和民族进行侵略和把战争强加于人的。这次奥运会,就是这样的中国和人民向全世界展示自身特质的一次极好的机会。这次奥运会成功举办,获得了国际奥林匹克大家庭和世界各国人民的广泛赞誉和好评,人们都说这一次使中国了解世界,也使世界了解了中国。举办奥运会,中国人民获得广泛深入地与各国体育健儿和各国人民交流的机会,向他们学习的机会,所以,这也是中国国民自身素质提升的过程。世界各国人民从中国在筹办和举办的一次"无与伦比"的奥运会中,看到了什么呢? 从中国体育健儿在竞赛场上的超越自我、挑战极限的拼搏中,从开闭幕式的磅礴气势和深邃内涵中,从中国观众在观赛时不仅为中国健儿而且为各国运动员的精彩表现而欢呼加油中,从100多万志愿者的微笑服务中,他们深切地、具体地、生动地看到了:

一个健与美相结合的中国和中国人民;

一个传统文化与现代化相融合的中国和中国人民；

一个开放包容、豁达大度的中国和中国人民；

一个善良友好、和平和谐的中国和中国人民；

一个坚持以人为本，重视民主法治、自由平等、公平正义等公民权利的中国和中国人民；

一个重视环境保护、生态平衡，追求科学发展、清洁发展的中国和中国人民；

一个对于崇高的奥林匹克价值理想执著追求和高度负责任的中国和中国人民；

……还可以从中外媒体的报道和评论中列举种种。

这样一些特质，实际上也就是正在迈向富裕和强盛的东方大国国民应当具备的素质，也是中国人民未来全面发展所应具备的种种素质。所以，这届奥运会对中国经济社会和人的全面发展将会起到积极的促进作用。

奥运会不仅使中国人民了解了世界，获益匪浅，也让世界各国各地人民了解了一个崛起的中国。一位旅德的著名华人学者关愚谦在其《自知者英，自胜者雄》一文中讲了一个故事：还有三天北京奥运会就要结束时，忽然接到一个电话，是一个德国朋友打来的。一问才知，他刚抵北京，要我帮助他们夫妻俩找住处。我反问："你不是说，中国政府对西藏人不友好，中国违反人权，中国干涉苏丹内政，所以你不愿意来北京吗？""那是受媒体的影响，已是过去时了。在德国看到电视上开幕式的直播，那么精彩，北京奥运会办得那么好，改变了我们好多德国人的偏见。我这个研究中国问题的学者，你也知道我多么热爱中国文化，如果不在这个时候来北京看看，那是一辈子的遗憾。"

法国前总理让－皮埃尔·拉法兰在其《中国2008：成功与挑

战》一文中也说："只有心怀叵测之人才会否认北京奥运会的成功。星期三,当尤塞恩·博尔特赢得男子 200 米金牌并打破世界纪录的时候,'生日快乐'的音乐在'鸟巢'响起。这让法国电视台的解说员禁不住感叹:'奥运会组织非常出色,而且还充满人情味。'中国人为保证奥运会的成功,投入了他们的实力,也投入了他们的真心。"

让世界了解中国和中国人民,俗话说"事实胜于雄辩","百闻不如一见",世界各国各地人们耳闻目睹了这一届"无与伦比"的奥运会和一个真实的中国,是会得出自己正确的结论的。

（作于 2008 年 9 月 20 日）

关于阶级、阶级斗争和无产阶级
专政理论的再学习

　　阶级、阶级斗争和无产阶级专政问题,是马克思主义的基本理论。但是这一理论在"文化大革命"中遭到了严重的曲解和篡改,造成了严重的后果,其流毒至今仍困扰着某些人的头脑。粉碎"四人帮"以后,邓小平有针对性地提出要完整地准确地对待马克思主义和毛泽东思想。最近,我又重读《共产党宣言》、《资本论》、《反杜林论》、《家庭、私有制和国家的起源》、《国家与革命》、《论人民民主专政》等名著,在这一理论问题上有一些新的体会,现在写出来与大家共切磋。

一、从《共产党宣言》关于阶级
斗争历史表述的修正说起

　　《共产党宣言》第一章的第一句话原来是这样说的:"至今一切社会的历史都是阶级斗争的历史。"①恩格斯在 1888 年《宣言》

---

　　① 《马克思恩格斯选集》第 1 卷,人民出版社 1995 年版,第 272 页。

的英文版上加了一个注:"这是指有文字记载的全部历史。"①为什么要作这样的修正? 恩格斯接着作了这样的说明:"在1847年,社会的史前史,成文史以前的社会组织,几乎还没有人知道。后来,哈克斯特豪森发现了俄国的土地公有制,毛勒证明了这种公有制是一切条顿族的历史起源的社会基础,而且人们逐渐发现,村社是或者曾经是从印度到爱尔兰的各地社会的原始形态。最后,摩尔根发现了氏族的真正本质及其对部落的关系,这一卓绝发现把这种原始共产主义社会的内部组织的典型形式揭示出来了。随着这种原始公社的解体,社会开始分裂为各个独特的、终于彼此对立的阶级。关于这个解体过程,我曾经试图在《家庭、私有制和国家的起源》(1886年斯图加特第2版)中加以探讨。"②在1888年《宣言》英文版序言中,恩格斯在说明《宣言》的核心的基本思路是属于马克思的这个问题时,还说:马克思认为从土地公有的原始氏族社会解体以来人类的全部历史都是阶级斗争的历史,即剥削和被剥削阶级之间、统治阶级和被压迫阶级之间斗争的历史。

　从马克思和恩格斯对于人类阶级社会和阶级是怎样产生、何时产生的表述的这种修正中,首先,使我们感受到他们是怎样在理论的创造中坚持实事求是的。当人们对人类史前史的研究中发现新的历史事实以后,他们毫不犹豫地修正了自己的原来的不科学的、不正确的表述。第二,这种修正具有重大的理论价值和意义。马克思曾经说过,发现人类社会存在阶级和阶级斗争并不是他的功劳,在他之前,资产阶级的历史学家和经济学家已经论述过了。资产阶级的思想家受其阶级地位和阶级利益的局限,自然地倾向

---

① 《马克思恩格斯选集》第1卷,人民出版社1995年版,第272页。
② 《马克思恩格斯选集》第1卷,人民出版社1995年版,第272页。

于认为阶级和阶级斗争的存在是自始就存在而且永远会存在下去。而作为无产阶级的革命家和思想家的马克思、恩格斯看到摩尔根等人类古代史学者发现在氏族公社社会曾经存在原始公有制，他们非常高兴，而且欣然地接受了这些学者的科学成果，修正了自己的表述和理论。

二、马克思关于阶级、阶级斗争和 无产阶级专政完整的表述

马克思 1852 年 3 月 5 日在致约·魏德迈的信中，对于阶级、阶级斗争和无产阶级专政，曾经作过一个完整的表述，他说："……至于讲到我，无论是发现现代社会中有阶级存在或发现各阶级间的斗争，都不是我的功劳。在我以前很久，资产阶级历史编纂学家已经叙述过阶级斗争的历史发展，资产阶级的经济学家也已经对各个阶级作过经济上的分析。我所加上的新内容就是证明了下列几点：(1)阶级的存在仅仅同生产发展的一定历史阶段相联系；(2)阶级斗争必然导致无产阶级专政；(3)这个专政不过是达到消灭一切阶级和进入无阶级社会的过渡……"[①]这三点新内容是紧密相连、缺一不可的完整整体，在强调前两点的时候，千万不能忘掉第三点，对于马克思关于阶级、阶级斗争和无产阶级专政所讲的这三点意见，特别需要完整地准确地理解和把握。

关于第一点，正如我们在前一节所看到的，马克思、恩格斯在1848 年撰写《共产党宣言》时，表述尚不十分准确，那时还说"至今一切社会的历史都是阶级斗争的历史"。这种说法，则是一切

---

① 《马克思恩格斯选集》第 4 卷，人民出版社 1995 年版，第 547 页。

剥削阶级的思想家都可以接受的,因为他们的思维逻辑是要将阶级、阶级斗争的存在说成是古已有之,是永恒的社会历史现象。而马克思、恩格斯修正了《共产党宣言》中不正确的表述,这样就从根本上同资产阶级的思想家区别了开来。

马克思、恩格斯为什么那么重视摩尔根《古代社会》一书的出版,就是因为摩尔根历经40年对印第安人居留地的考察、研究,写成的《古代社会》一书有许多重大的新发现、新成果。马克思曾经打算根据摩尔根的研究成果,从唯物史观的立场出发,撰写一部关于人类史早期阶段的专著,并为此对《古代社会》一书作了大量摘录和批注,但可惜未能如愿便与世长辞了。恩格斯的名著《家庭、私有制和国家的起源》,可以说是在某种程度上完成了马克思的遗愿。恩格斯在自己的著作中大量地使用了马克思的摘录和批注。恩格斯根据摩尔根所提供的大量史实,深刻地揭示了私有制和家庭、国家产生的历史过程,实际上也就是揭示了阶级和阶级斗争产生的历史过程,推翻了关于人类社会自古以来就有私有制、就有阶级存在的传统观点,证明在人类社会的早期阶段存在着原始公有制和没有阶级、自然也就没有阶级斗争的历史。

恩格斯在《家庭、私有制和国家的起源》中,全面详尽地分析了家庭和私有制的产生过程。他说,家庭同私有制一样,都是历史的产物。家庭作为人类的一种社会存在方式,也是生产力发展到一定阶段的产物,而决不是伦理观念的产物,也不是性爱的产物。由于产生了私有制,所以产生了阶级,因此马克思说"阶级的存在仅仅同生产发展的一定历史阶段相联系"。

马克思强调阶级斗争必然导致无产阶级专政,在欧洲大陆当时无产阶级同资产阶级的阶级斗争异常激烈,武装的反革命对无产阶级革命群众进行残酷镇压的形势下,马克思、恩格斯为从思想上武装无产阶级,当时十分强调通过暴力革命打碎旧的国家机器,建立无产阶级专政,是完全顺理成章的,是完全符合无产阶级的根本利益的。但是,即使在那样的形势下,马克思并没有迷恋无产阶级专政,他在强调无产阶级专政的必要性的同时,还特别清醒地强调"这个专政不过是达到消灭一切阶级和进入无阶级社会的过渡"。在下一节中,我们还会见到列宁引证《反杜林论》、《家庭、私有制和国家的起源》阐述恩格斯关于无产阶级专政"自行消亡"的思想,表明马克思、恩格斯是真正的、彻底的马克思主义者、共产主义者。

三、列宁关于只有承认阶级斗争同时也　　承认无产阶级专政及其"自行消亡"　　才是马克思主义者的表述

列宁在《国家与革命》一书中的一句话,是人们讲无产阶级专政时特别爱引用的,这便是:"只有承认阶级斗争、同时也承认无产阶级专政的人,才是马克思主义者。"①这句话,在"文化大革命"中曾经被反复地引用过,那是为炮制"以阶级斗争为纲"和"无产阶级专政下继续革命的理论"服务的,是为实行"全面专政"服务的。这种对马克思主义的断章取义、歪曲和篡改,已经随着"文化大革命"的失败和结束而破产了,但是人们并没有对之进行深究,进行深入的反思和批判。其实,对列宁的《国家与革命》中的论述,作这样的引用本身就是一种断章取义,就是一种歪曲和篡改。正是在《国家与革命》中,列宁还同时反复论证了只有承认阶

---

① 《列宁选集》第 3 卷,人民出版社 1995 年版,第 139 页。

级斗争、无产阶级专政,同时也承认无产阶级专政必然"自行消亡"的思想,才是真正的马克思主义者。现在就让我们来看看列宁是怎样说的。

就在人们常爱引用的这句话的前面紧挨着,列宁还有一大段话说:"马克思学说中的主要之点是阶级斗争。人们时常这样说,这样写。但这是不正确的。根据这个不正确的看法,往往会对马克思主义进行机会主义的歪曲,把马克思主义篡改为资产阶级可以接受的东西。因为阶级斗争学说不是由马克思而是由资产阶级在马克思以前创立的,一般说来是资产阶级可以接受的。谁要是仅仅承认阶级斗争,那他还不是马克思主义者,他还可以不超出资产阶级思想和资产阶级政治的范围。把马克思主义局限于阶级斗争学说,就是阉割马克思主义,歪曲马克思主义,把马克思主义变为资产阶级可以接受的东西。"正是在《国家与革命》中,列宁同时还引用恩格斯在《家庭、私有制和国家的起源》中的一段著名的论断:"阶级不可避免地要消失,正如它们从前不可避免地产生一样。随着阶级的消失,国家也不可避免地要消失。在生产者自由平等的联合体的基础上按新方式组织生产的社会,将把全部国家机器放到它应该去的地方,即放到古物陈列馆去,同纺车和青铜斧陈列在一起。"①

然后,列宁又用了整整一节的篇幅来论证"国家"、"无产阶级专政"自行消亡的问题。列宁还是首先引用了恩格斯在《反杜林论》中关于无产阶级的国家不是"被废除"而是"自行消亡"的思想。接着,列宁批判了机会主义者对国家消亡论的歪曲和篡改。列宁指出:"实际上恩格斯在这里所讲的是以无产阶级革命来'消

---

① 《马克思恩格斯选集》第 4 卷,人民出版社 1995 年版,第 174 页。

灭'资产阶级的国家,而他讲的自行消亡是指社会主义革命以后无产阶级国家制度残余。按照恩格斯的看法,资产阶级国家不是'自行消亡'的,而是由无产阶级在革命中来'消灭'的。在这个革命以后,自行消亡的是无产阶级的国家或半国家。"①

所以,列宁完整的准确的表述应当是:只有承认阶级斗争,同时也承认无产阶级专政和无产阶级专政"自行消亡"的人,才是真正的马克思主义者;只承认阶级斗争和无产阶级专政,不承认无产阶级专政"自行消亡"的人,还不是彻底的马克思主义者。

四、毛泽东关于阶级、阶级斗争和政党、国家权力"自然地归于消灭"的表述

有人可能会说,现在谈论无产阶级专政的"自行消亡"是不是为时过早了? 我认为,现在谈论这个问题,不仅在理论上是必要的,同时在实践上也是必要的。

首先,从理论上认清这个问题,根本不存在早晚的问题。从马克思、恩格斯,到列宁、毛泽东,他们在马克思主义创立后,在论述阶级、阶级斗争和无产阶级专政问题时,从来都没有忘记或回避要讲消灭阶级和阶级斗争,以至无产阶级专政的消亡,即使在马克思、恩格斯生活的时代,在他们还未取得社会主义革命的胜利和取得政权前,就反复地全面地论述过这个问题。列宁也是在无产阶级革命胜利前系统地全面地阐述了这个问题。毛泽东也是在中国革命胜利、中华人民共和国成立前夕在《论人民民主专政》这篇著名论文中透彻地全面地论述了这个问题,他说:"人到老年就要死

_____

① 《列宁选集》第3卷,人民出版社1995年版,第124页。

亡,党也是这样。阶级消灭了,作为阶级斗争的工具的一切东西,政党和国家机器,将因其丧失作用,没有需要,逐步地衰亡下去,完结自己的历史使命,而走到更高级的人类社会。我们和资产阶级政党相反。他们怕说阶级的消灭,国家权力的消灭和党的消灭。我们则公开声明,恰是为着促使这些东西的消灭而创设条件,而努力奋斗。共产党的领导和人民专政的国家权力,就是这样的条件。不承认这一条真理,就不是共产主义者。"①

第二,阶级、阶级斗争、无产阶级专政和政党、国家权力问题,是马克思主义的基本理论问题,而对这样的理论问题,在无产阶级的革命实践中又曾经遭到过"左"的或右的片面理解,造成过严重的危害,所以无论从理论上说,还是从实践上说,都存在一个如何全面地准确地理解和把握的问题。

第三,毛泽东在《论人民民主专政》中明确地指出:"消灭阶级,消灭国家权力,消灭党,全人类都要走这一条路的,问题只是时间和条件。""对于工人阶级、劳动人民和共产党,则不是什么被推翻的问题,而是努力工作,创设条件,使阶级、国家权力和政党很自然地归于消灭,使人类进到大同境域。"②由此可见,毛泽东认为从人民民主专政建立的那一天起,共产党、工人阶级、劳动人民就应当努力工作,创设条件,使阶级、国家权力和政党很自然地归于消灭。当然,这是一个十分漫长的历史过程,需要经历几代人、十几代人、甚至几十代人的努力奋斗才能完成的历史任务,不能设想一觉醒来,一个早晨阶级、政党、国家权力就通通消失了,不见了,那是十分可笑的、幼稚的想法。但是,正因为其十分漫长而且艰巨,

---

① 《毛泽东选集》第4卷,人民出版社1991年版,第1468页。
② 《毛泽东选集》第4卷,人民出版社1991年版,第1468、1469页。

所以我们又不能遗忘这个伟大的理想目标,而是应当时刻不忘为实现这个理想的目标而创造条件。毛泽东在中华人民共和国建立前夕就已经提出了这个任务,现在,我们正在中国特色社会主义道路上阔步前进,更不应当忘记这个根本任务。马克思、恩格斯曾经多次用"自由人联合体"、"生产者联合体"、"自由平等的生产者联合体"来描述未来理想社会的组织结构和人际关系,凝聚了人类对未来社会的崇高理想,给人们以很大的启迪,是一笔珍贵的思想遗产,在我们的改革开放和所从事的中国特色社会主义事业中,在社会组织结构和制度的设计、建设中是应当加以继承和发展的,不断地进行量的积累,采用渐进的量变的方法,为逐步实现理想目标而努力工作。

　　这不仅是一个漫长的艰巨的历史过程,而且是一个复杂的辩证的历史过程,一方面不能忘记阶级、政党、国家权力最终是要消亡的,另一方面还要看到人类社会在当前的现实的历史发展阶段,还得运用甚至还要加强政党和国家权力的作用,正如我国宪法中所说:"在我国,剥削阶级作为阶级已经消灭,但是阶级斗争还将在一定范围内长期存在。中国人民对敌视和破坏我国社会主义制度的国内外的敌对势力和敌对分子,必须进行斗争。"也正如《中国共产党章程》所说:"在现阶段,我国社会的主要矛盾是人民日益增长的物质文化需要同落后的社会生产之间的矛盾。"

　　阶级、阶级斗争和政党、国家权力的消灭、消亡是一个长期的、漫长的、渐进的过程,而且是有人参与的主体与客体之间相互作用的辩证的社会历史发展过程,而权力、官位又常常同荣誉、金钱、美色相联系,具有极大的诱惑力和腐蚀力,所以我们的党中央经常告诫全党各级干部不仅要经受改革开放的考验,经受社会主义市场经济环境的考验,而且要经受长期执政的考验,就其内容来说,恐怕就包括要抵制、克服、战胜这种诱惑与腐蚀。要想不被诱惑或腐蚀,需要掌握权力者有很高的主体性条件,很高的共产主义觉悟,很强的历史使命感和历史责任感,很强很持久很坚韧的自我控制和自我约束能力,同时还要有很艰巨的社会环境建设,要有很健全的制度制约,很严格的机构监督、群众监督、舆论监督,要使全体社会成员增强主体意识、主人翁意识,在党的十七大报告中明确地提出了"加强公民意识教育,树立社会主义民主法治、自由平等、公平正义理念",等等,以保证掌权者不被权力诱惑、腐蚀成为社会的"异己力量",不被从人民的公仆异化成为人民的老爷。不懂得阶级、阶级斗争、政党和国家权力最终是会消灭、消亡的理论,只能说是半截子的马克思主义者。半截子的马克思主义者不是说还有一半马克思主义,用毛泽东的话来说"就不是共产主义者",也就是说不是马克思主义者。因此,不做半截子的马克思主义者,不仅是一种理论上的需要,而且是一种实践的需要,具有重大的现实意义,并且是会碰到种种阻力,需要花很大的力量,采取种种切实的措施克服这种阻力。现在,我国全体人民,正在党的中国特色社会主义理论体系的指引下,坚定不移地走中国特色社会主义道路,坚持以人为本,构建社会主义和谐社会,遵循毛泽东所说,"努力工作,创设条件,使阶级、国家权力和政党很自然地归于消灭,使人类进到大同境域"。作为共产党人,作为马克思主义者,这个远大目标千万不能遗忘!

(作于 2008 年 10 月 1 日)

将我们的社会建设成为全体
社会成员的利益共同体

关于未来理想的共产主义社会,马克思恩格斯曾经作过多种描述和表达,有从生产方式的层次说的五种社会形态中的最后一种"共产主义社会"。有从人与人、人与物的关系角度说的从"人的依赖关系"、"以物的依赖性为基础的人的独立性"到第三种形态,即"建立在个人全面发展和他们共同的社会生产能力成为他们的社会财富这一基础上的自由个性"。① 有从所有制角度说的"生产资料的共同占有的基础上,重新建立个人所有制"。② 为了克服社会生产内部的无政府状态有从管理和调控角度说的"计划经济"。有从社会组织结构角度说的"生产者自由平等的联合体"。③ 等等。单是从社会组织结构方面来说,也有多种不同的描述和表达,马克思用过"自由人联合体"、"生产者联合体",恩格斯用过"生产者自由平等的联合体"。我所列举的种种表述,如果把马、恩毕生不同时期的论著中的所有文字编辑成书,可以编成厚厚的一本书。这多种多样、丰富多彩的表述说明一个什么问题呢?

---

① 《马克思恩格斯全集》第 46 卷(上册),人民出版社中文第 1 版,第 104 页。
② 《资本论》第 1 卷,人民出版社 2004 年版,第 874 页。
③ 《马克思恩格斯选集》第 4 卷,人民出版社 1995 年版,第 174 页。

它说明马、恩心目中崇尚着一种理想的社会,这种理想社会凝聚着人类世世代代对实现"天下为公,世界大同"的美好憧憬。但是,这种理想社会到底是个什么模样和怎样才能实现,则只能依靠人类在实践中去创造。而在这个创造过程中,人们可以有各种各样的设计、设想、描述和表达,也就是说,这是一个可以也应该探讨和研究的问题。马、恩并没有用一种僵化的、凝固不变的模式捆住自己的手脚,禁锢自己的头脑,更没有这样去束缚后人的聪明才智。他们总是告诫人们,共产主义社会是共产党人对未来社会的崇高理想,但是这种理想实现的具体的道路和具体的形式,则要靠人类根据具体的历史条件去创造。我们应当努力将马、恩的这种种论述以及它们之间的关系联系起来,并同我们所面临的新的时代条件和实践需要联系起来进行思索,定会从中获得大量有益的启迪。

一、首先是社会主体的生存状态和劳动状态

恩格斯说,未来理想社会是"生产者自由平等的联合体"。"自由"和"平等"主要是针对奴隶社会和封建社会所存在的人身依附关系,以及资本主义社会所存在的人对物归根到底还是人对人的依附关系说的,是要将人从这种依附关系中解放出来,也就是从阶级剥削、压迫、奴役中解放出来,使生产者从经济的、政治的、文化的、社会的种种不平等、不自由中解放出来,使每一个社会成员都获得人格独立和尊严、经济利益、政治权利、文化享受、社会保障,使每一个人都能获得自由、平等的全面发展,使其脑力、体力等各方面的素质都能得到充分的发挥。这样,社会生产力就会获得无穷无尽的发展,物质的和精神的财富便会充分地涌流。这是理想社会最根本也是最大的优越性。

　　"自由"、"平等"不仅仅是价值范畴,同时也是科学范畴,自由、平等同时也是对自然规律和社会规律的认识和控制说的。当这些客观规律还未被人们认识和控制前,它们是作为控制、统治、支配人们的"异己的力量"而存在的,人们在它们的面前没有自由和平等可言。关于生产领域中的"自由",马克思曾经作过这样的论述:"这个领域内的自由只能是:社会化的人,联合起来的生产者,将合理地调节他们和自然之间的物质变换,把它置于他们的共同控制之下,而不让它作为一种盲目的力量来统治自己;靠消耗最小的力量,在最无愧于和最适合于他们的人类本性的条件下来进行这种物质变换。"①恩格斯在《反杜林论》中在讲到代替资产阶级旧社会的新社会时也说:"人们自己的社会行动的规律,这些一直作为异己的、支配着人们的自然规律而同人们相对立的规律,那时就将被人们熟练地运用,因而将听从人们的支配。人们自身的社会结合一直是作为自然界和历史强加于他们的东西而同他们相对立,现在则变成他们自己的自由行动了。至今一直统治着历史的客观的异己力量,现在处于人们自己的控制之下。只是从这时起,人们才完全自觉地自己创造自己的历史;只是从这时起,由人们使之起作用的社会原因才大部分并且越来越多地达到他们所预期的结果。这是人类从必然王国进入自由王国的飞跃。"②"自由不在于幻想中摆脱自然规律而独立,而在于认识这些规律,从而能够有计划地使自然规律为一定的目的服务。"③

　　"自由"、"平等"在马、恩的笔下不仅是一种价值追求,而且是一种科学命题。自由、平等是美好的,但它们都是有"度"的,马克

---

　　①　《资本论》第3卷,人民出版社2004年版,第928~929页。
　　②　《马克思恩格斯选集》第3卷,人民出版社1995年版,第634页。
　　③　《马克思恩格斯选集》第3卷,人民出版社1995年版,第455页。

思主义对之有严格的科学界定,"自由"不是"放荡不羁",不是"为所欲为";"平等"不是"贫穷的平均主义",马、恩对"粗陋的共产主义"思想曾经作过严肃的批评。

二、社会全体成员都必须是生产者,而不能 分为一部分是劳动者,另一部分是寄生虫

"生产者自由平等的联合体"中的第二个关键词便是"生产者联合体"。这种联合体中的所有成员都必须是体力的和脑力的劳动者,而不能是寄生虫。这是同以往已经存在过的阶级社会的根本不同之点。关于这一点,恩格斯曾经作过非常明确的论述,他说:"旧的生产方式必须彻底变革,特别是旧的分工必须消灭。代之而起的应该是这样的生产组织:在这个组织中,一方面,任何个人都不能把自己在生产劳动这个人类生存的自然条件中所应参加的部分推到别人身上;另一方面,生产劳动给每一个人提供全面发展和表现自己全部的即体力的和脑力的能力的机会,这样,生产劳动就不再是奴役人的手段,而成了解放人的手段,因此,生产劳动就从一种负担变成一种快乐。"①

恩格斯的这一论述,给我们理解"生产者自由平等的联合体"以深刻的启迪。在中国特色社会主义的建设中,只要我们真正沿着恩格斯的这一崇高的理想去做、去创造、去实践,那么,我们就必然能保证社会主义的方向和性质,就必然会取得建立理想社会的胜利。全体社会成员是不是都能成为劳动者,其实就是检验、衡量我们所建立的新社会性质的根本标志。而能不能保证全体社会成

① 《马克思恩格斯选集》第 3 卷,人民出版社 1995 年版,第 644 页。

员都成为劳动者,不出现一个寄生虫阶层,就成为考核新社会领导者和执政者的根本要求。而这正是我们党中央提出"以人为本"的治国理政根本理念和构建社会主义和谐社会重大战略指导思想的重要内容。反腐败,反以权谋私,不仅仅是一个廉政问题;充分保障全体有劳动能力的社会成员的劳动权,也不仅仅是一个民生问题,这些都是关系我们社会主义社会性质的根本问题,我们千万不能等闲视之。

三、怎样才能实现这种联合体?必须有共同的物质利益作保障

怎样才能实现"生产者自由平等的联合体",使其成为我们不懈奋斗的目标?必须在经济、政治、文化和社会等各种建设中,建立坚固的、共同的物质利益基础,使全社会的每一个成员都从切身的共同的物质利益上关心、建设和维护这个共同体。马克思在《资本论》中说:"从资本主义生产方式产生的资本主义占有方式,从而资本主义的私有制,是对个人的、以自己劳动为基础的私有制的第一个否定。但资本主义生产由于自然过程的必然性,造成了对自身的否定。这是否定的否定。这种否定不是重新建立私有制,而是在资本主义时代的成就的基础上,也就是说,在协作和对土地及靠劳动本身生产的生产资料的共同占有的基础上,重新建立个人所有制。"①马克思所说的这种"生产资料共同占有基础上的个人所有制",是一种社会所有制与个人所有制相结合的制度。马克思《资本论》中的这一观点,其实早在马、恩合撰的《共产党宣

---

① 《资本论》第 1 卷,人民出版社 2004 年版,第 874 页。

言》中就已经有了,他们当时说:"我们决不打算消灭这种直接供生命再生产用的劳动产品的个人占有","共产主义并不剥夺任何人占有社会产品的权力,它只剥夺利用这种占有去奴役他人劳动的权力。"①马克思所设想的这种"既是个人的又是社会的所有制",曾经被杜林攻击为"混沌世界"。恩格斯为了回击杜林的这种攻击,在《反杜林论》中为了使6岁儿童都能明白,引用马克思自己的论述作了这样的解释:马克思设想了一个按社会主义原则组织起来的自由人联合体,"这个联合体的总产品是一个社会产品。这个产品的一部分重新用作生产资料。这一部分依旧是社会的。而另一部分则作为生活资料由联合体成员消费。因此,这一部分要在他们之间进行分配。"②我们还应当注意,这是马克思的一种"设想",在真实的、具体的实践过程中,还有待于人们去创造,个人占有的恐怕不会只限于生活资料。我们现在还处于社会主义社会的初级阶段,离共产主义社会还有漫长的历史过程,到那时到底如何解决这个问题,还得由那时的历史条件决定,但是有一点是非常清楚的,就是按照马、恩的设想,在这个漫长的历史进程及其以后的共产主义社会里,都不会消灭任何人直接供生命再生产用的劳动产品的个人占有,重新建立在生产资料共同占有基础上的个人所有制,是可供人们的一种选择。这一论述过去没有引起人们更多的注意,但是对于我们建设新社会却具有重要的启迪意义。

我们党和邓小平,在中国改革开放之初,在我国农村中所实行的"家庭联产承包责任制"是在倾听广大农民心声基础上的一个

---

① 《马克思恩格斯选集》第1卷,人民出版社1995年版,第287、288页。
② 《马克思恩格斯选集》第3卷,人民出版社1995年版,第473~474页,恩格斯引用的马克思原话见《资本论》第1卷,人民出版社2004年版,第96页。

伟大的创造，经过30年的实践，获得了极大的成功。最近召开的党的十七届三中全会，总结了30年农村改革开放的经验，并根据新的历史条件和新的实践需要，郑重地提出了要稳定和完善农村基本经营制度，强调地指出，以家庭承包经营为基础、统分结合的双层经营体制，是适应社会主义市场经济体制、符合农业生产特点的农村基本经营制度，是党的农村政策的基石，必须毫不动摇地坚持。赋予农民更加充分而有保障的土地承包经营权，现有土地承包关系要保持稳定并长久不变。并强调：完善土地承包经营权权能，依法保障农民对承包土地的占有、使用、收益等权利。加强土地承包经营权流转管理和服务，建立健全土地承包经营权流转市场，按照依法自愿有偿原则，允许农民以转包、出租、互换、转让、股份合作等形式流转土地承包经营权，发展多种形式的适度规模经营。有条件的地方可以发展专业大户、家庭农场、农民专业合作社等规模经营主体。并明确规定：土地承包经营权流转，不得改变土地集体所有性质，不得改变土地用途，不得损害农民土地承包权益。

　　党的十七届三中全会决定还强调地指出，实现农村改革发展任务目标的一个重大原则是："必须切实保障农民权益，始终把实现好、维护好、发展好广大农民根本利益作为农村一切工作的出发点和落脚点。坚持以人为本，尊重农民意愿，着力解决农民最关心最直接最现实的利益问题，保障农民政治、经济、文化、社会权益，提高农民综合素质，促进农民全面发展，充分发挥农民主体作用和首创精神，紧紧依靠亿万农民建设社会主义新农村。"这讲的虽然是农村的改革，但其基本精神完全适用于全国其他各行各业的改革。

　　这又是一个重大的新的创造，它给亿万中国农民以实实在在的利益。我国已经取消了实行两千多年的农业税制度,现在又强调要稳定和完善农村基本经营制度,这都是重大的惠民措施,必将得到广大农民的赞成和拥护,从而产生强大的持久的动力作用,极大地推动我国社会和人的全面发展和进步。农村的这种改革,将会像前一轮的改革一样,对我国其他各行各业的改革起到启发和推动作用。

真正把我们的社会建设成为全体社会成员的利益共同体,使每一个人都从切身利益上关注和建设、维护我们的利益共同体,我国社会主义和谐社会才可以建立在真正牢固的基础之上。这样,才能使我们的社会真正长治久安,兴旺发达,永葆青春活力,使我们的党永远立于不败之地,共产党人的崇高理想一定能实现。

（作于 2008 年 10 月 31 日,《北京日报》12 月 15 日理论周刊以

《关于未来理想社会,马恩怎么说》为题刊发了本文摘要）

共产主义者的世界观与价值观

最近,在平面媒体和网络媒体上,有一个问题引起了比较广泛的关注和争鸣,就是普世价值观问题。我也想就这个问题发表点意见,参与争鸣。

一、马克思、恩格斯关于共产主义者
世界观和价值观的理论

如果要问谁有资格讲普世价值观的话,我想人们会很朴素地想到共产主义者,因为共产主义者是以追求全世界无产阶级和全人类的解放为根本目的的。但是,按照马克思主义的世界观和方法论,世界上不存在永世一成不变的、凝固的东西,一切都是发展的、变化的。这是从纵的方面来说的。从横的方面来说,在现实的社会中,人们的利益追求既有共性的一面,又有差别性的一面,各种不同的群体、阶级、阶层的利益是多元的,所以价值观必然呈现出既有共性,又差别性,适合每一个人的整齐划一的价值观事实上是不存在的。但是,在人类世世代代的发展中,的确又存在某些共同的价值理想和追求,"天下为公,世界大同"就是古今中外世世代代仁人志士的一种崇高的价值理想和追求。如果没有这种价值追求,怎么可能在 19 世纪中叶形成科学的共产主义的理想呢?但是,资产阶级、殖民主义者、国际霸权主义者是不会有这种价值追求。所以,还是用人类在漫长的历史进程中追求的共同的价值理想来表述更贴切一些,更科学一些,也可以为更多的人所接受。

马克思主义有一条基本原理,观念是一种精神性的东西,它是建立在物质基础之上的,共同的价值观是建立在社会成员根本利益一致及其社会生活方式基础之上的。这一点,马克思、恩格斯早就告诉过我们。

1848 年,马克思和恩格斯在其合撰的《共产党宣言》中就说过:"代替那存在着阶级和阶级对立的资产阶级旧社会的,将是这样一个联合体,在那里,每个人的自由发展是一切人的自由发展的条件。"

后来,马克思在《资本论》这部经典名著中又强调地指出未来的理想社会,"联合起来的生产者,将合理地调节他们和自然之间的物质变换,把它置于他们共同控制之下,而不让它作为一种盲目的力量来统治自己;靠消耗最小的力量,在最无愧于和最适合于他们的人类本性的条件下来进行这种物质变换。"并指出:代替资产阶级旧社会的未来更高级的新社会,是"以每个人的全面而自由的发展为基本原则的社会形式"。

民主、法治、自由、平等、人权、博爱、公平、正义、人格尊严等等,是人类在漫长的历史进程中共同追求的价值理想和共同创造的文明成果。对于《共产党宣言》、《资本论》等一系列著作中马克思、恩格斯所表达的这种崇高的价值理想,在马克思逝世后,恩格斯在其晚年所撰著的《家庭、私有制和国家的起源》中,不但作了历史的考察,而且对其未来的发展作了科学的预测。

马克思、恩格斯对于美国学者路易斯·亨利·摩尔根深入印第安人居留地进行长达 40 年考察、研究的成果《古代社会》一书的公诸于世,是很重视的,而且非常赞赏。马克思曾经打算根据摩尔根的研究成果,从唯物史观的立场出发,撰写一部关于人类史早期阶段的专著,并为此对《古代社会》一书作了大量摘录和批注。但可惜未能如愿便与世长辞了。

恩格斯的名著《家庭、私有制和国家的起源》,可以说是在某种程度上执行了马克思的遗愿。恩格斯直截了当地将自己论著的副题标注为"就路易斯·亨·摩尔根的研究成果而作"。恩格斯在自己的著作中大量地使用了马克思的摘录和批注。恩格斯根据摩尔根所提供的大量史实,深刻地揭示了私有制和家庭、国家产生的原因和过程,推翻了关于人类社会自古以来就有私有制的传统观念,证明在人类历史的早期阶段存在着以氏族制度为基础的氏族公社所有制。根据翔实历史事实所作出的这一科学论证,具有非凡的巨大的历史意义,这就彻底地打掉了剥削阶级思想家把私有制说成是古已有之、而且会永远存在的将私有制永恒化的企图。

摩尔根考察了印第安人在氏族公社所有制下的生活方式,发现民主、自由、平等、博爱等古代价值观是建立在这样的生活方式的基础之上的,是氏族社会团结、和谐、富于活力的保障。恩格斯站在唯物史观的理论高度,对于摩尔根的这种思想是非常赞赏的。正因为如此赞赏,恩格斯非常罕见地在自己的《家庭、私有制和国家的起源》的结尾处,大段地引用摩尔根的原话作为自己这部著作的结束语。在恩格斯看来,摩尔根所说下一个更高阶段的社会,或如马克思所说代替那存在着阶级和阶级对立的资产阶级旧社会的新的"劳动者联合体"、"自由人联合体",应当如摩尔根所说,将是古代氏族的民主、自由、平等、博爱的复活,但却是在更高形式上的复活。看来,恩格斯是完全同意摩尔根的看法的,在未来的新社会,古代氏族社会的民主、自由、平等、博爱等价值观,将会在更高阶段的社会生活方式的基础上以更高形式复活,将成为未来理想社会所有成员共同的价值观。我们所从事的中国特色社会主义事业,正是为了实现马克思和恩格斯的这种价值理想。

二、中国共产党人在新民主主义革命 时期在共产主义世界观和价值观 指导下奋斗

上面,我们从马克思主义思想史的角度,从马克思主义是无产阶级和全人类解放的科学的根本宗旨的角度,论述了民主、法治、自由、平等、人权、博爱、公平、正义、人格尊严等等,是人类在漫长的历史进程中共同追求的价值理想和共同创造的文明成果。这种价值观是真正属于马克思主义的,是属于共产主义者和共产党人的。现在,我们再从中国共产党人的奋斗史来看看这个问题。

1921 年,马克思主义与中国工人革命运动相结合,诞生了中国共产党。中国共产党建立后,领导中国工人阶级和劳动人民,进行了波澜壮阔、英勇顽强的新民主主义革命。在那场革命中,"打倒吃人的旧社会!""过去是牛马,现在要做人!"这些朴素的、出自群众之口的,但却是震撼人心的口号,无疑是革命的口号,同时也是包含着马克思主义价值观的口号。在新民主主义革命时期,我们党遵循马克思主义的基本原理、经过严肃的理论思考而提出的争取民主、自由、平等、人民权利的纲领、口号,则更包含着深刻的马克思主义价值观的内容。

思想的批判同武器的批判并举,但武器的批判是以思想的批判为前提的,如果没有从思想上、舆论上对旧社会"吃人"的本质、

种种惨无人道的罪行的淋漓尽致的揭露和批判，那么，要动员起千百万劳苦大众，拿起枪杆子，流血牺牲，对旧社会进行武器的批判，是无法想象的。当然，如果仅仅停留于思想的批判，而不进行武器的批判，那么，这种批判也只能是苍白无力的。

在新民主主义革命时期，我们党不但在公开的宣传中对"吃人"的、惨无人道的旧社会进行了无情的揭露和批判，而且在革命队伍内部的思想教育和战斗动员中，这种揭露和批判则更是催人声泪俱下，如诉苦运动等。

对旧社会的"吃人"的、惨无人道的本质的揭露和批判，是同对新社会自由幸福、民主平等、公平正义、同志友爱等等新型的人与人的关系的理想教育同时进行、相辅相成的。如果只有对旧社会非人道的种种惨状的控诉和揭露，而没有对新社会新型的人际关系的憧憬、追求和奋斗，那么，这种揭露也只能是廉价的怜悯和空洞的说教。

只要简单地回顾一下我国新民主主义革命的历史，无论是在抗日民主根据地、解放区生活过的人们，还是在国民党统治区生活过的人们，对于当时我们党在思想舆论上，在民主、自由、平等、人民权利等等领域占有何等强大的话语主动权和主导权，在这些方面对国民党的法西斯专制主义的揭露和批判是何等的犀利和有力，可以说记忆犹新。毛泽东在延安与黄炎培先生关于怎样打破历史的周期率的谈话，把民主放在何等重要、何等关键的位置，更是人们所熟知的。我们党成为执政党以后，应当把这一段光辉的历史继续发扬光大，把这方面的话语主动权和主导权继续牢牢地掌握在自己手中。

三、当代中国人民在共产党的
领导下形成的价值观共识

自党的十一届三中全会以后,自我们党的第二代领导集体领导全党全国人民迈入改革开放年代,开创了中国特色社会主义道路,形成了中国特色社会主义理论体系以后,我国不仅在中国特色社会主义事业方面取得了世界瞩目的伟大成就,而且在共产党人和中国人民应具备什么样的价值观,夺回话语主动权和主导权方面,也取得了骄人的成就!

"以人为本",在当代中国首先是每一个平民百姓的价值理想、价值追求。全体平民百姓,不仅希望要以自己为本,而且希望要以全社会所有他人为本,因为"以人为本"中的"人"包括了所有社会成员,包括你、我、他。同时,"以人为本"又是中国共产党和中国政府以及每一个干部的执政理念,也可以说是党和政府以及每一个干部的最根本的价值观。

我们知道,社会与个人是一个统一体,构成了一种现实的利益共同体。社会是由每一个个人组成的,全部每一个个人构成社会有机体。个人与社会存在着客观的、必然的双向的价值追求,个人希望社会能满足自己的物质文化需要,能为每个人谋福祉;而社会则要求每一个个人为社会作出贡献,尽每一个社会成员的责任和义务。而社会对个人的价值要求,则是通过社会的领导者表达的,在今天的中国则是由各级党和政府及其干部为代表出现的。所以,个人与社会的双向价值追求,实质上是通过人对人的价值追求来实现的。

个人与社会除了存在客观的必然的双向价值追求,同时也可以形成共同的价值取向。共同的价值取向是建立在根本利益一致的基础之上的。在我们中国,已经建立的根本社会制度是中国特色社会主义,全体社会成员形成了一种利益共同体,所以胡锦涛总书记多次反复地讲:"要树立和落实科学发展观,首先必须全面准确地把握科学发展观的深刻内涵和基本要求。坚持以人为本,就是要以实现人的全面发展为目标,从人民群众的根本利益出发谋发展、促发展,不断满足人民群众日益增长的物质文化需要,切实保障人民群众的经济、政治和文化权益,让发展的成果惠及全体人民。"①

有人纠缠于某些哲学概念、范畴例如民主、自由、平等、博爱是哪个阶级首先提出来的,于是就认定这些概念、范畴就永远属于那个阶级所专有。其实,这是不懂得哲学发展史、思想发展史的一种观念。只要翻开哲学史、思想史,便可以发现马克思主义哲学中的许多概念和范畴,都是资产阶级甚至更早以前的哲学家、思想家曾经使用过的,但是经过马克思、恩格斯的改造,赋予它们新的含义和内容,便可以成为马克思主义的概念和范畴。在本文第一节中,我们已经见过马克思、恩格斯并没有因为资产阶级的思想家使用过民主、自由、平等、博爱等等而拒绝使用这些概念和范畴,而是赋予这些概念、范畴以共产主义的思想、内容,使其成为自己思想体系的有机构成。我们党的历代领袖,也都继承了马克思、恩格斯的这种做法,我们在本文第二节中已经讲过了,这里不多说了,现在只说胡锦涛总书记,也是坚持、继承了这种科学态度。他曾多次讲过,我们所要建设的社会主义和谐社会是按照民主法治、公平正义、诚信友爱、充满活力、安定有序、人与自然和谐相处的社会。在

---

① 《十六大以来重要文献选编》(上卷),中央文献出版社 2005 年版,第 850 页。

党的十七大报告中,他还提出要"加强公民意识教育,树立社会主义民主法治、自由平等、公平正义理念。"在 2008 年 6 月 30 日的讲话中说:"中国共产党成立以来的 87 年,是为中华民族独立、解放、繁荣和中国人民自由、民主、幸福而不懈奋斗的 87 年"。在总结抗震救灾的经验时,他又对以人为本和博爱作了马克思主义的诠释,他说:"在抗震救灾斗争中,各级党委和政府把以人为本作为最高准则,把挽救人的生命作为重中之重,再次生动诠释了立党为公、执政为民的执政理念。人民群众说,世间有真情,人间有大爱。中国共产党人最博大的爱就是爱人民,最深切的爱也是爱人民,最真挚的爱还是爱人民。"

民主、自由、平等、人权、博爱等等概念和范畴,虽然资产阶级的哲学家、思想家用滥了,但是马克思主义、共产主义者对之进行改造,赋予它们新的含义和内容,完全可以将其改造成为自己思想、理论体系的有用成分。

正因为当代中国人民共同的价值取向是建立在根本的共同利益基础之上的,所以自从党中央提出以人为本,构建社会主义和谐社会的战略指导思想以后,很快就形成我国全民的价值共识。在今日的中国,普通的平民百姓除了追求民主、法治、自由、平等、人权、博爱、公平、正义、人格尊严等等价值理想,同时希望社会的领导者、执政者实行"以人为本",真心诚意地满足人们的愿望;而社会的领导者、执政者则应当将"以人为本"作为治国理政的根本理念,永远做人民的公仆,而不要异化成人民的老爷。所以,"以人为本"就成了当今中国"官"与"民"的共同的价值追求,共同的价值观。也正因此,在党中央在科学发展观中提出"以人为本"以后,获得了全党全民的高度认同和热烈拥护,就不奇怪了。这种广泛的共识共鸣,正是建立在这种共同的价值观之上的。"以人为本"在指导科学发展、指导改革开放、指导中国特色社会主义事业、指导各项工作、指导抗震救灾中之所以能够发挥如此强大的力量,其根据也在于这种共同的价值追求,共同的价值理想,这也正是社会主义优越性的最为根本的原因。

(2008 年 11 月 5 日修改定稿)

党的执政地位与思维方式的变革

党的十六届四中全会在《关于加强党的执政能力建设的决定》中强调地指出:"无产阶级政党夺取政权不容易,执掌好政权尤其是长期执掌政权更不容易。党的执政地位不是与生俱来的,也不是一劳永逸的。我们必须居安思危,增强忧患意识,深刻汲取世界上一些执政党兴衰成败的经验教训,更加自觉地加强执政能力建设,始终为人民执好政、掌好权。"

胡锦涛总书记反复强调,坚持以人为本,全面、协调、可持续的科学发展观,是我们继承和发展党的三代中央领导集体关于发展的一系列重要思想,从新世纪新阶段党和国家事业发展全局出发提出的重大战略思想,反映了我们党对发展问题的新认识,对于全面建设小康社会、加快推进社会主义现代化具有十分重要的指导意义。关于构建社会主义和谐社会,胡锦涛总书记强调地指出:我们党提出构建社会主义和谐社会,既是对我国改革开放和现代化建设经验的科学总结,也是在新的国内外形势下提高党的执政能力、贯彻落实科学发展观、更好地推进我国经济社会发展的战略举措,并号召全党同志都要从这样的战略高度,深刻认识构建社会主义和谐社会的重大意义,自觉地承担起和谐社会建设的历史任务。

党中央所制定的以人为本的科学发展观和构建社会主义和谐

社会的战略指导思想,可以说是具有划时代意义的马克思主义的创新理论。对于这一创新理论的哲学价值与意义,我们应当进行深入的研究,并加以阐发。

我们应当客观冷静地深入地想一想,像毛泽东主席这样的立下过卓越功勋的伟大领袖,晚年为什么会犯下"文化大革命"十年动乱这样严重的错误? 从哲学上说,就是由于对中国共产党经过28年的武装斗争,建立了新中国,夺取了国家政权,成了中华人民共和国的执政党这样翻天覆地的伟大变化,没有上升到哲学层面来认识它的意义,实现哲学层次的思想变革。马克思说:"哲学都是自己时代精神的精华"①,恩格斯说:"随着自然科学领域中每一个划时代的发现,唯物主义也必然要改变自己的形式"。② 20世纪自然科学突飞猛进的发展,出现了多少划时代的发现,特别是中国革命的胜利,古老中国的社会制度发生了翻天覆地的变化,这样的发展和变化必然会引起哲学模式和思维方式的变革。但是,我们的思维方式和哲学模式仍然停留于急风暴雨式的阶级斗争时期,"以阶级斗争为纲"、"无产阶级专政下继续革命"等理论上的错误,都和这一点有着密切的关系。

中国革命胜利,新中国建立后,我们的国家从急风暴雨式的阶级斗争年代进入和平建设的年代,关于实现思维方式和哲学模式的变革,我们党和毛泽东曾经作过努力。1956年9月,党的第八次全国代表大会,郑重地提出了国内主要矛盾已经不是阶级斗争,而是人民日益增长的物质文化生活需要同落后的社会生产的矛盾。1957年,毛泽东提出了要区分两类不同性质的社会矛盾和正

---

① 《马克思恩格斯全集》第1卷,人民出版社中文第1版,第121页。
② 《马克思恩格斯选集》第4卷,人民出版社1995年版,第228页。

确处理人民内部矛盾的重要命题。这些都是哲学上的重大的创新思维。但是遗憾的是,后来发生了一些国际国内事件,很快就扭转了这一可贵的思路,打断了这一哲学模式和思维方式转换的进程,犯了20年"左"的错误,到了"文化大革命"时期,"斗争哲学"更是发展到了登峰造极的程度,造成了极为严重的后果。

　　理论上谬之毫厘,实践上就会差之千里。粉碎"四人帮"后,以邓小平为核心的党中央纠正了这一错误,从政治上、理论上清算了"以阶级斗争为纲"和"无产阶级专政下继续革命"等错误理论。在改革开放的新的历史时期,邓小平反复倡导"重新确立实事求是的思想路线"①;提出了社会主义的本质"是解放生产力,发展生产力,消灭剥削,消除两极分化,最终达到共同富裕"②的"社会主义的本质"论,并强调"社会主义发展生产力,成果是属于人民的"③,"社会主义财富属于人民,社会主义的致富是全民共同致富。社会主义原则,第一是发展生产力,第二是共同致富。"④邓小平还强调衡量改革开放成败、对错的标准是"三个有利于":"应该主要看是否有利于发展社会主义社会的生产力,是否有利于增强社会主义国家的综合国力,是否有利于提高人民的生活水平"⑤;反复强调党的路线、方针、政策和我们所做的一切工作都要以人民拥护不拥护、赞成不赞成、高兴不高兴、答应不答应为衡量的标准;再三强调安定、团结和稳定的极端重要性。在党的第十二次全国代表大会所修改通过的《党章》中恢复了党的八大关于国内主要

---

① 《邓小平文选》第3卷,人民出版社1993年版,第255页。
② 《邓小平文选》第3卷,人民出版社1993年版,第373页。
③ 《邓小平文选》第3卷,人民出版社1993年版,第255页。
④ 《邓小平文选》第3卷,人民出版社1993年版,第172页。
⑤ 《邓小平文选》第3卷,人民出版社1993年版,第372页。

矛盾的正确表述,以及十六大《党章》增加了江泽民所提出的"三个代表"重要思想,等等,所有这一切都为新一届党中央领导集体提出以人为本的治国理政的根本理念和构建社会主义和谐社会的重大战略指导思想,作了理论上的准备,开辟了思维方式和哲学模式变革的道路。这种思维方式和哲学模式的变革,既是对前人的继承,又是一种创造性的发展,对于它的哲学意义和价值,我们应当充分地重视。

1985 年 1 月 14 日,我以雷亮为笔名,在《光明日报》上发表了《改革与思维方式的超前变革》一文,论述了在改革开放中思维方式超前变革的必要性和可能性。1985 年 7 月 19 日又在《人民日报》上发表了《改革对哲学的呼唤》,提出了要进一步确立人在自然界和社会中的主体地位,增强人的主体意识和自觉的责任意识;对生产力的发展要进行价值评价,把着眼点放在提高经济建设的社会效益、提高人的生活质量和人的全面素质上来;进一步研究和发掘主体的潜能、积极性和创造性;更自觉地运用促进社会进步的动力杠杆——人的需要系统;正确把握和不断增强人的自由度,增强社会发展和进步的科学性;正确处理人的物质幸福同人的全面发展的关系等等改革与人的全面发展的哲学问题来进行研究。这两篇文章都编入了拙著《人的哲学论说》一书中,现在看来,这些问题的提出是适应了时代发展和新的实践的需要的。哲学是一种世界观、方法论,马克思主义哲学包括了世界观、历史观和价值观,是无产阶级和全人类谋求全面彻底解放的精神武器,是认识世界和改造世界的认知工具。它的具体的表达形式或曰模式,不是一成不变的,不是僵化的,而是随着无产阶级和全人类认识和改造世界的实践需要,也就是时代的需要而不断地改变的,而与时俱进的。所以马克思说它是时代精神的精华。因此它的具体形式要随着自然科学和社会科学划时代的发展而发生变化,随着人类思维能力的发展进步而改变。新中国的建立,特别是改革开放日益发展和深化,呼唤着哲学模式和思维方式的变革。从党的八大提出中国社会主要矛盾的新表述,从毛泽东提出要区分两类不同性质的社会矛盾和正确处理人民内部矛盾的新命题,到党的十二大重提我国社会的主要矛盾是人民日益增长的物质文化需要同落后的社会生产之间的矛盾,到邓小平所创立的建设中国特色社会主义理论和江泽民关于"三个代表"的重要思想,再到新一届党中央领导集体提出"以人为本"的治国理政的根本理念和构建社会主义和谐社会的重大战略指导思想,实现了我们从急风暴雨式的革命战争年代到和平建设和发展年代的哲学模式及思维方式变革的艰难历程,是一种应运而生,是一种艰巨的求真务实的与时俱进,是实践和理论思维的丰硕成果,我们应当十分珍惜,并努力挖掘、阐发它的哲学价值和意义。这种哲学价值和意义是可以长期地、稳定地、规范地发挥作用的。

（作于 2008 年 11 月 10 日,原载《今日中国论坛》2009 年第 1 期）

推进建立当代中国哲学

——张世英先生《归途》一书读后感

　　收到张世英先生的新著《归途——我的哲学生涯》一书,我被张先生曲折的、执著的、丰收的哲学人生所吸引,饶有兴趣地读了起来,读着读着,发自内心的感想就油然而生。现在讲讲读后感。

　　张先生,从少年起,在父亲的教导下就确立了"要做学问中人"。但在青壮年时,走了长达30年的弯路,到60岁前后,才赶上改革开放的年代,又焕发了学术的青春,思想的硕果像喷泉一样涌流。后30年的成果,数量上超过前30年高达6倍。特别可喜的还不在数量,而在质量,质量之高令人叹服。特别可贵的是张先生的自我否定、自我扬弃、自我超越的真正的学者精神。张先生在回顾解放后60年的哲学生涯时,非常坦然地说,前30年"我的著作和论文大多打上了'左'的教条主义的烙印,'大批判'成了这些论著的指归。"结束"文化大革命"十年动乱后,张先生认真反思和总结了前30年所走过的道路,深感"仿若一个飘摇在外、'一去三十年'的游子,踏上了自己思想家园的归途。我感到长期套在哲学脖子上的枷锁正在打开,'光明在望'。从此以后,我回到了纯正的学术研究的道路,开始了一个真正做学问的时期。"

　　改革开放,结束了"政治独断的教条主义的束缚",这是客观环境变了,但是,作为一个学者、哲学家,能不能跟上这种客观环境的变化,清算和抛弃在"政治独断和教条主义的束缚"下所形成的思维方式和思维定势的羁绊,找回独立思考的精神,真正解放思想,同打上了"左"的教条主义烙印的旧作旧思想决裂,没有一点理论上、学术上的勇气,没有自我否定、自我扬弃、自我超越的精神,也是不行的。张先生特别可贵的是有这种精神,所以他取得了成功,取得了如此丰硕的成果。我们不仅要向张先生表示祝贺,而且要向张先生学习。

后 30 年,张先生的学术成果是丰硕的,张先生将其概括为"新的'万物一体'哲学",把万物一体、天人合一与主—客关系结合起来。

张先生所讲的这种"新的哲学"的确同我们所讲的马克思主义哲学是有所不同,放在 30 年前,根本不会让其存在,更不会让其登上北京大学的学术殿堂。现在,不旦让其存在,让其登上北大的学术殿堂,而且国家出版社还出版了张先生的多部新著。这说明我们的国家、我们的社会确确实实是进步了,独立思考,学术民主、学术自由得到了弘扬! 由此,我又产生了一个更为广阔的感想,就是马克思主义哲学应当怎样面对这种新的现实、新的发展。

我们常说,要用发展着的马克思主义指导新的实践;还常说,要将马克思主义同中国实际相结合,要实现马克思主义中国化。"发展着的马克思主义","中国化的马克思主义",是大不同于100 多年前马克思、恩格斯的原旨马克思主义的,是加进了无数新的时代元素和中国元素的马克思主义。马克思、恩格斯生活的年代,没有出现过我们今天所面临的许多新情况、新课题,不可能从他们的 100 多年前的著作中找出解决今天所面临的所有新情况、新问题的现成答案,必须由现代人按照实事求是的原则和方法,研究新情况,作出新答案。所以,我觉得应将原旨马克思主义同"发展着的马克思主义"("中国化的马克思主义")这两个命题、两个概念加以区别。这样就可以避免出现两种弊端,一是不会被原旨马克思主义束缚住头脑和手脚,不敢创造、创新,老是墨守成规;二是不会把"发展"、"中国化"过程中出现的失误、错误甚至挫败,一股脑儿都推到马克思主义头上去。

如果我的上述想法能够成立,我想对于马克思主义哲学也可以这样做。我们应当将原旨马克思主义哲学同"发展着的马克思主义哲学"("中国化的马克思主义哲学")加以区别。哲学是时代精神的精华,哲学应面向人类生活,回答人类生存生活的现实问题。恩格斯曾经说过,随着自然科学每一个划时代的发现,唯物主义必然改变自己的形式。我想,恩格斯是把马克思主义的唯物主义也包括在内的。

张先生认为"哲学是以提高人生境界为目标的学问,是提高人生境界之学。""哲学是讲人对世界的态度,讲人怎样生活在这个世界上。"根据张先生对哲学的根本使命的这种理解和对哲学所作的界定,针对当代中国人所面对的人与自然、人与人的和谐遭到破坏的严峻现实,张先生主张把中国传统的"万物一体"与西方近代的"主体—客体"关系式结合起来,具体地说,就是把"主体—客体"关系吸取和充实到"万物一体"的精神境界中来,一方面避免中国传统的"万物一体"中那种不分你我、不分主体与客体之弊,一方面避免西方近代把"主体—客体"关系式奉为哲学最高原则所造成的流弊。这种哲学,张先生称之为"新的万物一体哲学"、"新的天人合一哲学",但它不是传统意义的"万物一体"、"天人合一",而是一种超越了主客关系的万物一体、天人合一的境界之学。张先生追求的最高境界是人的心灵自由。张先生主张中国哲学的发展前途既要召唤主客二分的主体性,以发展科学,发扬民主,又要超越主客二分和主体性达到天人合一、人与自然交融的高远的自由境界。没有主客二分和主体性,就没有科学的、进取的精神,但若停留于主客二分,则终因主客彼此在外、彼此限制而达不到心灵上的自由。这种自由只有在人与物交融、人与自然交融的天人合一境界中才能获得,这种自由高于政治上民主所给予的自由,高于获得科学上的必然性知识的自由,也高于道德上的自由。这里的关键在于超越,——即超越主客二分,超越主体。超越不是排斥,不是抛弃,而是将主客二分和天人合一结合起来。

张先生认为,这样的哲学乃是一种能以高远的精神境界指导人们发挥主体性、奋发前进、执著追求的哲学。张先生相信,这样的哲学符合中国当今的需要,能引起当今中国人的共鸣。

张先生的"新的'万物一体'哲学",或曰"新的'天人合一'哲学",是面向人类生活的,没有回避人类面临的问题、难题,甚至困境。张先生的"新的哲学"也没有回避中国人民所面临的时代主题和实践课题,我能体会到张先生内心有一团旺盛的火,燃烧着,热烈地追求着人与自然、人与社会、人与自身的和谐相处、和谐发展。

张先生新的"万物一体"哲学、新的"天人合一"哲学,描述了人的生存生活境界。我理解张先生说的实际上就是"物我一体"。自然界孕育了人、产生了人、造就了人、养育了人;自然界是人的无机的身体,人是自然界的生命;人是自然界的自由的存在物,自然界由于有了人而具有了活力、能动性和灵魂。由于有了人,自然界才有了大脑。人不能自外于自然界,不能忘乎所以地凌驾于自然界之上。由于此,也就决定了人不能像征服者那样掠夺自然界、破坏自然界,而应善待自然界,像爱护自己的身体那样爱护自然界、保护自然界。"物我一体"决定了人类根本的生存生活态度,决定了人类应当怎样去构建自己的生存生活境界。其实这种哲学思维同马克思的哲学思维是相通的。马克思在165年前的《1844年经济学哲学手稿》中认为:"人把自身当作现有的、有生命的类来对待,因为人把自身当作普遍的因而也是自由的存在物来对待。""人靠自然界生活。这就是说,自然界是人为了不致死亡而必须与之处于持续不断的交互作用过程的、人的身体(马克思在上文说了'自然界是人的无机的身体'——引者注)。所谓人的肉体生活和精神生活同自然界相联系,不外是说自然界同自身相联系,因为人是自然界的一部分。"①并曾经预言:"自然科学往后将包括关于人的科学,正像关于人的科学包括自然科学一样:这将是一门科学。"②所以我说张先生的哲学与马克思的哲学不是相隔绝的,而是相通的,因为他们都是把人作为自然界的物质发展的最高形式来对待的,是作为"自由的存在物"来对待的,所以,人与自然界具有内在的、本质的一致性、统一性,研究这种一致性、统一性,就必然会产生"天人合一"、"万物一体"的境界之学,就必然会有关于这种境界的哲学,或如马克思所说:自然科学与人的科学将融合为同一门科学。

我们是马克思主义的信奉者,为了表示我们的哲学同马克思主义哲学的继承关系,所以我们的哲学是"发展着的马克思主义哲学",但就其实质来说,这种哲学应当成为"当代中国哲学"。张先生的"新的哲学",对于推进建立当代中国哲学是会有帮助的,发展着的马克思主义哲学是可以从中吸取营养的。

建立当代中国哲学,是全体当代中国哲学家的历史使命、历史

①② 《马克思恩格斯全集》第3卷,人民出版社中文第2版,第272、308页。

责任,要靠他们共同的不懈的努力,不是靠少数人关在书斋中成天苦思冥想建立所谓更加完备的概念、范畴体系所能完成的,那不符合马克思主义的世界观和方法论。只有靠全体中国哲学家根据当代中国人所面临的时代的、实践的、生存和生活的课题,不断地思考、创作和言说,是一个没有尽头的过程,是一条波涛滚滚、永无止歇地奔向智慧海洋的哲学长河。

张先生学贯中西,有丰富的西方哲学史和中国哲学史知识,在其著作中充分地运用了这些知识,所以张先生的著作给人以厚重的历史感;张先生又是一位具有强烈的独立思考精神的学者,在其著作中闪耀着智者之思之论,给人以深邃之感;张先生还是一位诗人,在其著作中实现了诗与思的结合,给人以美的享受。就是这样一位大智大勇的学者,当别的学者指出其著作中的不足之处时,又表现得是那样的虚怀若谷。有些学者指出,张先生的哲学所讲的"万物一体"只是一种讲个人精神境界之学,只讲到"个人问题"而没有讲到"社会问题",需要用"社会存在论"来使"万物一体"的"生活世界"具体化和现实化。张先生认为"这些学者的意见切中要害",并表示"我的哲学探索还需要加大步伐,继续前进。"这种谦逊,表现了一种真正的学者风度。受这种风度的感动,我也想向张先生提一点建设。张先生的哲学是创新之学,任何新生的事物都不可能一下子就十全十美,就非常完善。张先生的哲学是以提高人生境界为目标的学问,是提高人生境界之学。但就《归途》一书来看,我觉得对张先生新哲学的现实意义及其社会历史价值,张扬得还很不够。如果从讲个人的人生境界提升到讲社会的、全人类的生存、生活境界,那么张先生的新哲学的现实意义和社会历史价值定会得到更充分的张扬。

最后,还有一个问题想借此机会请教一下张先生。在《归途》

中,我看到张先生主要是在讲人与自然、人与人两个和谐问题,但我认为应讲三个和谐:人与自然要和谐相处、和谐发展;张先生讲"人与人的和谐",这里的第二个"人"是指他人,实际上是讲"人与社会的和谐"。还有一个"人与自身"的关系问题,人是把自己也当作客观存在的客体来对待的;人是具有自然之性和社会之性的;人不但要认识和改造自然界,认识和改造社会,而且还要认识和改造人自身。在这三种认识和改造中,人都面临着生存生活的境界问题,都存在追求和谐和心灵自由的问题。

在改造自然、改造社会中,人类现在面临着一系列严峻的问题。现在掌握核弹的国家还在增加,而已有的核弹足以将地球和人类毁灭几次,核战争、核恐怖严重地威胁着人类的生存;人们还在研制化学武器、生物武器、基因武器、反物质武器,同样威胁着人类的生存;温室气体和其他污染物的排放,气候变暖,生态环境遭到破坏,给人类的生存敲响了警钟;能源和资源危机、粮食危机、饥饿和贫穷问题、疫病流行、毒品流毒等等也都向人类提出了挑战;国际恐怖主义活动日益猖獗,严重地威胁着无数无辜人们的生命;殖民主义、霸权主义、单边主义用枪炮和战争推销自己的价值观,威胁着世界的和平与稳定;最近,由于美国华尔街大银行家的贪婪,引发了全球性的金融危机,世人称"金融海啸"席卷全球,是资本主义固有本质和根本弊端的大暴发,严重地威胁着世界的经济发展和和平与稳定;经济全球化趋势的日益发展,地球越来越变成了一个"地球村",全球治理、建立和谐世界的问题也提到了世人的面前……

人和自然、人和社会关系中的不和谐因素有增无减,现在在人与自身关系中的和谐问题也日益引起了人类的关注。随着科学技术的突飞猛进,人类对基因、蛋白质结构认识的日益深入和精细,生殖技术、克隆技术日益进步,人对自身的认识和改造面临着越来越多的挑战和困扰。转基因技术的日益发展,基因选择、改造和重组,克隆人问题的提出,不仅向人类提出了生殖伦理问题,而且对人类的生存生活提出了挑战,人与自身的和谐成为比以往任何时代都重要的问题,我们应当像重视人与自然的关系、人与社会的关系那样重视人与自身的关系问题,将其放到当代哲学研究的重要位置,从哲学上研究人类怎样在这个世界上生存生活得更舒坦、更幸福、更自由,得到更全面更和谐的发展。

当今人类面临的这一系列严峻问题,大多是在人类追求发展和进步中相伴而生的,可以说是一种"成长的烦恼",而这一切正是党中央提出以人为本的科学发展观和构建社会主义和谐社会重大战略指导思想的大背景。以人为本的科学发展观和构建和谐社会已经成为我们的时代主题和实践课题。哲学的发展,同人的生存生活的境界是密切相联系的。张先生的哲学思维具有超越性、超前性,所以有人称之为"希望的哲学"、"未来的哲学"。对中国人民来说,目前还是生存生活在要强调地呼唤增强主体性的历史阶段,研究"主—客关系"和如何正确处理"主—客关系",以提高人的生存生活境界,仍然是中国人民面临的时代的主题和实践的课题。

我的上述观点,在拙著《人的哲学论纲》和《以人为本　构建和谐社会 20 论》中曾有专题论述,不知对否,请张先生批评指正。

（在 2008 年 11 月 18 日张世英先生《归途》
一书出版座谈会上的发言）

论"物我一体"哲学

一、从《1844 年经济学哲学手稿》说起

在马克思创立新哲学之初,在《1844 年经济学哲学手稿》中,对于人与自然界的关系曾作了深刻的揭示,指出人是自然界的产物。他说:"自然界,就它自身不是人的身体而言,是人的无机的身体。人靠自然界生活。这就是说,自然界是人为了不致死亡而必须与之处于持续不断的交互作用过程的、人的身体。所谓人的肉体生活和精神生活同自然界相联系,不外是说自然界同自身相联系,因为人是自然界的一部分。"①

这就是说,人产生于自然界,首先是自然界的客观存在物,是自然界的一部分。但是,自人类产生之后,为了自己的生存,为了不致死亡,就需要持续不断地与自然界进行物质变换,就处于与自然界永恒的交互作用过程之中。人要不断地改造自然界,从自然界取得自己生存生活的必需品。在这个过程中,人又不断地按照自己的需要和意图人化自然界。人产生于自然界,又不断地人化自然界,这就是人与自然界的既唯物又辩证的关系的本质。人与

---

① 《马克思恩格斯全集》第 3 卷,人民出版社中文第 2 版,第 272 页。

自然界真正可以说是你中有我,我中有你,是真正的"物我一体"的关系(这里的"我"指的是"人",是大写的人,包括你、我、他,是指全人类)。对于这种关系,马克思在《1844 年经济学哲学手稿》中作过非常生动具体的描述,他拿人与动物相比较来说明这个问题,指出:

动物和自己的生命活动是直接同一的。动物不把自己同自己的生命活动区别开来。它就是自己的生命活动。人则使自己的生命活动本身变成自己意志的和自己意识的对象。他具有有意识的生命活动。马克思强调地指出:"有意识的生命活动把人同动物的生命活动直接区别开来。正是由于这一点,人才是类存在物。或者说,正因为人是类存在物,他才是有意识的存在物,就是说,他自己的生活对他来说是对象。仅仅由于这一点,他的活动才是自由的活动。"①所以,自由的有意识的活动恰恰就是人的类特性。人通过自己的实践创造对象世界,改造世界,人证明自己是有意识的类存在物。

马克思还进一步拿动物的生产来与人的生产作比较,他指出:诚然,动物也生产,它为自己营造巢穴或住所,如蜜蜂、海狸、蚂蚁等。但是,动物只生产自己或它的幼仔所直接需要的东西;动物的生产是片面的,而人的生产是全面的;动物只是在直接的肉体需要的支配下生产,而人甚至不受肉体需要的影响也进行生产,并且只有不受这种需要的影响才进行真正的生产;动物只生产自身,而人再生产整个自然界;动物的产品直接属于它的肉体,而人则自由地面对自己的产品。动物只是按照它所属的那个种的尺度和需要来构造,而人懂得按照任何一种的尺度来进行生产,并且懂得处处都

---

① 《马克思恩格斯全集》第 3 卷,人民出版社中文第 2 版,第 273 页。

把内在的尺度运用于对象;因此,人也按照美的规律来构造。

人,不但是自然界的客观存在物,而且"是社会存在物"。① 人自从他产生的那天起,就不是离群索居的孤立的个体存在物,他是只有在群体中才能生存和活动的存在物。所以,马克思主义所说的人,不仅是处于与自然界关系中的存在物,而且是在社会中、历史上活动的、实践的现实的人、具体的人,同时也是具有无限丰富性、无止境发展可能性的人,人的根本、人的本质就存在于这种人本身之中。这种"人本身"包含着极为丰富的内容,包括人的本体论、人的逻辑学、人的辩证法、人的认识论等等,总之,人的哲学也就是说要从本体论、逻辑学、辩证法、认识论等等角度全方位地去研究和把握人。对于人的哲学,我进行了 30 年的研究和论说,虽然已经汇集成了三本书,即《人的哲学论说》、《人的哲学论纲》和《以人为本　构建和谐社会 40 论》(也可以说是《人的哲学新论》)但仍然感到同"人的根本就是人本身"②的无限丰富性相比,还只是初步的成果。"人本身"不仅应从哲学上去研究和把握,还应当从人类学、社会学、历史学、政治学、经济学、伦理学、文学、美学……等等社会科学各分支学科去进行研究和把握;还应当从有关人的自然科学,例如人的生物学、生理学、心理学、医学、人体解剖学、脑科学、生殖工程学……等等分支学科去进行研究和把握,正如马克思在 165 年前曾经预见过的那样:"历史本身是自然史的即自然界生成为人这一过程的一个现实部分。自然科学往后将包括关于人的科学,正像关于人的科学包括自然科学一样:这将是一门科学。"③

---

① 《马克思恩格斯全集》第 3 卷,人民出版社中文第 2 版,第 302 页。
② 《马克思恩格斯全集》第 3 卷,人民出版社中文第 2 版,第 207 页。
③ 《马克思恩格斯全集》第 3 卷,人民出版社中文第 2 版,第 308 页。

马克思为什么当时没说已经是一门科学,而说未来"将是"一门科学,因为科学的发展,无论是自然科学还是关于人的科学,当时还处于分门别类进行研究的阶段,而且当时的社会历史条件还处于阶级严重分裂和对抗的状态,也不允许进行这样的综合。但是,马克思作为一位伟大的思想家和共产主义者,他根据"历史本身是自然史的即自然界生成为人这一过程的一个现实部分",即人产生于自然界并在改造自然界的过程中不断发展、不断人化自然界这一根本事实,以及人类终究会发展到共产主义时代,敏锐地预见到了这种发展的趋势。这种同一门科学,只有在共产主义条件下才能做到,马克思在1844年手稿中作了这样的描述:"这种共产主义,作为完成了的自然主义＝人道主义,而作为完成了的人道主义＝自然主义,它是人和自然界之间、人和人之间的矛盾的真正解决,是存在和本质、对象化和自我确证、自由和必然、个体和类之间的斗争的真正解决。它是历史之谜的解答,而且知道自己就是这种解答。"①在马克思看来,"在被积极扬弃的私有财产的前提下","社会是人同自然界的完成了的本质的统一,是自然界的真正复活,是人的实现了的自然主义和自然界的实现了的人道主义。"②

人不仅是自然界和社会的存在物,处于与自然界、与社会的关系之中,而且还处于与自身的关系之中。人与动物、与一切无生命的无机界不同,他是有意识、有自由意志的存在物。他不但认识和改造自然界、社会,而且还在认识和改造人自身。人是我们已知的世界中唯一的能对自身及其活动进行反思的存在物。这种自我认识、自我反思的能力是人区别于其他万物的根本特性。

---

① 《马克思恩格斯全集》第3卷,人民出版社中文第2版,第297页。
② 《马克思恩格斯全集》第3卷,人民出版社中文第2版,第298、301页。

哲学,是人认识自身以及人与其他万物关系之学。哲学的根本任务是要研究人用什么态度处理自身同万物的关系,在这种关系中追求什么样的境界的学问。所以,哲学也可以称为人的反思之学,哲学是人类独具的特殊的思维能力。马克思在《1844 年经济学哲学手稿》中,为我们开启了"物我一体"新哲学的广阔思路。

二、马克思的新哲学是在对旧唯物主义的批判中建立起来的

马克思在 1844 年手稿中开启了建立新哲学的广阔思路,进入具体建立新哲学是从批判旧唯物主义开始的。这种旧哲学以费尔巴哈的旧唯物主义为代表。马克思建立新哲学的标志性名著就是作于 1845 年的《关于费尔巴哈提纲》。马克思在这篇文章开宗明义第一条中明确地指出:"从前的一切唯物主义(包括费尔巴哈的唯物主义)的主要缺点是:对对象、现实、感性,只是从客体的或者直观的形式去理解,而不是把它们当作感性的人的活动,当作实践去理解,不是从主体方面去理解。"[①]这种哲学的缺点就在于忽视人的"能动的东西","不了解'革命的'、'实践批判的'活动的意义"。[②]马克思在这份提纲的最后一条即第十一条批判旧哲学时强调地说:"哲学家们只是用不同的方式解释世界,问题在于改变世界。"[③]而改变世界就应当重视对作为主体的人的研究,就离不开对人的需要和人的活动的研究,因而研究人的需要和人的活动(实践),以及研究人的世界与物的世界的关系和它们之间的信

①② 《马克思恩格斯选集》第 1 卷,人民出版社 1995 年版,第 54 页。
③ 《马克思恩格斯选集》第 1 卷,人民出版社 1995 年版,第 57 页。

息、能量、物质交换关系是马克思所要创立的新哲学的根本任务。

马克思主义哲学是对历史上各种哲学的扬弃和超越。但是，马克思、恩格斯并没有亲自留下关于自己新哲学的教科书，以后号称"马克思主义的哲学家"们对其理解和阐释却有严重的缺点，特别是苏联的"红色教授"对马克思主义哲学的概括和此后所形成的关于马克思主义哲学的框架、体系的历史局限性和在实践中所造成的危害，是很严重的。把马克思主义哲学变成只是关于世界的物质性和物质第一性、意识第二性的知识体系，教学生只去死记硬背这些死的知识，从根本上违背了马克思创立新哲学的初衷：哲学不只是为了解释世界，而是为了改变世界。

这种哲学教科书体系传到中国来以后，更变本加厉地变成了一种"无人"的哲学。在中国，在一个相当长的时间里曾经出现过"谈人色变"的现代愚昧。作为自然界、社会和人自身的主体的人，不能研究人、谈论人，出现了一种怪现象，被有些学者形容为：见"人"就批。"不是从主体方面去理解"的旧的哲学教科书体系，至今仍牢牢地紧箍着中国某些哲学教授的头脑，使其思想无法得到解放。这种哲学，实际上是重蹈了马克思所批评的旧唯物主义的窠臼。

我国哲学界有一部分教授在上个世纪 80 年代重提"实践唯物主义"的命题。在当时"谈人色变"的语境下，提出马克思曾经用过的这一命题的良苦用心是为了强调人在马克思主义哲学体系中的地位，因为"实践"是人的活动的一个重要特征。这种做法是值得称赞的，其思想成果也值得借鉴。重提这一命题的最根本的理论依据就是马克思在《关于费尔巴哈的提纲》中对旧唯物主义的批评。这一批评主要是针对着旧唯物主义的社会历史观的，马克思的第一个伟大发现唯物史观正是建立在这种批评的基础之上的,所以克服了费尔巴哈的半截子的唯物主义的根本缺陷,不仅在自然观上坚持了唯物主义,而且在历史观上坚持了唯物主义。因而,马克思的新哲学是真正彻底的唯物主义、完整的唯物主义,正如列宁所说是一块完整的钢铁。

按照马克思、恩格斯对新唯物主义的阐释,这种新唯物主义的概念、范畴体系的层次结构如下图所示:

世界的客观存在

作为客体的物的世界　　　　　　作为主体的人的世界

"物"在时空中存在的种种特质和属性,例如客观实在性、永恒性、无限可分性、无限丰富性、无止境的发展变化以及质量、能量、信息等等的客观性

"人"在时空中存在的种种特质和属性,例如人的存在的客观实在性、无限丰富性、无止境的发展变化以及劳动、活动、实践、思维、精神、意识、意志、情感、美感等等的客观性

"物"的世界与"人"的世界的概念、范畴、规律之间的辩证关系、逻辑关系及其所形成的逻辑体系。

第一个层次的概念、范畴是"世界的客观存在";第二个层次的概念、范畴是"作为客体的物的世界"和"作为主体的人的世界","物"和"人"都属于"客观存在"的"世界";第三个层次的概念、范畴是"物"和"人"在时空中存在的种种特质和属性,这些特质和属性是无限丰富、发展、变化的,但不管它们怎样丰富和多样、

多变,都具有一种共同的特质和属性就是客观存在。第四个层次是"物"与"人"的世界的概念、范畴、规律等等之间的辩证关系、逻辑关系及其所形成的逻辑体系。

重提"实践唯物主义"的学者们虽然强调了"实践"的属"人"性,但它毕竟只是人的一种属性,尽管它很重要,终归不是"人"的全部属性,用这一种特质和属性来同"作为客体的物的世界"相对应,显然是不相称、不匹配的。所以一些哲学教授也感到了一些难题,至今也未得到解决。正如杨春贵教授在《实践范畴在马克思主义哲学体系中的地位》一文所指出的:"实践的观点不仅是马克思主义认识论的首要的和基本的观点,而且是整个马克思主义哲学的首要的和基本的观点。反映在教材建设上,1994年出版的由肖前任主编、黄楠森和陈晏清任副主编的《马克思主义哲学原理》,鲜明地表明了这一主张。该书前言说:'实践的观点是全部马克思主义哲学的首要的基本的观点,实践范畴是马克思主义哲学整个体系的核心范畴,只有立足于社会实践的观点,才能把握和阐明马克思主义哲学的精神实质,才能理解和说明马克思主义哲学在它产生之后100多年里的生气勃勃的新发展。因此,这部教科书是力图把实践的观点作为中心线索贯穿于全书的。'作为一种新的探索,这种努力难能可贵,它给我们编写新的哲学教材提供了一个可资借鉴的新的思路。但是,实事求是地说,这一指导思想在他们所编写的教材中并未得到很好的贯彻。其逻辑结构还是先讲世界的物质统一性、物质世界的联系和发展等等,到了第七章才讲'人类社会生活的实践本质'。也就是说,在第七章之前的唯物论、辩证法等篇章都还没有、也不可能真正触及实践问题,这就很难说体现了以实践为中心线索而贯穿全书的指导思想了。看来作者们自己已经意识到了这一点,所以,在该书的前言中坦诚地说:

'究竟如何做到真正把实践的观点贯穿于马克思主义哲学教材的整个体系,这不论在理论上还是在表述上都还存在不少的矛盾和困难,需要经过哲学界同志们进一步的共同探讨,才能逐步地加以解决。因此,实践范畴在马克思主义哲学教材体系中的地位问题,还是一个需要深入探讨的问题。"①

在当时"谈人色变"的语境下,为了避开"人"重提"实践唯物主义"已属难能可贵。在中国人民已将"谈人色变"这种现代愚昧抛进了历史的垃圾堆,在党中央已提出"以人为本"的科学发展观以后,人们已经可以理直气壮地谈论人和人的哲学。我们现在完全应当准确地全面地解读马克思在《关于费尔巴哈的提纲》中的那段著名的论述以及整篇提纲中的其他各条。对对象、现实、感性不要只是从客体的或者直观的形式去理解,而是要从主体方面去理解,把它当做感性的人的活动、实践去理解。这样才能全面、准确地理解"人"与"物"的关系和相互作用,这样"作为主体的人的世界"同"作为客体的物的世界"就完全对应了、对称了、匹配了,在教科书的第一章从讲世界的统一性、物质世界的联系和发展等等时开始,就应当把人的内容放进去,是有很多话语可说的。

马克思在批判旧唯物主义时,强调了对对象、现实、感性的理解的"主体方面"和"能动的东西"。但是,马克思同时又强调了人既是能动的主体,又是受动的客体,而且是主客体的统一体,人的能动性、创造性是受客观存在的环境、条件和规律制约的,不能脱离客观存在的环境、条件和规律搞主观唯心主义,搞唯意志论。所以,人们的活动、实践、创造除了要充分发挥能动性,同时还要坚持科学性,要按客观规律办事。

---

① 《理论前沿》2006 年第 10 期。

　　党中央提出以人为本的科学发展观,诚然是关于发展的世界观和方法论的集中体现,但我认为它同时也是对马克思主义哲学整体的发展,真正体现了对对象、现实、感性不只是从客体的或直观的形式去理解,而是强调了要从主体方面去理解,同时还强调了要按客观规律办事,坚持科学发展,消除了人们过去对马克思主义哲学理解上的片面性和局限性,真正继承和发展了马克思主义的真精神。所以,我们可以说,以人为本哲学是马克思主义哲学当代的科学形态。这种思想成果得来十分不容易,人们应当非常珍惜。

三、马克思主义哲学关于自然界与人的"物我一体"关系

　　我们讲以人为本哲学,不能望文生义地认为这种哲学只是研究人的问题的。这种哲学首先要研究的是与人的世界相对应的物的世界,即自然界。物的世界是人所面对的一个巨系统。人产生于这个系统,而且命里注定要每时每刻与这个巨系统进行信息、能量、物质的交换。人的世界一刻也离不开物的世界。

　　"人"与"物"不仅仅是人类劳动过程中缺一不可的两个要素,而且这两者之间的关系是人类所面临的最根本的问题、最高层次的问题,因而是哲学的最根本的、最高层次的问题。任何其它生物、动物都没有哲学,只有人类才有哲学。只有人才有思维,才有反思,哲学是思维和反思的产物。某些高级一点的动物,也知道趋利避害,但这都只是为了生存的一种本能的反应。任何再高级的动物都不可能反思自身。只有人才具有这种反思自身的能力。正因有了这种能力,所以人类才产生了哲学。正因为有了这种反思,人的世界和物的世界的关系问题才成为哲学的根本问题。回顾整

个人类的哲学发展史,全部的、根本的问题,都是围绕着这个问题展开的。

但是,对于新唯物主义的马克思主义哲学来说,仅仅停留于研究物的世界,仅仅从"客体的或直观的形式去理解",那还不能成为真正意义上的新哲学,你可以把它们称为物理学、化学、天文学、地质学,等等,但不能称之为哲学。只有同时从主体方面去理解,加进人的劳动、活动、实践对自然界客体的改造,加进人是怎样人化物质自然界的,并进而研究主体同客体的这种信息、能量、物质交换的关系,以及研究构成这种种关系所形成的规律、范畴、概念等等,才能构成哲学。所以,马克思强调要从主体方面去理解作为客体的物质世界。这是马克思所创立的新唯物主义、新哲学的根本特征、基本属性。离开人的主体的实践活动去孤立地研究物质世界,因为它不能构成哲学,所以对于哲学来说是没有意义的。单方面地去研究人,不研究"人"与"物"的关系和相互作用,也不能称作哲学,那只能称作有关人的生物学、生理学、心理学,等等。只有把人作为主体去研究人的世界与物的世界的关系及其相互作用、在这种相互作用中所形成的规律、范畴、概念等等,才能称作哲学。

由此就产生了新哲学的一大特点,就是哲学除了是世界观,同时还必须是价值观,因为只有人才能产生自觉的目的性的价值追求,只有人才有一个"意义世界"。所以,"以人为本"是唯物主义的、科学的哲学所应当具备的本质属性。人之所以能够为"本",是因为人类能够把世界上的万事万物当做是属人的,这个世界是属于人类的。"以人为本"的根本依据就在于人是劳动的主体、生产的主体、社会实践的主体、历史活动的主体。在劳动中、生产中、社会实践中、历史活动中,"物"诚然非常重要,马克思称"物"是生产劳动中与"人"一起构成了两者不可缺一的要素,是人类为了生存和发展所要获取的物质生活资料,是人与自然界进行物质交换的对象,可见其十分重要。但是,"物"无论怎样重要,它同"人"相比却永远是客体,而"人"除了是客体,还是主体;"物"同"人"相比永远是没有自我意识、没有能动性的东西;"物"永远不可能产生要以它为本的自觉的目的性价值追求,而只有"人"才能有生产劳动是为了生产满足自身需要产品的自觉意识,只有"人"才能有"这个世界是属于人类的"自我意识,只有"人"才能要与物的世界进行信息、能量、物质交换的要求,只有"人"才能使这个世界具有意义。所以,只有"人"才能产生"以人为本"的自觉的目的性价值追求,只有"人"才需要哲学,才能产生哲学,而只有这样的哲学才是人类需要的,才具有无穷无尽的生命力,才是一棵常青树。

"以人为本"这样的概括在马、恩的著作中虽然没有出现过,但在其著作中唯物主义的人本思想却是非常丰富的。马克思主义的、唯物主义的人本观更是唯物史观的有机组成部分,是唯物史观中的一根主线。关于这方面的内容,我在《人的哲学论说》、《人的哲学论纲》和《以人为本 构建和谐社会40论》三本书中已作了大量的展示和论述。现在党中央提出的以人为本的科学发展观,正是对马、恩的这种哲学思想的继承和发展,所以我们说以人为本哲学是马克思主义哲学的当代形态。

人类对人的世界同物的世界的关系的认识,走过了漫长的道路,整个哲学发展的历史就是证明。邹广义、刘文嘉先生的《回归生活世界:哲学与我们时代的人生境遇》一文,对于西方哲学三次历史转向作了这样的描述:"西方哲学自诞生至今的三次历史转向——由最初的古希腊本体论哲学到近代的认识论哲学,再到现代语言哲学与逻辑哲学,可以说经历了一个逐步'反求诸己'的历程。哲学由放开眼光去认识世界,转变为聚焦目光来审视自我,通过认识自我来更深刻地认识世界,最终把对世界的探索与研究内置于对自我的追问与反省上。正是在这个过程中,哲学逐渐获得了明确的自我定位,逐渐认识到自身不同于其他学科的独有的精神特质。"邹、刘二位先生接着进一步指出:"20 世纪以来,现代西方哲学对'生活世界'的普遍呼唤与集体回归,体现了哲学与历史发展的双重必然,哲学的'人学'内蕴被进一步彰显出来。关注人的生存困境,克服人同自身、同自然、同社会的分裂,给人提供普遍价值与终极理想。这些在各个历史阶段哲学都要面对的重要问题,今天在更高的层面被重新提了出来。从人的生活世界视角重新审视哲学的本体论、认识论与辩证法,在当代历史背景下关注与关怀人,解决人自身的困惑与困境,便成为当代哲学必须认真面对的时代主题。"①

陈学明先生的《马克思所构建的"意义世界"是当代人的指路明灯》一文中也发表了颇有见地的观点:"人的生存的意义是不是仅在物质领域就能全部实现,还是必须从各个方面满足自己,在追求全面满足中来实现自己的意义,这一问题越来越尖锐地摆在人们面前。显然,在马克思为人类所构建的'意义世界'中,人应当是全面发展的,只有全面发展的人才是真正有意义的人。"②

南开大学哲学系著名教授陈晏清在其文集的代序言《"返本开新"——我的学术活动历程》中说:"旧的(哲学)教科书体系的最主要的缺陷在于主体性维度的缺失,即纯客观主义的倾向或本体论化的倾向。哲学似乎只是心平气和地静观世界,只是在描绘

---

① 见《新华文摘》2006 年第 9 期,第 33 页。
② 见《新华文摘》2006 年第 9 期,第 31 页。

世界的图景即单纯地解释世界。似乎这个世界并不是人创造的，它和生活在其中的人没有什么关系，人在这个世界中如何生活、是什么样的生存状况，都几乎难以进入哲学的视野。"先生的如下评论特别中肯："这种纯客观主义的倾向实际上是一种旧唯物主义的倾向，是一种前马克思唯物主义的哲学特征。"先生对马克思哲学真精神的理解非常深刻和准确："马克思主义哲学的出发点既不是抽象的精神，也不是抽象的自然，而是现实的人即从事现实活动的人。现实的人是对象性的存在物，是从事对象性活动的存在物。哲学从现实的人出发，它所关注的便是人的对象世界即同人发生对象性关系的世界，而不是抽象的、同人无关的世界。哲学思考指向人的现实活动或从事现实活动的人，即指向人类世界，这就是马克思哲学的'主体性维度'。这是哲学观念、哲学思维方式的根本性变革。改革前的教科书丢掉了主体性的维度，不仅不能表达马克思哲学的精神实质，而且就其所表现的哲学思维方式来说，是一种向旧哲学即前马克思哲学的倒退。"①

张世英先生建立了自己的新的"万物一体"、"天人合一"哲学，对于自然界同人的关系作出了系统的论证，更为引人瞩目。对于张先生的哲学，我已写了一篇读评（见本书《推进建立当代中国哲学——张世英先生〈归途〉一书读后感》一文），论说了张先生的哲学思维同马克思的哲学思维有相通之处，这里就不赘述了。

哲学的当代形态问题，引起了中国哲学界的日益广泛的关注。在这种关注中，中国的当代哲学将会获得长足的发展。

---

① 《陈晏清文集》，天津人民出版社 2007 年版，第 5 页。

四、"以人为本"是马克思主义"物我
一体"哲学的当代形态

马克思主义的新唯物主义"物我一体"哲学,从马、恩创立时期起,到在中国形成"以人为本"的当代哲学形态,走过了160多年的历程。这种当代中国哲学形态的形成是适应了中国人民实践发展的新的时代需要和建立在科学发展的新的成果之上的。这种时代性和科学性的结合,是形成马克思主义哲学的中国当代形态的坚实基础。要讲清楚这种时代性和科学性,就要广泛地涉及人类当代生存生活的现实环境和问题,以及关于自然科学与人的科学综合为同一门科学所面临的广泛的科学哲学问题。

主体的人的世界与客体的物的世界关系的具体展开,就是人与自然的关系、人与社会的关系、人与自身的关系。这三种关系,对于人类来说都是客观存在的。

这三种关系存在着实然性和应然性的区别。每一代人都是生活在前代人所创造的既定的客观条件下,包括既有的自然环境和生产力、生产关系、经济基础、上层建筑等等条件之下,都具有实然性。但人又不满足于这种实然性,每一代人都有自己的新的理想,都追求理想的应然状态。人类社会就是在这三种关系的实然和应然的矛盾运动中前进的。

人与自然的和谐相处和谐发展、人与社会的和谐相处和谐发展、人与自身的和谐相处和谐发展,是人类的崇高理想。追求三个和谐相处和谐发展,是当代中国人民对自己生存生活状态的理想,实现这种理想所面临的各种挑战的紧迫性,也就是当代中国哲学形态所面对的时代和实践的主题。人的全面自由发展,每一个人

的自由发展是一切人的自由发展的条件。这些问题的解决都离不开以人为本。关于这个问题,我在《人的哲学论说》、《人的哲学论纲》和《以人为本　构建和谐社会40论》中已作了专题论说,这里就不重复了。

研究以人为本哲学,还有一个问题是不能回避的,就是非人类中心论问题。马克思主义以无产阶级以至全人类的彻底解放为宗旨,为最高理想,所以,以人为本是马克思主义世界观和方法论的本质要求,也可以说马克思主义是以人类为中心、为本位、为主体的科学体系。

但是,非人类中心论者对此提出了质疑。他们将"主体"、"主体性"、"能动性"、"内在价值"等等概念、范畴加以泛化,认为"自然界中的非人类的生命存在可以为主体","非人类的生命体具有内在价值"。他们说:"自然生命体的以促进自身保存和延续为目的的行为或活动使它可以以周围环境的无机物质为对象且与环境中的其他生命体处于互为对象的关系之中,自然生命体的这种行为或活动有着确定的指向对象,并对对象物发生作用,使之发生特定程度、形式的改变,因而,它也可以看作是一种对象性活动。这种对象性活动是自然界中非人类生命体的主动性的集中体现。由此可以得出这样的结论,即'在自然界的物质存在物中本来就存在着能动性,从而在特定的相互作用关系中区别出主动一方和被动一方,即相对而言的主体和客体。'"并说:"我们已经证明自然界中的非人类生命存在物可以为主体,所以,必然可以推论出非人类的生命体具有内在价值。"他们还引用黑格尔、拉兹洛的话语以壮声势,黑格尔说:"人实质上不同于主体。因为主体只是人格的可能性……人是意识到这种主体性的主体"。拉兹洛说:"如果我们承认人都有主体性,那么我们就必须承认,猩猩和狗也有主体性"。他们由此得出结论："同样，我们可以说，如果我们承认人有内在价值，那么我们就必须承认自然界中的非人类生命存在物也具有内在价值。"①持该论者用了现代科学的某些成果作支撑，使人们看上去似乎更为"有理"，所以，人们不能等闲视之。

但是，非人类中心论者忽视了一个根本性的、质的区别，把不同层面、不同质的问题混同起来，把人类所具有的能动性、主体性泛化为所有非人类的生命体和非生命体都具有的共同特性。他们公然声称："自然和人具有的内在价值是同质的"。②非人类的生命体所具有的趋利避害的本能，甚至某种感情、情绪、智力，还可以列举现代自然科学所提供的例证，例如：雄鹿、雄猴等为争夺配偶可以恶斗得流血牺牲；鸳鸯、鹅一公一母可以终生不离；鸟群、猴群还可以通过不同的声音传递信息；在宰牛、杀狗时还能见到它们流泪，等等，数不胜数。对于这种现象，应当怎么看呢？其实，马克思早已看到，并作了严格的质的区分。人们都还记得马克思有一段著名的论述，他指出：蜘蛛结网、蜂群筑巢，可以使某些织工、建筑工人相形见绌，但是，再蹩脚的织工、建筑工人在施工前都已有了计划和设计，是一种自觉的、有意识的、有目的的活动，而蜘蛛、蜜蜂则根本不可能做到这一点。人类与自然界的非人类生命体的这种根本区别，是不应当泯灭的，也是根本无法泯灭的。非人类生命体受本能驱使的某种主动性同人类所具有的建立在自觉意识基础上的能动性、主体性是不能同日而语、相提并论的。这不是一个可以离开实践、靠纯粹的抽象的思辨所能解决问题的。一进入改变世界的实践领域，非人类中心论者就走入了死胡同。要解决爱护动物植物、保护动物植物；爱护环境、保护环境等现代生态学、环保

①② 见《新华文摘》2006年第9期，第39～40页。

学问题,并不是用提高动植物的伦理层次,将"人际伦理""跃升"为"种际伦理",用撤销人类与动植物生命体的伦理界限所能解决问题的。你将人际伦理跃升为种际伦理,你就不应该杀猪宰羊,你就不能吃猪牛羊、鸡鸭鱼,进而也不能吃一切植物,连粮食、蔬菜、水果也不能吃,因为它们都是非人类的生命体。这样做是根本违背常识的,是根本行不通的。保护动植物,保护环境,只有坚持以人为本,真正按照人类自身的需要来善待自然界的一切生命体和非生命体。怎样善待自然界的非生命体,也很重要,你将非人类生命体的伦理层次"跃升"为人类的伦理层次,你是否也能将自然界的非生命体的无机界提升为人的伦理层次? 如果不能,你想通过唤醒人类良知,靠"跃升"动植物的伦理层次的办法来保护动植物、保护环境,解决人类所面临的生态危机、环境危机的理论也就不攻自破了,因为人类生存生活的环境,除了非人类的生命体动植物,还有无生命的无机界。在当今的中国,只有坚持以人为本才能真正解决人与自然和谐相处、和谐发展问题,才能真正达到保护生态、保护环境的目的,要靠提高人自身的伦理层次、道德水平、文明程度,才能真正善待自然界的所有生命体和非生命体。

非人类中心论者认为,关于"自然"是否具有内在价值的争论是对"主体"和"主体性"概念使用权的"争夺"。这种"争夺论"其实是一个虚构的伪命题。"自然"包括非人类的生命体和非生命体,这种"争夺"如果是它们自己提出来的,那么,我们应当承认这是一个真实的命题,可惜,这是根本不可能的。这种"争夺"是非人类中心论者作为非人类生命体和非生命体的"代表"提出来的,他们并未也根本不可能征得非人类生命体和非生命体的"同意"或"授权",所以,我们只能将其视为伪命题,并不是真正意义上的"争夺"。

今天,我们研究以人为本哲学,还应当非常关注科学(包括自然科学和人的科学)的发展与进步,特别应当关注未来学家的新著,那里面对我们会有十分重要和宝贵的启迪。2006 年 6 月 13 日、14 日《参考消息》上刊登了一篇《托夫勒的"财富革命"观》,报道了他为新著《财富革命》的出版答《世界报》记者问。他说:"财富革命"包括两个方面,首先,知识是创造财富的发动机;第二,生产与消费的彻底融合将导致"非金钱经济"的快速发展。在传统经济中,一切都是围绕短缺进行的。但知识是没有穷尽的。它是非线性的,因此小的闪念就可能产生巨大的收益。而且重要的是它是非物质性的。在先进的经济结构中,非物质因素将资本主义的物质基础甩在了身后。想想那些巨大的进步吧:"数据库、基因图表或因特网,它们几乎在每个领域都彻底扩大了我们的能力和潜能。我们掌握的知识将继续增多。与此同时,保护非物质财产变得越来越困难,譬如说知识产权。"这一预测,对于我们研究未来人与物的关系具有特别重要的启迪意义,人的智力资源将越来越比物质资源重要,"竞争优势在大多数情况下与知识有关,而不是自然资源。"托夫勒关于未来生产与消费的彻底融合的观点很值得重视,他认为人们的需要的满足往往不是依靠别人的生产来实现,而是自己动手制作,例如人们自己制作数码照片和 CD,工作就像是游戏,电脑生产将把每个人的住所变成一个小型工厂。未来的人的世界将越来越由主体来主导。

有人曾经质疑马克思、恩格斯关于从必然王国到自由王国的飞跃以及对共产主义条件下人类劳动和生活境界的描述有点乌托邦。我建议人们不妨读一读当今的未来学家根据科学技术和经济社会的最新发展,对人类社会未来生存生活状态的描述,人们会更加崇赏马、恩 100 多年前的科学预见,会加深对这些科学预见的理解。

　　孙小礼先生在《为培养文理交融的人才尽绵薄之力——在"龚育之励学基金"捐赠仪式上的讲话》中,回忆了我国著名的自然辩证法学家和党史学家龚育之一直努力呼吁科学和人文的结合,她说龚育之围绕捍卫科学尊严和发扬科学精神、围绕科学与人文相结合这样的主题,他阅读了很多文献资料,从历史到现实,从国外到国内,进行了相当广泛的考察,作了相当深入的思考和分析,撰写了有分量的文章,还作过多次演讲,他说:"我们提倡的人文精神应当是具有现代科学意识的人文精神,我们提倡的科学精神应当是充满高度人文关怀的科学精神。这就是现代的科学精神同人文精神的相互渗透、结合和统一。"他指出,"相互渗透、结合和统一",就是"交融"。但是交融并不容易,科学与人文从分隔、分裂,要走向互补、交融,将是一个漫长的、艰难的、在不断争论中前进的不尽过程。① 龚育之所呼吁、所憧憬的科学与人文的渗透、结合、统一、交融,实际上就是马克思所说的自然科学与人的科学将综合为一门科学。

五、结 束 语

　　"物我一体"哲学并不是要泯灭物质和精神的区别,也不是要撤销主体客体二分的界限,而是建立在这种区分的基础之上的。但它在承认这种区分的前提下,同时强调它们之间的内在同一性,即都是客观存在,它们之间可以进行信息、能量、物质的交换,同时还承认物质可以变精神、精神也可以变物质。在人与自然界的关

---

　　①　《学习时报》2009 年 1 月 19 日。

系中,自然界是客体,人是主体;但人不仅是主体,同时还是人自己认识和作用的对象,所以人又是客体,而且是主体与客体的统一体。

"物我一体"哲学既是世界观,又是历史观和价值观,是科学性与价值观的统一,它指导人们怎样生存生活在自然、社会和人之中,应当用什么样的态度善待自然、社会和人自身。

"物我一体"哲学既是世界观,又是方法论和逻辑学、认识论,它是唯物论同辩证法的结合,是人们认识世界和改造世界的武器和工具,指导人们正确地科学地认识世界和改造世界,追求真、善、美的理想境界。

人与自然的和谐相处、和谐发展,理想社会与理想的人在人类不懈的奋斗中发展和生成,自然科学与人的科学综合为同一门科学将在这种发展和生成中实现。哲学应当建立在现实的、实践的基础之上,但它同时又具有超前性、预见性、应然性,"物我一体"哲学将为自然科学与人的科学综合为一门科学作出应有的贡献。

（初稿作于 2006 年 8 月 6 日,2009 年元月修改定稿）

《关于人道主义和异化问题》
一文商榷

——致程中原同志的一封公开信

中原同志并《胡乔木传》编写组全体同志：

你们撰写的《胡乔木与中国社会科学院》一文和中原同志署名的《百科全书式的马克思主义学者胡乔木》一文，我拜读了。胡乔木同志是我国著名的无产阶级革命家和马克思主义理论家，正如你们所说是百科全书式的马克思主义学者。他是我所崇敬的长者，对他对中国革命和建设事业所作出的贡献我是永志不忘、时刻怀念的。所以，对你们所写纪念他的文章，我是非常赞成的。但是，有一点，我稍有不同意见，今特提出商榷并望赐教。

一、关于人道主义问题

中原同志在《百科全书式的马克思主义学者胡乔木》一文中，对乔木所撰《关于人道主义和异化问题》所作的评价，我觉得不太恰当和全面。乔木同志这篇长文的突出贡献和具有创新意义之处在于他肯定了有社会主义人道主义。熟悉中国"文化大革命"前后历史的人们都还记忆犹新，就是在"文革"前我国理论界长期批判人道主义,普遍流行的一种观点便是人道主义是资产阶级的意识形态,凡讲人道主义都是唯心主义的,都是反动的。到了"文革"期间更发展到了登峰造极的程度,造反派加给刘少奇、邓小平的一顶政治大帽子,便是他们宣扬"地主资产阶级的人性论和人道主义",推行人道主义的修正主义路线。有时还不点名含沙射影地用这种观点批判周恩来。在实际行动中,则对广大老干部、革命群众大搞法西斯式的"全面专政",血淋淋的暴行盛行,制造了多少冤、假、错案。在清算林彪、"四人帮"两个反革命集团篡党夺权、篡改马克思主义的罪行时,人们从理论上进行严肃的反思,提出了马克思主义应当是讲人道主义的,应当是要实行人道主义的,所以提出了应当研究人道主义与异化问题。但是,就是在这个时候,某些"资深教授"仍然坚持传统观点,在 1983 年在北京召开的一次有关人道主义的学术讨论会上,这些教授非常坚定地重申人道主义只是资产阶级的意识形态,是唯心主义的、反动的,马克思主义是不应当讲人道主义的。正是在这之后,乔木在其发表的《关于人道主义和异化问题》的长文中,以鲜明的态度肯定应当讲社会主义人道主义。当时,主张有马克思主义人道主义的理论工作者认为社会主义人道主义是属于马克思主义的、同马克思主义是相通的,所以,对乔木同志的这一理论上对"左"的传统观点的突破是支持的、拥护的,认为这是对马克思主义的坚持和发展,是一个很大的贡献。

但是,这篇文章也留下了隐患,留下了自相矛盾和理论上的偏颇之处,给在人道主义和异化问题上坚持传统观点的人们留下了理论上可以利用的空间,这便是该文提出要区别人道主义两个方面的含义:一个是作为世界观和历史观,一个是作为伦理原则和道德规范。

首先乔木同志作这样的区分,在逻辑上说是自相矛盾的,在理论上是不周密的,是讲不通的。

有没有马克思主义的人本主义? 20 多年前关于人道主义和异化问题的大争论,争论的其实就是这个问题。主张有马克思主义人道主义的人们,实际上也就主张有在马克思主义世界观指导下的人本主义。在党中央提出要"坚持以人为本"的科学发展观以后,那些曾经反对讲有马克思主义人本主义的人们也承认有"马克思主义的人本主义"了。这是一种可喜的进步,但是他们仍然坚持乔木同志的区分,说"以人为本"只能在伦理道德的意义上讲,不能在其他意义上讲,并以此来质疑科学发展观。

马克思主义世界观、历史观、价值观(包括伦理道德观)本来是一致的,是一整块钢铁。马克思主义者是不是可以将这三观分割开来,说自己的价值观可以是唯心主义的,而世界观、历史观则是唯物主义的? 如果有人如此说,那是不可思议的。但乔木同志这样区分,则留下理论上的误区。

马、恩从创立唯物史观起,到他们成熟时期以至晚年的论著中,在有关人类社会历史发展及其规律的论述中,有一根主线或者说是核心主题就是有关无产阶级和人类解放的问题,贯穿始终,其中包含了丰富的科学的、唯物主义的人本主义的内容。为了证明这一点,我在《"以人为本"的理论价值与实践意义》一文中,采用编年叙事的方法,引用了马、恩大量原著来加以论证。① 在作了这样的翔实引证后,我说:这样的唯物主义的人本观,在马克思、恩格斯创立唯物史观后,在他们成熟时期直至晚年的大量著作中,不但

---

① 见拙著《以人为本 构建和谐社会 20 论》,人民出版社 2006 年版,第 108～113 页。

继续存在,而且不断深化、升华,构成完整的共产主义理论体系。在纲领性文件《共产党宣言》中马、恩作了这样经典性的表述:"代替那存在着阶级和阶级对立的资产阶级旧社会的,将是这样的一个联合体,在那里,每个人的自由发展是一切人的自由发展的条件。"在经典名著《资本论》中,马克思又进一步指出代替资产阶级旧社会的是"以每个人的全面而自由的发展为基本原则的社会形式。"马克思主义的人本观的基本特征是唯物主义的、是实践的,所以恩格斯在《路德维希·费尔巴哈和德国古典哲学的终结》中直截了当地将唯物史观定义为"关于现实的人及其历史发展的科学"。①

第二,将人道主义区分为历史观与伦理道德观两种不同含义,而且认为只在伦理道德观的含义上讲才是唯物主义的,在历史观的含义上讲则是唯心主义的,不仅在逻辑上是矛盾的,在理论上是不周密的,而且并没有超越旧的资产阶级的人道主义,恰恰是重蹈了旧人道主义的窠臼。从哲学发展史来说,马克思主义的唯物主义的、实践的人本主义,是对资产阶级的、空想社会主义的旧人道主义的超越和扬弃。在什么地方超越和扬弃了呢?最根本之点就在于以往的资产阶级的思想家、空想社会主义者把他们的人本主义、人道主义只局限于被剥削被压迫者的伦理道德的诉求,并且希望通过对资产阶级进行道德说教来实现被剥削被压迫者的解放。马克思主义的人本主义正是在批判了这种关于"爱的呓语"之后建立起来的关于无产阶级和人的解放的科学理论,正如恩格斯在《路德维希·费尔巴哈和德国古典哲学的终结》中回顾马克思是怎样创立了唯物史观时所说,在费尔巴哈那里,爱随时随地都是一

---

① 《马克思恩格斯选集》第 4 卷,人民出版社 1995 年版,第 241 页。

个创造奇迹的神,可以帮助克服实际生活中的一切困难。费尔巴哈的道德论是和它的一切前驱者一样的。它是为一切时代、一切民族、一切情况而设计出来的;正因为如此,它在任何时候和任何地方都是不适用的,而在现实世界面前,是和康德的绝对命令一样软弱无力的。理由很简单,因为费尔巴哈不能找到从他自己所极端憎恶的抽象王国通向活生生的现实世界的道路。但是,恩格斯强调说:"费尔巴哈没有走的一步,必定会有人走的。对抽象的人的崇拜,即费尔巴哈新宗教的核心,必定会由关于现实的人及其历史发展的科学来代替。"①这种关于现实的人及其历史发展的科学,包含着从无产阶级和劳动人民的解放,到全人类的解放,再到人的全面而自由的发展等丰富的内容。把马克思主义的"以人为本"仅仅局限于伦理道德的范畴内,实际上仍未跳出资产阶级、空想社会主义旧人道主义的窠臼,现在应该是从这种窠臼中解放出来的时候了。

对于历史上种种人道主义的思想属性,只能从是唯心主义还是唯物主义的角度加以区分,而不应从是历史观还是伦理道德观去加以区分,这样去区分是区分不清楚的。历史观、伦理道德观都是从属于世界观的,都是由世界观所决定的。说一种思想、观点是历史观,还是伦理道德观,并不能区分它是唯物主义的还是唯心主义的性质,因为历史观或伦理道德观既可以是唯物主义的,也可以是唯心主义的,不能说它具有历史观含义就一定是唯心主义,也不能说它只具有伦理道德观含义就一定不是唯心主义。资产阶级的、空想社会主义的人道主义,既是他们的历史观,也是他们的伦理道德观,其思想属性都是由他们的世界观所决定的,他们把其人

---

① 《马克思恩格斯选集》第4卷,人民出版社1995年版,第241页。

道主义搞成道德说教和道德诉求,就是由世界观所决定,仍然属于唯心主义。

第三,这样区分,在实践中也是不可行的,是会造成危害的。

乔木同志在长文中再三地说只能在伦理原则和道德规范的含义上讲人道主义,不能从历史观含义上讲人道主义,但他在长文中自己并没有真正坚持这一原则。乔木同志在自己的文章中,对社会主义人道主义的内容和我们党在自己的工作、实践中所要推行的社会主义人道主义作了非常详细、具体的说明(见单行本第35~50页)。他的这个说明大大超出了伦理道德的范畴。这些内容涉及了经济的、政治的、文化的、社会的,包括伦理道德等方方面面,可以说是全方位的,这难道同世界观、历史观毫无关系? 他所阐述的社会主义人道主义的这些实践内容,同现在党中央所制定的科学发展观中的"以人为本"的许多要求是相通的,并不矛盾。

乔木同志为人道主义的设限,在他讲要实行社会主义人道主义时自己并没有遵守,现在有人却要用这个设限来框限党中央所制定的科学发展观中的"以人为本",这样做怎么能全面、准确地贯彻落实科学发展观呢?

二、关于异化问题

你在文章中引用乔木同志的原话说,"异化"概念应当严格限制在特定的历史时期即"阶级对抗的社会,特别是资本主义社会",不能将"异化"概念用于社会主义社会。这就提出了一个重大的问题,就是"异化"是一个哲学概念、范畴,还是一个有特定阶级性的、只能用于"资本主义社会"的概念、范畴,例如矛盾、量变、质变、否定之否定等等,历史上的诸多哲学家都使用过,不同的哲学家都赋予它们以自己的特定的含义,但是,经过马克思、恩格斯的改造,赋予它们新的内涵和外延,便成为马克思主义哲学的概念、范畴。熟悉哲学发展史的人们都知道这一点。"异化"这个概念,哲学史上的不少哲学家用过,黑格尔用得更多一点,但他是在唯心主义的意义上,具有思辨的、神秘的形态,而马克思、恩格斯则紧密地同资本主义社会的现实相联系,正如马克思在《1844年经济学哲学手稿》中在分析劳动异化时开始说的第一句话就是"我们从当前经济事实出发吧",接着就展开了对劳动异化所反映的各种经济关系以至人与人的关系的论述。在作了这样的论述后,马克思又作了这样的总结:"我们已经从经济事实即工人及其产品的异化出发。我们表述了这一事实的概念:异化的、外化的劳动。我们分析了这一概念:因而我们只是分析了一个经济事实。"马克思"从经济事实出发",最后又归结为"只是分析了一个经济事实",由此可见,马克思的劳动异化论完全是建立在现实的经济事实的基础之上的,因而是唯物主义的。① 经过马克思的这番改造,"异化"概念就脱去了黑格尔加给它的神秘的绝对精神外化的唯心主义的外壳,具有了全新的含义。

马克思不仅对"异化"概念进行了唯物主义的改造,而且对"异化"概念作了一个哲学定义,即"把主体颠倒为客体以及反过来的情形"②。人作为主体,如果创造出来的客体,不但不为人服务,不满足人的需要,反而反过来成为制约人、危害人、主宰人的一种力量,也就是恩格斯所说的成为一种"异己的力量",这就是马克思给"异化"所下定义的哲学含义。我曾在《我参与讨论胡乔木

---

① 详见拙著《以人为本 构建和谐社会20论》,第233～234页。
② 《马克思恩格斯全集》第49卷,人民出版社中文第1版,第49页。

论异化的文章》一文中说："'异化'概念实在是一个充满辩证思维的哲学概念和范畴，是我们非常用得着的一个哲学概念和范畴，人们无论是在改造自然界、改造社会还是改造人类自身的过程中，都可能会发生异化现象。因此我们不应该埋葬它，为它举行什么葬礼。"①

马克思、恩格斯使用"异化"概念比较多的是用它来揭示资本主义社会的劳动异化现象，但也不仅仅限于此，他们还用它来说明精神领域的宗教崇拜现象、经济领域的商品拜物教与货币拜物教现象、政治领域的权力异化现象以及人们在改造自然时不注意生态环境保护而遭到惩罚的现象，等等。

说"异化"概念只能用于资本主义社会，只能用于阶级对抗的社会，其实也是不符合事实的。马、恩生活于严重阶级对立、对抗，阶级斗争异常激烈的资本主义时期，所以他们主要是用"异化"概念来揭露资本主义社会，这是完全可以理解的。但是，他们作为无产阶级的伟大的思想家，在总结法国无产阶级发动的巴黎公社革命的经验教训时，1891年恩格斯在为马克思的《法兰西内战》所写的导言中，就强调要用民主的方法防止社会"公仆"异化为社会的"主人"。马、恩如果能在社会主义条件下生活，如果面对现实生活中还存在如此多的异化现象，我相信他们也会用异化这个哲学概念来进行分析和研究的。写到这里，让我想起了上个世纪50年代毛泽东曾经批评过斯大林和前苏联的某些哲学家否定社会主义社会中还存在矛盾的哲学上的错误是没有坚持辩证法。事实证明毛泽东的批评是正确的。毛泽东讲社会主义社会仍然存在矛盾，而且提出要区分两类不同性质矛盾和正确处理人民内部矛盾，正

①　见拙著《人的哲学论说》，中国社会科学出版社，第300～302页。

是为了正视矛盾和正确处理矛盾、解决矛盾。现在人们肯定在我们的现实生活中,无论是改造自然、改造社会,还是改造人类自身,都可能会出现异化现象,也正是为了正视异化、认识异化、预防异化、克服异化。那种认为矛盾、异化等哲学概念和范畴不能用于社会主义社会的思维方式及其心态,是应当抛弃了。

乔木同志在文章中还说,"异化"概念是马克思早期著作中常用的、不成熟的概念,在其成熟时期著作中就很少用了,甚至不用了。这也是不符合客观事实的,我在《驳在异化问题上所谓两个马克思对立的观点》、《异化劳动论与马克思两个伟大发现的关系》两篇文章中,大量引用了马克思成熟时期的《政治经济学批判》、《剩余价值理论》和《资本论》等著作中使用"异化"概念的文字,作了辨证。① 这里就不赘述了。

乔木文章中还说:"在马克思全部读过并参加了部分写作的恩格斯的主要著作《反杜林论》(1876—1878 年)中,都没有使用异化概念。"让我们来看看事实,这种说法是否能成立。正是在《反杜林论》中,恩格斯论述过扬弃劳动异化对于实现共产主义、对于人类实现从必然王国进入自由王国的飞跃的重要意义。恩格斯指出,一旦社会占有了生产资料,产品对生产者的统治也将随之消除,社会生产内部的无政府状态将为有计划的自觉的组织所代替。自下而上斗争停止了,于是人在一定意义上才最终地脱离了动物界,从动物的生存条件进入真正人的生存条件。人们周围的、至今统治着人们的生活条件,现在受人们的支配和控制,人们第一次成为自然界的自觉的和真正的主人,因为他们已经成为自身的社会结合的主人了。恩格斯说:"至今一直统治着历史的客观的

---

① 见拙著《人的哲学论说》,中国社会科学出版社,第 180～213 页。

异己的力量,现在处于人们自己的控制之下了。只是从这时起,人们才完全自觉地自己创造自己的历史;只是从这时起,由人们使之起作用的社会原因才大部分并且越来越多地达到他们所预期的结果。这是人类从必然王国进入自由王国的飞跃。"①恩格斯在这里所说的"异己的力量"就是一种"异化"现象。在马克思逝世后,恩格斯在1884年3月底至5月26日,为了完成马克思研究古代史的遗愿,写了一部名著即《家庭、私有制和国家的起源》,就是在这部名著中,恩格斯还在毫不含糊、毫不犹豫地使用"异化"概念。恩格斯称产生国家后掌握公共权力的官吏为"同社会相异化的力量的代表"②。又说,国家是"从社会中产生但又自居于社会之上并且日益同社会相异化的力量"。③

请注意,恩格斯在其晚年还如此明确地使用异化概念,证明异化概念的确是马克思主义哲学中富有辩证法思想内涵的一个概念。逻辑学上讲,使用全称肯定判断或全称否定判断,要十分慎重,因为人们一旦讲出一个与你的判断不相符的例证,那么你的整个判断也就崩溃了。

三、结　束　语

对于一位将近80岁的体弱有病的老人来说,要亲自执笔撰写出一篇3万多字的长文,在体力、精力和逻辑思维方面,都会是相当困难的,所以在人们拜读乔木同志的这篇文章时,会有逻辑不够严谨、思维不够清晰之感,这是人们能够谅解的。但是我相信,这

---

① 《马克思恩格斯选集》第3卷,人民出版社1995年版,第634页。
② 《马克思恩格斯选集》第4卷,人民出版社1995年版,第172页。
③ 《马克思恩格斯选集》第4卷,人民出版社1995年版,第170页。

篇文章的献词会是他亲自撰写的。他在献词中说，谨以这篇讲话式的论文献给三方面的同志们，其中包括"也献给一切曾经抱有或继续抱有不同观点的同志们，他们的观点使作者获得了写作本文的动机和展开论证的条件，如果本文对他们提出了某些批评，这也完全属于正常的同志态度。"在长文的第一段还说："我今天的讲话不可能涉及争论中的很多问题，只准备就几个主要问题讲一些意见，跟大家一起讨论。说得不对的，请大家批评、指正。"在结尾处又再次强调地说："我今天的讲话，在开头已经说过，只是参加讨论，并且只涉及人道主义和异化的一部分问题。对这一部分问题，在一次讲话中也不能说得很透彻，其中一定还有不周到和不准确的地方，再一次恳切地希望大家指正。不赞成我的讲话的基本观点的同志，我也恳切地欢迎他们参加争论。真理愈辩愈明。对于这样一些复杂的理论问题，唯有进行客观的深入的细致的研究和讨论，才能得到正确的结论。"这段话说得是何等的好啊！是这样的谦逊和大度，是这样的真诚和恳切，永远值得我们学习！

我社老社长曾彦修同志曾经在乔木同志直接领导下工作过，他曾对我说过，在延安时期和建国初期，乔木不但自己写文章十分注意逻辑的严谨，而且指导别人写新闻、写文章也十分注意逻辑上的问题，对于逻辑上的错误十分敏感，总是耐心地加以分析和纠正。乔木同志的这篇长文与他以往的文风有着很大的差别，出现了如此多的逻辑上的自相矛盾和分析、判断上的失当。中原同志在自己文章的末尾说："像所有的大学问家一样，胡乔木的思想理论、学术观点难免有历史和认识的局限，也难免存在着矛盾和偏颇。"这种说法是实事求是的，我很赞成。在这封公开信中，我比较具体地谈了这方面的问题，我相信会得到你们的谅解。历史和人民是公正的，任何人物，即使是伟大的建立了卓越功勋的革命领袖,也要接受历史和人民的检验,所以写他们的历史,为他们立传要坚持的根本原则就是实事求是,这是对历史人物的最大的尊重和爱护。

在乔木同志发表这篇长文之前,我已经写了若干篇关于马克思主义人道主义和异化问题的文章。这篇长文发表后,我响应乔木同志的号召,20多年来不断地撰写与他抱有不同观点的文章和专著,但我一直没有指名道姓地同乔木同志商榷。看了你们刊载于《胡乔木与中国社会科学院》一书中的文章,考虑到你们正在撰写《胡乔木传》,本着尊重、爱护和对乔木同志负责,遵循实事求是的原则和不为贤者讳的精神,写出了上面这些意见,供参考,说得不对的,请批评指正。

薛德震

2007年9月9日

(原载《炎黄春秋》杂志2007年第11期)

晚年周扬理论上的一个重要贡献

——兼论理论应当接受实践、人民和历史的检验

1983 年 3 月 7 日,马克思逝世一百周年学术报告会,在中央党校举行,周扬在会上作了题为《关于马克思主义的几个理论问题的探讨》的报告。报告分四部分:一、马克思主义是发展的学说。二、要重视认识论问题。三、马克思主义与文化批判。四、马克思主义与人道主义的关系。同年 3 月 16 日,《人民日报》全文发表了这篇报告,为人们保留了一笔珍贵的思想、理论财富。报告结束时,赢得长时间的掌声。但是出乎人们的预料,周扬的这篇学术报告却引来了新一轮的"大批判",问题主要出在报告的第四部分即关于人道主义和异化问题上。这篇报告引来了"大批判",同时也进一步推动了全国性的、持久的关于人道主义和异化问题的大争论。现在,事情虽然已经过去了 20 多年,人们的记忆似乎有点淡忘了,但是这场大争论,是与中国改革开放相伴而行的思想解放运动的重要组成部分,在纪念中国改革开放 30 周年之际,回顾和吸取这场大争论的经验教训,是有重大价值的。

一、弘扬马克思主义的人道主义

事情还得从粉碎"四人帮"、结束"文化大革命"后思想上、理论上的拨乱反正说起。

"人"本来是一个自然的、历史的、客观的存在，是社会的主体，又是社会的客体，而且是主体和客体的统一体，马克思主义的唯物史观，本来就是研究现实的人及其历史发展的科学。但是，在中国，由于在"文革"前和"文革"中极左思潮的泛滥，长期大批特批人性论和人道主义，造成了一种非常反常的"谈人色变"的局面。这是一种人不能研究"人"、不能谈论"人"的现代愚昧。这种现代愚昧造成的后果是极为严重和悲惨的，"文革"十年，制造了多少人间惨剧。粉碎了"四人帮"以后，人们痛定思痛，进行理论上的反思和拨乱反正，在上个世纪的 70 年代末和 80 年代初，一批富有历史责任感的学人，勇敢地提出人道主义和异化问题进行研究和探讨。这是时代和实践提出的课题，不是少数脱离现实、脱离实践的知识分子，关在书斋中苦思冥想纯粹思辨的产物。到了1983 年 3 月 7 日，在纪念马克思逝世 100 周年的上述学术报告中周扬以鲜明的态度肯定了应当讲马克思主义的人道主义。

周扬报告的一个显著的特点就是从自身的错误中进行反思和学习，他说：在"文化大革命"前的 17 年，我们对人道主义与人性问题的研究，以及对有关文艺作品的评价，曾经走过一些弯路。那个时候，人性、人道主义，往往作为批判的对象，而不能作为科学研究和讨论的对象。在一个很长的时间内，我们一直把人道主义一概当做修正主义批判，认为人道主义与马克思主义绝对不相容。这种批判有很大片面性，有些甚至是错误的。"我过去发表的有关这方面的文章和讲话,有些观点是不正确或者不完全正确的。"
周扬接着还严肃地指出:"文化大革命"中,林彪、"四人帮"一伙把
对人性论、人道主义的批判,发展到了登峰造极的地步,为他们推
行灭绝人性、惨无人道的封建法西斯主义制造舆论根据。过去对
人性论、人道主义的错误批判,在理论上和实践上,都带来了严重
的后果。这个教训必须记取。粉碎"四人帮"后,人们迫切需要恢
复人的尊严,提高人的价值,这是对"四人帮"倒行逆施的否定,是
完全应该的。

　　无私才能无畏,周扬这种从自身错误中反思和学习的态度需
要有很大的理论和政治上的勇气,是光明磊落的,是十分可贵的。
一个政党和一个人一样,也应该重视从自身的错误中反思和学习,
恩格斯、列宁、毛泽东都曾经论证过,一个郑重的党,应当善于从自
身的错误中学习,并认为这是一种最有效的学习。无数的历史事
实都证明了只有通过这种学习才能实现自我调节,自我扬弃,自我
超越。

　　周扬不是仅仅停留于就事论事来谈论这个问题,而是上升到
如何完整准确地对待马克思主义这样的高度来谈论这个问题,由
此形成了他的报告的第二个鲜明的特点,就是强烈的"问题意
识",包括时代的问题、中国的问题、实践的问题等等,正如他所
说:对人的问题探讨,给我们提出一个问题,就是完整准确地掌握
马克思主义的问题。许多年来,我们对马克思主义的了解,侧重在
阶级斗争和无产阶级专政方面。在进行急风暴雨的革命斗争时
期,我们当然需要马克思主义的阶级斗争和无产阶级专政学说,正
是由于有了这个伟大学说的指引,我们才取得革命的胜利。在社
会主义建设的新时期,我们仍不能忽视阶级斗争的存在,仍要坚持
人民民主专政。但是,阶级斗争究竟不是我国社会的主要矛盾了,

全党和全国各族人民的总任务是实现社会主义的现代化,把我国建设成为高度文明、高度民主的社会主义国家。而人是我们建设社会主义物质文明和精神文明的目的,也是我们一切工作的目的。生产本身不是目的,阶级斗争、人民民主专政本身也不是目的。过去许多同志把这一点忘了。马克思从他成为共产主义者的第一天起,就是以全人类的解放为己任的。

周扬在报告中,还从哲学的角度分析了斯大林、毛泽东在社会主义时期所犯阶级斗争扩大化、以阶级斗争为纲错误的原因,指出:50年代,毛泽东批评斯大林的错误。他说,斯大林讲事物的内在矛盾,只讲对立面的斗争,不讲对立面的统一。这一批评十分中肯,也很重要。斯大林只讲斗争,这是他那阶级斗争日益尖锐化的政治观点在哲学中的反映。毛泽东批判了斯大林的这一错误观点,坚持了矛盾的同一性,坚持了从马恩到列宁所阐述的对立统一律的原旨。毛泽东以此为基础,并根据他在《矛盾论》中所提出的不同矛盾应用不同方法以去解决的原则,建立了在社会主义社会存在着两类不同性质矛盾的学说和党的文化上的双百方针。这是对马克思主义的一大贡献。不幸的是,毛泽东晚年违反了初衷,背离了自己所坚持的矛盾同一性观点,用"一分为二"反对"合二而一",把对立绝对化,甚至认为综合也只能用一方吃掉一方去解决。这样就造成了阶级斗争扩大的后果。

有人质疑讲马克思主义的人道主义就是要用人道主义代替马克思主义或者是要将马克思主义归结于人道主义。针对这种质疑,周扬作了明确的回答:"我不赞成把马克思主义全部归结于人道主义,我们应该承认,马克思主义是包含人道主义的。当然,这是马克思主义的人道主义。"并进一步论证说,在马克思主义中,人占有重要的地位。马克思主义是关心人,重视人的,是主张解放全人类的。当然,马克思主义讲的人是社会的人,现实的人,实践的人;马克思主义讲的全人类解放,是通过无产阶级解放的途径的。马克思主义把费尔巴哈讲的生物的人,抽象的人变成了社会的人、实践的人,从而既克服了费尔巴哈的直观的唯物主义,并把它改造成实践的唯物主义;又克服了费尔巴哈的抽象的人性论为基础的人道主义,并把它改造成为以历史唯物主义为基础的现实的人道主义,或无产阶级的人道主义。并且强调地说:"我认为,只有用马克思主义的人道主义,才能真正克服资产阶级人道主义。"

二、阐发"异化"是一个辩证概念

周扬在报告中还提出应当把"异化"作为一个辩证法概念和哲学问题来进行研究、探讨和使用,这对于人类认识和改造自然、社会的实践活动,具有重大的现实意义和认知作用。他说,所谓"异化",就是主体在发展的过程中,由于自己的活动而产生自己的对立面,然后这个对立面又作为一种外在的、异己的力量而转过来反对或支配主体本身。"异化"是一个辩证的概念,不是唯心的概念。唯心主义者可以用它,唯物主义者也可以用它。黑格尔说的"异化",是指理念或精神的异化。费尔巴哈说的"异化",是指抽象的人性的异化。马克思讲的"异化",是现实的人的异化,主要是劳动的异化。关于"劳动异化"的思想,马克思在《1844 年经济学哲学手稿》中有详细的论述。后来,他把这个思想发展为剩余价值学说。这在《资本论》中说得很清楚。那种认为马克思在后期抛弃"异化"概念的说法,是没有根据的。

克服"异化",扬弃"异化"同全人类的解放和实现人的全面而自由的发展有着密切的关系,周扬在报告中指出:马克思认为,私有制的异化现象,到资本主义社会发展到了顶点。各种异化现象,都是束缚人、奴役人、贬低人的价值的。马克思和恩格斯理想中的人类解放,不仅是从剥削制度(剥削是异化的重要形式,但不是唯一形式)下解放,而且是从一切异化形式的束缚下的解放,即全面的解放。马克思认为,共产主义将使"人的本质力量,人的肉体力量和精神力量……得到充分的自由发挥和实现"(《1844 年经济学哲学手稿》),使"个性的全面发展代替旧的分工制度下个人的片面发展"(《资本论》)。实现人的全面发展,是共产主义的"目的本身"(《马克思恩格斯全集》第 46 卷,第 486 页)。他甚至说,共产主义就是"以每个人的全面而自由的发展为基本原则的社会形式"(《马克思恩格斯全集》第 23 卷,第 649 页)。

　　周扬还引用恩格斯在《自然辩证法》中的告诫来说明,人类在改造自然时要注意防止和克服异化,不能近利:恩格斯《自然辩证法》中所举的一个例证很值得我们思考,美索不达米亚、希腊、小亚细亚以及其他各地的居民,为了扩大耕地,砍光了森林,虽然当时收到了效益,可是失去了森林也就失去了积聚和贮存水分的中心,以致使这些地方后来竟成了荒芜不毛之地。

　　周扬在报告中,还结合中国社会主义建设的现实,阐明了研究"异化"问题的现实意义,他说:肯定人的价值,或者如毛泽东所说,"世间一切事物中,人是第一个可宝贵的",那就要肯定社会主义和共产主义,反对一切形式的异化。承认社会主义的人道主义和反对异化,是一件事情的两个方面。社会主义消灭了剥削,这就把异化的最重要的形式克服了。社会主义比之资本主义有极大的优越性。但这并不是说,社会主义社会就没有任何异化了。在经济建设中,由于我们没有经验,没有认识社会主义建设这个必然王国,过去就干了不少蠢事,到头来是我们自食其果,这就是经济领域的异化。由于民主和法制的不健全,人民的公仆有时会滥用人民赋予的权力,转过来做人民的主人,这就是政治领域的异化,或者叫权力的异化。至于思想领域的异化,最典型的就是个人崇拜。"异化"是客观存在的现象,我们用不着对这个名词大惊小怪,彻底的唯物主义者应当不害怕承认现实。承认有异化,才能克服异化。自然,社会主义的异化,同资本主义的异化是根本不同的。其次,我们也是完全能够经过社会主义制度本身来克服异化的。掌握马克思关于"异化"的思想,对于推动和指导当前的改革,具有重大的意义。周扬忧国忧民、爱党爱国之情溢于言表,令人感佩。

周扬在报告中还非常关注人的全面而自由发展的问题,周扬首先阐明了在这个问题上马克思主义同资产阶级和空想社会主义思想家既有继承关系,又有本质区别:我们都知道,从文艺复兴以来,崇尚人的全面发展是资产阶级人道主义的基本标志之一。卢梭在他的《论人类不平等的起源》一书中,就论述过人在肉体和精神上的全面发展的主张。席勒在他的《美育书简》中更有出色的论述,他要求通过美育活动,使人获得解放,"成为一个全面的完整的人"(《美育书简,第二封信》)。傅立叶设想在他的未来协作制度中,使人"实现体力和智力的全面发展"(《傅立叶选集》第3卷,第217页)。但是几个世纪以来,先进人们崇尚的人的全面发展的理想,只有到了马克思主义这里,才有实现的可能。因为马克思主义与以往的人道主义不同,马克思主义找到了实现人的全面发展的现实依据和方法,即改变旧的社会关系,建立社会主义、共产主义。而以往人道主义者幻想在人奴役人的社会里,靠"理性力量"、"泛爱"、"美育"等唯心主义说教,实现人的全面发展,那只能是一句空话。在这个意义上,不妨说,马克思主义的人道主义确实是现实的人道主义。

三、关注全体人民解放和幸福的赤子情怀

　　周扬是位学者，是位理论家、思想家。今天，我们来阅读他近30年前的学术报告仍觉得十分亲切和深受启迪。这篇报告是在周扬亲自指导下，经他亲笔修改定稿和认可的，当然应当视作是周扬的作品。但是，作为他的学生顾骧的确参与了报告的起草，在周扬再次遭到噩运时，顾骧当时就向有关方面如实说明了参与起草的详细情况，并声明报告如有问题，应该由他承担责任，勇敢地、坦诚地想分担周扬的压力。而周扬则更是高风亮节，他在写给中央的报告（1983年3月27日周扬给胡耀邦、胡乔木、邓力群的信）中则说："这篇讲话，虽有人帮助起草，但整个内容和文章的结构，都是我的责任。如有错误和不妥之处，完全是我的责任。"这两位当时都身处逆境、遭遇不公正的待遇，但却演绎着作为大写的"人"的师生情深，是十分感人的。在今天人们客观地、公正地评论这一公案时，我想人们不会忘记他们两位所作出的共同贡献。

　　在周扬的学术报告中，洋溢着关注全体人民以至全人类解放和幸福的赤子情怀，这种舍弃了个人得失、安危的精神，是对马克思主义的、党的、人民的事业无比忠诚的表现，因而是一种无私无畏的大智大勇，是十分可贵的。前几年，人们曾经热议过"晚年胡绳现象"，今天我们谈论"晚年周扬现象"，这都属于"文革"后出现的可喜的思想文化现象，是应当发扬光大的。在回顾和总结中国改革开放和与之相伴而行的思想解放运动时，人们不应忘记他们，而应实事求是、客观公正地肯定和评价他们的贡献和功绩，还历史的真实面目。历史无情人有情，历史是严明的，人民是公正的。

在今天的语境下,周扬如再作这篇报告,我相信定会赢得比当年更为持久的热烈的掌声,人们会更加钦佩周扬敏锐的洞察力和深邃思想的穿透力和震撼力。由周扬的报告所引发的全国性的持久的大争论,经过30年来实践、人民和历史客观、公正和严明的检验,在有良知的共产党人和广大人民群众的心目中结论是明确的,周扬的冤屈早已被昭雪了。

我们党在取得全国政权成为执政党以后,手中握有极高的权力,但在"文革"前和"文革"中,在领导思想、理论、学术、文化等意识形态的工作中,曾经发生过严重的失误和错误,是有非常沉重的深刻的经验教训可以总结的。在粉碎"四人帮"、结束"文化大革命"以后,虽有一些进步,但是在处理类似周扬学术报告这样的思想、理论、学术、文化问题上,也还是有经验教训可以总结的。

四、以人为本的科学发展观和构建社会主义和谐社会的战略指导思想是经得起实践、人民和历史检验的创新理论

有人可能会依仗权势整人,但权势却压不倒压不垮真理,时代的潮流和实践的力量是无比强大的。中国改革开放的大潮汹涌澎湃,中国特色社会主义事业波澜壮阔,任何与其反作用的力量是阻挡不住的。今年,是中国改革开放的30周年,与改革开放和建设中国特色社会主义事业相伴同行的是深刻而又广泛的思想解放运动,有关人道主义和异化问题的大争论,有关马克思主义人的哲学的兴起和发展,可以说是这场思想解放运动的有机组成部分。现在,"以人为本"、"人与自然和谐发展"、"人与社会和谐发展"、"社会和人全面发展"、"构建社会主义和谐社会"等等重要思想,

在全党和全国人民中已经是耳熟能详,深得党心民心,令人欣慰。我们党的理论、路线、方针、政策以及一切活动、业绩,都要经受实践、人民和历史的检验。以人为本的科学发展观和构建社会主义和谐社会的战略指导思想,来源于时代的、实践的、现实生活的需要,是经得起实践、人民和历史检验的创新理论,我们应当倍加珍惜。

在回顾中国改革开放的历史进程时,我们同样不能忽视周扬在其报告中所讲"马克思主义是发展的学说"和"马克思主义与文化批判"的思想贡献。这两部分今天读来仍然感到十分亲切和富有启迪意义。周扬强调地指出,作为推翻旧世界解放全人类的革命导师马克思的形象永远放射着光芒,他所创立的马克思主义学说像常青树那样永远保持着青春活力。这是什么缘故?因为马克思主义是科学。马克思主义不相信什么终极的真理。马克思主义是发展的学说。马克思主义不仅运用批评自我批评的武器来克服自身的缺点,纠正自身的错误,并且随着实践的发展而改变自己的形式。这样就防止了停滞和僵化。周扬在列举了恩格斯和列宁怎样根据实践的发展不断修改自己过时的论述、观点,从而发展了马克思主义学说的事实后说,这都说明,他们认为自己的一切论断和观点并不是臻于至善的永恒真理。相反,他们批判了杜林对于"永恒真理"这个字眼的庸俗玩弄。马克思尤其关心自然科学的发展,认为科学能转化为生产力。他认为,科学是"一种在历史上起推动作用的、革命的力量"(恩格斯:《在马克思墓前的讲话》)。根据恩格斯的回忆,马克思对于自然科学中的任何一种新的发现都是感到欣欣鼓舞的。这原因就在于自然科学的新发现新突破,不仅推动了人类社会的进步,同时也可以促使马克思重新检验自己的学说,发展自己的学说。接着,周扬得出自己的结论说,马克思主义既然是发展的,所以对于社会主义革命和社会主义建设也就没有固定的模式。我们党中央提出了走自己的道路,这是符合马克思主义的根本原则的。马克思主义的发展,必须同各个国家、各个民族的历史和实际相结合,所以必然要形成各自所具有的马克思主义的不同特色。多样性的、各具特色的社会主义学说异彩纷呈,终归会丰富马克思主义并促进它的发展。

周扬在报告中还为"批判"这个概念正名,恢复名誉,他说:继承过去的遗产,吸取外国的东西,必须有批判,不批判就无法继承和吸取。后来,批判的名声被搞坏了,特别是在十年内乱中,所谓大批判已经变质为恫吓诬陷的手段。这就需要拨乱反正,为批判恢复名誉。批判一词原是德国古典哲学的术语。康德的哲学就称为批判哲学。按其本义,所谓批判指的是对旧形而上学的各个范畴加以重新的衡量和估价。这也就是说,对于那些从未经过追究的既成范畴去进行考核,探讨这些范畴究竟在什么限度内具有价值和效用。批判是不接受未经考察过的前提的。就这一点来说,批判具有反对盲从,反对迷信,提倡独立思考的积极意义。马克思主义的批判不是以思维着的知性为依据,而是以实事求是的科学精神,把一切放在实践的法庭上去衡量、去再估价。马克思主义是科学,不是宗教,因此马克思主义的批判精神也就是科学精神,不接受未经考察过的前提的。这也就是说,马克思主义作为革命的科学理论,它本身也是在不断经受实践的验证的。在我们党内有两次都在马克思主义领域内进行了严格的批评和自我批评。第一次是在1942年的延安整风。第二次就是党的十一届三中全会以冲破长期存在的教条主义和个人崇拜为目标的解放思想。马克思主义具有生命力,因为它是革命的,不是僵化的,所以它不怕批评和自我批评,经得起实践的检验,并在实践的检验下充实自己,发展自己。

在改革开放30年后的今天,在中国特色社会主义道路和中国特色社会主义理论体系取得辉煌成就的今天,在党中央再三强调要用发展着的马克思主义指导新的实践的今天,周扬的这些论说仍然是切合时宜的、富有启迪性的。在我们隆重纪念改革开放30周年时,人们不会忘记解放思想运动所发挥的重要作用。

党的十七大高度评价了"解放思想是发展中国特色社会主义的一大法宝",并明确提出我国改革开放进入新的关键阶段,要继续解放思想的新要求:"实践永无止境,创新永无止境。全党同志要倍加珍惜、长期坚持和不断发展党历经艰辛开创的中国特色社会主义道路和中国特色社会主义理论体系,坚持解放思想、实事求是、与时俱进,勇于变革、勇于创新、永不僵化、永不停滞,不为任何风险所惧,不被任何干扰所惑,使中国特色社会主义道路越走越宽广,让当代中国马克思主义放射出更加灿烂的真理光芒。"检验、评价社会发展和进步,有两种标准和尺度,一种是以生产力的发展为尺度,一种是以人类所追求的价值理想为尺度。生产力尺度是从社会发展的物化成果的角度进行评价,价值尺度则是从这种物化成果即生产力的发展对满足社会成员——人的需要是正是负、是好是坏及其程度的角度加以评价。从这两种角度来评价社会的发展和进步,缺一不可,必须结合起来进行。民主、法治、自由、平等、人权、博爱、公平、正义等等,是人类在漫长的历史进程中共同追求的价值理想和共同创造的文明成果,也是人们的物质文化生活的需要。在改革开放和中国特色社会主义事业蓬勃发展的今天,在坚持用生产力标准、尺度来评价我国社会发展和进步的同时,应当更加重视用人类共同追求和创造的价值理想和文明成果来评价和衡量我国社会的发展和进步。我认为,这既是深入贯彻

　　落实以人为本的科学发展观、构建社会主义和谐社会的战略指导思想的要求,也是新的思想解放、实事求是、与时俱进的一个重要内容。

(作于 2008 年 2 月 28 日)

再论马克思主义的
人道主义和异化问题

——与卢之超同志商榷

《马克思主义研究》杂志 2008 年第 3 期,发表了卢之超同志题为《关于人道主义和异化问题的再认识——兼与薛德震同志商榷》一文。我的这篇文章是对卢文的答辩。

一、首先表示欢迎

之超同志的这篇文章阅后的第一感觉是有很大的进步,应当表示欢迎。这种进步主要表现是:第一,这篇文章的文风同他的传统文风有了不小的改变,口气比较平和了,能注意用平等的态度同别人商讨和辩论问题了;第二,有了一定程度的反思,对自己在那场大争论中的做法和观点有一定程度的自我批评,承认"实在有许多误会","关键是把理论和现实政治过分搅和在一起了","许多理论问题遭到扭曲","在思想理论争论中,这样做效果往往不好,也可以说是一个教训";第三,有保留地对我的"马克思主义的人道主义"和"异化问题"的观点有一定程度的认同,同当年的态度有了不小的进步。对于这些,人们自然应当表示欢迎。

之超的文章虽然有上述种种进步,但他过去长期形成的基本观点的确也不是轻易能够放弃的,人们也不会企望他很快地改变,这就留下了可以继续探讨的空间,他也表示了继续探讨的良好愿望。下面,我想同之超同志探讨几个问题。

二、是谁主张要用人道主义代替马克思主义? 是谁要将马克思主义归结为人道主义?

我在《炎黄春秋》杂志上发表的那篇同《关于人道主义和异化问题》一文商榷的文章,主要是从学理上、逻辑上讲了乔木讲当时在中国的马克思主义队伍中有人主张用人道主义的世界观来代替马克思主义,而乔木主张只能在伦理道德规范的意义上讲人道主义。这在马克思主义中是讲不通的,不合逻辑的,因为马克思主义的一条基本原理是世界观、历史观和价值观(其中包括伦理道德观)是紧密相连的,密不可分的,用列宁的话来说"是一整块钢铁"。伦理道德观是受制于世界观、历史观和价值观的,光说你的人道主义是伦理道德观,并不能说明它的思想属性,不可能有世界观、历史观、价值观是马克思主义的,而伦理道德观却是反马克思主义的、非马克思主义的;也不可能有伦理道德观是马克思主义的,而世界观、历史观、价值观却是反马克思主义、非马克思主义的,并指出乔木自己所讲在现实生活中要实行的"社会主义人道主义"就没有坚持自己所作的这种划分,并未涉及是谁主张要用人道主义代替马克思主义,是谁主张要将马克思主义归结为人道主义问题。

任何游戏都要有游戏规则,没有规则必然乱套。法学上讲要重证据,原告控告被告,必须拿出证据,如果没有证据,而硬要说被告有罪，那就只能成为欲加之罪，何患无辞了。在理论争论、学术争鸣中，第一条规则就是要有千真万确的论据，当然还有不能断章取义、歪曲捏造、张冠李戴等等。就拿第一条有论据这一条来说，乔木的长文是直接批评周扬在纪念马克思逝世 100 周年学术报告会上的报告的。你说周扬主张要用人道主义作为世界观代替马克思主义，那你总得引用一两段周扬这样说的证据来证明这一严重的指责，但是我查遍了周扬的那篇学术报告，从文字到思想内容，根本找不到一处这样的证据，倒是看到了周扬明确地说："我不赞成把马克思主义纳入人道主义的体系之中，不赞成把马克思主义全部归结为人道主义；但是，我们应该承认，马克思主义是包含着人道主义的。当然，这是马克思主义的人道主义。"从周扬的这种明确表述中，无论如何是不能认为他是要将人道主义作为世界观来代替马克思主义的。但是，乔木仍要那样指责周扬，所以人们感到这真有点强加于人，就不奇怪了。

之超同志可能会说，乔木的文章主要不是针对周扬，而是针对另一位宣扬人道主义的论者的。好吧，现在就让我们来看看这位论者是怎样说的。

他写过多篇关于人道主义的文章，其中最著名的是《人是马克思主义的出发点》这一篇，乔木批评的矛头除了指向周扬，也是指向这篇文章的。那么，就让我们仔细看看这篇文章是否能证明乔木的批评是对的。

无可否认这篇文章是非常强调人的价值和人的解放问题的，但说他是要用人道主义代替马克思主义，是要将马克思主义归结为人道主义，实在是不符合事实的。在这篇文章的开头部分明明说他是在研究马克思主义怎样看待人的问题，人的问题究竟在马克思主义中占什么位置？并强调地说："在这里也有一个准确完

整地了解马克思主义的问题。"在他看来,马克思主义中是包含人
道主义的,马克思主义的人道主义是完整的马克思主义中的组成
部分,但是长期被人们忽视了、误解了,甚至遭到了批判,所以他提
出要"准确完整地了解马克思主义的问题"。

　　不错,他在反思"文革"十年浩劫时,是非常重视人的价值和
人的解放问题的,因此他说现实的人是马克思主义的出发点,所以
遭到了乔木猛烈的批评。其实,他讲的这一观点并不是他的杜撰,
而确确实实是马克思、恩格斯反复讲过的。为了证明这一点,他在
自己的文章中大量地引用了马、恩在创立和阐述马克思的第一个
伟大发现即唯物史观时的原话,证明现实的人、具体的人、实践的
人、在历史中活动的人确确实实是马、恩研究和阐述唯物史观的出
发点。

　　他已经作了大量的引证,当然还可以补充引用更多的马、恩原
话来证明这一点,我在这里只想补充引用恩格斯的《路德维希·
费尔巴哈和德国古典哲学的终结》,在回顾和总结马克思怎样创
立唯物史观的论述,来证明他的说法没有错。恩格斯说:"费尔巴
哈没有走的一步,必定会有人走的。对抽象的人的崇拜,即费尔巴
哈的新宗教的核心,必定会由关于现实的人及其历史发展的科学
来代替。"①"现实的人及其历史发展的科学"就是恩格斯对唯物
史观所下的定义,可见恩格斯在其晚年,还在坚持"现实的人"是
唯物史观的出发点。

　　他在标题上的"人"字前面未加"现实的"、"具体的"、"实践
的"等等定语,是通常的一种省略的做法,不管他在正文中无论是
在引文还是在行文中多少次地重复使用这些定语,都不被承认,硬

---

① 《马克思恩格斯选集》第 4 卷,人民出版社 1995 年版,第 241 页。

说他所说的人就是抽象的人。但是,批判者对马、恩的原话也不予承认,也视而不见,那就只能被人们认为批判者不仅是在批判这位论者,同时也在批判马克思、恩格斯。

在乔木批评周扬的长文发表的一年以前,这位论者在写于1983年1月的《为人道主义辩护》一文中,还明确地说:"不能把马克思主义全部归结为人道主义,但是马克思主义是包含了人道主义的。"

乔木的长文发表后,他又发表了一篇《我对人道主义问题的看法》一文,对乔木文章作了回答,并提出商榷。该文第一节第一个小标题就明确表明"人道主义是一种价值观念,它不同于对世界的解释,也比伦理道德的范围广泛。"然后展开了比较具体的论述:"人道主义本质上是一种价值观念。价值观念包括伦理道德,但范围广得多。人道主义也是一种世界观、人生观。但是,人道主义要回答的问题并不是'物质和精神谁是第一性的',而是'人的价值是不是第一位的'。两个问题属于不同的领域,但都是世界观问题。为什么呢? 因为这个世界是有人的世界,不是无人的世界,人并不站在世界之外'观世界',他就在世界之中,他在'观世界'的同时也在'观自己',观察世界和人的关系。同时,他并不仅仅纯客观地解释世界本身是怎样的,他还要站在人的立场(包括阶级的立场)问这个世界好不好,对这个世界作出价值判断。所以,我认为'世界观'是应当包括价值观的。"

他还说:"把世界观说成仅仅是对世界的理解和解释,这尽管是目前流行的说法,可仍然只是对世界观的一种狭义的了解。大家知道,马克思说过,'哲学家们只是用不同的方式解释世界,而问题在于改变世界'(《关于费尔巴哈的提纲》)。既要改变世界,在世界观上就不能停留在对世界的'解释'上,而且要对世界作出

'评价'：这个世界是好的吗？它使人满意吗？它应该是怎样的？人希望它是怎样的？……没有这种评价，就根本不会产生改变世界的愿望、意志和热情。'世界不会满足人，人决心以自己的行动来改变世界'（列宁：《黑格尔〈逻辑学〉一书摘要》）。我们说世界观是有阶级性的，这是什么意思呢？因为世界观和自然科学不同，它不仅反映世界本身，而且反映了某个阶级的根本利益和需要。因此，世界观不能排除价值观，价值观是世界观的一个方面。"

充其量，他是说马克思主义中有人道主义，这种人道主义是马克思主义的价值观，而这种价值观是马克思主义世界观的组成部分，马克思主义的世界观是应当包括价值观的。从逻辑学上讲，他是讲了他这样说的"充足理由"的。你如果不同意他的这种说法，应当紧紧扣住他的这一论点驳倒他的理由。他还说了，他并不认为自己的所有观点都是对的，你只要驳倒了他，他随时愿意改正。但是，当年的乔木，今天的之超，都没有实事求是地真正针对他的这种观点及理由进行实实在在的驳论，而是给他硬加上并不属于他的"要用人道主义代替马克思主义，要将马克思主义归结为人道主义"，这种做法，怎么能够令人信服呢？

现在回过头来冷静地看一看这一场大争论，乔木同志所讲要实行的"社会主义人道主义"根本就不仅仅是个人所应遵守的伦理道德规范，也不仅仅是个人的道德践履，而是党、政府以至于每一个社会成员在经济、政治、文化、教育、社会等等领域应当实行怎样的政策、措施的主张。这些主张难道不是从共产党人的马克思主义世界观、历史观、价值观中直接产生的？这同周扬等人所提出的作为价值观的马克思主义的人道主义的要求、主张又有什么根本的原则性的区别？怎么乔木同志可以说，而周扬说就成了离经叛道？

三、为什么要将周扬指向林彪、"四人帮"的
矛头扭向社会主义？

　　周扬在自己的文章中明确无误地说明了他当时提出人道主义和异化问题进行研究，是对"文革"十年的反思；是在粉碎"四人帮"后作理论上的拨乱反正。

　　这是一个重要的历史背景和历史事实，是不容歪曲和篡改的。经历过"文化大革命"的人们都还记忆犹新，当时，"四人帮"的笔杆子姚文元就在自己批判刘少奇、邓小平的文章中公开地说，地主、资产阶级的人性论、人道主义是"刘少奇反革命修正主义路线的理论基础"。在姚文元们的带领下，批刘批邓的各种小报、大字报、传单，更是铺天盖地地批判刘邓的"地主资产阶级的人性论人道主义"。有时，他们还用含沙射影的手法，用这种观点批判周恩来总理。

　　所以，粉碎"四人帮"以后，人们痛定思痛，很自然地觉得应当重新研究人道主义和异化问题。正是在这种重新研究中，人们发现长期被埋没、被曲解的马克思主义中确实存在人道主义思想。正如周扬所说："'文化大革命'中，林彪、'四人帮'一伙把对人性论、人道主义的批判，发展到登峰造极的地步，为他们推行灭绝人性、惨无人道的封建法西斯主义制造舆论根据。过去对人性、人道主义的错误批判，在理论上和实践上都带来了严重后果。这个教训必须记取。粉碎'四人帮'后，人们迫切需要恢复人的尊严，提高人的价值，这是对'四人帮'倒行逆施的否定，是完全应该的。"

　　另一位论者也说，经过十年浩劫，我们的理论界开始重视起人的问题（包括人道主义、人性、异化等）来了。人道主义所反对的

有两个东西,一个是神道主义,一个是兽道主义。神道主义抬高神而贬低人,用虚幻的天堂幸福来否定人间生活的价值。兽道主义则把人降低到动物,把人当动物一样来对待。我们国家有没有这两个东西呢?我们没有宗教神学的统治,但是我们有林彪、江青一伙宣扬的现代迷信,这种现代迷信在神化领袖的同时贬低了人民;至于兽道主义,我们从林彪、江青一伙的封建法西斯的"全面专政"中已经领会得太多了。我想,这就是我们理论界对重新评价人道主义感兴趣的原因(见《人是马克思主义的出发点》)。

这种明摆着的历史事实,当年遭到歪曲和篡改,得到当事人的澄清和有良知的学者们的辨析,已经成为人们的共识。但是,硬要把针对林彪、"四人帮"的矛头扭向社会主义,难道他们的倒行逆施能代表社会主义?真是让人百思不得其解。

四、关于"马克思主义的人道主义"与 "社会主义的人道主义"哪一种表 述更科学、更准确?

在当时的争论中,出现了两个有重大分歧的提法和表述,一为"马克思主义的人道主义",一为"社会主义的人道主义",而"马克思主义的人道主义"的提法和表述遭到了批判。既然"旧事重提",我就谈谈对于这个问题的看法。

我是主张使用"马克思主义的人道主义"这一术语的,但也不反对使用"社会主义的人道主义",因为"社会主义"毕竟是属于马克思主义的,而且"社会主义的人道主义"也是马克思主义的人道主义的组成部分。但是,当年却有人反对使用"马克思主义的人道主义"这一术语,所以我在1983年4月在北京大学召开的有关人道主义学术讨论会上作了一个发言,题为《马克思主义有自己的人道主义》,这篇短文后来刊登在《国内哲学动态》1983 年第 6 期上。我在这篇短文中是这样说的:

"资产阶级人道主义的思想体系与马克思主义的思想体系是根本不同的,但是资产阶级的人道主义在历史上曾经起过进步作用,经过马克思主义对之进行批判改造,可以形成一种马克思主义的人道主义。用'马克思主义的人道主义'来表述比较准确和科学。第一,从阶级属性看,它鲜明地表明了是无产阶级的人道主义,是为无产阶级以至全人类的解放服务的;第二,从哲学属性看,它是以辩证唯物主义和历史唯物主义为理论基础的,同历史上以至现代资产阶级的主观唯心主义、客观唯心主义、旧唯物主义的人道主义有原则区别。

对有没有马克思主义的人道主义这个问题,我认为不应老是在抽象的名词、概念上打圈子,而应面向实际,看它的精神实质。只要我们采取正确的方法论原则,我觉得这个问题是不难解决的。

马克思主义的人道主义在无产阶级的革命实践及其历史发展中,并不是一成不变的,而是不断发展、变化和丰富的。在不同的历史阶段,它的内容和强调的重点是有所不同的。

一、在无产阶级革命时期,马克思主义的人道主义同马克思主义的阶级斗争、暴力革命、无产阶级专政学说并不矛盾。首先,对无产阶级来说,它要从经济上、政治上解放自己和一切劳动人民,以摆脱非人的、牛马般的生活条件和社会环境。第二,无产阶级即使在进行暴力革命时,也是如恩格斯所说的力求用人道的方法进行革命,或如毛泽东所说,实行革命的人道主义。在战场上实行救死扶伤;对敌对阶级中放下武器(或交出生产资料)的分子,给出路,给予人道主义的待遇,并让他们在劳动中改造成为新人。

二、社会主义时期的马克思主义的人道主义,也可以叫做社会主义的人道主义。有些人,对于我们进入社会主义社会以后党的方针、政策、路线以及党的领袖们的著作中的马克思主义的人道主义内容,视而不见,或觉得难于把握,其实只要我们不停留于抽象议论,而是力求将其具体化,那么,我们就会发现在科学社会主义的理论和实践中有丰富的马克思主义的人道主义内容。

三、共产主义时期的人道主义,那是更高阶段、更彻底的马克思主义的人道主义,那时人将获得彻底解放和全面自由的发展。

长期以来,西方资产阶级攻击我们的马克思主义中没有人道主义,说共产党是不讲人道主义的。林彪、江青两个反革命集团在十年动乱中又大肆攻击刘少奇、邓小平等贩卖地主资产阶级的人性论、人道主义。在我们全党和全国人民面对这样的挑战进行理论思考时,对于有没有马克思主义的人道主义这样的问题,我认为应该作肯定的回答,而不应作否定的回答。"

至今,我仍坚持认为用"马克思主义的人道主义"比用"社会主义的人道主义"可以更全面、更准确、更科学地概括、反映马克思主义中的人道主义及其历史发展。

五、"以人为本"只是一个"政治命题"吗? 同马克思主义的世界观、历史观、价值观没有关系吗?

我在同乔木商榷的文章中说:"主张有马克思主义人道主义的人们,实际上也就主张有在马克思主义世界观指导下的人本主义。"之超同志轻蔑地说:"这里又扯出人本主义,并且和中央提出的'以人为本'联系在一起。"

德文 Humanismus、英文 Humanism 这个词,在中国的翻译界和学术界都说既可以译作"人道主义",也可以译作"人本主义"。在翻译实践中也确是这样做的,例如马克思《1844 年经济学哲学手稿》中的这个词,中央编译局的译本译作"人道主义",而在人民出版社出版的刘丕坤译本中则译作"人本主义"。我的上述说法怎么就被之超视为"把问题扯远了"呢?之超认为我把问题扯远了,原来是为他下面的论点服务的,接着他说:"实际上,'以人为本'是政治命题,不能把它和人道主义扯到一起。"之超同志没有进一步解释"政治命题"的具体含义,不过从上下文的语气看,似乎只要用"政治命题"一言以蔽之,就可以轻松地把"以人为本"给打发走了,可以不屑一顾了。

众所周知,以人为本的科学发展观,是中国特色社会主义理论体系的重要组成部分,是被全党公认的这一理论创新体系的最新成果,是建立在马克思主义深厚的唯物史观的理论基础之上的,不是什么人用一句这只是一个"政治命题"就能将其重大的理论价值和深远的实践意义一笔勾销的。关于以人为本科学发展观同马克思主义的人本主义的关系,我已写了一系列文章加以论证,有兴趣者可参阅拙著《人的哲学论说》、《人的哲学论纲》和《以人为本　构建和谐社会 20 论》,这里就不赘述了。最近,为了纪念《共产党宣言》发表 160 周年,我写了一篇《马克思主义是科学性与价值观的统一》,对这个问题也作了论述。我想把该文的结束语摘抄在这里,作为对之超的答辩:"总之,马克思和恩格斯一贯所坚持的是在促进社会发展和进步的同时,促进人的全面而自由的发展和进步,这正是马克思主义科学性与价值观的统一所要求的。马克思主义是科学,是基于人、通过人并且为了人的科学。它以现实的人为出发点,以人的需要及其历史活动为内在根据,以人民群众的实践为唯一中介,以人类的彻底解放为最终目的。因此,它是对人的全面肯定的学说,人既是追求价值理想的主体,又是科学研究的客体,所谓全面肯定,就是把人既作为价值对象、又作为科学对象的肯定。在这里,人不仅是目的,而且是主体,是动力,是从事实践活动的、具有丰富的必然属性的客观存在物。既然人是一个具有各种规定性的客观存在物,那么,第一,尊重和肯定人就是尊重和肯定客观存在,这是唯物主义者的最基本的立场,也是一切社会事业成败的决定性要素。可见,对人的尊重这样一个价值要求,实际上是一个严肃的科学要求。第二,人及其种种属性既然具有客观性,它就不仅是必须尊重的价值对象,而且是必须加以研究的科学对象。只有准确地认识了人的客观属性及其发展变化的规律,我们才能做到在科学的意义上尊重人、动员人、改造人,自觉而且卓有成效地为人类谋福祉。这样一来,对人的全面肯定就体现了科学性与价值观的统一。这种统一必然是一切科学的社会理论和社会形态的基础。马克思主义的力量,科学社会主义的优越,其源泉和根据就在于它是科学性与价值观的统一,在于它对人的全面而彻底的肯定。"

党中央制定以人为本的科学发展观,并不是凭借中央领导人的先验的天才和聪明,而是对党、对人民、对历史高度负责的中央领导集体,对社会实践和需要、对最广大的人民群众切身需求和福祉的实实在在的回应。这种回应是完全符合马克思主义世界观、历史观、价值观的要求的,因而人们说它是马克思主义的世界观和方法论在发展问题上的集中体现,是正确的科学的,因而被全党和全国各族人民普遍认同和接受,形成一种强大的认识世界和改造世界的物质力量。对于这种实践和理论上的创新,是不应当不屑一顾的,而应当认认真真、扎扎实实地学习、研究,并切实地贯彻落实到自己的行动中去。

六、关于"异化"问题，既误读误解了周扬，
也误读误解了马克思、恩格斯

　　关于"异化"这个概念，周扬是这样说的："所谓'异化'，就是主体在发展的过程中，由于自己的活动而产生出自己的对立面，然后，这个对立面又作为一种外在的、异己的力量而转过来反对或支配主体本身。'异化'是一个辩证的概念，不是唯心的概念。"

　　周扬关于"异化"概念的界说和使用，可以说是来源于马克思和恩格斯。1983 年在中宣部召开的讨论乔木关于人道主义和异化问题那篇长文未定稿的会议上，针对有人提出要埋葬"异化"概念，要为"异化"概念举行葬礼的说法，我在发言中曾经提醒人们在这个问题上一定要慎重，并建议去查一查《马克思恩格斯全集》第 49 卷第 49 页，我说在那里有马克思为"异化"概念所作的哲学界说。我记得之超同志当即回办公室拿来了第 49 卷，到会场上翻到第 49 页，还当众宣读了原话。

　　现在看来，之超同志至今还在误读误解马克思、恩格斯对"异化"概念的哲学定义和实际使用的本意。马克思、恩格斯所说的"主体"是指人，"客体"或"异己的力量"是指人在改造自然、改造社会过程中的派生物，"异化"是作为主体的人，在改造自然、改造社会的过程中出现的一种特殊的矛盾现象，不是在这种过程中出现的一切矛盾现象。如果改造过程中出现的结果、事物满足了人的需要，实现了人的福祉，那不叫"异化"。另一种情况是，自然界自身的原因造成的灾害，例如地震、飓风、火山爆发、陨石坠落等等造成的灾害，不能叫"异化"，人为原因破坏生态、污染环境造成的

灾害则属于"异化"。所以,有人把"异化"与"矛盾"相等同、相混淆,说"异化"无处不在、无时不在,真正是误读误解了马克思的"异化"概念。马克思讲得清清楚楚,"异化"是主体与客体之间的一种颠倒了的关系,本来应当是主体统治、支配、控制客体,也就是应当是人统治、支配、控制物,但是发生了异化,物颠倒过来统治、支配、控制人,客体颠倒过来统治、支配、控制主体。

恩格斯除了使用"异化"概念,有时还爱用"异己的力量"、"异化的力量"来描述异化现象,是说作为社会主体的人,在改造自然、改造社会的过程中会产生一种"异己的力量"、"异化的力量"反过来统治、支配、控制人。恩格斯用"异己的力量"来描述异化现象,表明他对马克思所使用的"异化"概念的理解和把握非常深刻和准确。在这里,"己"是指"人自己",人在自己的物质的和精神的活动中产生的异化物是与人自己相对立的力量,它反过来,颠倒过来成为统治、支配人的一种力量。

将马克思、恩格斯对"异化"概念所作的哲学界说及其实际运用,同周扬对"异化"概念的理解及其运用对比一下,便可以发现它们之间的继承关系。

马、恩所说的主体都是指人,周扬所说的主体也是指人,"社会"不是他们所说的主体,"主义"也不是他们所说的主体,那种把"主义"、把"社会"说成是主体,说什么周扬是说"社会主义"、"社会主义社会"在自身的发展中定会出现异化,实实在在是误读误解了。遗憾的是,不仅当年乔木误读误解了,时至今天,之超还在误读误解,之超说:"社会主义本身有没有可以导致异化的因素或方面呢?社会主义如果发生变质,从它自身来说,只有一个方面是其自身因素发展走向对立面的结果。这就是由于资产阶级权利的存在导致的官僚主义和官僚特权阶层的产生,成为内外资本主义势力的代表。"这段议论涉及的问题太多,我们暂且不去评论,只说与"异化"有关的就有两处严重的误读误解,一是把周扬所说的主体——"人"偷换成"社会主义";二是将"异化"偷换成"变质",要知道,哲学上的"异化"概念同"变质"是有严格界定的不同概念、不同范畴,是不能互相代替随意偷换的。

之超在这篇长文中,谈"异化"的部分就是建立在这种误读误解之上的,篇幅有三千多字,我这里就不详加引用了。

从一些著名的哲学教授、理论工作者将"异化"误读误解为就是"矛盾"就是"变质"这种现象中,我也采用换位思维法为他们想一想,这大概就是他们提出要埋葬"异化"概念、要为"异化"概念举行葬礼的原因,因为在他们看来,在我们的哲学中既然已经有了"矛盾"、"质变"这些概念,完全够用了,何必还要"异化"这个令人难于理解的概念? 但是我不得不说,我并不是对"异化"概念有什么偏爱,而是认为"异化"概念在马克思主义哲学中有着重要的认知作用和价值。我在前面已经讲过它是人们认知主体和客体之间一种特殊的矛盾关系的概念。这种主、客体之间的特殊矛盾是普遍存在的,在现代人的面前,在人们向着更深入、更遥远、更大规模地改造自然、改造社会以至改造人类自身的自然之性和社会之性的活动中,更呈现了异化现象的严重,这个概念对更加深刻、全面地认知改造自然、改造社会和改造人类自身,具有"矛盾"、"质变"这些概念不可代替的作用。对于"异化"概念,你可以采用造舆论的办法让人们不要使用,甚至采用行政命令的办法不准人们使用,但是在主体作用、改造客体的过程中出现异化现象,却是你禁止不了、废除不了的。对于这种异化现象,马克思、恩格斯在创立唯物史观时已为我们提供了"异化"这个概念、这个哲学认知工具,我们为什么不用呢? 25 年前在讨论乔木那篇长文的未定稿的会议上,我在列举了一系列人们在改造自然、改造社会的过程中出现的异化现象后,曾经说过,退一万步说,即使马克思、恩格斯没有为我们提供"异化"这个概念,人们还会像马克思那样用一长串文字来说明这种现象,或者自己提炼出揭示这种现象的新的哲学概念。既然马、恩已经为我们提供了这个哲学概念,这个哲学认知工具,我们为什么要将其抛弃呢?! 所以,不仅应当保留"异化"这个概念,又鉴于人们对"异化"这个哲学概念还是如此生疏和不易理解,所以更应加强对异化现象和"异化"概念的研究,甚至还要做点科学普及工作,对"异化"概念做点通俗化的解释工作,使更多的人能够准确地、深刻地理解这一个概念并正确地加以应用,以便更好地改造自然、改造社会和改造人类自身。

七、批判中的"双重标准"不仅有损 理论权威的可信度,而且令人对 批判的真实意图产生怀疑

在这场大争论中,还有一个现象引起人们的关注,就是有位哲学教授在异化和人道主义问题上的观点、论述,前后矛盾,判若两人。这种现象,有人当年曾经提出批评,这位教授本人也知道别人说他"自相矛盾"。但是,这个问题并没有引起当时发起和组织这次大争论的人们的重视。今天"旧事重提",并不是要给这位教授难堪,因为,作为一个学者,修正自己过时的、错误的观点、论点是常有的事,属于正常现象,周扬在自己的那篇引起争议的学术报告中,不是对"文化大革命"前自己在人道主义、异化问题上的错误观点就作了自我批评么。再说,这位教授对改变自己的错误观点没有作出像样的说明和自我批评,引起人们的非议,也仅仅属于有

损个人形象,并不是什么了不起的大事。今天所以要"旧事重提",是因为之超提到要总结那场大争论的经验教训,我觉得确实应引起重视。这位教授的做法已经大大超出了之超同志所说"公说公有理,婆说婆有理"的范畴,而是今天扮公公,这样说有理;明天扮婆婆,来个一百八十度大转向,那样说也有理。更为不可理解的是,作为对周扬那篇《关于马克思主义的几个理论问题的探讨》批判的发动者和组织者,对这位教授混乱的、自相矛盾的观点却丝毫不加注意,也不作批评,相反还把他当作批判周扬的"主力军"来使用,这就令人莫名其妙了,这是不是在搞"双重标准"?搞双重标准的客观效果就是一种社会不公正。对此,当年有人就提出过质疑,他说,有些人认为马克思主义和任何意义上的人道主义都不是相容的,反对任何意义上的人道主义;在"异化"问题上,有人不仅认为社会主义社会有异化,而且认为共产主义社会也有异化,把"异化"同"矛盾"相等同,认为"异化"无处不在、无时不在,把"异化"滥用到无边无际的程度。但是,肯定有"社会主义人道主义"和批评滥用"异化"概念的乔木和发动、组织对周扬批判的人们,不但不批评这些人,反而还使用他们批评赞成社会主义人道主义和按照马克思、恩格斯的界定使用"异化"概念的人们,这怎么能令人信服呢?搞"双重标准",不仅有损那些"为人师表者"的个人形象,他们也是受损害者,更严重的是有失客观和公正,有损理论权威的道德感召力、学术说服力和理论可信度,而且令人对批判周扬的真实意图产生怀疑。

　　一个人,站在特定的立足点和角度观察、思考问题,久而久之就会形成一种思维方式和思维定势,不易摆脱其束缚和局限。我建议之超不妨暂时离开原有的立足点和角度,采用换位思维法,用一种平常心、站在旁观者的立足点和角度思考一下那场批判,它的很快夭折,恐怕并不仅仅是邓小平"失去了对理论斗争的兴趣"。政治家是最能够审时度势者。更深层次的原因恐怕还是由于这次批判在理论上根本站不住脚,做法又太离谱。广大干部、群众正是从这种"双重标准"中看穿了对周扬的批判并不"严肃",也不是在捍卫真理,而是另有意图。人们从这种怀疑中产生了反感,所以这场批判很不得人心,虽然热闹一时,却很快就草草收场了。

八、怎样正确地总结经验教训?

之超同志在文章的结尾处试图总结这场大争论的经验教训,说:"由批评人道主义和异化的争论发展到后来邓小平讲话,反对精神污染,不仅把严肃的理论争论和现实政治,而且把它与许多不同性质的消极现象的斗争都搅和在一起,终于在混乱中收场。在当时社会已经有很大变化、思想十分混乱的情况下,由于这样做法受到党内外文化思想界许多人的不满,一些重要党员领导干部也从此失去对理论斗争的兴趣。因而党内严肃的思想理论斗争从此难以正常开展。"对于已经作古的高层领导人不是不可以批评,不是不可以从他们的决策中总结经验教训,但这样做的时候,更应慎重,更应坚持"实事求是"的原则。从之超的行文来看,对高层政治领导人似乎颇有微词,要不是有他的干预,理论家们发动的这场"严肃的思想理论争论",一定会取得辉煌的胜利,不会草草地"在混乱中收场","党内严肃的思想理论斗争"更不会"从此难以正常开展"。对于这种局面的出现,似乎是要高层政治领导人承担责任。这一点,我们暂且不说,还是让实践、人民和历史去评判吧。

紧接着,之超还试图从理论工作的角度总结经验教训,说:"这场争论还暴露出长期以来中国共产党在思想理论方面一种很不好的倾向——急功近利的倾向。"这里提出了思想理论工作方面的问题,人们不禁联想到之超同志曾经多年担任中央宣传部理论局局长,当时被誉为理论战线上的"哨兵",不知之超同志是否将自己摆了进去? 在其中又占着怎样的位置? 当发现周扬这个思想理论战线上的庞大目标时,不知"哨兵"们是怎样向高层政治领导人报告的? 之超同志在文中承认在那场争论中"实在有许多误会",如果有勇气,不妨把当时的报告拿出来重新审视一下,看看其中有没有误解、误判、误导? 有没有不实之词? 有没有上纲上线"过分地同政治搅和在一起"? 我相信,这样做更符合当时的身份,比将责任推给高层政治领导人更实在,也会更令人信服,不知之超同志以为如何? 如果之超同志有所遗忘,我可以提醒一下,你于 1997 年春节除夕～初一所写的《回忆乔木》(载《中流》月刊1997 年第 5 期)一文中,有非常具体生动的记载,表明你起了多么重要的作用。你说周扬在中央党校作报告时,"我坐在下面听他讲话时,越来越觉得不大对头。"并认为:"该讲话把马克思主义归结为人道主义,以异化理论作为社会主义所以发生弊端和需要改革的理论依据。""乔木没有参加这个会","我问他的秘书,乔木事先知不知道周讲话的内容? 秘书说肯定不知道"。"我即请他快向乔木报告。果然,乔木看了稿子后觉得问题十分严重和复杂"。由此可知,"哨兵"的"情况报告"对乔木起了多么重要的作用。这篇回忆录还让我们知道了,乔木指责周扬要用人道主义代替马克思主义和对"异化"的误读误解原来都出自于之超同志。

　　这场大争论,关系着如何完整准确地理解和把握无产阶级和全人类解放的学说马克思主义的真精神,关系着共产党为实现社会主义和共产主义而奋斗的根本任务和根本目的,关系着作为执政党的中国共产党现实的治国理政的根本理念,是有真理应当遵循的,不是似是而非的"公说公有理,婆说婆有理",或者貌似公允、不偏不倚的各打五十大板所能掩饰过去的。其实,这场大争论,经过中国30年波澜壮阔的改革开放和中国特色社会主义实践的检验,在人们的心目中是非对错已经分清,问题是有没有勇气面对现实,服膺真理。

文章开头,我对之超的文章,表示了欢迎,最后,我还要对之超同志表示衷心的感谢,没有他的文章,我无法写出此文,心中要说的话也无法表达。

我并不认为自己的所有观点都是正确的,欢迎之超批评指正。

（作于 2008 年 5 月 1 日）

责任编辑:柏裕江
封面设计:肖　辉
版式设计:程凤琴
责任校对:吴海平

图书在版编目(CIP)数据

以人为本　构建和谐社会40论(增订版)/薛德震著.
-北京:人民出版社,2009.2
ISBN 978－7－01－005783－5

Ⅰ.以…　Ⅱ.薛…　Ⅲ.社会主义建设模式-研究-中国
Ⅳ.D616

中国版本图书馆CIP数据核字(2006)第103484号

以人为本　构建和谐社会40论
YIRENWEIBEN GOUJIAN HEXIE SHEHUI SISHILUN
(增订版)

薛德震　著

人民出版社 出版发行
(100706　北京朝阳门内大街166号)

北京集惠印刷有限责任公司印刷　新华书店经销

2006年9月第1版　2009年2月第2版
2009年2月北京第2次印刷
开本:710毫米×1000毫米 1/16　印张:30
字数:345千字　印数:3,001－6,000册

ISBN 978－7－01－005783－5　定价:48.00元

邮购地址 100706　北京朝阳门内大街166号
人民东方图书销售中心　电话 (010)65250042　65289539